中國社會科學院歷史研究所專刊

劉琴麗 編著

漢魏六朝隋碑誌索引

第一冊

中國社會科學出版社

圖書在版編目（CIP）數據

漢魏六朝隋碑誌索引：全六冊/劉琴麗編著. —北京：
中國社會科學出版社，2019.12
ISBN 978-7-5203-4232-2

Ⅰ.①漢… Ⅱ.①劉… Ⅲ.①碑文—索引—中國—
漢代—魏晉南北朝時代 Ⅳ.①Z89②K877.42

中國版本圖書館CIP數據核字（2019）第058126號

出 版 人	趙劍英
責任編輯	宋燕鵬
責任校對	沈　旭
責任印製	李寡寡

出　　版	中國社會科學出版社
社　　址	北京鼓樓西大街甲158號
郵　　編	100720
網　　址	http://www.csspw.cn
發 行 部	010-84083685
門 市 部	010-84029450
經　　銷	新華書店及其他書店
印　　刷	北京明恒達印務有限公司
裝　　訂	廊坊市廣陽區廣增裝訂廠
版　　次	2019年12月第1版
印　　次	2019年12月第1次印刷
開　　本	710×1000　1/16
印　　張	205.5
字　　數	3158千字
定　　價	788.00元（全六冊）

凡購買中國社會科學出版社圖書，如有質量問題請與本社營銷中心聯繫調換
電話:010-84083683
版權所有　侵權必究

目　　錄

前　言	(1)
凡　例	(1)
漢魏六朝隋碑誌索引	(1)
漢代	(3)
西漢	(3)
新莽	(15)
東漢	(16)
附：東漢刑徒磚	(679)
三國	(871)
魏	(871)
蜀	(940)
吳	(947)
晉	(962)
西晉	(962)
東晉	(1069)
十六國	(1184)
南朝	(1203)
宋	(1203)
齊	(1228)
梁	(1240)
陳	(1314)

北朝 …………………………………………………………（1328）
　北魏 ………………………………………………………（1328）
　東魏 ………………………………………………………（1912）
　西魏 ………………………………………………………（2055）
　北朝・魏 …………………………………………………（2079）
　北齊 ………………………………………………………（2085）
　北周 ………………………………………………………（2307）
　北朝無年號 ………………………………………………（2423）
隋 ……………………………………………………………（2428）
　隋 …………………………………………………………（2428）

人名筆畫索引 …………………………………………………（3001）

刑徒磚誌人名筆畫索引 ………………………………………（3083）

僞刻（含疑僞）碑誌索引 ……………………………………（3101）
　漢 …………………………………………………………（3103）
　三國 ………………………………………………………（3121）
　晉 …………………………………………………………（3130）
　南朝 ………………………………………………………（3139）
　北朝 ………………………………………………………（3143）
　隋 …………………………………………………………（3213）

引用書目 ………………………………………………………（3220）

後　記 …………………………………………………………（3266）

前　　言

碑刻文獻近年來成為學界研究的一大熱點，每年都有大量的相關文章、考古發掘報告或金石著作問世，這給學界提供了極為豐富多彩的史料信息。然而，對於碑刻文獻的整理卻顯得相對滯後，其文獻整理成果的影響力不能與甲骨文、金文和敦煌文獻相比。就迄今所見相關碑刻文獻的索引成果而言，既有值得借鑒的地方，也存在著一定缺陷。

楊殿珣《石刻題跋索引》收錄碑刻種類齊全，然書籍編目相對較早——民國時期（商務印書館1940年初版），後來作者進行了增訂，增訂本於1990年問世，但依然遺漏不少，尤其是近三十年新出土的碑誌亟待增補。《石刻題跋索引》每方碑誌的條目後面標注引用書籍的作者、書籍名稱、卷、頁，查找書籍相對方便，但僅限於給有錄文和題跋的碑誌做索引，其餘圖版、碑目的著錄情況不詳。引用書籍以金石文獻為主，文集沒有包括在內，地方志金石文獻也有遺漏；一方碑誌的名稱在索引中反復出現，顯得有些繁複。

王其禕、周曉薇《隋代墓誌銘彙考》（線裝書局2007年版）收錄有圖版、錄文的隋代墓誌五百餘方，存目、疑偽墓誌也做了簡介，內容詳實，體例完備。其在刊布每方墓誌的圖版和錄文前，對墓誌以提要形式進行簡介，如誌主的卒葬時間、行款書體、誌文標題、形制紋飾、出土時地、存佚狀況和主要著錄情況，實則也是一簡要索引；然而在著錄有圖版、錄文的索引書籍條目中，單純的碑目類文獻不收錄，如《石刻名彙》《古誌彙目》《寰宇訪碑錄》等，然而這類書籍儘管著錄簡單，但往往能夠提供碑誌的出土時間線索，有的還徑直判斷碑誌的真偽，仍然有一定的實用價值。正是由於對碑目類金石書籍的疏忽，故其"存目"墓誌有少數遺漏。此外，文集也不在《隋代墓誌銘彙考》的徵引書籍範圍內，如（唐）歐陽詢輯《藝文類聚》、（清）嚴可均輯《全隋文》、今人韓理洲輯校編年的《全隋文補遺》（三秦出版社2004年版）等，造成了數方有錄文的墓誌失收。

毛遠明《漢魏六朝碑刻校注·總目提要》（線裝書局2008年版）著錄的碑刻種類也極為齊備，墓碑、墓誌、造像題記、祠廟碑、祭祀碑等皆含括在內，是近年來碑誌信息著錄相對較為全面的索引書籍，其以提要形式對碑誌的出土地點、行款、形制以及其所編撰的《漢魏六朝碑刻校注》一書所使用的拓片來源都有說明，索引書籍還包括了文集和部分地方志，內容詳實，徵引書籍豐富。然而該書存在的問題在於：第一、遺漏碑誌不少，故2014年西南大學王遲遲、杜瑩、朱遂的碩士論文對其進行了大量補充，分別題為《〈漢魏六朝碑刻校注〉未收石刻整理與研究——三國、兩晉及南朝時期》《〈漢魏六朝碑刻校注〉未收北魏碑刻整理與研究》《〈漢魏六朝碑刻校注〉未收北齊北周碑刻輯補》；第二、儘管該索引在"引用書目"中提到了極為豐富的圖書信息，但是在具體的每方碑誌"著錄題跋"條目下，仍有著錄書籍的遺漏；第三，誤收了一些偽碑和偽誌，亟待學界進行清理；第四，全書最後缺乏碑誌人名索引，查找相對不便。

伊藤敏雄主編，中村圭爾、室山留美子編《魏晉南北朝墓誌人名地名索引》（2008年），作者僅針對《漢魏南北朝墓誌彙編》和《新出魏晉南北朝墓誌疏證》兩書中的墓誌人名、地名編撰索引，引書範圍又更加有限，且主題是"人名"、"地名"。

日本學者梶山智史編《北朝隋代墓誌所在總合目錄》（汲古書院2013年版）以簡表形式著錄了所收墓誌的出土地、收藏地以及著錄信息，還將相關期刊文章收錄在內，提供了較為豐富的學術信息。一些難以查找的書籍和內部印刷資料（如《禮縣金石集錦》）也著錄在內，其窮盡史料的精神令人敬佩。然而該索引存在的問題在於：第一，所有書籍都使用簡稱，尤其是期刊文章，來回查找，翻檢核對，使用有所不便；第二，著錄書籍也相對有限，如方志類文獻側重現代編撰者，民國、清朝時期的方志較為少見；金石書籍以近現代為主，宋、元、明、清時期的金石書籍較為少見，故《集古錄》《金石錄》《隸釋》等書都不在索引範圍內，自然遺漏了不少墓誌，尤其是那部分只有碑目題跋而沒有錄文者。

以上諸書的編撰狀況為本索引的編撰提供了一定空間：

第一，鑒於諸書存在的優、缺點，本索引在編撰時，為了人名索引的編撰，首先在碑誌的範圍上進行了限定，僅收錄墓碑（墓碣、墓幢、墓闕、塔銘、紀功、紀德碑俱附之）和墓誌，較《石刻題跋索引》和《漢魏六朝碑刻校注·總目提要》收錄的碑刻範圍有所縮小，又較《北朝隋代墓誌所在總合目錄》《隋代墓誌銘彙考》收錄的範圍有所擴大。

第二，對於學界忽略的東漢刑徒磚誌也做了專門索引，而這些刑徒磚誌，民國時期就大量流散在民間，被當做普通墓誌收錄在一些金石書籍中，單獨輯錄出來，是希望給學者研究提供便利。《漢魏洛陽故城南郊東漢刑徒墓地》一書收錄刑徒磚相對較全，本索引對於沒有時間和姓名的刑徒，略而不錄者，可以查找該書。

第三，在書籍收錄方面，舉凡總集、別集、地方志、地理總志以及新出土的碑誌，皆盡量予以收錄。尤其是那部分長期受到學界忽略，保存在總集、別集和地方志、地理總志"金石""藝文"類中有碑誌文而無拓片的部分，這一類碑誌數量究竟有多少，目前學界還沒有一個大概的把握。

第四，《石刻史料新編》（全四輯）100冊，尚沒有學者對該叢書中的碑誌編撰索引，而本索引則對《石刻史料新編》（全四輯）中收錄的金石書籍（字書除外），其中所涉及的漢魏六朝隋代碑誌，進行了一一著錄，同時又標出其各自所在的輯、冊和頁碼，以方便讀者查找。唯方若《校碑隨筆》（收錄在《石刻史料新編》第二輯第17冊）和王壯弘《增補校碑隨筆》（收錄在《石刻史料新編》第三輯第33冊）兩書內容重複較多，後書全部含括了前書的內容，而且王壯弘《增補校碑隨筆》還有增訂本問世，為了避免學者反復查詢，故引用了2008年的增訂本，捨棄了《石刻史料新編》收錄的本子。《石刻史料新編》引用的方志類金石文獻，很多都進行了重新命名，故本索引在編撰時，盡量還原為原方志的名稱和卷數，以便於讀者回溯原方志時查找，同時也標出其在《石刻史料新編》的輯、冊、頁。給《石刻史料新編》中的漢魏六朝隋代碑誌作索引，也是本索引編撰的初衷之一。

　　第四，索引的編撰體例進行了大膽創新。鑒於以往碑誌索引很多無法提供碑誌的圖版、錄文抑或碑目題跋類信息的缺陷，本索引將著錄信息進行了歸類，原則上按照"圖版著錄""錄文著錄""碑目題跋著錄""論文"的形式將著錄文獻歸併到以上幾個類別中，最後"備考"部分則是對碑誌做考證或提示該碑主在正史中是否有記載。然而有的文獻既著錄了一方碑誌的圖版，又有錄文，有的甚至還做了題跋考證，若嚴格按照上述體例進行歸類，又會將同一文獻分割數地，造成文字的重複；故索引靈活地對這種情況進行了處理，在著錄的文獻條目後用"（圖）""（文）""（跋）""（目）"等文字進行標注，表示該文獻收錄有碑誌的圖版、錄文、題跋或碑目，這一體例一般在著錄文獻不太繁瑣的情況下使用（以十條文獻為限）。由於沒有哪一種體例盡善盡美，為了彌補彼此的缺陷，無奈之餘索引雜用了兩種體例。不當之處，敬請學賢指正。有發掘報告的碑誌也盡量一一標出，以告訴讀者碑誌的可靠程度；而相關研究論文的索引，則是希望能夠給讀者提供一個較為完整的學術信息，以期盡量掌握該方碑誌研究的學術前沿。

　　第四，漢代，主要是東漢，碑誌屬於草創期，其範圍選定，極為糾結。一些畫像磚題記實則與墓誌相差無幾，取或捨，難免帶有一定的主觀性，這是需要自我檢討的地方，但權衡再三，還是決定凡接近墓誌體例者，著錄；否則不錄。一些修路、修橋題記，凡是贊頌官員、接近德政碑、德政頌者，著錄；否則棄。這樣的取捨，難免會招致非議，為了文獻的豐富性，暫且保留。

　　第五，關於偽刻或疑偽碑誌，索引很難保證正文中沒有誤收者，尤其是隨著研究的不斷深入，隱藏在索引正文中的少數碑誌，必然有被發現為偽刻者，故"偽刻（含疑偽）碑誌索引"的隊伍必將越來越壯大，這是學術研究的必然規律。然而有時也不必盲從前人對於偽刻的判斷，因為也曾有被判斷為偽刻，但後來有考古發掘報告刊登者，如北魏永安二年（529）《呂仁墓誌》，《洛陽出土北魏墓誌選編》以其為偽刻，錄文編號"偽刻四四"。然而後來洛陽市文物工作隊在《考古》雜誌刊文，題為《河南洛陽市吉利區兩座北魏墓的發掘》（《考古》2011年第9期，第

44—57頁），提到《吕仁墓誌》的發掘情況，由此證明曾經的判斷應當有誤。當然這樣的例子極爲少見，但也從側面說明，僅憑感官判斷，難免有出錯的時候。這也是儘管有個别碑誌可能已被極少數學者判斷爲僞刻，但可能仍然放在正文中的理由。爲了防止判斷的疏漏，所有列入"僞刻（含疑僞）碑誌索引"中者，全部按照正文的索引體例，以便於學者們的研究和利用，同時也是爲了盡量彌補可能出現的錯誤。

索引文字繁複，年代跨度較長，徵引書籍衆多，疏漏在所難免，編撰體例也可能存在不足，還望學賢不吝賜教，多多指正，以不斷提高索引的質量和編撰水平。

凡　　例

一、索引所收碑誌，範圍包括墓碑、墓碣、墓幢、墓闕、塔銘、紀德碑、紀功碑以及墓誌、墓碣、墓表、墓記等；有少數畫像石題記，極其類似後代的墓誌，有卒年、葬年、葬地等記載，故擇而錄之。東漢刑徒磚誌很大一部分都有誌主的籍貫、所服刑役的種類、誌主姓名以及卒年等信息記載，是較為粗略的墓誌，但又與普通墓誌有別，故作為專題單獨著錄。其餘刻經、買地券、造像題記、題名題字、詩詞、官方祭祀碑等，不在收錄範圍之內。殘泐過甚的碑誌，亦不錄。吐魯番出土磚誌，因有專人研究和著錄，故不在索引範圍之內。

二、索引書籍分為四大類。金石文獻以《石刻史料新編》為大宗，同時包括1949年以來出版的金石書籍，以及《石刻史料新編》失收的古代和民國時期的金石文獻，其以書法性質為主的書籍原則上不予著錄，除非某方碑誌僅見於該書。文學類書籍含括總集和別集，四庫本和四部叢刊本一併收錄，校訂本也盡量著錄。地方志以《石刻史料新編》所收方志類金石文獻為主體，輔以少數失收的方志類金石志。其餘期刊、相關專著、論文集和發掘報告中，涉及相關碑誌的發掘和考釋者，盡量著錄；專評書法者一般不錄，專有圖版或錄文者例外。所收相關論著出版時間原則上截止到2017年12月底。

三、索引的年代，起於漢，止於隋，按朝代進行編排。凡隋人葬於唐代者，不錄。著錄時間以刻立年代為準；無刻立年代者，以葬年為準；無葬年者，以卒年為準。時代不詳者，則附於某朝代或某一時期之後。

四、圖版、錄文和碑目題跋索引原則上分類著錄，然有時一條文獻既有圖版、又有錄文，甚或有碑目題跋介紹，為行文簡略，則合併著錄（以十條文獻為限），後附以"（圖）""（文）""（跋）""（目）"，分別表示圖版、錄文、題跋和碑目；超過十條文獻者，為檢索醒目，仍分類著錄。個別書籍如《隋代墓誌銘彙考》《新出魏晉南北朝墓誌疏證》等，其墓誌後的題跋考證分別標題為"附考""疏證"等，本索引著錄條目下依然用"跋"標示。

五、圖版不全者，在圖版著錄的文獻條目下，用"（局部）"標示。有的碑額圖版有圖無文，則用"（碑額圖）"標示。錄文不全者，用"（節文）"標示。一方碑誌，若無圖版和錄文著錄，然題跋中引用了部分碑誌文，用"（節文）"標示。若索引文獻無圖版、錄文著錄，而論文中有時，則在論文條目下，標注"（圖）""（文）"，以便讀者利用；若著錄文獻有圖版、錄文著錄，論文中也有時，論文條目下則略而不書。若一方碑誌有碑陽、碑陰之分，甚至還有誌蓋者，著錄齊備的文獻不做標示，僅收錄部分者，則用"（碑陽）""（碑陰）""（誌）""（蓋）"等標示，表明著錄文獻僅收錄碑陽、碑陰、墓誌或誌蓋。

六、碑誌的尺寸大小盡量以館藏地或發掘報告公佈的數據為準。原石存者，標注碑石尺寸；原石尺寸不詳者，標注拓本尺寸；若今人無碑石尺寸記載，則著錄古人的記載。無尺寸記載者，略而不書。

七、一方碑誌的真偽，有時各家觀點不一，凡斷定或懷疑碑誌為贗品者，在著錄文獻後附"（偽刻）"或"（疑偽）"，以標明各家觀點；認可碑誌為真品者，其觀點略而不書。如原書已將該碑誌列入"偽刻（含疑偽）目錄"系列，因標題醒目，作者觀點則略而不書。

八、金石著作中所引諸家題跋，有的文獻難以查找，則用"附××跋""附××識"等形式進行標注。若一人有數碑或數方墓誌，但又缺乏時間記載，則合併著錄；有時間者，按年代編排。

九、古籍影印書每一頁以版心為界，右、左分別用a、b標示。近、現代書籍則盡量標明冊、卷、頁。若一卷分為若干部分者，如《金石彙目分編》，則用1（1）、1（2）、1（3）等表示。凡引用的期刊雜誌（含以書代刊）文章，則只標明發表年和第幾期，不標注頁碼。

十、《石刻史料新編》的著錄，引用文獻大體以卷、頁標示，無卷者著錄頁碼，其在《石刻史料新編》中的位置，以輯、冊、頁先後為序。如《東魏元玕墓誌》的著錄，"《誌石文錄》卷上/51a-b，《石刻史料新編》2/19/13767 上"，表示該誌收錄在《誌石文錄》卷上第 51 頁左右，具體位置在《石刻史料新編》第二輯第 19 冊第 13767 頁上。《石刻史料新編》從地方志中抽取的金石文獻，絕大部分都進行了重新命名，為方便讀者查找，盡量還原為地方志的本名，然後標出其在《石刻史料新編》中的輯、冊、頁。《石刻史料新編》方志類金石文獻的來源，參考日本學者高橋繼男所編《〈石刻史料新編〉（全四輯）書名·著者索引》。有個別方志類金石文獻曾經單獨抽印，如《陝西金石志》，則不還原為方志的統一卷數，但是在文後的"引用書目"中會標出其方志來源。

十一、女性墓誌，原則上冠以"某某妻""某某母"或"某某女"等進行定名。僧尼墓誌則在法號前用"僧"或"尼"標明身份，宫人墓誌用"宫人"加姓名或姓氏來標示身份，官奴碑誌則用"官奴"或"官婢"加姓名的方式標示。

十二、凡碑誌主在正史中有記載者，在"備考"部分標出其史傳或附傳出處；分散記載於史書者，則用"其事見×××記載"標示。正史無載者，略。

十三、關於碑誌形制，有的金石著作著錄為長、寬，有的著錄為高、廣，有的著錄為高、寬，沒有完全統一的學術用語，故著錄時，難免會受到不同術語的影響，原則上高即長，寬即廣。然《北朝藝術研究院藏品圖錄·墓誌》著錄墓誌形制為"長、高"，因不明具體所指，故保持該著作的學術用語。

十四、關於字體，有的書籍沒有字體介紹，如《墨香閣藏北朝墓誌》、《河洛墓刻拾零》等，為防止誤著，提要部分則略而不錄。

十五、索引僅兩部使用率高的叢書使用簡稱，《石刻史料新編》簡稱"《新編》"，《全上古三代秦漢三國六朝文》簡稱"《全文》"，其餘皆用書名全稱。

十六、在"人名筆畫索引"中，一人有數方碑誌者，合併索引條目。若碑誌主同名同姓者，盡量在姓名後用"（）"標出其字諱，以示區別。

碑誌主人名著錄有歧義者，為節省文字，用（）進行標注，如"袁良（梁）"，表示有的著錄為"袁良"，有的著錄為"袁梁"。女性人名或姓氏後，也用"（）"標示其身份，如"元孟瑜（鄭踐妻）"；無姓名，或有姓無名，或無姓有名者，也盡量在括號中標示其身份，如"爰□（太原太守）""□□（縣令）"。

漢魏六朝隋碑誌索引

漢 代

西 漢

建 元

建元 001

鄭三益闕銘

建元二年（前139），《天下金石志》作"建元元年（前140）"，暫從二年。

碑目題跋著錄：

《金石錄》1/2b，《新編》1/12/8800 下。

《寶刻叢編》20/1a，《新編》1/24/18373 上。

《石刻題跋索引》1 頁左，《新編》1/30/22339。

《天下金石志》16/1，《新編》2/2/870 下。

《隸韻·碑目》1a，《新編》2/17/12515 上。

《佩文齋書畫譜·金石》61/2a 上，《新編》3/2/30 下。

《金石備攷》附錄，《新編》4/1/86 上。

《六藝之一錄》54/1a，《新編》4/5/3 上。

《漢魏石刻文學考釋》上冊 214 頁。

《漢魏六朝碑刻校注·總目提要》編號 0004。

甘　露

甘露 001
潘氏墓磚
甘露二年（前 52）八月。出烏程，浙江山陰吳氏、歸安陸心源舊藏。長一尺一寸五分，厚一寸五分。文篆書，8 字。
著錄：
《千甓亭磚錄》1/2a－b，《歷代陶文研究資料選刊》上冊 265—266 頁。（文、跋）
《石刻名彙》11/181a，《新編》2/2/1118 上。（目）

建　昭

建昭 001
沈氏墓磚
建昭二年（前 37）。浙江歸安陸氏舊藏。正書。
碑目著錄：
《石刻名彙》11/181a，《新編》2/2/1118 上。

建　始

建始 001
趙氏墓磚
建始二年（前 31）六月。浙江歸安陸氏舊藏。篆書。
碑目著錄：
《石刻名彙》11/181a，《新編》2/3/1118 上。

河　平

河平 001
東郡太守王尊頌德碑
河平年間（前 28—前 25）。光緒戊子年新出土。在滑縣。凡 4 行，行 8 字。

碑目題跋著錄：

《河朔訪古隨筆》卷上/13b – 14a，《新編》2/12/8872 上—下。

《河朔金石待訪目》11b，《新編》2/12/9018 上。

《夢碧簃石言》1/5a – 6a，《新編》3/2/156 下—157 上。

《綴學堂初稿》4/5b – 6b。（節文）

備考：王尊，《漢書》卷七六有傳。

元 延

元延 001

旬陽成□□墓磚銘

元延四年（前 9）八月十八日。1980 年至 1989 年間陝西省旬陽縣大河南漢墓群出土，現藏旬陽縣博物館。磚長 33.5、寬 16、側厚 5.3、薄側厚 4.3 釐米。文 1 行 12 字，篆書。

著錄：

《新中國出土墓誌·陝西〔壹〕》上冊 4 頁（圖）、下冊 7 頁（文、跋）。

建 平

建平 001

丁昭儀墓碑

別稱：漢丁太后陵碑。建平二年（前 5）卒。曹州府定陶縣出土。

碑目題跋著錄：

《金石彙目分編》10（3）/10a，《新編》1/28/21183 下。

《水經注碑錄》卷二編號 31，《北山金石錄》上冊 48 頁。

建平 002

范功平治道碑

又名：建平郫縣碑。建平五年（前 2）六月。《廣倉專錄》認為，諸家皆誤為漢，實則當為十六國之南燕，暫從諸家。宋乾道初始出，清乾隆三十一年再發現於四川永康縣。摩崖刻。文隸書，共29字。

圖版著錄：

《廣倉專錄》，《新編》4/10/824。

《金石索》石索一，下冊999頁。

錄文著錄：

《隸續》3/1a–b，《新編》1/10/7101上。

《兩漢金石記》21/8a–b，《新編》1/10/7489下。

《古刻叢鈔》46a–b，《新編》1/10/7614下。

《蜀碑記補》1/7，《新編》2/12/8729下。

《紅藕齋漢碑彙鈔集跋》，《新編》3/38/564上。

《四川歷代碑刻》5頁。

《漢魏石刻文學考釋》上冊47頁。

碑目題跋著錄：

《隸續》3/1b–2a，《新編》1/10/7101上—下。

《兩漢金石記》21/8b–9b，《新編》1/10/7489下—7490上。

《古刻叢鈔》46b–47b，《新編》1/10/7614下—7615上。

《金石錄補》2/6b–7a、25/15b–16a，《新編》1/12/8995下—8996上、9122上—下。

《金石彙目分編》16（1）/18b–19a，《新編》1/28/21457下—21458上。

《石刻題跋索引》485頁左，《新編》1/30/22823。

《天下金石志》7/2，《新編》2/2/842下。

《墨華通考》卷11，《新編》2/6/4422下。

《蜀碑記補》1/8，《新編》2/12/8729下。

《隸辨》7/1b，《新編》2/17/13036上。

《愛吾廬題跋》6a–b，《新編》2/20/14376下。

《佩文齋書畫譜·金石》61/2a上—下，《新編》3/2/30下。

《燕庭金石叢稿》，《新編》3/32/485下。

《紅藕齋漢碑彙鈔集跋》，《新編》3/38/564上—下。

《金石備攷·成都府》，《新編》4/1/73下。

《古今書刻》下編/39b，《新編》4/1/154上。

《六藝之一錄》53/1a，《新編》4/4/783上。

《漢隸字源》111頁。

《金石索》石索一，下冊1000頁。

《漢魏石刻文學考釋》上冊45—47頁。

《漢魏石刻文字繫年》5頁。

《漢魏六朝碑刻校注·總目提要》編號0018。

論文：

陶喻之：《漢魏蜀道石刻史料研究》，《上海博物館集刊》第7期，上海書畫出版社1996年版。

備考：《漢魏石刻文字繫年》將"建平郙縣碑"和"范功平摩崖"著錄為兩碑。

元　壽

元壽001

杜鄴碑

元壽元年（前2），葬於長安北郭。杜鄴撰。《漢魏六朝碑刻校注》云：文出《西京雜記》，所載不可信。

錄文著錄：

《古誌石華》1/1a-b，《新編》2/2/1157上。

《全漢文》49/11a-b，《全文》1冊396上。

《漢魏石刻文學考釋》中冊922頁。

碑目題跋著錄：

《金石彙目分編》12（1）/21a，《新編》1/28/21287上。

《古誌石華》1/1b，《新編》2/2/1157上。

《古誌彙目》1/1a，《新編》3/37/5。

《漢石例》3/19a，《新編》3/40/174上。

《漢魏石刻文學考釋》中冊921—922頁。

《漢魏六朝碑刻校注·總目提要》編號0019。

備考：杜鄴字子夏，《漢書》卷八五有傳。

居　攝

居攝 001

祝其卿墳壇刻石

又名：孔子墓前墳壇刻文、子思居攝二年二月造墓前石龕文、居攝兩墳壇刻石（之一）。居攝二年（7）二月造。山東省曲阜市出土，今在山東省曲阜石刻陳列館。高22、寬26釐米。文4行，行3字，篆書。居攝墳壇刻石包括《祝其卿墳壇刻石》《上谷府卿墳壇刻石》二種。《碑帖鑒定》引徐森玉觀點，認為"祝其"當為"況其"，地名。

圖版著錄：

《金石圖說》甲上/18b，《新編》2/2/897 上。

《二銘草堂金石聚》1/62a－b，《新編》2/3/1756 下。

《金石經眼錄》14a－b，《新編》4/10/497 下。

《金石圖》，《新編》4/10/538 下右。

《金石索》石索一，下冊1053 頁。

《北京圖書館藏中國歷代石刻拓本匯編》1 冊 17 頁。

《漢碑全集》1 冊 47—48 頁。

《漢魏六朝碑刻校注》1 冊 13 頁。

《山東石刻分類全集·秦漢碑刻》12 頁。

錄文著錄：

《金石萃編》5/9b－10a，《新編》1/1/94 上—下。

《兩漢金石記》7/8b，《新編》1/10/7301 下。

《函青閣金石記》2/7a－b，《新編》2/6/5023 下。

《漢碑錄文》1/1b－2a，《新編》2/8/6115 下—6116 上。

（宣統）《山東通志·藝文志》卷150，《新編》2/12/9229 上。

《金石索》石索一，下冊1053 頁。

《魯迅輯校石刻手稿·碑銘》上冊 38 頁。

《漢碑全集》1 冊 48 頁。

《漢魏六朝碑刻校注》1 冊 14 頁。
《漢魏石刻文學考釋》上冊 270 頁。
碑目題跋著錄：
《八瓊室金石札記》1/29a，《新編》1/8/6147 上。
《兩漢金石記》1/17a、7/9a–11a，《新編》1/10/7213 上、7302 上—7303 上。
《金石錄》1/3a、14/2a–b，《新編》1/12/8801 上、8882 下。
《山左金石志》7/4b，《新編》1/19/14418 下。
《寶刻叢編》2/8a，《新編》1/24/18108 下。
《潛研堂金石文跋尾》1/7a–b，《新編》1/25/18736 上。
《潛研堂金石文字目錄》1/3a，《新編》1/25/19008 上。
《授堂金石文字續跋》1/4a–b，《新編》1/25/19168 下。
《平津讀碑記》1/3b，《新編》1/26/19350 上。
《藝風堂金石文字目》1/3a，《新編》1/26/19524 上。
《寰宇訪碑錄》1/2a，《新編》1/26/19852 下。
《金石彙目分編》10（2）/4a，《新編》1/28/21142 下。
《石刻題跋索引》1 頁右，《新編》1/30/22339。
《續語堂碑錄》，《新編》2/1/68 上。
《金石圖說》甲上/19a–20b，《新編》2/2/897 下—898 上。
《二銘草堂金石聚》1/62b–63b，《新編》2/3/1756 下—1757 上。
《平津館金石萃編》2/1a，《新編》2/4/2431 上。
《崇雅堂碑錄》1/1b，《新編》2/6/4484 上。
《函青閣金石記》2/7b–8b，《新編》2/6/5023 下—5024 上。
《漢碑錄文》1/2a，《新編》2/8/6116 上。
《山左訪碑錄》6/3a，《新編》2/12/9083 下。
（宣統）《山東通志·藝文志》卷 150，《新編》2/12/9229 上。
《曲阜碑碣考》1/1a，《新編》2/13/9747 上。
《關中金石文字存逸考》12/36b，《新編》2/14/10654 下。
《獨笑齋金石文攷》第二集 1/4b–5b，《新編》2/16/11732 下—11733 上。

《語石》1/2b、5/38a、8/24a，《新編》2/16/11859 下、11957 下、12005 下。

《枕經堂金石題跋》2/16a－b，《新編》2/19/14244 下。

《寶鴨齋題跋》卷上/10b，《新編》2/19/14339 下。

《竹崦盦金石目錄》2a，《新編》2/20/14547 下。

《山左碑目》2/4a，《新編》2/20/14840 下。

《佩文齋書畫譜・金石》61/2a 下，《新編》3/2/30 下。

《求恕齋碑錄》，《新編》3/2/523 上。

《石目》，《新編》3/36/53 上。

《竹崦盦金石目錄》1/2a，《新編》3/37/340 下。

《漢石存目》卷上/1a，《新編》3/37/521 上。

《金石備攷・兗州府》，《新編》4/1/47 上。

《激素飛清閣平碑記》卷 1，《新編》4/1/193 上。

《六藝之一錄》54/21a，《新編》4/5/13 上。

《金石圖》，《新編》4/10/539 上。

《金石索》石索一，下冊 1053—1054 頁。

《增補校碑隨筆》（修訂本）20 頁。

《善本碑帖錄》1/7。

《碑帖敘錄》124 頁。

《碑帖鑒定》21—22 頁。

《漢魏石刻文學考釋》上冊 265—270 頁。

《漢魏石刻文字繫年》10 頁。

《齊魯碑刻墓誌研究》"附表"344 頁。

《漢魏六朝碑刻校注・總目提要》編號 0021。

淑德大學《中國石刻拓本目錄》"碑碣等刻石"編號 28。

居攝 002

上谷府卿墳壇刻石

別稱：孔林墳壇刻石、孔子墓前石壇刻文、居攝兩墳壇刻石（之一）。西漢居攝二年（7）二月。出土於山東省曲阜市，今在山東省曲阜石刻陳列館。拓片高15、寬20釐米。文4行，前2行行3字，後2行行4字，篆書。

圖版著錄：

《金石圖說》甲上/18b，《新編》2/2/897上。

《二銘草堂金石聚》1/62a－b，《新編》2/3/1756下。

《金石經眼錄》14a－b，《新編》4/10/497下。

《金石圖》，《新編》4/10/538下左。

《金石索》石索一，下冊1051頁。

《北京圖書館藏中國歷代石刻拓本匯編》1冊16頁。

《漢碑全集》1冊49頁。

《漢魏六朝碑刻校注》1冊11頁。

《山東石刻分類全集·秦漢碑刻》11頁。

錄文著錄：

《金石萃編》5/9b－10a，《新編》1/1/94上—下。

《兩漢金石記》7/9a，《新編》1/10/7302上。

《函青閣金石記》2/7a－b，《新編》2/6/5023下。

《漢碑錄文》1/1b－2a，《新編》2/8/6115下—6116上。

（宣統）《山東通志·藝文志》卷150，《新編》2/12/9229上。

《金石索》石索一，下冊1051頁。

《漢魏石刻文學考釋》上冊270頁。

《漢碑全集》1冊49頁。

《漢魏六朝碑刻校注》1冊12頁。

《魯迅輯校石刻手稿·碑銘》上冊38頁。

碑目題跋著錄：

《八瓊室金石札記》1/29a，《新編》1/8/6147上。

《兩漢金石記》1/17a、9a－11a，《新編》1/10/7213上、7302上—7303上。

《金石錄》1/3a、14/2a－b，《新編》1/12/8801上、8882下。

《山左金石志》7/4b，《新編》1/19/14418下。

《潛研堂金石文跋尾》1/7a－b，《新編》1/25/18736上。

《潛研堂金石文字目錄》1/3a,《新編》1/25/19008 上。

《授堂金石文字續跋》1/4a－b,《新編》1/25/19168 下。

《平津讀碑記》1/3b,《新編》1/26/19350 上。

《藝風堂金石文字目》1/3a,《新編》1/26/19524 上。

《寰宇訪碑錄》1/2b,《新編》1/26/19852 下。

《金石彙目分編》10（2）/4a,《新編》1/28/21142 下。

《石刻題跋索引》1 頁右,《新編》1/30/22339。

《續語堂碑錄》,《新編》2/1/68 上。

《金石圖說》甲上/19a－20b,《新編》2/2/897 下—898 上。

《二銘草堂金石聚》1/62b－63b,《新編》2/3/1756 下—1757 上。

《平津館金石萃編》2/1a,《新編》2/4/2431 上。

《崇雅堂碑錄》1/1b,《新編》2/6/4484 上。

《函青閣金石記》2/7b－8b,《新編》2/6/5023 下—5024 上。

《漢碑錄文》1/2a,《新編》2/8/6116 上。

《山左訪碑錄》6/3a,《新編》2/12/9083 下。

（宣統）《山東通志·藝文志》卷 150,《新編》2/12/9229 上。

《曲阜碑碣考》1/1a,《新編》2/13/9747 上。

《關中金石文字存逸考》12/36b,《新編》2/14/10654 下。

《獨笑齋金石文攷》第二集 1/4b－5b,《新編》2/16/11732 下—11733 上。

《語石》1/2b、5/38a、8/24a,《新編》2/16/11859 下、11957 下、12005 下。

《枕經堂金石題跋》2/16a－b,《新編》2/19/14244 下。

《寳鴨齋題跋》上/10b,《新編》2/19/14339 下。

《竹崦盦金石目錄》2a,《新編》2/20/14547 下。

《山左碑目》2/4a,《新編》2/20/14840 下。

《佩文齋書畫譜·金石》61/2a 下,《新編》3/2/30 下。

《求恕齋碑錄》,《新編》3/2/523 上。

《石目》,《新編》3/36/53 上。

《竹崦盦金石目錄》1/2a,《新編》3/37/340 下。

《漢石存目》卷上/1b，《新編》3/37/521 上。
《金石備攷·兗州府》，《新編》4/1/47 上。
《激素飛清閣平碑記》卷 1，《新編》4/1/193 上。
《六藝之一錄》54/21a，《新編》4/5/13 上。
《金石圖》，《新編》4/10/539 上。
《金石索》石索一，下冊 1051—1052 頁。
《增補校碑隨筆》（修訂本）20 頁。
《碑帖敘錄》13 頁。
《齊魯碑刻墓誌研究》"附表" 344 頁。
《漢魏石刻文字繫年》10 頁。
《漢魏六朝碑刻校注·總目提要》編號 0022。
淑德大學《中國石刻拓本目錄》"碑碣等刻石" 編號 27。

西漢無年號

無年號 001

王史威長銘

西漢（前 206—8）。出《博物志》，一般認為小說家言，不可信。

錄文著錄：

《金石古文》14/3a–b，《新編》1/12/9434 上。
《古誌石華》1/1a，《新編》2/2/1157 上。
《紅藕齋漢碑彙鈔集跋》，《新編》3/38/509 下。
《續古文苑》14/4b，《新編》4/2/212 下。
《全漢文》57/13b–14a，《全文》1 冊 440 上—下。
《漢魏石刻文學考釋》中冊 933 頁。

碑目題跋著錄：

《石刻題跋索引》129 頁左，《新編》1/30/22467。
《古誌石華》1/1a，《新編》2/2/1157 上。
《語石》1/4a、4/3b，《新編》2/16/11860 下、11919 上。
《古誌彙目》1/1a，《新編》3/37/5。

《漢石例》3/18a，《新編》3/40/173 下。

《六朝墓誌檢要》（修訂本）2 頁。

《漢魏六朝碑刻校注·總目提要》編號 0028。

無年號 002

武威張伯升柩銘

西漢（前 206—8）。1959 年秋，出土於甘肅省武威磨嘴子第 23 號墓棺蓋上，藏甘肅省博物館。此柩銘下部已泐。高 120，寬 41 釐米。文篆書，2 行，行存 6 或 8 字。

著錄：

《中國美術全集》54 冊圖版四八、41—42 頁。（圖、文、跋）

無年號 003

漢博望侯張騫殘碑

西漢（前 206—8）。在新疆伊犁南山中。碑文殘缺嚴重，僅存 20 字。

錄文著錄：

《漢魏石刻文學考釋》上冊 437 頁。

碑目題跋著錄：

《石刻題跋索引》22 頁右，《新編》1/30/22360。

《新疆訪古記》1/1a，《新編》2/15/11483 上。

（宣統）《新疆圖志·金石一》88/1b，《新編》3/32/390。

《漢魏石刻文學考釋》上冊 436—437 頁。

《漢魏六朝碑刻校注·總目提要》編號 0783。

論文：

李惠興：《西域張騫題碑記三則》，《新疆文物》1996 年第 1 期。

李惠興：《張騫通西域，絲路有題碑》，《中國地方志》2002 年第 3 期。

顏世明、高健：《〈漢張騫碑〉淺議》，《魯東大學學報》2015 年第 6 期。

備考：張騫，《漢書》卷六一有傳。《史記》卷一二三附《大宛列傳》。

新 莽

天 鳳

天鳳 001
高彥墓磚

天鳳五年（18）三月二十日刻。山東省日照市出土。高 30.5、寬 22.5 釐米。文篆書兼隸書，3 行，行 7 字。

著錄：

《漢魏六朝碑刻校注》1 冊 26—27 頁。（圖、文）

《漢魏六朝碑刻校注·總目提要》編號 0035。（目）

論文：

盧芳玉：《新見漢代志墓刻銘研究札記》，《中國書法》2004 年第 11 期。

天鳳 002
鬱平大尹馮君孺人（久）畫像石墓題記

天鳳五年（18）十月十七日葬。1978 年 3 月在河南省唐河縣湖陽鎮獅子山新店村西發掘出土，今藏南陽市漢畫像館。拓片一高 136、寬 25 釐米；一高 182、寬 40 釐米。題記分刻於墓室南柱、東門柱、東門門楣後等處，篆書，或 1 行 27 字，或 1 行 11 字，或 1 行 10 字不等。閃修山在《中原文物》發文考證，墓主名當為"馮孺久"，非"馮孺人"。

著錄：

《漢碑全集》1 冊 73—78 頁。（圖、文）

《漢魏六朝碑刻校注》1 冊 28—30 頁。（圖、文）

《漢魏石刻文字繫年》9—10 頁。（文、跋）

《漢魏六朝碑刻校注·總目提要》編號 0036。（目）

論文：

黃運甫、閃修山：《唐河漢鬱平大尹馮君孺人畫像石墓》，《考古學報》1980 年第 2 期。

閃修山：《漢鬱平大尹馮君孺人畫像石墓研究補遺》，《中原文物》1991 年第 3 期。

楊愛國：《漢代畫像石榜題略論》，《考古》2005 年第 5 期。

新莽無年號

無年號 001

大司徒甄邯墓碑

新莽（9—23）。南朝宋張永嘗開玄武湖，遇古冢，有一石，銘"大司徒甄邯之墓"。

碑目題跋著錄：

《江寧金石待訪目》1/1b，《新編》1/13/10130 上。

《佩文齋書畫譜・金石》61/2b 上，《新編》3/2/30 下。

（嘉慶）《重刊江寧府志・金石》53/1a，《新編》3/5/27 下。

《江寧金石待訪錄》1/1b，《新編》3/5/83 上。

（同治）《上江兩縣志・藝文下》12 下/2a，《新編》3/5/111 下。

《六藝之一錄》54/17b，《新編》4/5/11 上。

備考：甄邯，其事見《漢書》卷一八《外戚恩澤侯表》、《漢書》卷九九上・中《王莽傳》等。

東　漢

建　武

建武 001

建武孔□墓磚（孔伍之父）

建武九年（33）十月十五日。距晉奧十餘里，舊藏新河沈沆家。磚長九寸五分，闊四寸七分，厚一寸三分。文1行14字，隸書。

著錄：

（光緒）《太平續志·甄文》10/7a–b，《新編》3/9/530下。（文、跋）

建武002

扈君墓磚二

建武二十八年（52）五月。李邑作。南宋周必大得之於劍州梓潼縣。篆書，一磚28字，一磚9字。

著錄：

《佩文齋書畫譜·金石》61/2b上引《蘆浦筆記》，《新編》3/2/30下。（文）

《六藝之一錄》54/21b，《新編》4/5/13上。（文、跋）

《金石錄補》27/8a，《新編》1/12/9136下。（跋）

備考：《中國磚銘》圓版上冊104頁所收拓本與《蘆浦筆記》的一磚文字幾乎相同，唯"扈君"之"扈"為"邵"字，疑後人偽造，因該磚拓本諸書無載。

建武003

三老□通碑

又名：三老諱字忌日記。建武二十八年（52）五月十日刻。清咸豐二年（1852）五月出土於浙江省餘姚縣客星山下，餘姚周氏舊藏，後售於葉氏，今存杭州西湖西泠印社"漢三老石室"。石高90.5、寬45釐米。文隸書，分兩段，一段4列，凡21行，行字不等；左段3行。

圖版著錄：

《二銘草堂金石聚》2/1a–3a，《新編》2/3/1760上—1761上。

《古石抱守錄》，《新編》3/1/307。

《北京圖書館藏中國歷代石刻拓本匯編》1冊22頁。

《漢碑全集》1冊89—90、92—98頁。

《漢魏六朝碑刻校注》1冊33頁。

《寧波現存碑刻碑文所見錄》圖版2頁。

錄文著錄：

《八瓊室金石補正》3/1b－2b,《新編》1/6/4045 上—下。

《十二硯齋金石過眼錄》1/8b－10a,《新編》1/10/7796 下—7797 下。

《續語堂碑錄》,《新編》2/1/72 下—74 上。

《函青閣金石記》2/10b－12a,《新編》2/6/5025 上—5026 上。

（光緒）《餘姚縣志·金石上》16/1a－b,《新編》3/9/143 上。

《有萬憙齋石刻跋》8a－b,《新編》3/38/158 下。

《漢碑全集》1 冊 91 頁。

《漢魏石刻文學考釋》上冊 53—54 頁。

《漢碑集釋》1—2 頁。

《漢魏六朝碑刻校注》1 冊 34 頁。

碑目題跋著錄：

《八瓊室金石補正》3/2b－3a,《新編》1/6/4045 下—4046 上。

《十二硯齋金石過眼錄》1/10a－11a,《新編》1/10/7797 下—7798 上。

《集古求真續編》6/4a－6a,《新編》1/11/8762 下—8763 下。

《藝風堂金石文字目》1/13b,《新編》1/26/19529 上。

《唐風樓金石文字跋尾》,《新編》1/26/19841 上。

《補寰宇訪碑錄》1/4a,《新編》1/27/20196 下。

《金石彙目分編》7（補遺）/15b,《新編》1/28/20903 上。

《石刻題跋索引》485 頁右,《新編》1/30/22823。

《續語堂碑錄》《新編》2/1/68 上。

《二銘草堂金石聚》2/3b,《新編》2/3/1761 上。

《億年堂金石記》9b－10a,《新編》2/6/4279 上—下。

《函青閣金石記》2/12a－14a,《新編》2/6/5026 上—5027 上。

《語石》2/1b、3/34b,《新編》2/16/11876 上、11914 下。

《定庵題跋》26b－27b,《新編》2/19/14298 下—14299 上。

《寰宇貞石圖目錄》卷上/1b、卷下/1a,《新編》2/20/14671 下、14677 下。

《古石抱守錄》,《新編》3/1/307。

《夢碧簃石言》1/6a–14b、5/3b,《新編》3/2/157 上—161 上、214 上。附俞樾《春在堂隨筆》、李慈伯《越縵堂日記》、陳氏《墨迻金石記》等題跋。

（光緒）《餘姚縣志·金石上》16/1b–3a,《新編》3/9/143 上—144 上。附周世熊跋。

《漢石存目》卷上/1b,《新編》3/37/521 上。

《有萬憙齋石刻跋》7a–b、9a,《新編》3/38/158 上、159 上。

《碑帖跋》50 頁,《新編》3/38/198、4/7/427 上。

《雪堂金石文字跋尾》2/3b–4a,《新編》3/38/289 上—下。

《續語堂題跋》32a–34a,《新編》3/38/394 上—395 上。

《激素飛清閣平碑記》卷 1,《新編》4/1/199 上。

《石交錄》1/7b,《新編》4/6/433 上。

《雪堂所藏金石文字簿錄》6b,《新編》4/7/372 下。

《增補校碑隨筆》（修訂本）21—22 頁。

《善本碑帖錄》1/7。

《碑帖敘錄》7 頁。

《漢魏石刻文學考釋》上冊 51—53 頁。

《漢魏石刻文字繫年》12 頁。

《寧波現存碑刻碑文所見錄》128 頁。

《漢魏六朝碑刻校注·總目提要》編號 0041。

淑德大學《中國石刻拓本目錄》"碑碣等刻石" 編號 33。

《北山集古錄》卷一,《北山金石錄》上冊 365—366 頁。

論文：

方愛龍：《東漢·三老諱字忌日碑》,《杭州師範學院學報》2008 年第 1 期。

胡迪軍：《〈漢三老諱字忌日碑〉散記》,《書法》2012 年第 5 期。

建武 004

邯君墓磚文二

建武二十八年（52）刻。得之蜀中《范平闕》旁,一磚 16 字,一磚

3 字，篆書。

著錄：

《金石錄補》2/7a–b，《新編》1/12/8996 上。（文、跋）

《石刻題跋索引》672 頁右，《新編》1/30/23010。（目）

《石刻名彙》11/181b，《新編》2/2/1118 上。（目）

《古誌彙目》1/1b，《新編》3/37/6。（目）

建武中元

建武中元 001

蜀郡太守何君閣道碑

別稱：蜀郡太守何君造尊楗閣碑。建武中元二年（57）六月刻。此石初被宋人訪得，後久晦；2004 年 3 月在滎經縣境內重新發現。摩崖刻。拓本高 90、寬 94 釐米。文隸書，7 行，行 6 至 9 字不等。

圖版著錄：

《金石索》石索二，下冊 1059—1060 頁。

《北京圖書館藏中國歷代石刻拓本匯編》1 冊 23 頁。

《漢碑全集》1 冊 99—100 頁。

《漢魏六朝碑刻校注》1 冊 36 頁。

《北京大學圖書館新藏金石拓本菁華》（1996—2012）38 頁。

錄文著錄：

《隸釋》4/1a，《新編》1/9/6795 上。

《紅藕齋漢碑彙鈔集跋》，《新編》3/38/562 上。

《碑版廣例》1/23a–b，《新編》3/40/243 上。

《六藝之一錄》53/1b，《新編》4/4/783 上。

《全後漢文》98/1a，《全文》1 冊 998 上。

《四川歷代碑刻》4 頁。

《漢魏石刻文學考釋》上冊 55—56 頁。

《漢碑全集》1 冊 100 頁。

《漢魏六朝碑刻校注》1 冊 37 頁。

碑目題跋著錄：

《隸釋》4/1b－2b，《新編》1/9/6795 上—下。

《隸釋刊誤》17a，《新編》1/9/7053 上。

《隸續》7/8a－b，《新編》1/10/7136 下。

《金石錄補》2/7b－8b、25/15a、25/19b，《新編》1/12/8996 上—下、9122 上、9124 上。

《輿地碑記目·成都府碑記》4/2a、7a、7b，《新編》1/24/18560 下、18563 上。

《金石彙目分編》16（1）/2a、65b，《新編》1/28/21449 下、21515 上。

《石刻題跋索引》485 頁右，《新編》1/30/22823。

《天下金石志》7/9，《新編》2/2/846 上。

《墨華通考》卷 11，《新編》2/6/4422 上、4440 下。

《蜀碑記補》1/13－14、6/37，《新編》2/12/8731 上、8737 上。

《隸韻·碑目》1b，《新編》2/17/12515 上。

《隸辨》7/1b－2a，《新編》2/17/13036 上—下。

《古林金石表》2a，《新編》2/20/14894 下。

《佩文齋書畫譜·金石》61/2b 上，《新編》3/2/30 下。

（嘉慶）《四川通志·輿地志》58/2a、59/19b－20a，《新編》3/14/473 下、505 上—下。

（嘉慶）《成都縣志·金石》6/31a，《新編》3/14/543 上。

（同治）《重修成都縣志·輿地志》2/4b，《新編》3/14/550 下。

《蜀碑記》1/1a、6/3a，《新編》3/16/312 上、330 上。

《燕庭金石叢稿》，《新編》3/32/472 上、596 下。

《寒山堂金石林時地攷》卷下/16b，《新編》3/34/509 下。

汪本《隸釋刊誤》17a，《新編》3/37/558 下。

《紅藕齋漢碑彙鈔集跋》，《新編》3/38/525 上、527 下、548 上、562 下。附楊升庵題跋。

《金石小箋》11b－12b，《新編》3/39/500 上—下。

《碑版廣例》1/23b，《新編》3/40/243 上。

《金石備攷·雅州》，《新編》4/1/77 下。
《古今書刻》下編/43a，《新編》4/1/156 上。
《漢隸字源》30 頁。
《金石索》石索二，下冊 1060 頁。
《漢魏石刻文學考釋》上冊 54—55 頁。
《漢魏石刻文字繫年》11 頁。
《漢魏六朝碑刻校注·總目提要》編號 0043。

論文：

陶喻之：《漢魏蜀道石刻史料研究》，《上海博物館集刊》第 7 期，上海書畫出版社 1996 年版。

李炳中、潘紅兵等：《〈何君尊楗閣刻石〉發現及考釋》，《四川文物》2004 年第 6 期。

魏啟鵬：《跋〈何君閣道銘〉再發現》，《四川文物》2004 年第 6 期。

高俊剛：《〈何君尊楗閣刻石〉考釋——兼論西南絲路牦牛道滎經段路線走向》，《四川文物》2005 年第 1 期。

何崝、邱登成：《〈雅安新出漢碑二種〉讀後》，《四川文物》2007 年第 1 期。

永　平

永平 001

何君治閣道碣

永平元年（58）四月六日刻。拓片高 64、寬 56 釐米。文隸書，7 行，行 7 字。

著錄：

《北京圖書館藏中國歷代石刻拓本匯編》1 冊 24 頁。（圖）

《漢魏六朝碑刻校注》1 冊 38—39 頁。（圖、文）

《漢魏六朝碑刻校注·總目提要》編號 0044。（目）

永平 002

樂山蕭壩永平元年□□墓題記

永平元年（58）九月十二日葬。出土於四川省樂山市蕭壩黃沙灣口二十九號墓。拓本高92、寬34釐米。文隸書，2行，行6字。

著錄：

《漢碑全集》1冊101—102頁。（圖、文）

《漢魏石刻文字繫年》12頁。（文、跋）

《漢魏六朝碑刻校注·總目提要》編號0045。（目）

論文：

帥秉龍：《樂山蕭壩崖墓發現東漢早期題記》，《四川文物》1992年第6期。

永平003

夏君墓磚

永平二年（59）。浙江歸安陸氏舊藏。左側長五寸，右側長七寸，厚一寸四分。文正書，左側存4字，右側存7字。

著錄：

《千甓亭磚續錄》1/4a-b，《歷代陶文研究資料選刊》上冊535—536頁。（文、跋）

《石刻名彙》11/181b，《新編》2/2/1118上。（目）

永平004

徐州銅山□□畫像石題記

建武十八年（42）臘月子日卒，永平四年（61）正月葬。1989年在江蘇省銅山縣漢王鄉發現。高89、寬5.5釐米。文1行35字，隸書。

著錄：

《漢碑全集》1冊103—105頁。（圖、文）

《漢魏六朝碑刻校注》1冊40—41頁。（圖、文）

《漢魏石刻文字繫年》13頁。（文、跋）

《漢魏六朝碑刻校注·總目提要》編號0048。（目）

論文：

王黎琳等：《徐州發現東漢畫像石》，《文物》1996年第4期。

永平 005

漢中太守鄐君开通褒斜道摩崖

別稱：鄐君開石門道碑、漢永平碑、鄐君部掾開通褒余道碑。永平六年（63）。南宋紹熙末晏袤訪得，石在陝西省褒城縣（今陝西勉縣），今藏漢中市博物館。通高 93—126、通寬 254 釐米。文隸書，16 行，行 5 字至 11 字不等。

圖版著錄：

《二銘草堂金石聚》2/4a–34b，《新編》2/3/1761 下—1776 下。

《草隸存》卷 2，《新編》4/3/41。

《金石索》石索二，下冊 1061—1063 頁。

《北京圖書館藏中國歷代石刻拓本匯編》1 冊 25 頁。

《中國西北地區歷代石刻匯編》1 冊 6 頁。

《漢碑全集》1 冊 106—127 頁。

《漢魏六朝碑刻校注》1 冊 42 頁。

錄文著錄：

《金石萃編》5/12b–13a，《新編》1/1/95 下—96 上。

《兩漢金石記》13/12a–13a，《新編》1/10/7388 下—7389 上。

《二銘草堂金石聚》2/35a，《新編》2/3/1777 上。

《金石續鈔》1/1a–b，《新編》2/7/5364 下。

《漢碑錄文》1/3a–4a，《新編》2/8/6116 下—6117 上。

《石門碑醳》11a–b，《新編》3/2/553 上。

《石門碑醳補》1a–b，《新編》3/2/560 下。

《紅藕齋漢碑彙鈔集跋》，《新編》3/38/561 上。

《碑版廣例》1/22b–23a，《新編》3/40/242 下—243 上。

《續古文苑》10/4b–5a，《新編》4/2/143 下—144 上。

《全後漢文》98/1a–b，《全文》1 冊 998 上。

《漢碑集釋》6—7 頁。

《漢魏石刻文學考釋》上冊 60 頁。

《漢碑全集》1 冊 107 頁。

《漢魏六朝碑刻校注》1 冊 43 頁。

碑目題跋著錄：

《金石萃編》5/16b－17a，《新編》1/1/97 下—98 上。

《兩漢金石記》1/21a、13/13a－14a、19/6a，《新編》1/10/7215 上、7389 上—下、7469 下。

《集古求真》9/1a－b，《新編》1/11/8562 上。

《集古求真補正》3/14a，《新編》1/11/8669 下。

《陝西金石志》5/1a，《新編》1/22/16415 上。

《輿地碑記目·洋州碑記》4/35a，《新編》1/24/18577 上。

《潛研堂金石文跋尾》1/7b，《新編》1/25/18736 上。

《潛研堂金石文字目錄》1/3a，《新編》1/25/19008 上。

《平津讀碑記》1/3b－4a，《新編》1/26/19350 上—下。

《藝風堂金石文字目》1/3a，《新編》1/26/19524 上。

《寰宇訪碑錄》1/2b，《新編》1/26/19852 下。

《金石彙目分編》12（2）/47b，《新編》1/28/21359 上。

《石刻題跋索引》485 頁右—486 頁左，《新編》1/30/22823－22824。

《續語堂碑錄》，《新編》2/1/68 上。

《二銘草堂金石聚》2/36b－37a，《新編》2/3/1777 下—1778 上。

《平津館金石萃編》2/1a，《新編》2/4/2431 上。

《宜祿堂收藏金石記》卷 2，《新編》2/5/3267 上。

《宜祿堂金石記》1/3b，《新編》2/6/4207 上。

《崇雅堂碑錄》1/2a，《新編》2/6/4484 下。

《香南精舍金石契》，《新編》2/6/4986 下。

《金石續鈔》1/1b，《新編》2/7/5364 下。

《漢碑錄文》1/4a－b，《新編》2/8/6117 上。

《關中金石文字存逸考》10/21b－22a、12/22b、12/37a，《新編》2/14/10602 上—下、10647 下、10655 上。

《關中金石記》1/2，《新編》2/14/10664 上。

《獨笑齋金石文攷》第二集 1/6b－8a，《新編》2/16/11733 下—11735 上。

《語石》3/11a、3/20b，《新編》2/16/11903 上、11907 下。
《隸辨》7/2b，《新編》2/17/13036 下。
《平安館藏碑目》，《新編》2/18/13373 下。
《古墨齋金石跋》1/4b–5a，《新編》2/19/14064 下—14065 上。
《枕經堂金石題跋》2/19a–b，《新編》2/19/14246 上。
《愛吾廬題跋》6b，《新編》2/20/14376 下。
《竹崦盦金石目錄》2a，《新編》2/20/14547 下。
《寰宇貞石圖目錄》卷上/1b、卷下/1a，《新編》2/20/14671 下、14677 下。
《佩文齋書畫譜·金石》61/2b 下，《新編》3/2/30 下。
《石門碑醳》11b–12a、18b，《新編》3/2/553 上—下、556 下。
《石目》，《新編》3/36/55 下。
《竹崦盦金石目錄》1/2a，《新編》3/37/340 下。
《漢石存目》卷上/1b，《新編》3/37/521 上。
《紅藕齋漢碑彙鈔集跋》，《新編》3/38/561 上—下。
《中國金石學講義·正編》11b，《新編》3/39/140。
《激素飛清閣平碑記》卷 1，《新編》4/1/193 上。
《六藝之一錄》53/3a，《新編》4/4/784 上。
《雪堂所藏金石文字簿錄》7a，《新編》4/7/373 上。
《漢隸字源》151 頁。
《金石索》石索二，下冊 1063—1064 頁。
《增補校碑隨筆》（修訂本）22—23 頁。
《善本碑帖錄》1/8。
《碑帖敘錄》194 頁。
《漢魏石刻文學考釋》上冊 56—60 頁。
《漢魏石刻文字繫年》12—13 頁。
《漢魏六朝碑刻校注·總目提要》編號 0050。
淑德大學《中國石刻拓本目錄》"碑碣等刻石"編號 34。
論文：
陳明達：《褒斜道石門及其石刻》，《文物》1961 年第 4、5 合期。

黃盛璋：《褒斜道與石門石刻》，《文物》1963年第2期。

去非：《褒斜石刻和漢代刑徒》，《文物》1963年第2期。

陝西省考古研究所：《褒斜道石門附近棧道遺跡及題刻的調查》，《文物》1964年第11期。

陶喻之：《褒斜石門兩種摩崖石刻考辯》，《上海博物館集刊》第6期，上海古籍出版社1992年版。

永平006

豫州刺史路君闕二

別稱：會稽東部都尉路君闕。永平八年（65）四月十四日造。雙闕，前闕7行，27字；後闕7行，21字。

錄文著錄：

《隸續》13/3b、4a，《新編》1/10/7162上—下。

《碑版廣例》6/2a，《新編》3/40/302下。

《漢魏石刻文學考釋》上冊219—220頁。

碑目題跋著錄：

《隸續》13/4b－5a，《新編》1/10/7162下—7163上。

《兩漢金石記》19/3a－b，《新編》1/10/7468上。

《金石錄》1/3a，《新編》1/12/8801上。

《金石錄補》2/8b、6/7a－b，《新編》1/12/8996下、9018上。

《通志·金石略》卷上/18b，《新編》1/24/18028上。

《寶刻叢編》20/2b，《新編》1/24/18373下。

《石刻題跋索引》1頁右—2頁左，《新編》1/30/22339－22340。

《天下金石志》16/1，《新編》2/2/870下。

《隸韻·碑目》2a，《新編》2/17/12515下。

《隸辨》7/2a－b，《新編》2/17/13036下。

《佩文齋書畫譜·金石》61/2b下，《新編》3/2/30下。

《紅藕齋漢碑彙鈔集跋》，《新編》3/38/531下。

《碑版廣例》6/2a，《新編》3/40/302下。

《漢魏六朝墓銘纂例》3/1a，《新編》3/40/450上。

《金石備攷》附錄,《新編》4/1/86 上。
《六藝之一錄》54/1a、3b,《新編》4/5/3 上、4 上。
《漢隸字源》115、125 頁。
《漢魏石刻文學考釋》上冊 219 頁。
《漢魏石刻文字繫年》14 頁。
《漢魏六朝碑刻校注·總目提要》編號 0049。

永平 007

王毋墓磚

永平九年（66）。湖北宜都出土,浙江山陰劉氏舊藏。正書。

著錄:

《荊南萃古編》,《新編》2/10/7581－7583。（圖、文、跋）

《石刻名彙》11/181b,《新編》2/2/1118 上。（目）

永平 008

漢郎中尹君闕

永平十一年（68）。位於保寧府廣元縣。長七尺五寸,寬二尺,厚一尺五寸。石闕有二,各 8 字,隸書。

圖版著錄:

《金石圖說》甲下/85a,《新編》2/2/983 下。

《金石屑》2/46a－53b,《新編》2/6/4662 上—4665 下。

錄文著錄:

《函青閣金石記》4/1a,《新編》2/6/5046 下。

碑目題跋著錄:

《金石彙目分編》16（1）/47a,《新編》1/28/21472 上。

《金石圖說》甲下/85b,《新編》2/2/983 下。

《石刻名彙》1/2b,《新編》2/2/1025 下。

《崇雅堂碑錄補》1/2b,《新編》2/6/4551 下。

《金石屑》2/54a－55a,《新編》2/6/4666 上—4666 下。

《函青閣金石記》4/1a－1b,《新編》2/6/5046 下。

《竹崦盦金石目錄》7b－8a,《新編》2/20/14550 上—下、3/37/

343 下。

《兩浙金石別錄》卷上/8a,《新編》3/10/457 上。

《燕庭金石叢稿》,《新編》3/32/610 上。

《漢魏石刻文字繫年》111 頁。

《漢魏六朝碑刻校注·總目提要》編號 0051。

備考:《漢魏六朝碑刻校注·總目提要》載時間為東漢永平十一年(68),不知何據?今暫從。

永平 009

楊德安墓記

永平十七年(74)十月十五日卒。2003 年冬江蘇省徐州市出土。高 98、寬 25 釐米。文隸書,4 行,行 20 字。

著錄:

《漢碑全集》1 冊 128—129 頁。(圖、文)

《漢魏六朝碑刻校注》1 冊 46—47 頁。(圖、文)

《漢魏六朝碑刻校注·總目提要》編號 0054。(目)

淑德大學《中國石刻拓本目錄》"碑碣等刻石"編號 36。(目)

論文:

盧芳玉:《新見漢代志墓刻銘研究札記》,《中國書法》2004 年第 11 期。

永平 010

孝子王立碑

別稱:孝子王玄碑。明帝永平年間(58—75)。碑在定州安喜縣城東。

碑目題跋著錄:

《隸釋》20/7a 引《水經注》,《新編》1/9/6950 上。

《隸釋》27/2b 引《天下碑錄》,《新編》1/9/7036 下。

《通志·金石略》卷上/11b,《新編》1/24/18024 下。

《寶刻叢編》6/33a,《新編》1/24/18180 上。

《金石彙目分編》3(2)/46a,《新編》1/27/20715 下。

《石刻題跋索引》24 頁左，《新編》1/30/22362。

《天下金石志》1/6，《新編》2/2/804 上。

《墨華通考》1/12b，《新編》2/6/4296 下。

（光緒）《畿輔通志·金石十五》152/47a，《新編》2/11/8667 上。

《京畿金石考》卷下/20b，《新編》2/12/8777 下。

《隸辨》8/44a，《新編》2/17/13096 下。

《畿輔待訪碑目》卷上/1b，《新編》2/20/14801 上。

《佩文齋書畫譜·金石》61/2b 下，《新編》3/2/30 下。

（民國）《定縣志·金石篇上》18/1a-b，《新編》3/24/267 上。

《寒山堂金石林時地攷》卷上/1b，《新編》3/34/490 上。

《碑版廣例》6/10b，《新編》3/40/306 下。

《金石備攷·真定府》，《新編》4/1/7 下。

《古今書刻》下編/2b，《新編》4/1/135 下。

《六藝之一錄》51/15a，《新編》4/4/760 上。

《水經注碑錄》卷三編號 67，《北山金石錄》上冊 72 頁。

《漢魏石刻文學考釋》中冊 827 頁。

《漢魏石刻文字繫年》13 頁。

《漢魏六朝碑刻校注·總目提要》編號 0055。

備考：諸書皆無年號記載，《漢魏六朝碑刻校注·總目提要》標注"永平十八年"（75），不知何據？

建　初

建初 001

建初元年□□墓磚銘二種

建初元年（76）六月廿六日。出土時地不詳。一磚殘長 26.3、寬 7.5 釐米；一磚殘長 20.5、寬 6 釐米。從圖版看，二磚內容稍異，當為兩人墓磚。磚各 3 行，一磚行 10 至 12 字不等，一磚行 11 至 15 字不等，均篆書。

著錄：

《俟堂專文雜集》第三，76 頁（圖）；目錄編號 76、77（目）。

《中國磚銘》圖版上冊 113—114 頁。（圖、文）

建初 002
張賓公妻穿中二柱文

別稱：張偉伯穿中記。建初二年（77）六月十二日卒。南宋紹興年間武陽城東彭亡山出土。隸書。

錄文著錄：

《隸釋》13/9b – 10a，《新編》1/9/6898 上—下。

《碑版廣例》5/22b – 23a，《新編》3/40/301 上—下。

《六藝之一錄》54/16b – 17a，《新編》4/5/10 下—11 上。

《漢魏石刻文學考釋》上冊 63 頁。

碑目題跋著錄：

《隸釋》13/10a – b，《新編》1/9/6898 下。

《隸釋刊誤》62a，《新編》1/9/7075 下。

《金石錄補》2/8b – 9a，《新編》1/12/8996 下—8997 上。

《金石彙目分編》16（2）/47b，《新編》1/28/21506 上。

《石刻題跋索引》486 頁左，《新編》1/30/22824。

《天下金石志》16/4，《新編》2/2/872 上。

《蜀碑記補》7/39 – 40，《新編》2/12/8737 下。

《金石例補》2/12b，《新編》2/17/12371 下。

《隸韻・碑目》2a，《新編》2/17/12515 下。

《隸辨》7/2b – 3a，《新編》2/17/13036 下—13037 上。

《佩文齋書畫譜・金石》61/2b 下，《新編》3/2/30 下。

（嘉慶）《四川通志・輿地志》60/3a，《新編》3/14/520 上。

《燕庭金石叢稿》，《新編》3/32/572 下。

汪本《隸釋刊誤》62a，《新編》3/37/581 上。

《紅藕齋漢碑彙鈔集跋》，《新編》3/38/527 下。

《漢石例》1/18b、3/20b – 21a，《新編》3/40/133 下、174 下—175 上。

《漢魏六朝墓銘纂例》2/14b – 15a，《新編》3/40/448 下—449 上。

《金石備攷》附錄，《新編》4/1/91 上。

《漢隸字源》81 頁。

《漢魏石刻文學考釋》上冊 62—63 頁。

《漢魏石刻文字繫年》15 頁。

《漢魏六朝碑刻校注·總目提要》編號 0058、0658。

備考：《漢魏石刻文字繫年》誤著錄為"張公賓妻穿中二柱文"。

建初 003

浚伯寧甀文

建初三年（78）八月廿日刻。文 6 行，行 3 字，隸書。

著錄：

《中國磚銘》圖版上冊 117 頁。（圖、文）

《隸續》14/4a-b，《新編》1/10/7168 下。（文、跋）

《金石錄補》2/9a-b，《新編》1/12/8997 上。（文、跋）

《隸辨》8/30a，《新編》2/17/13089 下。（跋）

《石刻題跋索引》673 頁左，《新編》1/30/23011。（目）

《佩文齋書畫譜·金石》61/3a 上，《新編》3/2/31 上。（目）

《六藝之一錄》54/23b，《新編》4/5/14 上。（目）

《漢隸字源》129 頁。（目）

建初 004

建初四年□□磚誌

又名：建武墓磚文字。父建武廿五年（49）終，母建初四年（79）終。山東青州出土，濰縣陳氏、方若舊藏。施蟄存所得拓本為左右二側，各長 32、廣 5 釐米。文篆書，13 行，行 2 字。

著錄：

《中國磚銘》圖版上冊 118—119 頁。（圖、文）

《北山談藝錄續編》136—137 頁。（圖、文、跋）

《石交錄》1/6b-7a，《新編》4/6/432 下—433 上。（文、跋）

《俑廬日札》，《羅振玉學術論著集》第三集，157—158 頁。（文、跋）

《北山集古錄》卷四"磚文題跋"，《北山金石錄》上冊 444—445

頁。（文、跋）

《增補校碑隨筆》（修訂本）21 頁。（文、跋）

《石刻名彙》11/181a，《新編》2/2/1118 上。（目）

《古誌彙目》1/1b，《新編》3/37/6。（目）

《漢魏六朝碑刻校注·總目提要》編號 0061。（目）

建初 005

司馬長元石門題記

建初六年（81）十月三日造。清末發現於山東省文登縣西三十里顧頭村。二石，拓本一高 128、寬 20 釐米；一高 110、寬 21 釐米。文隸書，每石 1 行，右 13 字，左 9 字。《漢魏石刻文字繫年》認為，《八瓊室金石補正》卷三所著錄之"建初殘刻"疑與此乃一石。

圖版著錄：

《古石抱守錄》，《新編》3/1/199。

《北京圖書館藏中國歷代石刻拓本匯編》1 冊 26 頁。

《漢碑全集》1 冊 141—142 頁。

《山東石刻分類全集·秦漢碑刻》18 頁。

錄文著錄：

（宣統）《山東通志·藝文志》卷 151，《新編》2/12/9300 下。

（光緒）《增修登州府志·金石上》65/1b，《新編》3/27/45 上。

《魯迅輯校石刻手稿·碑銘》上冊 53 頁。

《增補校碑隨筆》（修訂本）24 頁。

《碑帖鑒定》24、26 頁。

《漢碑全集》1 冊 142 頁。

《漢魏石刻文學考釋》上冊 65 頁。

碑目題跋著錄：

《金石彙目分編》10（補遺）/25b，《新編》1/28/21226 上。

（宣統）《山東通志·藝文志》卷 151，《新編》2/12/9300 下。

（光緒）《增修登州府志·金石上》65/1b–2a，《新編》3/27/45 上—下。

《漢石存目》卷上/1b，《新編》3/37/521 上。

《碑帖跋》34 頁，《新編》3/38/182、4/7/423 上。

《再續寰宇訪碑錄》卷上，《羅振玉學術論著集》第五集，405 頁。

《增補校碑隨筆》（修訂本）24 頁。

《善本碑帖錄》1/8。

《漢魏石刻文學考釋》上冊 64—65 頁。

《漢魏石刻文字繫年》15—16 頁。

《齊魯碑刻墓誌研究》"附表" 344 頁。

《漢魏六朝碑刻校注·總目提要》編號 0062。

淑德大學《中國石刻拓本目錄》"碑碣等刻石" 編號 38。

建初 006

曹叔文甎文

建初七年（82）八月十三日。文 8 行，行 4 字。

著錄：

《隸續》14/4b，《新編》1/10/7168 下。（文、跋）

《漢隸字源》129 頁。（目）

《石刻題跋索引》673 頁左，《新編》1/30/23011。（目）

《隸辨》8/30b，《新編》2/17/13089 上。（目）

《佩文齋書畫譜·金石》61/3a 上，《新編》3/2/31 上。（目）

《六藝之一錄》54/23b，《新編》4/5/14 上。（目）

建初 007

東平憲王劉蒼碑闕

施蟄存《水經注碑錄》考證，劉蒼東漢建初八年（83）正月薨，碑闕當建於此時。碑在無鹽縣，或云在泰安府東平縣。

碑目題跋著錄：

《隸釋》20/21a 引《水經注》，《新編》1/9/6957 上。

《金石彙目分編》10（1）/65a，《新編》1/28/21133 上。

（宣統）《山東通志·藝文志》卷 152，《新編》2/12/9339 下。

《隸辨》8/60a，《新編》2/17/13104 下。

《佩文齋書畫譜·金石》61/16b 下，《新編》3/2/37 下。

（乾隆）《東平州志·金石志》5/6a，《新編》3/26/615 上。

（光緒）《東平州志·金石上》21/1b–2a，《新編》3/26/619 上—下。

《紅藕齋漢碑彙鈔集跋》，《新編》3/38/575 上。

《六藝之一錄》51/1b，《新編》4/4/753 上。

《水經注碑錄》卷六編號 177，《北山金石錄》上冊 148—149 頁。

備考：東平憲王劉蒼，《後漢書》卷四二有傳。

建初 008

張文思為父造石闕題記

建初八年（83）八月造。1956 年 7 月在山東省肥城縣安駕莊出土，今石存山東省博物館。高 149、寬 78 釐米。文隸書，2 行計 26 字，

著錄：

《漢碑全集》1 冊 143—146 頁。（圖、文）

《漢魏六朝碑刻校注》1 冊 52—53 頁。（圖、文）

《漢魏石刻文字繫年》16 頁。（文、跋）

《碑帖鑒定》26 頁。（文）

《漢魏六朝碑刻校注·總目提要》編號 0065。（目）

論文：

王思禮：《山東肥城漢畫像石墓調查》，《文物參考資料》1958 年第 4 期。

令盦、下坡：《山東新發現的兩漢碑石及有關問題》，《漢碑研究》，第 350—366 頁。

元　和

元和 001

孫仲陽為父建造石闕題記

又名：元和二年石闕題記。元和二年（85）正月六日。1965 年在山東省莒南縣東蘭墩村發現，現存山東省石刻藝術館。闕高 180、下寬 70、銘文部分寬約 11 釐米。文隸書，1 行 29 字。

著錄：

《漢碑全集》1 冊 147—153 頁。（圖、文）
《山東石刻分類全集·秦漢碑刻》21 頁。（圖、文）
《漢魏石刻文字繫年》16 頁。（文、跋）
《碑帖鑒定》27 頁。（文）
《齊魯碑刻墓誌研究》"附表" 344 頁。（跋）
《漢魏六朝碑刻校注·總目提要》編號 0066。（目）
淑德大學《中國石刻拓本目錄》"碑碣等刻石" 編號 39。（目）
論文：
劉心健、張鳴雪：《山東莒南發現漢代石闕》，《文物》1965 年第 5 期。
楊愛國：《漢代畫像石榜題略論》，《考古》2005 年第 5 期。
令盒、下坡：《山東新發現的兩漢碑石及有關問題》，《漢碑研究》，第 350—366 頁。

元和 002

謝君墓甎文

元和三年（86）五月。文 4 行，15 字。
著錄：
《隸續》14/5a，《新編》1/10/7169 上。（文、跋）
《六藝之一錄》54/22a，《新編》4/5/13 下。（文、跋）
《漢隸字源》129 頁。（目）
《石刻題跋索引》673 頁左，《新編》1/30/23011。（目）
《石刻名彙》11/181b，《新編》2/2/1118 上。（目）
《隸辨》8/30b，《新編》2/17/13089 下。（目）
《佩文齋書畫譜·金石》61/3a 上，《新編》3/2/31 上。（目）
《漢魏六朝墓銘纂例》2/15a，《新編》3/40/449 上。（目）

元和 003

盧氏墓專

元和三年（86）六月。陝西出土，藏北平端氏寶華盦。隸書。
碑目著錄：
《崇雅堂碑錄補》1/1b，《新編》2/6/4551 上。

元和 004

皇聖卿雙闕

元和三年（86）十二月廿□日卒。近人著錄在山東省費縣（今平邑縣），今存山東省平邑縣博物館。拓本一闕高1尺2分，寬7寸；一闕高1尺6分，寬1尺6寸3分。文隸書，一闕存4行，行字不等；一闕畫3人，各題一榜。

圖版著錄：

《二銘草堂金石聚》3/1a，《新編》2/3/1797 上。

《漢碑全集》1 冊 157—159 頁。

錄文著錄：

《八瓊室金石補正》3/6a–7a，《新編》1/6/4047 下—4048 上。

（光緒）《費縣志·金石上》14 上/10b，《新編》3/26/173 下。

《漢碑全集》1 冊 158 頁。

《漢魏石刻文學考釋》上冊 222 頁。

碑目題跋著錄：

《八瓊室金石補正》3/7b–8a，《新編》1/6/4048 上—下。

《金石錄》1/3a、14/3a–b，《新編》1/12/8801 上、8883 上。

《通志·金石略》卷上/18b，《新編》1/24/18028 上。

《藝風堂金石文字目》1/3a–b，《新編》1/26/19524 上。

《補寰宇訪碑錄》1/4b，《新編》1/27/20196 下。

《金石彙目分編》10（2）/69a，《新編》1/28/21175 上。

《天下金石志》16/1，《新編》2/2/870 下。

《二銘草堂金石聚》3/2b–3b，《新編》2/3/1797 下—1798 上。

（宣統）《山東通志·藝文志》卷 152，《新編》2/12/9362 下。

《語石》5/22a，《新編》2/16/11949 下。

《隸辨》8/44a，《新編》2/17/13096 下。

《佩文齋書畫譜·金石》61/3a 上，《新編》3/2/31 上。

（光緒）《費縣志·金石上》14 上/10b–11a，《新編》3/26/173 下—174 上。

《漢石存目》卷上/1b–2a，《新編》3/37/521 上—下。

《中國金石學講義·正編》36a，《新編》3/39/189。

《金石備攷》附錄，《新編》4/1/86 上。

《六藝之一錄》54/2a，《新編》4/5/3 下。

《碑帖鑒定》27 頁。

《漢魏石刻文學考釋》上冊 220—222 頁。

《漢魏石刻文字繫年》17 頁。

《漢魏六朝碑刻校注·總目提要》編號 0068。

論文：

劉敦楨：《山東平邑縣漢闕》，《文物參考資料》1954 年第 5 期。

陳明達：《漢代的石闕》，《文物》1961 年第 12 期。

王相臣、唐仕英：《山東平邑縣皇聖卿闕、功曹闕》，《華夏考古》2003 年第 3 期。

備考：《費縣志》認為，此與《皇聖卿闕》非一墓，大多數皆著錄誤；但實則皇聖卿闕有二，《費縣志》只看到其一。

元和 005

稅少卿造冢墓文

元和四年（87）正月三日造冢。2003 年在湖北恩施巴東縣張家墳發掘出土，存恩施自治州博物館。文隸書，計 136 字。

論文：

國務院三峽工程建設委員會辦公室等：《巴東縣張家墳墓群 2003 年發掘簡報》，《湖北庫區考古報告集》第四卷，2007 年，第 232—239 頁。（文）

謝春華：《〈元和四年刻石〉書法評析》，《中國書法》2010 年第 4 期。（圖、文）

陳斯鵬：《巴東縣張家墳墓群 M1 "元和四年刻石" 考釋》，《考古》2011 年第 6 期。（文）

章　和

章和 001

南武陽功曹闕銘

別稱：平邑漢闕、漢南武陽功曹莫開碑。章和元年（87）二月十六日。近人著錄在山東省費縣（今平邑縣），今存山東省平邑縣博物館。闕高 210、寬 72 釐米，銘刻第四層。文隸書，存 9 行，行 17 至 18 字不等。

圖版著錄：

《二銘草堂金石聚》3/2b–3a，《新編》2/3/1797 上—下。

《漢碑全集》1 冊 160—161 頁。

錄文著錄：

《八瓊室金石補正》3/6a–7a，《新編》1/6/4047 下—4048 上。

（光緒）《費縣志·金石上》14 上/13b–14a，《新編》3/26/175 上—下。

《碑帖鑒定》27 頁。

《漢魏石刻文學考釋》上冊 222 頁。

《漢碑全集》1 冊 161 頁。

碑目題跋著錄：

《八瓊室金石補正》3/7b–8a，《新編》1/6/4048 上—下。

《金石錄》1/3a、14/3a–b，《新編》1/12/8801 上、8883 上。

《金石錄補》25/7b，《新編》1/12/9118 上。

《藝風堂金石文字目》1/3b，《新編》1/26/19524 上。

《補寰宇訪碑錄》1/4b，《新編》1/27/20196 下。

《金石彙目分編》10（2）/69a，《新編》1/28/21175 上。

《石刻題跋索引》2 頁左，《新編》1/30/22340。

《續語堂碑錄》，《新編》2/1/68 上。

《天下金石志》16/1，《新編》2/2/870 下。

《二銘草堂金石聚》3/2b–3b，《新編》2/3/1797 下—1798 上。

（宣統）《山東通志·藝文志》卷 152，《新編》2/12/9362 下。

《語石》5/22a，《新編》2/16/11949 下。

《隸辨》8/44a，《新編》2/17/13096 下。

《山左碑目》2/30a，《新編》2/20/14853 下。

《佩文齋書畫譜·金石》61/3a 上，《新編》3/2/31 上。

（光緒）《費縣志·金石上》14 上/14a–b，《新編》3/26/175 下。

《古誌彙目》1/1b，《新編》3/37/6。

《漢石存目》卷上/1b–2a，《新編》3/37/521 上—下。

《中國金石學講義·正編》36a，《新編》3/39/191。

《金石備攷》附錄，《新編》4/1/86 上。

《六藝之一錄》54/2a，《新編》4/5/3 下。

《漢魏石刻文學考釋》上冊 220—222 頁。

《漢魏石刻文字繫年》18 頁。

《漢魏六朝碑刻校注·總目提要》編號 0068。

《北山集古錄》卷一，《北山金石錄》上冊 366 頁。

論文：

劉敦楨：《山東平邑縣漢闕》，《文物參考資料》1954 年第 5 期。

陳明達：《漢代的石闕》，《文物》1961 年第 12 期。

王相臣、唐仕英：《山東平邑縣皇聖卿闕、功曹闕》，《華夏考古》2003 年第 3 期。

備考：《金石錄》認為此與《皇聖卿闕》為同一闕，但《費縣志》否定此說，劉敦楨做過實地調查，并根據漢代闕制，認為此與《皇聖卿闕》的闕主不同。筆者贊同劉說，故分列。《山左碑目》著錄為"漢南武陽功曹莫開碑"，不知何據？

章和 002

戚伯著碑

又名：周伯著碑、漢勃海君元孫伯著之碑。《隸釋》考為建武三年（27）或章和元年（87），茲附章和。宋嘉祐中安徽宿縣出土，不久佚。《隸續·碑式》載：碑 12 行，行 20 字，隸書。額題：□本周末嗣戚氏裔以興勃海君玄孫伯著之碑。

圖版著錄：

《望堂金石初集》，《新編》2/4/2879 上—2885 下。

《漢碑大觀》第七集，《新編》2/8/6351 上—6353 上。（局部）

錄文著錄：

《隸釋》12/11a–b，《新編》1/9/6890 上。

《平津館金石萃編》2/1b–2a，《新編》2/4/2431 上—下。

（民國）《安徽通志稿·金石古物考二》1a–b，《新編》3/11/65 下。

《六藝之一錄》50/21a–b，《新編》4/4/747 上。
《全後漢文》106/1a–b，《全文》1 冊 1042 上。
《漢魏石刻文學考釋》中冊 496—497 頁。
碑目題跋著錄：
《隸釋》12/11b–12a，《新編》1/9/6890 上—下。
《隸釋》22/7b 引《集古錄》，《新編》1/9/6983 上。
《隸釋》23/17a 引《集古錄目》，《新編》1/9/6998 上。
《隸釋》27/9a 引《天下碑錄》，《新編》1/9/7040 上。
《隸釋刊誤》59a–b，《新編》1/9/7074 上。
《隸續》7/4a，《新編》1/10/7134 下。
《集古求真》9/21a，《新編》1/11/8572 上。
《集古求真補正》3/35a，《新編》1/11/8680 上。
《金石錄》2/3a、19/8a，《新編》1/12/8807 上、8914 下。
《金石錄補》25/14b，《新編》1/12/9121 下。
《金石錄補續跋》4/15b，《新編》1/12/9165 上。
《安徽金石略》7/2a，《新編》1/16/11736 下。
《集古錄跋尾》10/10a–b，《新編》1/24/17920 下。
《集古錄目》2/6b–7a，《新編》1/24/17953 下—17954 上。
《曝書亭金石文字跋尾》2/6b，《新編》1/25/18682 下。
《鐵橋金石跋》1/5b–6a，《新編》1/25/19307 上—下。
《平津讀碑記》1/21a–b，《新編》1/26/19359 上。
《補寰宇訪碑錄》1/4a，《新編》1/27/20196 下。
《金石彙目分編》5/46a，《新編》1/27/20812 下。
《石刻題跋索引》2 頁左，《新編》1/30/22340。
《天下金石志》2/5、16/3，《新編》2/2/808 上、871 下。
《平津館金石萃編》2/4a–b、4b–5a，《新編》2/4/2432 下—2433 上。附葉弈苞《金石後錄》、嚴可均《四錄堂類集》。
《望堂金石初集》，《新編》2/4/2885 下—2886 上。
《函青閣金石記》3/12b–14a，《新編》2/6/5040 下—5041 下。
《隸辨》7/3a–b，《新編》2/17/13037 上。

《金石錄續跋》51，《新編》2/18/13220 上。

《集古錄補目補》卷上/15a，《新編》2/20/14516 下。

《佩文齋書畫譜·金石》61/3a 上—下，《新編》3/2/31 上。

（民國）《佛山忠義鄉志·金石三》16/8a – b，《新編》3/21/452 下。

汪本《隸釋刊誤》59a – b，《新編》3/37/579 下。

《紅藕齋漢碑彙鈔集跋》，《新編》3/38/507 下—508 上。

《漢石例》1/14a – b、1/32b、2/30a，《新編》3/40/131 下、140 下、158 下。

《碑版廣例》6/12b – 13a，《新編》3/40/307 下—308 上。

《漢魏六朝墓銘纂例》2/10a – b，《新編》3/40/446 下。

《金石備攷·鳳陽府》及附錄，《新編》4/1/12 下、91 上。

《激素飛清閣平碑記》卷 1，《新編》4/1/199 上。

《漢隸字源》71—72 頁。

《善本碑帖錄》1/38。

《碑帖敘錄》154 頁。

《漢魏石刻文學考釋》中冊 494—496 頁。

《漢魏石刻文字繫年》13 頁。

《漢魏六朝碑刻校注·總目提要》編號 0069。

備考：《集古錄跋尾》因不明此碑年代，將之歸於唐末五代，并誤著錄為"周伯著碑"。

永　元

永元 001

江臺葬甎

永元元年（89）五月。磚高九寸五分，廣六寸八分。文 3 行，字數不等，隸書。

碑目題跋著錄：

《石刻題跋索引》673 頁左，《新編》1/30/23011。

《循園古冢遺文跋尾》1/1a，《新編》3/38/7 上。

永元 002

竇憲紀功碑

又名：燕然山銘、封燕然山銘。東漢永元元年（89）七月摩崖刻。班固撰。傳統記載在新疆伊犁，2017年中蒙學者在蒙古國杭愛山支脈的一處摩崖發現。刻石寬130、高94釐米。文隸書，13行，行24字。

圖版著錄：

《北京圖書館藏中國歷代石刻拓本匯編》1冊29頁。

《漢魏六朝碑刻校注》1冊54頁。

錄文著錄：

《紅藕齋漢碑彙鈔集跋》，《新編》3/38/575下—576上。

《碑版廣例》2/5b-6b，《新編》3/40/248上—下。

《全後漢文》26/3a-b，《全文》1冊613上。

《漢魏石刻文學考釋》下冊1197頁。

《漢魏六朝碑刻校注》1冊55頁。

碑目題跋著錄：

《金石彙目分編》3（2）/28a、16（1）/29a，《新編》1/27/20706下、1/28/21463上。

《天下金石志》1/5，《新編》2/2/803下。

《墨華通考》1/12b、卷16，《新編》2/6/4296下、4465下。

（光緒）《畿輔通志·金石十二》149/40a-b，《新編》2/11/8567下。附《宣府鎮志》跋。

《碑藪》，《新編》2/16/11834下。

《金石學錄》1/2b，《新編》2/17/12383下。

《畿輔待訪碑目》卷上/2b，《新編》2/20/14801下。

《燕庭金石叢稿》，《新編》3/32/497上。

《寒山堂金石林時地攷》卷上/1b，《新編》3/34/490上。

《石墨餘馨》，《新編》3/35/336。

《紅藕齋漢碑彙鈔集跋》，《新編》3/38/576上—下。

《金石備攷·真定府》，《新編》4/1/7下。

《古今書刻》下編/2b，《新編》4/1/135 下。

《善本碑帖錄》1/37。

《漢魏石刻文學考釋》下冊 1196 頁。

論文：

李炳海：《班固〈封燕然山銘〉所涉故實及寫作年代考辨》，《文學遺產》2013 年第 2 期。

《中蒙學者調查發現漢代〈封燕然山銘〉石刻》，《中國文物報》2017 年 8 月 18 日。

辛德勇：《發現燕然山銘》，中華書局 2018 年版。

備考：竇憲，《後漢書》卷二三有傳。

永元 003

東郡□□殘葬磚

永元二年（90）八月。端方舊藏。隸書。

著錄：

《雪堂專錄·恒農專錄》5a，《羅雪堂先生全集》五編 3 冊 1189 頁。（文）

《石刻名彙》11/183b，《新編》2/2/1119 上。（目）

永元 004

遼東太守□□畫像石題記

永元二年（90）。1983 年 8 月陝西省綏德縣黃家塔 7 號墓出土，現存綏德縣畫像石博物館。原石長 178 釐米，出土時斷為三塊，一塊 1 行 6 字；一塊前後兩端有題記，前端 1 行 6 字，後端分 2 行，行 9 或 6 字；隸書。

論文：

楊愛國：《漢代畫像石榜題略論》，《考古》2005 年第 5 期。（圖）

吳鎮烽：《秦晉兩省東漢畫像石題記集釋》，《考古與文物》2006 年第 1 期。（圖、文）

永元 005

任尚碑

永元三年（91）。1957 年 8 月新疆維吾爾自治區巴里坤哈薩克族自治縣巴里坤草原松樹塘嶺出土，今存縣文教局。高 148、寬 70 釐米，最厚處 52 釐米。文隸書兼篆書，6 行，行字不等，多殘缺。

著錄：

《漢魏六朝碑刻校注》1 冊 57—58 頁。（圖、文）

《漢魏石刻文字繫年》19 頁。（文、跋）

《漢魏六朝碑刻校注·總目提要》編號 0073。（目）

論文：

馬雍：《新疆巴里坤、哈密漢唐石刻叢考》，《西域史地文物叢考》，第 16—19 頁。

李遇春：《新疆巴里坤縣新發現東漢任尚碑的初步考證》，《考古與文物》1982 年第 4 期。

胡順利：《關於東漢任尚碑考證的商榷》，《考古與文物》1986 年第 3 期。

鄭渤秋：《任尚碑與任尚》，《新疆文物》1990 年第 4 期。

董蘇寧：《哈密地區碑刻述評》，《西域研究》1998 年第 2 期。

熊明祥：《細探任尚碑》，《新疆藝術學院學報》2011 年第 2 期。

馬利清：《紀功刻石的文本傳統與〈任尚碑〉反映的"歷史事實"》，《中國人民大學學報》2017 年第 1 期。

備考：任尚，其事見《後漢書》卷四《孝和孝殤帝紀》、卷五《孝安帝紀》、卷一六《鄧訓傳》和《鄧騭傳》等諸處。

永元 006

司徒袁安碑

永元四年（92）□月卒，閏月庚午葬，永元四年閏三月二日刻。此碑久仆於土中，明萬曆二十六年三月移於偃師西南辛村東牛王廟中，俯置為供案。1929 年為一小童發現，拓本遂傳於世。後石又佚，1961 年 8 月又重新發現於偃師扒頭鄉院內，今石存河南省博物院。碑高 139、寬 73、厚 21 釐米。文篆書，殘存 10 行，行 15 字，碑側有明人題記。

圖版著錄：

《北京圖書館藏中國歷代石刻拓本匯編》1 冊 30 頁。

《古石刻零拾》153—176 頁。

《碑帖鑒定》圖 20，28 頁。

《漢碑全集》1 冊 167—186 頁。

《漢魏六朝碑刻校注》1 冊 59 頁。

錄文著錄：

《希古樓金石萃編》6/1a–b，《新編》1/5/3871 上。

《石交錄》1/8a–b，《新編》4/6/433 下。

《古石刻零拾》177 頁。

《漢碑全集》1 冊 168 頁。

《漢碑集釋》25—26 頁。

《漢魏石刻文學考釋》中冊 500—501 頁。

《漢魏六朝碑刻校注》1 冊 60 頁。

碑目題跋著錄：

《希古樓金石萃編》6/1b–2b，《新編》1/5/3871 上—下。附《松窗金石文跋尾》。

《隸釋》20/18a 引《水經注》，《新編》1/9/6955 下。

《隸釋》27/5b 引《天下碑錄》，《新編》1/9/7038 上。

《集古求真續編》8/2b–3b、12b–14a，《新編》1/11/8779 下—8780 上、8784 下—8785 上。

《通志·金石略》卷上/13a，《新編》1/24/18025 下。

《石刻題跋索引》2 頁左，《新編》1/30/22340。

《墨華通考》卷 2，《新編》2/6/4320 上。

《崇雅堂碑錄》1/2a，《新編》2/6/4484 下。

《隸辨》8/59a，《新編》2/17/13104 上。

《佩文齋書畫譜·金石》61/3a 下，《新編》3/2/31 上。

（同治）《徐州府志·碑碣攷》20/2a，《新編》3/6/549 下。

《紅藕齋漢碑彙鈔集跋》，《新編》3/38/493 上。

《六藝之一錄》51/9b，《新編》4/4/757 上。

《石交錄》1/8a，《新編》4/6/433 下。

《水經注碑錄》卷六編號 165，《北山金石錄》上冊 139—140 頁。

《增補校碑隨筆》（修訂本）24—25 頁。
《洛陽出土石刻時地記》漢代 002，3 頁。
《善本碑帖錄》1/8 - 9。
《碑帖敘錄》130 頁。
《碑帖鑒定》27—28 頁。
《漢魏石刻文學考釋》中冊 497—500 頁。
《漢魏石刻文字繫年》18—19 頁。
《漢魏六朝碑刻校注·總目提要》編號 0074。
淑德大學《中國石刻拓本目錄》"碑碣等刻石"編號 41。

論文：
容庚：《漢袁安碑考釋》，《古石刻零拾》，第 177—185 頁。
馬衡：《漢司徒袁安碑跋》，《凡將齋金石叢稿》，第 182 頁。
河南省文化局文物工作隊：《河南現存的漢碑》，《文物》1964 年第 5 期。
牛秀生：《袁安及袁安碑》，《洛陽日報》1988 年 11 月 17 日。
水易：《河南碑刻敘錄（續）：袁安碑》，《中原文物》1991 年第 2 期。
楊頻：《袁安碑繫年問題及其他》，《中國書畫》2013 年第 6 期。
王家葵：《漢袁安碑研究》，《東方藝術》2016 年第 20 期。

備考：袁安，《後漢書》卷四五有傳。

永元 007

公乘田魴墓銘

又名：公乘田魴畫像石墓題記、永元四年題記。永元四年（92）閏月廿六日卒上郡白土，五月廿九日葬縣北駒亭部大道東高顯冢塋。1997 年十二月在陝西省綏德縣四十里鋪出土，現藏綏德縣博物館。銘長 99、寬 20、厚 7 釐米。銘文分上、下兩部分，上部 2 行，行 26 至 29 字不等；下部 4 行，行 15 至 19 字不等。隸書。

著錄：
《漢碑全集》1 冊 187—192 頁。（圖、文）

《漢魏六朝碑刻校注》1 冊 61—62 頁。（圖、文）

《新中國出土墓誌·陝西〔叁〕》上冊 1 頁（圖）、下冊 1 頁（文）。

《漢魏六朝碑刻校注·總目提要》編號 0075。（目）

論文：

吳鎮烽：《秦晉兩省東漢畫像石題記集釋》，《考古與文物》2006 年第 1 期。

永元 008

王文康闕

別稱：成都永元六年闕題記、成都漢闕乙闕刻石。永元六年（94）九月造。1980 年四川省成都市金牛區聖燈鄉猛追村一座明代墓中出土。今存成都市博物館。闕石長 225、寬 57、厚 39 釐米。文隸書，4 行，行字不等。

著錄：

《四川歷代碑刻》11 頁。（圖、文）.

《漢碑全集》1 冊 196—203 頁。（圖、文）

《漢魏石刻文字繫年》19—20 頁。（跋）

《漢魏六朝碑刻校注·總目提要》編號 0076。（目）

論文：

石湍：《成都東郊發現了漢闕石刻》，《成都文物簡訊》1980 年第 2 期。

鄧代昆：《成都漢闕刻石銘文考釋》，《四川文物》1988 年第 3 期。

胡順利：《成都郊區兩塊東漢墓闕銘文補說》，《四川文物》1989 年第 1 期。

鄧代昆：《〈成都郊區兩塊東漢墓闕銘文補說〉之補》，《四川文物》1989 年第 5 期。

永元 009

永元食堂刻石

永元七年（95）九月建，八年（96）二月十日成。石在山東鄒縣鳧山前寨里井蘭，嘉慶廿一年被該縣馬邦玉得之，次年其弟邦舉在井北人家又得後半，今不知所在。拓片高63、寬34釐米。四邊有界，界內刻字，文存4行，行字模糊，隸書。

圖版著錄：

《古石抱守錄》，《新編》3/1/279。

《北京圖書館藏中國歷代石刻拓本匯編》1冊31頁。

錄文著錄：

《宜祿堂收藏金石記》卷7，《新編》2/5/3369上。

《函青閣金石記》2/14b－15a，《新編》2/6/5027上—下。

《漢碑錄文》1/4b－5a，《新編》2/8/6117上—下。

《濟州金石志》8/1a，《新編》2/13/9695上。

（民國）《濟寧直隸州續志·碑目》19/38b－39a，《新編》3/26/65下—66上。

（光緒）《鄒縣續志·金石志》10/3b－4a，《新編》3/26/134上—下。

碑目題跋著錄：

《宜祿堂收藏金石記》卷7，《新編》2/5/3369上—下。附馬邦玉跋。

《宜祿堂金石記》1/18b－19a，《新編》2/6/4214下—4215上。

《函青閣金石記》2/15a－b，《新編》2/6/5027下。

《漢碑錄文》1/5a－6a，《新編》2/8/6117下—6118上。

（宣統）《山東通志·藝文志》卷152，《新編》2/12/9367下。

《濟州金石志》8/1a，《新編》2/13/9695上。

《語石》5/38b－39a，《新編》2/16/11957下—11958上。

《隸辨》7/3b－4a，《新編》2/17/13037上—下。

《枕經堂金石題跋》2/20a－22a，《新編》2/19/14246下—14247下。

《古石抱守錄》，《新編》3/1/280－281。

（民國）《濟寧直隸州續志·藝文志》19/39a，《新編》3/26/66上。附翟雲升《隸篇》。

（光緒）《鄒縣續志·金石志》10/4a，《新編》3/26/134下。

《漢石存目》卷上/2a，《新編》3/37/521下。

《雪堂所藏金石文字簿錄》7b，《新編》4/7/373上。

《善本碑帖錄》1/9。

《漢魏石刻文字繫年》20頁。

《漢魏六朝碑刻校注・總目提要》編號0079。

淑德大學《中國石刻拓本目錄》"碑碣等刻石"編號42。

永元 010

西河太守行長史事離石守長楊孟元墓葬紀年石

又名：楊君孟墓題記。永元八年（96）三月廿一日。1982年三月綏德縣蘇家墕鄉蘇家圪坨村出土，今藏綏德縣博物館。石長136、寬18釐米。文隸書，1行，27字。

著錄：

《陝西碑石精華》1頁。（圖）

《新中國出土墓誌・陝西〔壹〕》上冊4頁（圖）、下冊7頁（文、跋）。

《漢魏石刻文字繫年》20頁。（文、跋）

《漢魏六朝碑刻校注・總目提要》編號0080。（目）

淑德大學《中國石刻拓本目錄》"碑碣等刻石"編號43。（目）

論文：

吳蘭：《陝西綏德漢畫像石墓》，《文物》1983年第5期。

吳鎮烽：《秦晉兩省東漢畫像石題記集釋》，《考古與文物》2006年第1期。

永元 011

南安長王君平鄉道碑

別稱：平鄉明亭開道碑。永元八年（96）四月十日刻，在嘉州夾江縣，今佚。文隸書，400餘字。

錄文著錄：

《隸續》11/8a－b，《新編》1/10/7145下。

《全後漢文》98/1b－2a，《全文》1冊998上—下。

《漢魏石刻文學考釋》上冊71—72、73頁。

碑目題跋著錄：

《隸續》11/8b－9a,《新編》1/10/7145 下—7146 上。

《金石錄補》2/9b－10a、25/10a,《新編》1/12/8997 上—下、9122 上。

《金石錄補》2/9b－10a、25/16a,《新編》1/12/8997 上—下、9122 下。

《金石彙目分編》16（2）/55a,《新編》1/28/21510 上。

《石刻題跋索引》486 頁右,《新編》1/30/22824。

《蜀碑記補》7/39、42,《新編》2/12/8737 下、8738 上。

《隸辨》7/4a,《新編》2/17/13037 下。

《佩文齋書畫譜・金石》61/3a 下,《新編》3/2/31 上。

（嘉慶）《四川通志・輿地志》59/27b－28a,《新編》3/14/509 上—下。

（嘉慶）《夾江縣志・金石》11/23b,《新編》3/15/461 上。

《燕庭金石叢稿》,《新編》3/32/579 下。

《紅藕齋漢碑彙鈔集跋》,《新編》3/38/527 下、531 下。

《六藝之一錄》53/3a,《新編》4/4/784 上。

《漢隸字源》120 頁。

《漢魏石刻文學考釋》上冊 70—71、72 頁。

《漢魏石刻文字繫年》20 頁。

《漢魏六朝碑刻校注・總目提要》編號 0085。

論文：

陶喻之：《漢魏蜀道石刻史料研究》,《上海博物館集刊》第 7 期,上海書畫出版社 1996 年版。

永元 012

王君平闕

別稱"成都王伯魚闕題記"、"成都市漢闕甲闕刻石"。永元九年（97）七月造。1980 年四川省成都市金牛區聖燈鄉猛追村一座明代墓中出土,闕今存成都市博物館。闕高 221、寬 57、厚 33 釐米。文隸書,3 行,行 7 字。

著錄：

《四川歷代碑刻》10 頁。（圖、文）

《漢碑全集》1 冊 204—205 頁。（圖、文）

《漢魏六朝碑刻校注》1 冊 66—67 頁。（圖、文）

《漢魏石刻文字繫年》21 頁。（文、跋）

《漢魏六朝碑刻校注·總目提要》編號 0086。（目）

論文：

石湍：《成都東郊發現了漢闕石刻》，《成都文物簡訊》1980 年第 2 期。

鄧代昆：《成都漢闕刻石銘文考釋》，《四川文物》1988 年第 3 期。

胡順利：《成都郊區兩塊東漢墓闕銘文補說》，《四川文物》1989 年第 1 期。

鄧代昆：《〈成都郊區兩塊東漢墓闕銘文補說〉之補》，《四川文物》1989 年第 5 期。

永元 013

馮仸埋古中磚銘

永元九年（97）九月二日。1953—1955 年廣東廣州孖魚崗出土。尺寸不詳，文隸書，2 行，行 5 或 8 字。

著錄：

《中國古代磚刻銘文集》上、下冊編號 0090。（圖、文）

論文：

廣州市文物管理委員會：《三年來廣州市古墓葬的清理和發現》，《文物參考資料》1956 年第 5 期。

永元 014

都尉掾□□墓磚

永元十年（98）七月廿二日卒。文隸書，1 行 22 字。

著錄：

《中國磚銘》圖版上冊 151 頁右。（圖、文）

永元 015

張仲有修通利水大道刻石

永元十年（98）十月十一日刻。1932 年河南省偃師出土，一說 1925 年河南洛陽出土，今藏河南省博物院。拓本高 58、寬 61 釐米。文隸書，約 19 行，行字數不等。

著錄：

《北京圖書館藏中國歷代石刻拓本匯編》1 冊 32 頁。（圖、文）

《漢碑全集》1 冊 206—207 頁。（圖、文）

《漢魏六朝碑刻校注》1 冊 68—69 頁。（圖、文）

《石交錄》1/9a–b，《新編》4/6/434 上。（文）

《善本碑帖錄》1/9。（目）

《漢魏石刻文字繫年》21 頁。（目）

《洛陽出土石刻時地記》漢代 004，3—4 頁。（目）

《漢魏六朝碑刻校注·總目提要》編號 0087。（目）

論文：

張志亮：《漢張仲有修通利水大道刻石》，《東方藝術》2014 年第 20 期。

永元 016

樂君墓題記

別稱"徐無令樂君石室畫像石題記"。永元十年（98）。1974 年 10 月陝西省綏德縣四十里鋪鄉前街出土，今存綏德縣博物館。石長 123、寬 17、厚 9.5 釐米。文篆書，1 行 15 字。

著錄：

《漢碑全集》1 冊 208—210 頁。（圖、文）

《新中國出土墓誌·陝西〔壹〕》上冊 4 頁（圖）、下冊 7 頁（文、跋）。

《漢魏石刻文字繫年》21—22 頁。（文）

《漢魏六朝碑刻校注·總目提要》編號 0089。（目）

淑德大學《中國石刻拓本目錄》"碑碣等刻石"編號 44。（目）

論文：

戴應新：《陝北東漢畫像石墓題刻文字》，《故宮學術季刊》1996年第3期。

吳鎮烽：《秦晉兩省東漢畫像石題記集釋》，《考古與文物》2006年第1期。

永元017

王涓元墓題記

永元十二年（100）四月八日。1953年陝西省綏德縣西山寺出土，石存中國國家博物館。石長158、寬17釐米。文隸書，2行，共14字。

著錄：

《新中國出土墓誌·陝西（壹）》上冊5頁（圖）、下冊8頁（文）。

《漢碑全集》1冊220—222頁。（圖、文）

《漢魏石刻文字繫年》22頁。（文）

《碑帖鑒定》28頁。（跋）

《漢魏六朝碑刻校注·總目提要》編號0090。（目）

淑德大學《中國石刻拓本目錄》"碑碣等刻石"編號45。（目）

論文：

楊愛國：《漢代畫像石榜題略論》，《考古》2005年第5期。

吳鎮烽：《秦晉兩省東漢畫像石題記集釋》，《考古與文物》2006年第1期。

永元018

西河府史郭元通墓葬紀年柱石

永元十二年（100）。1989年五月子洲縣苗家坪出土，今存子洲縣文物管理所。石長133、寬16釐米。文篆書，1行14字。

著錄：

《新中國出土墓誌·陝西（壹）》上冊5頁（圖）、下冊8頁（文）。

永元019

諸掾造冢刻石

別稱：永元十三年沂水刻石、永元刻石。永元十三年（101）二月廿九日。清光緒十九年山東省沂水縣出土，山東沂水王氏舊藏，今存不詳。拓本高44、寬36釐米。文隸書，4行，行6字。

著錄：

《古石抱守錄》，《新編》3/1/200。（圖）

《山東石刻分類全集·秦漢碑刻》351頁。（圖）

《漢碑全集》1冊239—240頁。（圖、文）

《碑帖鑒定》29頁。（文、跋）

《漢魏石刻文學考釋》上冊74—75頁。（文、跋）

《增補校碑隨筆》（修訂本）25頁。（文、跋）

《石刻名彙》1/1a，《新編》2/2/1025上。（目）

《崇雅堂碑錄補》1/2a，《新編》2/6/4551下。（目）

《漢魏石刻文字繫年》22頁。（目）

《漢魏六朝碑刻校注·總目提要》編號0091。（目）

永元020

郭稚文墓葬紀年石

永元十五年（103）三月十九日造。1957年綏德縣五里店出土，石存中國國家博物館。石二方，一石為墓室後壁右邊框石，長145、寬37釐米；一石為墓室後壁左邊框石，長150、寬37釐米。皆篆隸書，銘文各1行13字。

著錄：

《新中國出土墓誌·陝西（壹）》上冊6頁（圖）、下冊8頁（文、跋）。

《漢碑全集》1冊241—245頁。（圖、文）

《漢魏石刻文字繫年》22頁。（文）

《碑帖鑒定》29頁。（文）

《漢魏六朝碑刻校注·總目提要》編號0092。（目）

論文：

戴應新：《陝北東漢畫像石墓題刻文字》，《故宮學術季刊》1996年第3期。

楊愛國：《漢代畫像石榜題略論》，《考古》2005 年第 5 期。

吳鎮烽：《秦晉兩省東漢畫像石題記集釋》，《考古與文物》2006 年第 1 期。

永元 021
西河太守掾任孝孫墓葬紀年石

永元十六年（104）三月二十五日。1974 年十月綏德縣四十里鋪鄉前街出土，現藏綏德縣博物館。石長 132、寬 12 釐米。文隸書，1 行 23 字。

著錄：

《新中國出土墓誌·陝西（壹）》上冊 7 頁（圖）、下冊 8 頁（文）。

論文：

吳鎮烽：《秦晉兩省東漢畫像石題記集釋》，《考古與文物》2006 年第 1 期。

永元 022
西河圜陽張文卿墓銘

永元十六年（104）十月。1998 年綏德縣中角鄉白家山村出土，現藏綏德縣博物館。長 122、寬 19、厚 4.5 釐米。文篆書，1 行 22 字。

著錄：

《新中國出土墓誌·陝西〔叁〕》上冊 2 頁（圖）、下冊 1 頁（文）。

論文：

吳鎮烽：《秦晉兩省東漢畫像石題記集釋》，《考古與文物》2006 年第 1 期。

永元 023
王聖序墓題記

別稱"王聖序墓葬紀年石"。永元十六年（104）十二月一日。1984 年綏德縣黃家塔六號墓出土，石存綏德縣博物館。石長 100、寬 14 釐米。文隸書，1 行 19 字。

著錄：

《新中國出土墓誌·陝西（壹）》上冊 7 頁（圖）、下冊 9 頁（文）。

《漢魏石刻文字繫年》23 頁。（文）

《漢魏六朝碑刻校注·總目提要》編號0093。（目）

論文：

戴應新：《陝北東漢畫像石墓題刻文字》，《故宮學術季刊》1996年第3期。

吳鎮烽：《秦晉兩省東漢畫像石題記集釋》，《考古與文物》2006年第1期。

永元024

王子香廟頌

漢和帝時卒，東漢永元十八年（106）立廟設祠。碑在湖北省枝江縣。

碑目題跋著錄：

《隸釋》20/30a 引《水經注》，《新編》1/9/6961 下。

（民國）《湖北通志·金石志》2/4b，《新編》1/16/11952 下。

《金石彙目分編》14/41a，《新編》1/28/21403 上。

《石刻題跋索引》486 頁右，《新編》1/30/22824。

《隸辨》8/44b，《新編》2/17/13096 下。

《佩文齋書畫譜·金石》61/3a 下，《新編》3/2/31 上。

（嘉慶）《湖北通志·金石一》88/4a－b，《新編》3/13/4 下。

《六藝之一錄》39/32b，《新編》4/4/555 下。

《水經注碑錄》卷十編號256，《北山金石錄》上冊225 頁。

《漢魏石刻文學考釋》下冊1044—1045 頁。

《漢魏六朝碑刻校注·總目提要》編號0101。

元　興

元興001

幽州書佐秦君神道雙闕

元興元年（105）十月刻。1964年6月出土於北京市石景山區上莊村東，藏首都博物館。雙闕，拓片左闕高233、寬53 釐米；右闕高220、寬53 釐米。文隸書，皆3行11字。

著錄：

《北京圖書館藏中國歷代石刻拓本匯編》1 冊 33 頁。（圖）

《碑帖鑒定》30 頁。（圖、文）

《漢碑全集》1 冊 246—247 頁。（圖、文）

《漢魏六朝碑刻校注》1 冊 70—71 頁。（圖、文）

《漢魏石刻文字繫年》23—24 頁。（文、跋）

《漢魏六朝碑刻校注·總目提要》編號 0096。（目）

論文：

北京市文物工作隊：《北京西郊發現漢代石闕清理簡報》，《文物》1964 年第 11 期。

邵茗生：《漢幽州書佐秦君石闕釋文》，《文物》1964 年第 11 期。

陳直：《關於漢幽州書佐秦君石柱題字的補充意見》，《文物》1965 年第 4 期。

元興 002

秦君墓刻辭

元興元年（105）十月魯工石巨宜造。1964 年 6 月出土於北京市石景山區上莊村東，為闕柱石，藏北京市文物工作隊。石高 188、寬 40 釐米。文隸書，正面 1 行 24 字，側面 7 行，行 16 至 20 幾字不等。

著錄：

《北京圖書館藏中國歷代石刻拓本匯編》1 冊 34 頁。（圖）

《漢碑全集》1 冊 248—249 頁。（圖、文）

《漢魏六朝碑刻校注》1 冊 72—73 頁。（圖、文）

《碑帖鑒定》30 頁。（跋）

《漢魏六朝碑刻校注·總目提要》編號 0095。（目）

論文：

北京市文物工作隊：《北京西郊發現漢代石闕清理簡報》，《文物》1964 年第 11 期。

邵茗生：《漢幽州書佐秦君石闕釋文》，《文物》1964 年第 11 期。

郭沫若：《"烏還哺母"石刻的補充考釋》，《文物》1965 年第 4 期。

元興 003

<u>洛陽令王稚子雙闕</u>

別稱"王渙墓碑"。元興元年（105）刻。石原在四川新都縣彌牟鎮西北五里官道旁墓前。右闕雍正九年沉於水；左闕毀於一九六六年。拓本高95、寬46釐米。一闕1行16字，一闕1行15字，隸書。

圖版著錄：

《金石苑》卷1，《新編》1/9/6245下—6246上。

《隸續》5/25a、13/6a–b，《新編》1/10/7123上、7163下。

《金石圖說》甲上/21a，《新編》2/2/898下。

《二銘草堂金石聚》12/47a–48b，《新編》2/3/2170上—下。

《金石屑》2/66a–69b，《新編》2/6/4672上—4673下。

《小蓬萊閣金石文字》，《新編》3/1/589上—592下。

《金石經眼錄》61a–b，《新編》4/10/521上。

《金石圖》，《新編》4/10/533下。

《金石索》石索四，下冊1493—1494頁。

《北京圖書館藏中國歷代石刻拓本匯編》1冊35頁。

《四川歷代碑刻》54頁。

《漢碑全集》1冊250—251頁。

《漢魏六朝碑刻校注》1冊74頁。

錄文著錄：

《金石萃編》5/22a–b，《新編》1/1/100下。

《金石苑》卷1，《新編》1/9/6245上。

《隸釋》13/1b，《新編》1/9/6894上。

《兩漢金石記》14/4a、5b，《新編》1/10/7396下、7397上。

《隸辨》7/4a，《新編》2/17/13037下。

《小蓬萊閣金石文字》，《新編》3/1/593上。

《碑版廣例》6/1b，《新編》3/40/302上。

《六藝之一錄》54/2b，《新編》4/5/3下。

《四川歷代碑刻》55頁。

《漢魏石刻文學考釋》上冊 225 頁。
《漢魏石刻文字繫年》24 頁。
《漢碑全集》1 冊 251 頁。
《漢魏六朝碑刻校注》1 冊 75 頁。
碑目題跋著錄：
《金石萃編》5/29a-30a，《新編》1/1/104 上—下。
《金石苑》卷 1，《新編》1/9/6246 下—6247 上。
《隸釋》13/1b-2a，《新編》1/9/6894 上—下。
《隸釋》22/8b-9a 引《集古錄》，《新編》1/9/6983 下—6984 上。
《隸釋》23/17b 引《集古錄目》，《新編》1/9/6998 上。
《隸釋》27/10a 引《天下碑錄》，《新編》1/9/7040 下。
《隸續》5/25b、13/7a-b，《新編》1/10/7123 上、7164 上。
《兩漢金石記》1/26a、14/4b-5a、14/5b-9b，《新編》1/10/7217 下、7396 下—7397 上、7397 上—7399 上。
《金石錄》1/3a、14/3b，《新編》1/12/8801 上、8883 上。
《金石錄補》25/7b，《新編》1/12/9118 上。
《金石錄補續跋》2/1b-2a，《新編》1/12/9146 上—下。
《集古錄跋尾》2/7b，《新編》1/24/17847 上。
《集古錄目》1/1b，《新編》1/24/17947 上。
《輿地碑記目・成都府碑記》4/2a，《新編》1/24/18560 下。
《授堂金石文字續跋》1/7b-8a，《新編》1/25/19170 上—下。
《藝風堂金石文字目》1/3b，《新編》1/26/19524 上。
《寰宇訪碑錄》1/2b，《新編》1/26/19852 下。
《續補寰宇訪碑錄》1/5a，《新編》1/27/20305 上。
《金石彙目分編》16（1）/18a，《新編》1/28/21457 下。
《石刻題跋索引》2 頁左—右，《新編》1/30/22340。
《續語堂碑錄》，《新編》2/1/68 上。
《天下金石志》7/2，《新編》2/2/842 下。
《金石圖說》甲上/21b-22a，《新編》2/2/898 下—899 上。
《石刻名彙》1/1a，《新編》2/2/1025 上。

《二銘草堂金石聚》12/49a－b,《新編》2/3/2171 上。

《墨華通考》卷11,《新編》2/6/4422 上、4425 下。

《崇雅堂碑錄》1/2a,《新編》2/6/4484 下。

《香南精舍金石契》,《新編》2/6/4987 上。

《金石屑》2/72a,《新編》2/6/4675 上。

《蜀碑記補》1/15,《新編》2/12/8731 下。

《語石》2/16b、3/14b、5/21b・22a,《新編》2/16/11883 下、11904 下、11949 上—下。

《隸辨》7/4a－b,《新編》2/17/13037 下。

《隸韻・碑目》2a,《新編》2/17/12515 下。

《金石錄續跋》5,《新編》2/18/13197 上。

《平安館藏碑目》,《新編》2/18/13377 下。

《寶鴨齋題跋》卷上/8b－9a,《新編》2/19/14338 下—14339 上。

《集古錄補目補》卷上/14b,《新編》2/20/14516 上。

《竹崦盦金石目錄》7b,《新編》2/20/14550 上。

《金石苑目》"新都",《新編》2/20/14646 上。

《寰宇貞石圖目錄》卷上/1b,《新編》2/20/14671 下。

《蒿里遺文目錄》6/1a,《新編》2/20/14994 上。

《小蓬萊閣金石文字》,《新編》3/1/593 上—595 下。附攝六老人、錢大昕等題跋。

《佩文齋書畫譜・金石》61/3a 下—3b 上,《新編》3/2/31 上。

《求恕齋碑錄》,《新編》3/2/523 上。

(嘉慶)《四川通志・輿地志》58/17a,《新編》3/14/481 上。

《蜀碑記》1/5b,《新編》3/16/314 上。

《燕庭金石叢稿》,《新編》3/32/484 上。

《寒山堂金石林時地攷》卷下/16b,《新編》3/34/509 下。

《石目》,《新編》3/36/63 下。

《話雨樓碑帖目錄》1/3b,《新編》3/36/532。

《竹崦盦金石目錄》1/7b,《新編》3/37/343 上。

《漢石存目》卷上/2a,《新編》3/37/521 下。

《漢石經室金石跋尾》,《新編》3/38/251 上—252 上。

《紅藕齋漢碑彙鈔集跋》,《新編》3/38/567 上—568 上。

《蘇齋題跋》卷上/22a、卷上/23a–25a,《新編》3/38/615 下、628 上—629 上。

《中國金石學講義·正編》11b,《新編》3/39/140。

《碑版廣例》6/1b,《新編》3/40/302 上。

《漢魏六朝墓銘纂例》3/1a,《新編》3/40/450 上。

《金石備攷·成都府》,《新編》4/1/73 下。

《激素飛清閣平碑記》卷1,《新編》4/1/199 上。

《金石圖》,《新編》4/10/534 上。

《漢隸字源》74、110、126 頁。

《增補校碑隨筆》(修訂本)25—26 頁。

《善本碑帖錄》1/10。

《碑帖敘錄》26—27 頁。

《碑帖鑒定》86—87 頁。

《漢魏石刻文學考釋》上冊 223—224 頁。

《漢魏石刻文字繫年》24 頁。

《漢魏六朝碑刻校注·總目提要》編號 0097。

淑德大學《中國石刻拓本目錄》"碑碣等刻石"編號 46。

論文:

陳明達:《漢代的石闕》,《文物》1961 年第 12 期。

陳廷樂:《漢王渙墓與稚子闕》,《四川文物》1988 年第 3 期。

備考:王渙,字稚子,《後漢書》卷七六《循吏傳》有傳。

延　平

延平 001

賈武仲妻馬姜墓記

永平七年(64)七月廿一日卒,夫人馬姜以延平元年(106)七月四日卒,九月十日葬於芒門舊塋。1929 年 7 月在洛陽、孟津、偃師三縣接壞處王窯村出土，羅振玉舊藏，今存遼寧省博物館。高 46、寬 58.5 釐米。文隸書，15 行，行 19 至 20 字不等。

圖版著錄：

《漢魏南北朝墓誌集釋》圖版一，《新編》3/3/273。

《北京圖書館藏中國歷代石刻拓本匯編》1 冊 36 頁。

《中國金石集萃》8 函 1 輯編號 1。

《漢碑全集》1 冊 266—273 頁。

《漢魏六朝碑刻校注》1 冊 76 頁。

錄文著錄：

《石交錄》1/6a–b，《新編》4/6/432 下。

《漢碑全集》1 冊 267 頁。

《漢魏南北朝墓誌彙編》1 頁。

《漢魏石刻文學考釋》中冊 926—927 頁。

《漢碑集釋》20—21 頁。

《漢魏六朝碑刻校注》1 冊 77 頁。

碑目題跋著錄：

《石刻題跋索引》129 頁左，《新編》1/30/22467。

《古誌新目初編》1/1a，《新編》2/18/13692 上。

《漢魏南北朝墓誌集釋》1/1a–b，《新編》3/3/35–36。

《國立北平圖書館藏碑目》1a，《新編》3/36/249 上。

《蒿里遺文目錄續編·蒿里餘載》12b，《新編》3/37/542 下。

《遼居稿》20a–21b，《新編》4/1/269 上—下。

《石交錄》1/5b–6a，《新編》4/6/432 上—下。

《墓誌徵存目錄》卷 1，《羅振玉學術論著集》第五集，557 頁。

《增補校碑隨筆》（修訂本）26 頁。

《碑帖鑒定》30—31 頁。

《善本碑帖錄》1/10。

《洛陽出土石刻時地記》漢代 001，3 頁。

《漢魏石刻文學考釋》中冊 922—923 頁。

《漢魏石刻文字繫年》24—25 頁。

《六朝墓誌檢要》（修訂本）1頁。

《漢魏六朝碑刻校注・總目提要》編號0098。

《北京大學圖書館藏歷代墓誌拓片目錄》編號00001。

論文：

楊樹達：《漢賈武仲夫人馬姜墓門石記跋》，《積微居小學金石論叢》，第308—309頁。

黃展岳：《早期墓誌的一些問題》，《文物》1995年第12期。

備考：案圖版，《漢碑全集》、《增補校碑隨筆》等書將"賈武仲"誤著"賈仲武"。

延平002

西河太守掾田文成墓葬紀年石

別稱"田文成畫像石墓題記"。延平元年（106）十月十七日葬。1980年綏德縣四十里鋪鄉前街出土，石藏綏德縣博物館。石長137、寬14.5、厚6.5釐米。文隸書，1行25字。

著錄：

《新中國出土墓誌・陝西（壹）》上冊7頁（圖）、下冊9頁（文）。

《漢碑全集》1冊263—265頁。（圖、文）

淑德大學《中國石刻拓本目錄》"碑碣等刻石"編號47。（目）

論文：

吳鎮烽：《秦晉兩省東漢畫像石題記集釋》，《考古與文物》2006年第1期。

延平003

陽三老食堂畫像題字

別稱"漢陽（楊）三老殘碣"、"陽三老石堂記"。延平元年（106）十二月十四日。清光緒十四年或十五年在山東省曲阜市出土，長白托活洛氏（端方）舊藏，今石藏中國國家博物館。拓片高51、寬8釐米。文隸書，3行，首行27字，次行24字，末行存21字，"陽三老"三字居中，在次行之上，如碑額。

圖版著錄：

《古石抱守錄》,《新編》3/1/192。
《北京圖書館藏中國歷代石刻拓本匯編》1 冊 37 頁。
《漢碑全集》1 冊 274—276 頁。
《漢魏六朝碑刻校注》1 冊 78 頁。

錄文著錄：
《希古樓金石萃編》6/11a,《新編》1/5/3876 上。
《匋齋藏石記》1/11b,《新編》1/11/7994 上。
（宣統）《山東通志·藝文志》卷 150,《新編》2/12/9230 上。
《增補校碑隨筆》（修訂本）27 頁。
《漢魏石刻文學考釋》下冊 1365 頁。
《漢碑全集》1 冊 275 頁。
《漢魏六朝碑刻校注》1 冊 79 頁。

碑目題跋著錄：
《匋齋藏石記》1/11b–12b,《新編》1/11/7994 上—下。
《集古求真續編》6/6a–b,《新編》1/11/8763 下。
《再續寰宇訪碑錄校勘記》1a,《新編》1/27/20460 上。
《金石彙目分編》10（補遺）/15a,《新編》1/28/21221 上。
（宣統）《山東通志·藝文志》卷 150,《新編》2/12/9230 上。
《曲阜碑碣考》4/1a,《新編》2/13/9764 上。
（民國）《續修曲阜縣志·藝文志》8/53b–54a,《新編》3/26/99 上—下。
《漢石存目》卷上/2a,《新編》3/37/521 下。
《碑帖跋》79 頁,《新編》3/38/227、4/7/434 下。
《雪堂所藏金石文字簿錄》7b,《新編》4/7/373 上。
《增補校碑隨筆》（修訂本）27—28 頁。
《漢魏石刻文學考釋》下冊 1363、1365 頁。
《漢魏石刻文字繫年》25 頁。
《漢魏六朝碑刻校注·總目提要》編號 0099。
淑德大學《中國石刻拓本目錄》"碑碣等刻石"編號 48。

論文：

董建：《端方題跋的古埃及石刻拓片兼談〈陽三老石堂畫像題字〉相關問題》，《收藏家》2015 年第 7 期。

延平 004

黃香墓碑

延平元年（106）。宋乾道初江蘇蘇州梅里出土。隸書。

著錄：

《全後漢文》106/8b，《全文》1 冊 1045 下。（文）

《漢魏石刻文學考釋》中冊 501—502 頁。（文、跋）

（民國）《重修常昭合志·金石志》19/2a，《新編》3/5/605 下。（跋）

《漢魏六朝碑刻校注·總目提要》編號 0100。（目）

備考：黃香，《後漢書》卷八〇上《文苑傳上》有傳。

永　初

永初 001

牛文明墓題記

永初元年（107）九月十六日。1971 年十月陝西省米脂縣官莊出土，石存西安碑林博物館。石長 100、寬 29 釐米。文隸書，1 行 20 字。

著錄：

《新中國出土墓誌·陝西（壹）》上冊 8 頁（圖）、下冊 9 頁（文）。

《漢魏石刻文字繫年》25 頁。（文、跋）

《碑帖鑒定》32 頁。（文）

《漢魏六朝碑刻校注·總目提要》編號 0102。（目）

論文：

戴應新：《陝北東漢畫像石墓題刻文字》，《故宮學術季刊》1996 年第 3 期。

吳鎮烽：《秦晉兩省東漢畫像石題記集釋》，《考古與文物》2006 年第 1 期。

永初 002
任君墓文字刻石

永初三年（109）三月十五日造作，四月廿日。2006 年 7 月陝西省榆林市文研所徵集，該石出自榆林市榆陽區魚河峁鎮陳新莊馮渠山的墓葬中。石長 128、寬 10、厚 41 釐米。，文隸書，1 行 31 字。

論文：

姬翔月：《任君墓文字刻石》，《文博》2008 年第 4 期。（圖、文）

永初 003
吳妃墓磚

永初三年（109）。湖北宜都出土。文隸書，2 行，滿行 6 字。

著錄：

《荊南萃古編》，《新編》2/10/7666。（圖、文、跋）

《石刻名彙》12/202a，《新編》2/2/1129 上。（目）

永初 004
青衣尉趙孟麟羊竇道碑

永初六年（112）刻。在廢嚴道縣東三十里，今屬雅安縣，應為摩崖刻，今佚。文隸書，《隸續·碑式》載：文 15 行，行 9 至 15 字不等，末 1 行刻書人姓字及月日。

錄文著錄：

《隸釋》4/2b–3a，《新編》1/9/6795 下—6796 上。

《碑版廣例》1/24b–25a，《新編》3/40/243 下—244 上。

《六藝之一錄》53/3b–4a，《新編》4/4/784 上—下。

《全後漢文》98/2b–3a，《全文》1 冊 998 下—999 上。

《漢魏石刻文學考釋》上冊 74 頁。

碑目題跋著錄：

《隸釋》4/3a–b，《新編》1/9/6796 上。

《隸釋刊誤》17a–b，《新編》1/9/7053 上。

《隸續》7/8b，《新編》1/10/7136 下。

《金石錄補》25/15a、19b，《新編》1/12/9121 下、9124 上。

《輿地碑記目·雅州碑記》4/7a,《新編》1/24/18563 上。
《金石彙目分編》16（2）/63b,《新編》1/28/21514 上。
《石刻題跋索引》2 頁右,《新編》1/30/22340。
《天下金石志》16/3,《新編》2/2/871 下。
《墨華通考》卷 11,《新編》2/6/4440 下。
《蜀碑記補》6/36,《新編》2/12/8736 下。
《隸韻·碑目》2b,《新編》2/17/12515 下。
《隸辨》7/4b－5a,《新編》2/17/13037 下—13038 上。
《佩文齋書畫譜·金石》61/3b 上,《新編》3/2/31 上。
（嘉慶）《四川通志·輿地志》59/17a,《新編》3/14/504 上。
《蜀碑記》6/2a,《新編》3/16/329 下。
《燕庭金石叢稿》,《新編》3/32/593 上。
汪本《隸釋刊誤》17a－b,《新編》3/37/558 下。
《紅藕齋漢碑彙鈔集跋》,《新編》3/38/527 下、531 下—532 上。
《金石備攷》附錄,《新編》4/1/91 上。
《漢隸字源》30 頁。
《全後漢文》98/3a,《全文》1 冊 999 上。
《漢魏六朝碑刻校注·總目提要》編號 0081。
《漢魏石刻文學考釋》上冊 73—74 頁。
《漢魏石刻文字繫年》20—21 頁。

論文：

陶喻之：《漢魏蜀道石刻史料研究》,《上海博物館集刊》第 7 期,上海書畫出版社 1996 年版。

永初 005

安鄉侯張禹碑

永初七年（113）八月廿五日卒,九月乙卯（二十一日）葬。1993 年春偃師商城博物館於偃師市西南 20 公里高龍鎮火神凹以西、閣樓村以東、顧縣龍門公路以南發掘出土。碑殘高 120、寬 72、厚 6 釐米。文隸書,16 行,滿行 25 字。碑額僅餘一篆書殘字。

論文：

王竹林、朱亮：《東漢安鄉侯張禹墓碑研究——兼談東漢南兆域陵墓的有關問題》，《西部考古》2006年第1輯。（圖）

趙振華、王竹林：《〈張禹碑〉與洛陽東漢皇陵》，《湖南科技學院學報》2006年第4期；又載於《洛陽古代銘刻文獻研究》，第248—254頁。（圖、文）

備考：張禹，《後漢書》卷四四有傳。

永初006

戴父母卒日記

又名：戴氏畫像題字。戴父永初四年（110）六月十七日卒，戴母永初五年（111）八月廿九日卒，永初七年（113）閏月十八日立。長白托活洛氏（端方）舊藏，或謂今在日本。石高二尺七寸八分，廣三尺七寸八分。畫像兩旁各題字一行，文隸書，一行47字，一行48字。

著錄：

《希古樓金石萃編》6/9a–b，《新編》1/5/3875上。（文）

《匋齋藏石記》1/12b–14a，《新編》1/11/7994下—7995下。（文、跋）

《魯迅輯校石刻手稿·碑銘》上冊58頁。（文）

《漢魏石刻文學考釋》上冊76—78頁。（文、跋）

《增補校碑隨筆》（修訂本）28頁。（文、跋）

《碑帖鑒定》33頁。（跋）

《漢魏石刻文字繫年》25—26頁。（跋）

《漢魏六朝碑刻校注·總目提要》編號0103、0104。（目）

淑德大學《中國石刻拓本目錄》"碑碣等刻石"編號49。（目）

元　初

元初001

謁者景君墓表并陰

又名：謁者景君碑。元初元年（114）五月卒。據《隸續》卷七碑式：文 16 行，行 29 字。碑陰為題名。隸額，額題：漢故謁者景君墓表。

錄文著錄：

《隸釋》6/1a－2a、3a－b，《新編》1/9/6816 上—下、6817 上。

《漢碑錄文》1/6a－7a、8a－9a，《新編》2/8/6118 上—6119 下。

（宣統）《山東通志·藝文志》卷 150，《新編》2/12/9262 下—9263 上。

《濟州金石志》2/1a－b、3a－b，《新編》2/13/9465 上、9466 上。

《六藝之一錄》40/1a－2a、4b－5a，《新編》4/4/557 上—下、558 下—559 上。

《漢魏石刻文學考釋》中冊 991—992 頁。

碑目題跋著錄：

《隸釋》6/2b－3a、4a，《新編》1/9/6816 下—3817 上、6817 下。

《隸釋》22/16b－17a 引《集古錄》，《新編》1/9/6987 下—6988 上。

《隸釋》27/7a 引《天下碑錄》，《新編》1/9/7039 上。

《隸釋刊誤》24b，《新編》1/9/7056 下。

《隸續》7/6a，《新編》1/10/7135 下。

《金石錄》1/3a、14/3b－4a，《新編》1/12/8801 上、8883 上—下。

《金石錄補》25/7b，《新編》1/12/9118 上。

《集古錄跋尾》1/23b，《新編》1/24/17843 上。

《集古錄目》1/1b，《新編》1/24/17947 上。

《通志·金石略》卷上/15a，《新編》1/24/18026 下。

《金石彙目分編》10（2）/54a，《新編》1/28/21167 下。

《石刻題跋索引》2 頁右，《新編》1/30/22340。

《天下金石志》3/7，《新編》2/2/817 上。

《墨華通考》卷 8，《新編》2/6/4390 上、4397 上。

《漢碑錄文》1/7a－8a、9a，《新編》2/8/6118 下—6119 上、6119 下。

《濟州金石志》2/3a、4a－b，《新編》2/13/9466 上、下。

《碑藪》，《新編》2/16/11829 上。

《金石例補》1/8b－9a、2/1a－2a，《新編》2/17/12364 下—12365 上、12366 上—下。

《隸韻·碑目》2b，《新編》2/17/12515 下。

《隸辨》7/5a–b,《新編》2/17/13038 上。

《集古錄補目補》卷上/1a–b,《新編》2/20/14509 下。

《佩文齋書畫譜·金石》61/3b 下,《新編》3/2/31 上。

《寒山堂金石林時地攷》卷上/12a,《新編》3/34/495 下。

《菉竹堂碑目》2/1a,《新編》3/37/276 上。

汪本《隸釋刊誤》24b,《新編》3/37/562 上。

《紅藕齋漢碑彙鈔集跋》,《新編》3/38/532 上—下。

《漢石例》1/9b、1/20a、3/12a,《新編》3/40/129 上、134 下、170 下。

《碑版廣例》6/6b,《新編》3/40/304 下。

《漢魏六朝志墓金石例》1/15a,《新編》3/40/403 上。

《漢魏六朝墓銘纂例》1/1a,《新編》3/40/434 上。

《金石備攷·兗州府》,《新編》4/1/48 上。

《古今書刻》下編/29b,《新編》4/1/149 上。

《漢隸字源》39—40 頁。

《漢魏石刻文字繫年》26 頁。

《漢魏六朝碑刻校注·總目提要》編號 0106。

元初 002

子游殘碑

又名：賢良方正殘石、李允碑；俗稱：安陽殘石四種之一。元初二年（115）六月卒。清嘉慶三年於河南安陽出土碑下截，1912 年又出土上截。上截高 41、寬 57 釐米；下截高 42、寬 55 釐米。"賢良方正殘石" 為 "子游殘碑" 的上截，後歸姚貴昉和天津王氏，今石存天津市歷史博物館；文隸書，殘存 12 行，行 7 至 8 字不等。《子游殘碑》下截存河南省滑縣文管所，殘存 11 行，行 6 至 8 字不等，隸書。

圖版著錄：

《二銘草堂金石聚》12/26a–27b,《新編》2/3/2159 下—2160 上。

《漢碑大觀》第七集,《新編》2/8/6353 下。（局部）

《古石抱守錄》,《新編》3/1/142–143。

《金石索》石索四，下冊 1531 頁。
《北京圖書館藏中國歷代石刻拓本匯編》1 冊 38 頁。
《漢碑全集》6 冊 1972—1979、1980—1984 頁。
《漢魏六朝碑刻校注》1 冊 86 頁。
錄文著錄：
《金石萃編》19/17a－b,《新編》1/1/340 上。（下截）
《希古樓金石萃編》7/4b－5a,《新編》1/5/3886 下—3887 上。（上截）
《安陽縣金石錄》1/8b－9a,《新編》1/18/13823 下—13824 上。（下截）
《漢碑錄文》1/40b－41a,《新編》2/8/6135 上—下。（下截）
《循園金石文字跋尾》卷上/9b－10a,《新編》2/20/14470 上—下。
（嘉慶）《安陽縣志·金石錄》1/6b,《新編》3/28/468 下。（下截）
《碑帖跋》53—54 頁,《新編》3/38/201－202、4/7/428 上。
《魯迅輯校石刻手稿·碑銘》上冊 62—63 頁。
《漢魏石刻文學考釋》中冊 504 頁。
《漢碑全集》6 冊 1973、1981 頁。
《漢魏六朝碑刻校注》1 冊 87 頁。
碑目題跋著錄：
《希古樓金石萃編》7/5a－b,《新編》1/5/3887 上。
《八瓊室金石補正》7/4b－5a,《新編》1/6/4109 下—4110 上。
《安陽縣金石錄》1/9a－10b,《新編》1/18/13824 上—下。
《平津讀碑記》1/22a,《新編》1/26/19359 下。
《藝風堂金石文字目》1/14a,《新編》1/26/19529 下。
《寰宇訪碑錄》1/7b,《新編》1/26/19855 上。
《寰宇訪碑錄校勘記》1/5a,《新編》1/27/20104 上。
《續補寰宇訪碑錄》1/3a,《新編》1/27/20304 上。
《金石彙目分編》9（2）/1a,《新編》1/28/20954 上。
《石刻題跋索引》2 頁右,《新編》1/30/22340。
《續語堂碑錄》,《新編》2/1/70 下。

《二銘草堂金石聚》12/27b,《新編》2/3/2160 上。

《平津館金石萃編》2/31b,《新編》2/4/2446 上。

《漢碑錄文》1/41a,《新編》2/8/6135 下。

《河朔訪古新錄》2/3b,《新編》2/12/8895 上。

《河朔金石目》2/1a,《新編》2/12/8960 上。

《平安館藏碑目》,《新編》2/18/13384 上。

《古墨齋金石跋》1/29b,《新編》2/19/14077 上。

《循園金石文字跋尾》卷上/9b – 10b、12a,《新編》2/20/14470 上—下、14471 下。

《寰宇貞石圖目錄》卷上/4a、卷下/2b,《新編》2/20/14673 上、14678 上。

《中州金石目錄》1/5b,《新編》2/20/14688 上。

《蒿里遺文目錄》1 上/1a,《新編》2/20/14937 下。

(嘉慶)《安陽縣志・金石錄》1/7a – b,《新編》3/28/469 上。

《河朔新碑目》中卷/1a,《新編》3/35/571 上。

《河南古物調查表證誤》2a,《新編》3/35/592 下。

《石目》,《新編》3/36/79 下。

《中州金石目》2/6b,《新編》3/36/154 下。

《竹崦盦金石目錄》1/7a,《新編》3/37/343 上。

《金石萃編補目》1/1b,《新編》3/37/484 上。

《漢石存目》卷上/2a,《新編》3/37/521 下。

《佛金山館秦漢碑跋》13a – b,《新編》3/38/137 下。

《漢石經室金石跋尾》,《新編》3/38/259 下。

《雪堂金石文字跋尾》2/4a – b,《新編》3/38/289 下。

《蘇齋題跋》卷上/33a,《新編》3/38/633 上。

《中國金石學講義・正編》12b,《新編》3/39/142。

《激素飛清閣平碑記》卷1,《新編》4/1/197 下。

《石交錄》1/7a – b,《新編》4/6/433 上。

《芳堅館題跋》1/6a,《新編》4/6/772 下。

《雪堂所藏金石文字簿錄》7b,《新編》4/7/373 上。

《增補校碑隨筆》（修訂本）96、97 頁。

《碑帖鑒定》84—85 頁。

《碑帖敘錄》15 頁。

《善本碑帖錄》1/11–12。

《漢魏石刻文學考釋》中冊 502—504 頁。

《漢魏石刻文字繫年》26 頁。

《漢魏六朝碑刻校注·總目提要》編號 0107。

淑德大學《中國石刻拓本目錄》"碑碣等刻石"編號 51、52。

論文：

河南省文化局文物工作隊：《河南現存的漢碑》，《文物》1964 年第 5 期。

湯淑君：《安陽漢四殘石》，《中原文物》1993 年第 1 期。

楊濤、李振洲：《離散的〈賢良方正允字子游碑〉》，《大衆考古》2016 年第 6 期。

元初 003

司空袁敞殘碑

元初四年（117）四月十八日。1922 年河南省偃師縣西南廿餘里辛村、閻樓村之間發現，距袁安碑發現處三里。民國十四年歸羅振玉，今石存遼寧省博物館。拓本高 75、寬 68 釐米。碑身篆書，存 10 行，首尾 2 行僅 4、5 字，餘 7 至 9 字不等。

圖版、錄文著錄：

《北京圖書館藏中國歷代石刻拓本匯編》1 冊 41 頁。（圖）

《古石刻零拾》187—203 頁。（圖、文）

《漢碑全集》1 冊 280—287 頁。（圖、文）

《漢魏六朝碑刻校注》1 冊 90—91 頁。（圖、文）

《遼寧省博物館藏碑誌精粹》38 頁。（圖、文）

《希古樓金石萃編》6/2b–3a，《新編》1/5/3871 下—3872 上。（文）

《石交錄》1/8b–9a，《新編》4/6/433 下—434 上。（文）

《漢魏石刻文學考釋》中冊 507—508 頁。（文）

《漢碑集釋》29 頁。（文）

碑目題跋著錄：

《希古樓金石萃編》6/3a－5b，《新編》1/5/3872 上—3873 上。

《石刻題跋索引》2 頁右，《新編》1/30/22340。

《蒿里遺文目錄》1 上/1a，《新編》2/20/14937 下。

《石交錄》1/8a，《新編》4/6/433 下。

《松翁近稿》，《羅振玉學術論著集》第十集（上）50—52 頁。

《增補校碑隨筆》（修訂本）28—29 頁。

《碑帖鑒定》32 頁。

《碑帖敘錄》130 頁。

《洛陽出土石刻時地記》漢代 003，3 頁。

《漢魏石刻文學考釋》中冊 504—507 頁。

《漢魏石刻文字繫年》26—27 頁。

《漢魏六朝碑刻校注·總目提要》編號 0109。

《遼寧省博物館藏碑誌精粹》39 頁。

淑德大學《中國石刻拓本目錄》"碑碣等刻石"編號 54。

論文：

容庚：《漢袁敞碑考釋》，《古石刻零拾》，第 203—205 頁。

馬衡：《漢司空袁敞碑跋》，《馬衡講金石學》，第 110—111 頁；又載於《凡將齋金石叢稿》，第 183—185 頁。

楊頻：《漢袁敞碑全文考訂及其與袁安碑之書手同人問題》，《榮寶齋》2013 年第 9 期。

備考：袁敞，《後漢書》卷四五有傳。

元初 004

楊㑨銘

元初四年（117）。在雲南大理太和縣。

碑目題跋著錄：

《金石彙目分編》19/4a－b，《新編》1/28/21582 下。

（光緒）《雲南通志·金石上》212/10a－b，《新編》3/23/53 下。

備考：楊竦，其事見《後漢書》卷八六《西南夷傳》。

元初 005

鄭令景君闕銘

《集古錄跋尾》作"景君石郭銘"。元初四年（117）三月卒，五年（118）二月葬。碑出土於濟州任城縣，今佚。隸書。

錄文著錄：

《隸釋》6/4a–5a，《新編》1/9/6817 下—6818 上。

《漢碑錄文》1/9b–10a，《新編》2/8/6119 下—6120 上。

（宣統）《山東通志・藝文志》卷150，《新編》2/12/9263 上—下。

《濟州金石志》2/4b–5a，《新編》2/13/9466 下—9467 上。

《六藝之一錄》40/5b–6a，《新編》4/4/559 上—下。

《漢魏石刻文學考釋》下冊 1199—1200 頁。

碑目題跋著錄：

《隸釋》6/5a，《新編》1/9/6818 上。

《隸釋》22/17a 引《集古錄》，《新編》1/9/6988 上。

《隸釋》23/21a–b 引《集古錄目》，《新編》1/9/7000 上。

《隸釋刊誤》24b，《新編》1/9/7056 下。

汪本《隸釋刊誤》24b，《新編》3/37/562 上。

《金石錄》1/3a、14/4a–b，《新編》1/12/8801 上、8883 下。

《金石錄補》25/8a，《新編》1/12/9118 下。

《集古錄跋尾》1/23b，《新編》1/24/17843 上。

《集古錄目》1/1b，《新編》1/24/17947 上。

《通志・金石略》卷上/18b，《新編》1/24/18028 上。

《金石彙目分編》10（2）/54a，《新編》1/28/21167 下。

《石刻題跋索引》2 頁右，《新編》1/30/22340。

《天下金石志》3/7，《新編》2/2/817 上。

《漢碑錄文》1/10a–b，《新編》2/8/6120 上。

《濟州金石志》2/5b、6a，《新編》2/13/9467 上、下。

《碑藪》，《新編》2/16/11829 上。

《金石例補》1/4a、2/1a – 2a,《新編》2/17/12362 下、12366 上—下。

《隸韻・碑目》2b,《新編》2/17/12515 下。

《隸辨》7/5b – 6a,《新編》2/17/13038 上—下。

《集古錄補目補》卷上/1a – b,《新編》2/20/14509 下。

《佩文齋書畫譜・金石》61/3b 下,《新編》3/2/31 上。

《寒山堂金石林時地玫》卷上/12a,《新編》3/34/495 下。

《古誌彙目》1/1b,《新編》3/37/6。

《紅藕齋漢碑彙鈔集跋》,《新編》3/38/505 下。

《漢石例》3/19a,《新編》3/40/174 上。

《碑版廣例》6/3b,《新編》3/40/303 上。

《漢魏六朝墓銘纂例》1/1b,《新編》3/40/434 上。

《金石備玫・兗州府》,《新編》4/1/48 上。

《古今書刻》下編/28b,《新編》4/1/148 下。

《漢隸字源》40—41 頁。

《漢魏石刻文學考釋》下冊 1198—1199 頁。

《漢魏石刻文字繫年》26 頁。

《漢魏六朝碑刻校注・總目提要》編號 0111。

元初 006

楊淂采崖墓題記

又名:青神大蕓坳元初五年崖墓題記。元初五年(118)十一月廿七日。位於四川省樂山市北青神縣城南十公里瑞豐鄉黃桷村大蕓坳山。拓本高 40、寬 22 釐米。文 3 行,前 2 行行 6 或 7 字,末行 1 字,隸書。

著錄:

《漢碑全集》1 冊 321—322 頁。(圖、文)

元初 007

由君墓磚

元初六年(119)七月。湖北宜都朱氏舊藏。隸書。

碑目著錄:

《石刻名彙》11/183b,《新編》2/2/1119 上。

永　寧

永寧 001
文盛磚誌

永寧元年（120）二月九日。據云出土於河南省孟津縣。殘高 25.5、寬 12.5 釐米。文隸書，3 行，滿行 8 字。

圖版著錄：

《秦晉豫新出墓誌蒐佚續編》1 冊 17 頁。

永寧 002
莫氏墓磚

永寧元年（120）七月。浙江歸安陸氏舊藏。隸書。

碑目著錄：

《石刻名彙》11/192a,《新編》2/2/1123 下。

永寧 003
向氏墓磚

永寧元年（120）七月。浙江歸安陸氏舊藏。隸書。

碑目著錄：

《石刻名彙》11/191b,《新編》2/2/1123 上。

永寧 004
涂氏墓磚

永寧元年（120）七月。浙江歸安陸氏舊藏。隸書。

碑目著錄：

《石刻名彙》11/192a,《新編》2/2/1123 下。

永寧 005
潘氏墓磚

永寧元年（120）七月。浙江歸安陸氏舊藏。隸書。

碑目著錄：

《石刻名彙》11/192a,《新編》2/2/1123 下。

永寧 006

江氏墓磚

永寧元年（120）九月。湖北宜都朱氏舊藏。隸書。

碑目著錄：

《石刻名彙》11/192a,《新編》2/2/1123 下。

永寧 007

蔡氏墓磚

永寧元年（120）。浙江歸安陸氏舊藏。隸書。

碑目著錄：

《石刻名彙》11/191b,《新編》2/2/1123 上。

永寧 008

尉氏墓磚

永寧元年（120）。浙江歸安陸氏舊藏。隸書。

碑目著錄：

《石刻名彙》11/191b,《新編》2/2/1123 上。

永寧 009

丁氏墓磚

永寧元年（120）。浙江歸安陸氏舊藏。隸書。

碑目著錄：

《石刻名彙》11/192a,《新編》2/2/1123 下。

永寧 010

孝子董蒲闕

又名：漢董孝子墓表。永寧二年（121）三月十一日。出土於四川省富陽縣，今佚。隸書。

碑目題跋著錄：

《隸續》13/1a,《新編》1/10/7161 上。

《兩漢金石記》19/4a－b,《新編》1/10/7468 下。（節文）

《寶刻叢編》20/3b,《新編》1/24/18374 上。(節文)
《輿地碑記目・富順監碑記》4/20a,《新編》1/24/18569 下。
《金石彙目分編》16(1)/63b,《新編》1/28/21480 上。
《石刻題跋索引》3 頁左,《新編》1/30/22341。
《墨華通考》卷 11,《新編》2/6/4430 下。
《隸辨》7/6a,《新編》2/17/13038 下。
《佩文齋書畫譜・金石》61/4a 上,《新編》3/2/31 下。
(嘉慶)《四川通志・輿地志》59/3a,《新編》3/14/497 上。
(光緒)《敘州府志・金石》16/7a,《新編》3/15/634 下。
(同治)《富順縣志・金石志》36/1a,《新編》3/16/7 上。
《蜀碑記》4/4b,《新編》3/16/324 下。
《燕庭金石叢稿》,《新編》3/32/630 上。
《紅藕齋漢碑彙鈔集跋》,《新編》3/38/532 下。
《漢魏六朝墓銘纂例》3/3b,《新編》3/40/451 下。
《六藝之一錄》54/4a,《新編》4/5/4 下。
《漢隸字源》125 頁。
《漢魏石刻文學考釋》上冊 227 頁。(節文)
《漢魏石刻文字繫年》28 頁。
《漢魏六朝碑刻校注・總目提要》編號 0116。

永寧 011

馮煥殘碑并陰

永寧二年(121)四月立。石在四川省渠縣新興鄉趙家村西南,石今佚。文隸書,《隸續・碑式》載:六行,可見者或行有七字。

錄文著錄:

《隸釋》13/3b–4a、4b–5a,《新編》1/9/6895 上—6896 上。
《六藝之一錄》52/5b、6b–7a,《新編》4/4/770 上—771 上。
《漢魏石刻文學考釋》中冊 513—514 頁。

碑目題跋著錄:

《隸釋》13/4a–b、5a,《新編》1/9/6895 下、6896 上。

《隸釋刊誤》61a－b，《新編》1/9/7075 上。

《隸續》7/8b，《新編》1/10/7136 下。

《金石錄補》2/11b，《新編》1/12/8998 上。

《寶刻叢編》18/3a－b，《新編》1/24/18346 上。

《金石彙目分編》16（2）/27a，《新編》1/28/21496 上。

《石刻題跋索引》3 頁左、8 頁右，《新編》1/30/22341、22346。

《崇雅堂碑錄補》1/2a，《新編》2/6/4551 下。

《蜀碑記補》4/26－27，《新編》2/12/8734 上—下。

《隸韻·碑目》2b－3a，《新編》2/17/12515 下—12516 上。

《隸辨》7/6b，《新編》2/17/13038 下。

《佩文齋書畫譜·金石》61/4a 上，《新編》3/2/31 下。

（嘉慶）《四川通志·輿地志》59/43b，《新編》3/14/517 上。

（同治）《渠縣志·金石》47/1b－2b，《新編》3/15/425 上—下。

（道光）《大竹縣志·金石》38/3a－b，《新編》3/15/448 上—下。

《燕庭金石叢稿》，《新編》3/32/551 上、552 下。

《紅藕齋漢碑彙鈔集跋》，《新編》3/38/527 上、532 下。

汪本《隸釋刊誤》61a－b，《新編》3/37/580 下。

《金石備攷》附錄，《新編》4/1/91 下。

《漢隸字源》75—76 頁。

《漢魏石刻文學考釋》中冊 510—511 頁。

《漢魏石刻文字繫年》28 頁。

備考：馮煥，其事見《後漢書》卷五《孝安帝本紀》、卷三八《馮緄傳》、卷八五《東夷列傳》。

永寧 012

幽州刺史馮煥神道闕

永寧二年（121）。石在四川渠縣北 60 里土溪場側，趙家坪道旁。闕高 483 釐米，銘文高 120、寬 80 釐米。闕文 2 行，首行 9 字，次行 11 字，共 20 字，隸書。題云：故尚書侍郎河南京令豫州幽州刺史馮使君神道。

圖版著錄：

《金石苑》卷 1,《新編》1/9/6261 下—6263 下。

《二銘草堂金石聚》12/52a – 54b,《新編》2/3/2172 下—2173 下。

《草隸存》卷 2,《新編》4/3/45。

《北京圖書館藏中國歷代石刻拓本匯編》1 冊 49 頁。

《四川歷代碑刻》62 頁。(局部)

《漢碑全集》6 冊 2041—2042 頁。

錄文著錄：

《八瓊室金石補正》3/15b – 16a,《新編》1/6/4052 上—下。

《金石苑》卷 1,《新編》1/9/6261 上。

《隸釋》13/3b,《新編》1/9/6895 上。

《函青閣金石記》3/3a,《新編》2/6/5036 上。

《碑版廣例》6/2b,《新編》3/40/302 下。

《六藝之一錄》52/7a,《新編》4/4/771 上。

《魯迅輯校石刻手稿・碑銘》上冊 71 頁。

《四川歷代碑刻》62 頁。

《漢魏石刻文學考釋》中冊 513 頁。

《漢碑全集》6 冊 2042 頁。

碑目題跋著錄：

《八瓊室金石補正》3/16a – b,《新編》1/6/4052 下。

《金石苑》卷 1,《新編》1/9/6264 上。

《隸釋》13/3b,《新編》1/9/6895 上。

《金石錄》2/1a、18/9b,《新編》1/12/8806 上、8910 上。

《通志・金石略》卷上/22a,《新編》1/24/18030 上。

《寶刻叢編》18/2b,《新編》1/24/18345 下。

《藝風堂金石文字目》1/15a,《新編》1/26/19530 上。

《補寰宇訪碑錄》1/7a,《新編》1/27/20198 上。

《金石彙目分編》16（2）/26b,《新編》1/28/21495 下。

《石刻題跋索引》3 頁左、8 頁右、25 頁左,《新編》1/30/22341、22346、22363。

《續語堂碑錄》,《新編》2/1/71 上。

《天下金石志》16/3，《新編》2/2/871 下。

《石刻名彙》1/1a，《新編》2/2/1025 上。

《二銘草堂金石聚》12/55a，《新編》2/3/2174 上。

《崇雅堂碑錄補》1/2a，《新編》2/6/4551 下。

《函青閣金石記》3/3a–b，《新編》2/6/5036 上。

《蜀碑記補》4/30，《新編》2/12/8735 上。

《語石》2/16b、5/22a，《新編》2/16/11883 下、11949 下。

《隸韻·碑目》3a，《新編》2/17/12516 上。

《隸辨》7/6b–7a，《新編》2/17/13038 下—13039 上。

《平安館藏碑目》，《新編》2/18/13378 上。

《寶鴨齋題跋》卷上/9a–b，《新編》2/19/14339 上。

《金石苑目》"渠縣"，《新編》2/20/14652 下。

《寰宇貞石圖目錄》卷上/3b、卷下/2a，《新編》2/20/14672 下、14678 上。

《蒿里遺文目錄》6/1a，《新編》2/20/14994 上。

《佩文齋書畫譜·金石》61/4a 上，《新編》3/2/31 下。

（嘉慶）《四川通志·輿地志》59/42a，《新編》3/14/516 下。

（同治）《渠縣志·金石》47/3b–4a，《新編》3/15/426 上—下。

《燕庭金石叢稿》，《新編》3/32/550 下。

《漢石存目》卷上/8a，《新編》3/37/524 下。

《紅藕齋漢碑彙鈔集跋》，《新編》3/38/532 下。

《中國金石學講義·正編》11b，《新編》3/39/140。

《漢魏六朝墓銘纂例》3/3b，《新編》3/40/451 上。

《金石備攷》附錄，《新編》4/1/91 下。

《激素飛清閣平碑記》卷1，《新編》4/1/198 下。

《六藝之一錄》54/5a，《新編》4/5/5 上。

《碑帖鑒定》81 頁。

《善本碑帖錄》1/35。

《碑帖敍錄》188—189 頁。

《漢魏石刻文學考釋》中冊 510—511 頁。

《漢魏石刻文字繫年》28、112頁。

《漢隸字源》75頁。

《魯迅輯校石刻手稿·碑銘》上冊72—74頁。附（同治）《渠縣志》十三、四四。

《漢魏六朝碑刻校注·總目提要》編號0117。

淑德大學《中國石刻拓本目錄》"碑碣等刻石"編號268。

論文：

陳明達：《漢代的石闕》，《文物》1961年第12期。

孫華：《試論四川渠縣石闕的年代和風格》，《中國國家博物館館刊》2015年第8期。

備考：馮煥，其事見《後漢書》卷五《安帝本紀》、卷三八《馮緄傳》，卷八五《東夷列傳》。

永寧013

盛冢墓磚

永寧二年（121）八月。浙江歸安陸氏舊藏。隸書。

碑目著錄：

《石刻名彙》11/192a，《新編》2/2/1123下。

永寧014

俞冢墓磚

永寧二年（121）八月七日。浙江歸安陸氏舊藏。隸書。

碑目著錄：

《石刻名彙》11/192a，《新編》2/2/1123下。

《古誌彙目》1/2b，《新編》3/37/8。

永寧015

施氏墓磚

永寧二年（121）八月。浙江歸安陸氏舊藏。隸書。

碑目著錄：

《石刻名彙》11/192a，《新編》2/2/1123下。

延　光

延光 001
滕縣畫像石□□墓題記

延光元年（122）八月十六日卒。1958 年發現於滕縣城東桑樹公社，現藏山東省博物館。高 135、寬 47 釐米。文隸書，2 行，殘存 49 字。

著錄：

《山東漢畫像石選集》圖版九〇、圖二一〇，29 頁。（圖、文）

《漢魏石刻文字繫年》28—29 頁。（文）

《漢魏六朝碑刻校注·總目提要》編號 0118。（目）

論文：

令盒、下坡：《山東新發現的兩漢碑石及有關問題》，《漢碑研究》，第 351—366 頁。

延光 002
東漢□□墓磚銘

延光元年（122）八月二十日。1980 年至 1989 年間旬陽縣城關鎮魯家壩秦漢遺址附近出土，現藏旬陽縣博物館。磚長 35、寬 18、厚 5.5 釐米。文隸書，1 行 8 字。

著錄：

《新中國出土墓誌·陝西（壹）》上冊 8 頁（圖）、下冊 9—10 頁（文、跋）。

延光 003
王子羊墓石記

又稱：索恩村崖墓題記。延光元年（122）十一月十五日。1987 年重慶市綦江縣扶歡鄉索恩村文物普查時發現。該題記高 75、寬 40 釐米。文隸書，4 行，行存 10 或 4、5 字不等。

著錄：

《四川歷代碑刻》16 頁。（圖、文）

《漢魏石刻文字繫年》29 頁。（文）

《漢魏六朝碑刻校注·總目提要》編號0119。（目）

延光004
李是衆墓記磚

延光三年（124）九月廿日。陝西省鄖西縣泥溝鄉官亭出土。磚長35、厚4.3釐米。分刻於兩磚，一正面刻字，一側面刻字，正面1行12字，側面1行3字，隸書。

著錄：

安康地區博物館：《安康地區漢魏南北朝時期的墓磚》，《文博》1991年第2期。（圖八、文）

延光005
都官是吾碑

又名：延光殘碑、諸城縣殘碑。延光四年（125）八月廿一日造。清康熙六十年山東諸城縣超然臺遺址出土，曾在諸城縣署，今石存諸城市博物館。碑高111、寬51.5釐米。文5行，字數不可記，字體篆隸之間。

圖版著錄：

《金石圖說》甲上/29b，《新編》2/2/909。

《二銘草堂金石聚》3/58a–61b，《新編》2/3/1825下—1827上。

《古石抱守錄》，《新編》3/1/336。

《金石圖》，《新編》4/10/561下。

《北京圖書館藏中國歷代石刻拓本匯編》1冊53頁。

《漢碑全集》2冊370—375頁。

《山東石刻分類全集·秦漢碑刻》23頁。

錄文著錄：

《金石萃編》6/24b，《新編》1/1/117下。

《兩漢金石記》14/16a–17a，《新編》1/10/7402下—7403上。

《漢碑錄文》1/19a，《新編》2/8/6124下。

（宣統）《山東通志·藝文志》卷151，《新編》2/12/9286下。

《漢魏石刻文學考釋》上冊366頁。

《魯迅輯校石刻手稿·碑銘》上冊85頁。

《漢碑全集》2 冊 371 頁。

碑目題跋著錄：

《兩漢金石記》1/28a、14/17a – 18a，《新編》1/10/7218 下、7403 上—下。

《山左金石志》7/5a，《新編》1/19/14419 上。

《平津讀碑記》1/6a，《新編》1/26/19351 下。

《藝風堂金石文字目》1/4a，《新編》1/26/19524 下。

《寰宇訪碑錄》1/3a，《新編》1/26/19853 上。

《寰宇訪碑錄校勘記》1/2a，《新編》1/27/20102 下。

《金石彙目分編》10（3）/48b，《新編》1/28/21202 下。

《石刻題跋索引》487 頁右—488 頁左，《新編》1/30/22825 – 22826。

《續語堂碑錄》，《新編》2/1/68 下。

《金石圖說》甲上/30a – 32a，《新編》2/2/909 下—910 下。

《古泉山館金石文編殘稿》1/4a，《新編》2/3/1626 下。

《二銘草堂金石聚》3/61b – 62b，《新編》2/3/1827 上—下。

《平津館金石萃編》2/9a，《新編》2/4/2435 上。

《宜祿堂收藏金石記》卷 2，《新編》2/5/3267 上。

《宜祿堂金石記》1/4b，《新編》2/6/4207 下。

《香南精舍金石契》，《新編》2/6/4988 下。

《函青閣金石記》2/15b – 16a，《新編》2/6/5027 下—5028 上。

《漢碑錄文》1/19a – b，《新編》2/8/6124 下。

（宣統）《山東通志·藝文志》卷 151，《新編》2/12/9286 下—9287 上。

《語石》8/24a，《新編》2/16/12005 下。

《枕經堂金石題跋》2/25a – 26a，《新編》2/19/14249 上—下。

《寶鴨齋題跋》卷上/4b – 5a，《新編》2/19/14336 下—14337 上。

《愛吾廬題跋》6b – 7a，《新編》2/20/14376 下—14377 上。

《竹崦盦金石目錄》2b，《新編》2/20/14547 下

《寰宇貞石圖目錄》卷上/1b，《新編》2/20/14671 下。

《山左碑目》4/22a，《新編》2/20/14874 下。

（乾隆）《諸城縣志·金石考》14/5b – 6b，《新編》3/28/47 上—下。

《石目》，《新編》3/36/79 下。

《竹崦盦金石目錄》2b，《新編》3/37/340 下。

《漢石存目》卷上/2b，《新編》3/37/521 下。

《佛金山館秦漢碑跋》15a–b，《新編》3/38/138 下。

《碑帖跋》34、81 頁，《新編》3/38/182、229；4/7/423 上、435 上。

《激素飛清閣平碑記》卷 1，《新編》4/1/194 上。

《雪堂所藏金石文字簿錄》11b–12a，《新編》4/7/375 上—下。

《增補校碑隨筆》（修訂本）32 頁。

《碑帖鑒定》35 頁。

《碑帖敘錄》129 頁。

《善本碑帖錄》1/14。

《齊魯碑刻墓誌研究》"附表"344 頁。

《漢魏石刻文學考釋》上冊 363—366 頁。

《漢魏石刻文字繫年》29—30 頁。

《漢魏六朝碑刻校注·總目提要》編號 0123。

淑德大學《中國石刻拓本目錄》"碑碣等刻石"編號 59。

論文：

王曉磊：《"海內瑰寶"延光殘碑的前世今生》，《山東檔案》2014 年第 3 期。

延光 006

延光四年□□殘碑

延光四年（125）十□□。碑不知所在。剪裱本，存 40 餘字，隸書。有"門生故吏乃相"數字。

著錄：

《漢碑全集》2 冊 376—383 頁。（圖、文）

延光 007

延光四年□□刻石

延光四年（125）葬。1956 年昆明市南郊塔密村出土。高約 1150、寬約 57 釐米。存 6 行，行 9 至 10 字不等，隸書兼篆書。有"延光四年

□□□昆□封□□□葬□□□與相王子江直"等數字。

錄文著錄：

《碑帖鑒定》34—35頁。

永　建

永建001

先尼和碑

又稱：漢孝女碑、孝女叔先雄碑、先絡碑、光尼和碑。永建二年（127）二月卒。在犍為縣南清溪口二十里楊洪山下。宋元祐中重立，今佚。

碑目題跋著錄：

《隸釋》20/29b 引《水經注》，《新編》1/9/6961 上。（節文）

《輿地碑記目·嘉定府碑記》4/6a－b，《新編》1/24/18562 下。

《金石彙目分編》16（2）/56a，《新編》1/28/21510 下。

《墨華通考》卷11，《新編》2/6/4439 上。

《隸辨》8/44b－45a，《新編》2/17/13096 下—13097 上。

《佩文齋書畫譜·金石》61/4b 上，《新編》3/2/31 下。

（嘉慶）《四川通志·輿地志》59/28a，《新編》3/14/509 下。

（嘉慶）《犍為縣志·金石》9/84b，《新編》3/15/515 上。

《蜀碑記》7/2b，《新編》3/16/331 下。

（道光）《遵義府志·金石》11/2b－3a，《新編》3/23/189 下—190 上。

《燕庭金石叢稿》，《新編》3/32/580 下。

《六藝之一錄》39/33a、59/30a，《新編》4/4/556 上、4/5/97 下。

《水經注碑錄》卷十編號254，《北山金石錄》上冊223—224 頁。（節文）

《漢魏石刻文學考釋》上冊78—79 頁。（節文）

《漢魏六朝碑刻校注·總目提要》編號0130。

備考：孝女之姓名，記載不一。《後漢書》卷八四《列女傳》有孝女

"叔先雄"，是否碑主，待考。

永建 002

王孝淵碑

又名：永建三年殘碑。永初二年（108）七月四日卒，永建三年（128）六月造碑，工人張伯嚴。1966 年四月發現於四川郫縣犀浦二門橋一磚券墓，乃利用此石作護壁之用，非為該墓墓主所有，石存四川省博物館。碑高 255、上寬 91、下寬 96、厚 23 釐米。文隸書，13 行，行 20 至 24 字不等，末行 6 字。

著錄：

《四川歷代碑刻》13、15 頁。（圖、文）

《漢碑全集》2 冊 386—397 頁。（圖、文）

《漢魏六朝碑刻校注》1 冊 117—118 頁。（圖、文）

《漢魏石刻文字繫年》30 頁（文）。

《碑帖鑒定》35—36 頁。（跋）

《漢魏六朝碑刻校注·總目提要》編號 0132。（目）

論文：

謝雁翔：《四川郫縣犀浦出土的東漢殘碑》，《文物》1974 年第 4 期。

永建 003

幽州刺史群舸太守張子陽碑

永建四年（129）造。墓在成都金堂縣唐化鎮沿江五里，今佚。

碑目題跋著錄：

《輿地碑記目·懷安軍碑記》4/18b，《新編》1/24/18568 下。

《金石彙目分編》16（1）/17a，《新編》1/28/21457 上。

《墨華通考》卷 11，《新編》2/6/4429 下。

《隸辨》8/45a，《新編》2/17/13097 上。

《佩文齋書畫譜·金石》61/4b 上，《新編》3/2/31 下。

（嘉慶）《四川通志·輿地志》58/16a，《新編》3/14/480 下。

《蜀碑記》1/4b，《新編》3/16/313 下。

《燕庭金石叢稿》，《新編》3/32/483 上。

《六藝之一錄》52/21b，《新編》4/4/778 上。

《漢魏石刻文字繫年》31 頁。

《漢魏六朝碑刻校注・總目提要》編號0134。

永建004

漢安長陳君閣道碑

又名：漢永建五年漢安修棧道記。永建五年（130）孟春。在四川省資州內江縣獠井壩層崖之腹，今佚。隸書。

錄文著錄：

《隸續》15/4b–5b，《新編》1/10/7173 下—7174 上。

《碑版廣例》1/23b–24b，《新編》3/40/243 上—下。

《全後漢文》98/3a–b，《全文》1 冊 999 上。

《漢魏石刻文學考釋》上冊 454—455 頁。

碑目題跋著錄：

《隸續》15/5b–6a，《新編》1/10/7174 上—下。

《輿地碑記目・資州碑記》4/14a，《新編》1/24/18566 下。

《金石彙目分編》16（1）/34b，《新編》1/28/21465 下。

《石刻題跋索引》488 頁左，《新編》1/30/22826。

《蜀碑記補》9/47–48，《新編》2/12/8739 下。

《隸辨》7/7b，《新編》2/17/13039 上。

《佩文齋書畫譜・金石》61/4b 上，《新編》3/2/31 下。

（嘉慶）《四川通志・輿地志》60/18b，《新編》3/14/527 下。

（光緒）《資州直隸州志・金石志》39/45a，《新編》3/16/51 上。

《蜀碑記》9/4a，《新編》3/16/336 下。

《燕庭金石叢稿》，《新編》3/32/502 下。

《紅藕齋漢碑彙鈔集跋》，《新編》3/38/528 上、533 上。

《六藝之一錄》53/5a，《新編》4/4/785 上。

《漢隸字源》133 頁。

《漢魏石刻文學考釋》上冊 453—454 頁。

《漢魏石刻文字繫年》32 頁。

《漢魏六朝碑刻校注·總目提要》編號0137。

論文：

陶喻之：《漢魏蜀道石刻史料研究》，《上海博物館集刊》第 7 期，上海書畫出版社 1996 年版。

永建 005

陳君德政碑

永建五年（130）。在資州獠井壩層崖之腹。

碑目題跋著錄：

《輿地碑記目·資州碑記》4/14a，《新編》1/24/18566 下。

《墨華通考》卷 11，《新編》2/6/4422 下。

（嘉慶）《四川通志·輿地志》60/8b，《新編》3/14/522 下。

（光緒）《資州直隸州志·金石志》29/2a，《新編》3/16/29 下。

《蜀碑記》9/2a，《新編》3/16/335 下。

《燕庭金石叢稿》，《新編》3/32/497 上。

永建 006

國三老袁良碑

又名：袁梁碑。永建六年（131）二月卒。在開封府扶溝縣（一云太康縣）。篆書額題：漢故國三老袁君碑。

錄文著錄：

《隸釋》6/5a–7a，《新編》1/9/6818 上—6819 上。

《碑版廣例》5/9a–11a，《新編》3/40/294 下—295 下。

《六藝之一錄》41/1a–3a，《新編》4/4/576 上—577 上。

《全後漢文》98/3b–4b，《全文》1 冊 999 上—下。

《漢魏石刻文學考釋》下冊 1338—1339 頁。

碑目題跋著錄：

《隸釋》6/7b–9a，《新編》1/9/6810 上—6811 上。

《隸釋》20/12a 引《水經注》，《新編》1/9/6952 下。

《隸釋》22/7b–8b 引《集古錄》，《新編》1/9/6983 上—下。

《隸釋》23/17b 引《集古錄目》，《新編》1/9/6998 上。

《隸釋》27/1a 引《天下碑錄》,《新編》1/9/7036 上。
《隸釋刊誤》24b－25a,《新編》1/9/7056 下—7057 上。
《金石錄》1/3b、14/5a－6a,《新編》1/12/8801 上、8884 上—下。
《金石錄補》25/8a,《新編》1/12/9118 下。
《金石錄補續跋》2/2a－b,《新編》1/12/9146 下。
《中州金石考》2/3b,《新編》1/18/13679 上。
《集古錄跋尾》1/20b－21a,《新編》1/24/17841 下—17842 上。
《集古錄目》1/2a,《新編》1/24/17947 下。
《通志・金石略》卷上/11a,《新編》1/24/18024 下。
《寶刻叢編》1/25a,《新編》1/24/18092 上。
《授堂金石三跋・一跋》1/6a－b,《新編》1/25/19088 下。
《金石彙目分編》9（1）/41a,《新編》1/28/20944 下。
《石刻題跋索引》3 頁左,《新編》1/30/22341。
《天下金石志》5/1,《新編》2/2/823 上。
《墨華通考》卷 7,《新編》2/6/4368 上、4382 上。
《碑藪》,《新編》2/16/11825 下。
《金石例補》1/1a－b、2/2b－3a,《新編》2/17/12361 上、12366 下—12367 上。
《隸辨》7/7b－8a,《新編》2/17/13039 上—下。
《古今碑帖考》7a,《新編》2/18/13166 上。
《金石錄續跋》5－6,《新編》2/18/13197 上—下。
《集古錄補目補》卷上/1b,《新編》2/20/14509 下。
《中州金石目錄》1/2b,《新編》2/20/14686 下。
《佩文齋書畫譜・金石》61/4b 上,《新編》3/2/31 下。
（民國）《太康縣志・藝文志上》5/19b,《新編》3/28/325 上。
《寒山堂金石林時地攷》卷上/18b,《新編》3/34/498 下。
汪本《隸釋刊誤》24b－25a,《新編》3/37/562 上—下。
《紅藕齋漢碑彙鈔集跋》,《新編》3/38/505 下—506 上。
《漢石例》1/1a、2/6a－b、16a、19a、26a、32a、3/16a,《新編》3/40/125 上、146 下、151 下、153 上、156 下、159 下、172 下。

《碑版廣例》6/9b，《新編》3/40/306 上。

《漢魏六朝墓銘纂例》2/8a–b，《新編》3/40/445 下。

《金石備攷·開封府》，《新編》4/1/55 上。

《古今書刻》下編/23a，《新編》4/1/146 上。

《六藝之一錄》51/17b，《新編》4/4/761 上。

《墨池篇》6/2a，《新編》4/9/667 下。

《水經注碑錄》卷五編號 138，《北山金石錄》上冊 120—121 頁。

《漢隸字源》41 頁。

《漢魏石刻文學考釋》下冊 1336 頁。

《漢魏石刻文字繫年》33 頁。

《漢魏六朝碑刻校注·總目提要》編號 0127。

備考：《後漢書》卷四五《袁安傳》載，袁安祖父袁良，是否碑主，待考。《隸釋》引《天下碑錄》云，一作"袁貢"，然袁貢漢靈帝時期（168—189）人物，其事見《後漢書》卷五七《劉陶傳》，與袁良絕非同一人，曾官"議郎"，當有誤。

永建 007

臨灉宮石銘

又名：永建刻銘。永建六年（131）五月十五日。宋元祐二年發現於永城。《金石錄》作"順帝永建元年（126）五月"。原在河南永城，今存浙江紹興市東南禹廟內大殿東南側。石為圓錐體，高 204、寬 75、厚 60 釐米，頂上有穿，文字自東向西豎刻，3 行，行 11 字，隸書。

錄文著錄：

《全後漢文》106/10a，《全文》1 冊 1046 下。

《廣川書跋》5/3b，《新編》3/38/716 上。

《漢魏石刻文學考釋》下冊 1214—1215 頁。

碑目題跋著錄：

《金石錄》1/3b，《新編》1/12/8801 上。

《金石錄補》25/8a，《新編》1/12/9118 下。

《通志·金石略》卷上/18a，《新編》1/24/18028 上。

《石刻名彙》1/1b,《新編》2/2/1025 上。
《崇雅堂碑錄補》1/2a,《新編》2/6/4551 下。
《隸辨》8/44b,《新編》2/17/13096 下。
《竹崦盦金石目錄》7a,《新編》2/20/14550 上。
《佩文齋書畫譜·金石》61/4a 下、4b 上—下,《新編》3/2/31 下。
《古誌彙目》1/1b,《新編》3/37/6。
《竹崦盦金石目錄》1/7b,《新編》3/37/343 上。
《廣川書跋》5/3b–4a,《新編》3/38/716 上—下。
《金石備攷》附錄,《新編》4/1/86 上。
《六藝之一錄》53/33a,《新編》4/4/799 上。
《漢魏石刻文字繫年》32—33 頁。
《漢魏六朝碑刻校注·總目提要》編號 0139、0140。

論文:

徐德明:《紹興禹廟窆石考》,《東南文化》第 3—4 合期。

備考:據銘文"沛國臨灘,時窆石室"可知,墓主名"臨灘"。

陽 嘉

陽嘉 001

蜀郡太守李君碑并陰

陽嘉二年（133）十二月廿五日。2010 年四川成都出土。碑通高 302 釐米,梯形,上寬 84、下寬 97 釐米；上厚 27、下厚 33 釐米。碑陽 10 行,滿行 42 字；碑陰 10 行,行 13 至 27 字不等,榜題 64 字,隸書。張勛燎認為,碑主為李膺。

圖版著錄:

《北京大學圖書館新藏金石拓本菁華 1996—2012》44 頁。（碑陽）

論文:

成都文物考古研究所:《成都天府廣場東御街漢代石碑發掘簡報》,《南方民族考古》第 8 輯,2012 年。

馮廣宏:《天府廣場出土漢碑略考》,《南方民族考古》第 8 輯,

2012 年。

羅開玉：《〈李君碑〉、〈裴君碑〉初探》，《南方民族考古》第 8 輯，2012 年。

宋治民：《成都天府廣場出土漢碑的初步研究》，《南方民族考古》第 8 輯，2012 年。

何崝：《成都天府廣場出土二漢碑考釋》，《南方民族考古》第 8 輯，2012 年。

張勛燎：《成都東御街出土漢碑為漢代文翁石室學堂遺存考——從文翁石室、周公禮殿到錦江書院發展史簡論》，《南方民族考古》第 8 輯，2012 年。

趙超、趙久湘：《成都新出漢碑兩種釋讀》，《文物》2012 年第 9 期。

章紅梅：《〈文物〉近年所刊兩通石刻釋文校補》，《古籍整理研究學刊》2014 年第 5 期。

張勛燎：《成都東御街出土漢碑續考——碑石的埋藏層位與"黨錮"》，《南方民族考古》第 10 輯，2014 年。

陽嘉 002

陽嘉殘碑并陰

亦稱"少仕州郡等字殘碑"、"黎陽令殘碑"。陽嘉二年（133）卒，《漢魏六朝碑刻校注》載永和元年（136）三月二十五日，暫從陽嘉二年。清光緒元年山東曲阜出土，今存曲阜石刻陳列館。碑高 42.2、寬 57.6 釐米。碑陽殘存 12 行，行存 7 字至 10 字不等；碑陰為人名和出錢數，殘存上下三截，上截存 5 行，中截存 12 行，下截存 11 行；均隸書。

圖版著錄：

《古石抱守錄》，《新編》3/1/186。

《北京圖書館藏中國歷代石刻拓本匯編》1 冊 86—87 頁。

《漢碑全集》2 冊 417—423 頁。

《山東石刻分類全集·秦漢碑刻》26 頁。

錄文著錄：

《八瓊室金石補正》3/25a–26a，《新編》1/6/4057 上—下。

《增補校碑隨筆》（修訂本）32—33 頁。
《漢魏石刻文學考釋》中冊 515—516 頁。
《漢碑全集》2 冊 418、421 頁。
碑目題跋著錄：
《八瓊室金石補正》3/26a–b，《新編》1/6/4057 下。
《藝風堂金石文字目》1/4b，《新編》1/26/19524 下。
《再續寰宇訪碑錄校勘記》1a，《新編》1/27/20460 上。
《金石彙目分編》10（補遺）/15a，《新編》1/28/21221 上。
《石刻題跋索引》25 頁左、488 頁左，《新編》1/30/22363、22826。
《山左訪碑錄》6/12a，《新編》2/12/9088 上。
（宣統）《山東通志・藝文志》卷 152，《新編》2/12/9353 上。
《寰宇貞石圖目錄》卷上/1b，《新編》2/20/14671 下。
《石目》，《新編》3/36/79 下。
《漢石存目》卷上/3a，《新編》3/37/522 上。
《碑帖跋》79 頁，《新編》3/38/227、4/7/434 下。
《寫禮廎讀碑記》2a–3a，《新編》3/40/545 下—546 上。
《雪堂所藏金石文字簿錄》12a，《新編》4/7/375 下。
《再續寰宇訪碑錄》卷上，《羅振玉學術論著集》第五集，406 頁。
《增補校碑隨筆》（修訂本）32—34 頁。
《碑帖鑒定》36 頁。
《善本碑帖錄》1/14。
《碑帖敍錄》176 頁。
《漢魏石刻文學考釋》中冊 514 頁。
《齊魯碑刻墓誌研究》"附表"345 頁。
《漢魏六朝碑刻校注・總目提要》編號 0152。
淑德大學《中國石刻拓本目錄》"碑碣等刻石"編號 62。

陽嘉 003

向阵墓磚

陽嘉二年（133）。湖北宜都出土，浙江山陰劉氏舊藏。隸書。

碑目著錄：

《石刻名彙》11/183b，《新編》2/2/1119 上。

陽嘉 004

謁者王誨碑

又名：滎口石門銘、滎瀆石門碑、河激頌。陽嘉三年（134）二月丁丑刻。邊劭撰。碑在滎陽。

錄文著錄：

《隸釋》20/2b－3b 引《水經注》，《新編》1/9/6947 下—6948 上。

《金石古文》11/1a－2a，《新編》1/12/9421 上—下。

《漢碑錄文》1/23b－24b，《新編》2/8/6126 下—6127 上。

《續古文苑》15/1b－2b，《新編》4/2/225 上—下。

《全後漢文》62/2a－3a，《全文》1 冊 812 下—813 上。

《水經注碑錄》卷二編號 28，《北山金石錄》上冊 45—46 頁。

《漢魏石刻文學考釋》下冊 1046—1047 頁。

碑目題跋著錄：

《中州金石考》1/13a，《新編》1/18/13675 上。

《金石彙目分編》9（1）/22b，《新編》1/28/20934 下。

《石刻題跋索引》488 頁左、498 頁右，《新編》1/30/22826、22836。

《漢碑錄文》1/24b－25b，《新編》2/8/6127 上—下。

《隸辨》8/45a，《新編》2/17/13097 上。

《中州金石目錄》1/2b，《新編》2/20/14686 下。

《佩文齋書畫譜·金石》61/4b 下，《新編》3/2/31 下。

《紅藕齋漢碑彙鈔集跋》，《新編》3/38/519 上。

《六藝之一錄》51/4b－5b，《新編》4/4/754 下—755 上。

《水經注碑錄》卷二編號 28，《北山金石錄》上冊 46 頁。

《漢魏六朝碑刻校注·總目提要》編號 0147。

陽嘉 005

樂山麻浩武陽趙國華崖墓題記

又名：武陽趙國羊崖墓題記。陽嘉三年（134）。鑿刻於四川省樂山市中區麻浩崖墓一大型墓室前堂四室墓享堂左壁。高 87、寬 27 釐米。文隸書，1 行 5 字。

著錄：

《漢碑全集》6 冊 2077—2078 頁。（圖、文）

《漢魏石刻文字繫年》34 頁。（文）

《漢魏六朝碑刻校注·總目提要》編號 0148。（目）

論文：

唐長壽：《樂山麻浩崖墓研究》，《四川文物》1987 年第 2 期。

永　和

永和 001

陳買德墓室題記

又名：樂山蕭壩永和一年崖墓題記。永和一年（136）三月一日卒。在四川省樂山市蕭壩。題刻高 25、寬 120 釐米。文隸書，12 行，行 1 至 4 字不等。

著錄：

《四川歷代碑刻》20 頁。（圖、文）

《漢碑全集》2 冊 428—429 頁。（圖、文）

《漢魏石刻文字繫年》34 頁。（跋）

《漢魏六朝碑刻校注·總目提要》編號 0151。（目）

論文：

周俊麒：《樂山東漢崖墓石刻文字考》，《四川文物》2001 年第 4 期。

永和 002

微山永和元年食堂畫像石題記

永和元年（136）十二月廿六日。1998 年在山東省微山縣兩城鄉陳莊出土，現藏曲阜市文管會。長 141、高 92、厚 19 釐米。文隸書，3 行，行字不等，共 40 字。

著錄：

《漢碑全集》2 冊 430—432 頁。（圖、文）

論文：

微山縣文物管理所：《山東微山縣近年出土的漢畫像石》，《考古》2006 年第 2 期。

永和 003

路君墓石闕文

永和元年（136）。在山東省濟州。今佚。

碑目題跋著錄：

《通志・金石略》卷上/26a，《新編》1/24/18032 上。

《墨華通考》卷 8，《新編》2/6/4390 上。

《佩文齋書畫譜・金石》62/2a 下、4a 下，《新編》3/2/41 下、53 上。

《六藝之一錄》57/33b，《新編》4/5/66 上。

《漢魏石刻文字繫年》35 頁。

《漢魏六朝碑刻校注・總目提要》編號 0154。

永和 004

楊裳墓磚

又名：永和二年磚銘。永和二年（137）二月十三日卒。出土時地及尺寸不詳。拓本為二，連續刻字，各 1 行 10 字，隸書。

著錄：

《中國磚銘》圖版上冊 187 頁中及頁左。（圖、文）

永和 005

敦煌太守裴岑紀功碑

又名：裴岑祠記。永和二年（137）八月刻。清雍正七年岳鍾琪訪得於新疆鎮西城，石原在巴里坤東一百五十里之松樹塘嶺，今在新疆博物館，已裂成數塊。拓片高 106、寬 48 釐米。文隸書，6 行，行 10 字。

圖版著錄：

《金石圖說》甲上/32b，《新編》2/2/910 下。

《二銘草堂金石聚》4/1a–5b，《新編》2/3/1833 上—1835 上。

《金石圖》，《新編》4/10/539 上左。

《金石索》石索二，下冊 1091 頁。

《北京圖書館藏中國歷代石刻拓本匯編》1 冊 88 頁。

《中國西北地區歷代石刻匯編》1 冊 11 頁。

《漢碑全集》2 冊 433—442 頁。

《漢魏六朝碑刻校注》1 冊 123 頁。

錄文著錄：

《金石萃編》7/11a－b，《新編》1/1/124 上。

《兩漢金石記》14/2a－b，《新編》1/10/7395 下。

《金石文鈔》1/11a，《新編》2/7/5078 上。

《漢碑錄文》1/25b，《新編》2/8/6127 下。

《西陲石刻錄》1a，《新編》2/15/11030 上。

（光緒）《甘肅新通志·藝文志附金石》92/1a，《新編》3/32/176 下。

（宣統）《新疆圖志·金石一》88/1b－2a，《新編》3/32/390－391。

《紅藕齋漢碑彙鈔集跋》，《新編》3/38/573 下。

《碑版廣例》2/6b－7a，《新編》3/40/248 下—249 上。

《續古文苑》15/2b，《新編》4/2/225 下。

《清儀閣雜詠》9a－b，《新編》4/9/736 上。

《全後漢文》98/5a，《全文》1 冊 1000 上。

《魯迅輯校石刻手稿·碑銘》上冊 89 頁。

《中國西北地區歷代石刻匯編》1 冊 11 頁。

《漢魏石刻文學考釋》上冊 94 頁。

《漢魏石刻文字繫年》35—36 頁。

《漢碑全集》2 冊 434 頁。

《漢碑集釋》58—59 頁。

《漢魏六朝碑刻校注》1 冊 124 頁。

碑目題跋著錄：

《金石萃編》7/13a－14a，《新編》1/1/125 上—下。

《兩漢金石記》1/28b、14/2b－4a，《新編》1/10/7218 下、7395 下—7396 下。

《集古求真》9/2a，《新編》1/11/8562 下。

《集古求真補正》3/14b,《新編》1/11/8669 下。

《潛研堂金石文跋尾》1/8a－9a,《新編》1/25/18736 下—19737 上。

《潛研堂金石文字目錄》1/3b,《新編》1/25/19008 上。

《平津讀碑記》1/6a－b,《新編》1/26/19351 下。

《藝風堂金石文字目》1/5a,《新編》1/26/19525 上。

《陶齋金石文字跋尾》7b－8a,《新編》1/26/19828 上—下。

《寰宇訪碑錄》1/3a,《新編》1/26/19853 上。

《續補寰宇訪碑錄》1/3a,《新編》1/27/20304 上。

《金石彙目分編》13/16a、13（補遺）/2b,《新編》1/28/21380 下、21381 下。

《石刻題跋索引》3 頁左—右,《新編》1/30/22341。

《績語堂碑錄》,《新編》2/1/68 下。

《金石圖說》甲上/33a－b,《新編》2/2/911 上。

《二銘草堂金石聚》4/6a,《新編》2/3/1835 下。

《平津館金石萃編》2/9a,《新編》2/4/2435 上。

《宜祿堂收藏金石記》卷 2,《新編》2/5/3267 上。

《宜祿堂金石記》1/5a,《新編》2/6/4208 上。

《崇雅堂碑錄》1/2b,《新編》2/6/4484 下。

《香南精舍金石契》,《新編》2/6/5007 下。

《函青閣金石記》2/17a－19b,《新編》2/6/5028 下—5029 下。

《金石文鈔》1/11a－b,《新編》2/7/5078 上。

《漢碑錄文》1/25b－26a,《新編》2/8/6127 下—6128 上。

《關中金石文字存逸考》10/51a－b、12/27a、12/37a,《新編》2/14/10617 上、10650 上、10655 上。

《關中金石記》1/2,《新編》2/14/10664 上。

《新疆訪古錄》1/1b－2a、3b,《新編》2/15/11483 上—11484 上。附申兆定《涵真閣漢碑文字跋》。

《獨笑齋金石文攷》第二集 1/21a－23a,《新編》2/16/11741 上—11742 上。

《語石》2/12a、3/15a、8/24a,《新編》2/16/11881 下、11905 上、

12005 下。

《平安館藏碑目》，《新編》2/18/13376 下。

《古墨齋金石跋》1/6a－b，《新編》2/19/14065 下。

《枕經堂金石題跋》2/27a－b，《新編》2/19/14250 上。

《愛吾廬題跋》10a－b，《新編》2/20/14378 下。

《寶鐵齋金石文跋尾》卷上/3a－b，《新編》2/20/14401 上。

《退庵題跋》卷上/5a－b，《新編》2/20/14433 下。

《竹崦盦金石目錄》2b，《新編》2/20/14547 下。

《寰宇貞石圖目錄》卷上/2a，《新編》2/20/14672 上。

（民國）《咸寧長安兩縣續志·金石考上》12/1b，《新編》3/31/515 上。

（光緒）《甘肅新通志·藝文志附金石》92/1a－b，《新編》3/32/176 下。

（宣統）《新疆圖志·金石一》88/1b、3b，《新編》3/32/390、394。

《石目》，《新編》3/36/44 上。

《話雨樓碑帖目錄》1/3b，《新編》3/36/532。

《竹崦盦金石目錄》2b，《新編》3/37/340 下。

《漢石存目》卷上/3a，《新編》3/37/522 上。

《東洲草堂金石跋》3/2b－6b，《新編》3/38/88 上—90 上。

《碑帖跋》38 頁，《新編》3/38/186、4/7/424 上。

《漢石經室金石跋尾》，《新編》3/38/254 上。

《紅藕齋漢碑彙鈔集跋》，《新編》3/38/549 下、573 下—575 上。

《蘇齋題跋》卷上/21a－b，《新編》3/38/615 上。

《激素飛清閣平碑記》卷1，《新編》4/1/194 上。

《石交錄》1/13b－14a，《新編》4/6/436 上—下。

《芳堅館題跋》1/1b，《新編》4/6/770 上。

《清儀閣金石題識》2/9b－10a，《新編》4/7/46 上—下。

《退菴金石書畫跋》2/11a－b，《新編》4/7/155 上。

《雪堂所藏金石文字簿錄》12a－b，《新編》4/7/375 下。

《清儀閣雜詠》9a－b，《新編》4/9/736 上。

《金石圖》，《新編》4/10/539 下。

《金石索》石索二，下冊 1091—1092 頁。

《越縵堂讀書記》下冊 1070 頁。

《增補校碑隨筆》（修訂本）34—35 頁。

《碑帖鑒定》37 頁。

《善本碑帖錄》1/15。

《碑帖敘錄》214 頁。

《漢魏石刻文學考釋》上冊 90、93—94 頁。

《漢魏石刻文字繫年》35 頁。

《漢魏六朝碑刻校注·總目提要》編號 0155。

淑德大學《中國石刻拓本目錄》"碑碣等刻石" 編號 64。

論文：

吳其昌：《漢敦煌太守裴岑破北匈奴紀功碑跋尾》，《吳其昌文集》3 "史學論叢·上"，第 402—406 頁。

馬雍：《新疆巴里坤、哈密漢唐石碑叢考》，《西域史地文物叢考》，第 16、19—21 頁。

潛心：《裴岑紀功碑文考》，《敦煌研究》1986 年第 4 期。

黎人忠：《裴岑紀功碑》，《四川文物》1994 年第 5 期。

董蘇寧：《哈密地區碑刻述評》，《西域研究》1998 年第 2 期。

朱玉麒：《漢唐西域紀功碑考述》，《文史》2005 年第 4 輯。

尹雪萍、高健：《〈裴岑紀功碑〉考辨》，《蘭臺世界》2017 年第 10 期。

永和 006

司馬衸紅墓葬紀年石

又名：司馬叔畫像石題記。永和三年（138）四月二十日。1972 年七月陝西省清澗縣折家坪鄉賀家溝出土，現藏清澗縣文物管理所。石長 99、寬 14 釐米。文隸書，1 行 17 字。

著錄：

《新中國出土墓誌·陝西（壹）》上冊 9 頁（圖）、下冊 10 頁（文）。

論文：

吳鎮烽：《秦晉兩省東漢畫像石題記集釋》，《考古與文物》2006 年第 1 期。

永和 007
段仲孟墓室銘文

又名：石門關銘。永建三年（128）八月造，段仲孟永和三年（138）八月物故。2002 年 1 月四川省新都縣三河鎮廖家坡東漢崖墓之三號墓出土。框高 101、寬 65 釐米。文隸書，6 行，共 71 字。額題：石門關。

著錄：

《漢碑全集》2 冊 384—385 頁。（圖、文）

《漢魏六朝碑刻校注》1 冊 119—120 頁。（圖、文）

《成都出土歷代墓銘券文圖錄綜釋》1—2 頁。（圖、文）

《漢魏六朝碑刻校注·總目提要》編號 0133。（目）

論文：

成都市文物考古研究所等：《成都市新都區東漢崖墓的發掘》，《考古》2007 年第 9 期。

魏啟鵬：《新都廖家坡東漢崖墓〈石門關〉銘刻考釋》，《四川文物》2002 年第 3 期。

連劭名：《成都新都東漢墓〈石門關〉銘刻考釋》，《文博》2004 年第 1 期。

永和 008
河內山陽尉牛季平墓葬紀年石

永和四年（139）九月十日。1978 年十月米脂縣尚莊出土，石存米脂縣博物館。石長 128、寬 14 釐米。文隸書，1 行 32 字。

著錄：

《陝西碑石精華》1 頁。（圖）

《新中國出土墓誌·陝西（壹）》上冊 9 頁（圖）、下冊 10 頁（文、跋）。

論文：

吳鎮烽：《秦晉兩省東漢畫像石題記集釋》，《考古與文物》2006年第1期。

永和 009
河間相張平子碑

又名：張衡碑。永和四年（139）。崔瑗撰并書。墓及碑在南陽西鄂縣南。隸書。

錄文著錄：

《金石古文》13/6a－7a，《新編》1/12/9431下—9432上。

（光緒）《南陽縣志·藝文下》10/2b－3b，《新編》3/30/187下—188上。

《古文苑》19/9b－11a，《新編》4/1/434上—435上。

《六藝之一錄》57/8b－10b，《新編》4/5/53下—54下。

《全後漢文》45/6a－6b，《全文》1冊719下。

《漢魏石刻文學考釋》中冊519頁。

碑目題跋著錄：

《隸釋》20/28a－b引《水經注》，《新編》1/9/6960下。

《金石錄》1/3b、14/6b－7a，《新編》1/12/8801上、8884下—8885上。

《金石錄補》25/8a，《新編》1/12/9118下。

《中州金石考》8/1a，《新編》1/18/13735上。

《集古錄跋尾》1/21a－22a，《新編》1/24/17842上—下。

《通志·金石略》卷上/17b，《新編》1/24/18027下。

《寶刻叢編》3/25a－26a，《新編》1/24/18126上—下。

《寶刻類編》1/12a，《新編》1/24/18412下。

《金石彙目分編》9（4）/59b－60a，《新編》1/28/21065上—下。

《石刻題跋索引》3頁右，《新編》1/30/22341。

《天下金石志》5/14，《新編》2/2/829下。

《墨華通考》1/9a、卷7，《新編》2/6/4295上、4384下。

《碑藪》，《新編》2/16/11826上。

《語石》4/2a,《新編》2/16/11918 下。

《隸辨》8/41b – 43a,《新編》2/17/13095 上—13096 上。

《中州金石目錄》1/2b,《新編》2/20/14686 下。

(民國)《獻縣志·故實志四》18 上/1b,《新編》3/23/461 上。

(光緒)《南陽縣志·藝文下》10/5a – b,《新編》3/30/189 上。附趙一清《水經注釋》。

《寒山堂金石林時地攷》卷上/19b,《新編》3/34/499 上。

《石墨餘馨》,《新編》3/35/333。

《諸史碑銘錄目·魏書金石》,《新編》3/37/331 下。

汪本《隸釋刊誤》74b,《新編》3/37/587 上。

《漢石例》1/35b,《新編》3/40/142 上。

《漢魏六朝志墓金石例》2/6a,《新編》3/40/406 下。

《漢魏六朝墓銘纂例》2/9a,《新編》3/40/446 上。

《金石備攷·南陽府》,《新編》4/1/62 上。

《古今書刻》下編/25a,《新編》4/1/147 上。

《六藝之一錄》51/15b、18a,《新編》4/4/760 上、761 下。

《水經注碑錄》卷九編號 241,《北山金石錄》上冊 202—205 頁。

《漢魏石刻文學考釋》中冊 516—518 頁。

《漢魏六朝碑刻校注·總目提要》編號 0158。

《漢魏石刻文字繫年》36—37 頁。

備考:張衡,字平子,《後漢書》卷五九有傳。

永和 010

沙南侯獲碑

又名:煥彩溝漢碑。永和五年(140)六月十五日刻。在新疆巴里坤,道光年間薩湘林訪得。拓片高 101、寬 40 釐米。文古隸書,6 行,行字不可計。

圖版著錄:

《二銘草堂金石聚》4/6b – 12a,《新編》2/3/1835 下—1838 下。

《古石抱守錄》,《新編》3/1/310。

《北京圖書館藏中國歷代石刻拓本匯編》1 冊 89 頁。

《中國西北地區歷代石刻匯編》1 冊 12 頁。

《漢碑全集》2 冊 446—450 頁。

《漢魏六朝碑刻校注》1 冊 125 頁。

錄文著錄：

《八瓊室金石補正》4/1a–b，《新編》1/6/4058 上。

《十二硯齋金石過眼錄》1/13a，《新編》1/10/7799 上。

《西陲石刻錄》2a，《新編》2/15/11030 下。

（宣統）《新疆圖志·金石一》88/3b–4a，《新編》3/32/394–395。

《中國西北地區歷代石刻匯編》1 冊 12 頁。

《漢魏石刻文學考釋》上冊 96、369 頁。

《漢碑全集》2 冊 447 頁。

《漢魏六朝碑刻校注》1 冊 126 頁。

碑目題跋著錄：

《八瓊室金石補正》4/1b–5b，《新編》1/6/4058 下—4060 上。附張之洞、吳大澂、王懿榮等題識。

《十二硯齋金石過眼錄》1/13a–14b，《新編》1/10/7799 下。

《集古求真續編》6/8b，《新編》1/11/8764 下。

《藝風堂金石文字目》1/5a，《新編》1/26/19525 上。

《補寰宇訪碑錄》1/5a，《新編》1/27/20197 上。

《補寰宇訪碑錄刊誤》1b，《新編》1/27/20271 上。

《金石彙目分編》13/16a、13（補遺）/2b，《新編》1/28/21380 下、21381 下。

《石刻題跋索引》488 頁左，《新編》1/30/22826。

《續語堂碑錄》，《新編》2/1/68 下。

《二銘草堂金石聚》4/12a–13b，《新編》2/3/1838 下—1839 上。

《望堂金石初集》，《新編》2/4/2777 上。

《崇雅堂碑錄》1/2b，《新編》2/6/4484 下。

《函青閣金石記》2/19b–20b，《新編》2/6/5029 下—5030 上。

《關中金石文字存逸考》10/51b–52a、12/27a，《新編》2/14/10617

上—下、10650 上。

《新疆訪古錄》1/4b－5a,《新編》2/15/11484 下—11485 上。

《語石》2/12b,《新編》2/16/11881 下。

《求是齋碑跋》1/3b－4b,《新編》2/19/14002 上—下。

《寰宇貞石圖目錄》卷上/2a,《新編》2/20/14672 上。

《石目》,《新編》3/36/44 上。

《漢石存目》卷上/3a、卷上/5b,《新編》3/37/522 上、523 上。

《漢石經室金石跋尾》,《新編》3/38/256 上。

《激素飛清閣平碑記》卷1,《新編》4/1/194 上。

《石交錄》1/13b－14b,《新編》4/6/436 上—下。

《增補校碑隨筆》（修訂本）35 頁。

《碑帖鑒定》37 頁。

《碑帖敘錄》83 頁。

《漢魏石刻文學考釋》上冊 95—96、366—369 頁。

《漢魏石刻文字繫年》37 頁。

《漢魏六朝碑刻校注·總目提要》編號 0159。

淑德大學《中國石刻拓本目錄》"碑碣等刻石" 編號 66。

論文：

馬雍：《新疆巴里坤、哈密漢唐石碑叢考》,《西域史地文物叢考》,第 16、21—23 頁。

董蘇寧：《哈密地區碑刻述評》,《西域研究》1998 年第 2 期。

備考：《漢魏石刻文學考釋》所載之 "河南侯碑",從時間、地點和文字內容看,當是 "沙南侯獲碑",故合併著錄。

永和 011

蓋縣永和五年磚銘

永和五年（140）。1972 年 11 月遼寧省蓋縣熊岳鎮西南九壠地鄉九壠地村一東漢磚室墓出土。高 32、寬 36.5、厚 8.5 釐米。文字刻於兩側,前後延續,篆書,一側 13 行,行 2 字；一側 2 行,行 11 字。

著錄：

《中國磚銘》圖版上冊 190 頁。（圖、文）

《漢魏六朝碑刻校注》1 冊 127—128 頁。（圖、文）

《漢魏六朝碑刻校注·總目提要》編號 0160。（目）

永和 012

桓弁食堂畫像石題記

永和四年（139）十月廿七日卒，六年（141）正月廿五日造，1975 年發現於山東省微山縣兩城村附近，石存山東省石刻藝術館。高 104、寬 67 釐米。文隸書，2 行，行字不等，共 88 字。

著錄：

《漢碑全集》2 冊 451—454 頁。（圖、文）

《漢魏六朝碑刻校注》1 冊 129—131 頁。（圖、文）

《山東石刻分類全集·秦漢碑刻》27 頁。（圖）

《漢魏石刻文字繫年》36 頁。（文、跋）

《濟寧歷代墓誌銘》17 頁。（文）

《漢魏六朝碑刻校注·總目提要》編號 0163、0736。（目）

論文：

令盦、下坡：《山東新發現的兩漢碑石及有關問題》，《漢碑研究》，第 351—366 頁。

永和 013

冀州從事馮君碑

永和六年（141）卒。2004 年河南省洛陽市孟津縣三十里鋪東漢皇陵兆域出土，石存孟津縣文管所。殘高 99、寬 84、厚 22 釐米。文隸書，17 行，行存 11 至 15 字不等，約存 200 字。額題：冀州從事馮君碑。

著錄：

《漢碑全集》2 冊 455—464 頁。（圖、文）

《漢魏六朝碑刻校注》1 冊 132—133 頁。（圖、文）

《河洛墓刻拾零》上冊 3 頁。（圖）

《漢魏六朝碑刻校注·總目提要》編號 0165。（目）

論文：

孫繼民：《近年新發現〈漢冀州從事馮君碑〉瑣見》，《燕趙歷史文化研究之三：冀州歷史文化論叢》，第 210—216 頁。

漢 安

漢安 001

文通祠堂題記

永和六年（141）十月八日終，母以永和五年（140）五月八日終，漢安元年（142）六月七日建成。2013 年在山東省鄒城嶧山鎮北龍河村發掘出土。長 191、寬 47、厚 28 釐米。文隸書，41 行，行 12 至 18 字不等。

論文：

胡廣躍：《山東鄒城新出土"漢安元年文通祠堂"畫像石》，《碑林集刊》第 20 輯，2014 年。

鄒城市文物局：《山東鄒城嶧山北龍河宋金墓發掘簡報》，《文物》2017 年第 1 期。（圖）

胡新立：《鄒城新發現漢安元年文通祠堂題記及圖像釋讀》，《文物》2017 年第 1 期。（文）

漢安 002

北海相景君銘并陰

漢安二年（143）八月六日卒。碑原在山東濟寧任城縣，後移濟寧縣學，現存山東省濟寧市博物館。高 220、寬 79、厚 18 釐米。文隸書，17 行，滿行 33 字。碑陰刻故吏人名 4 列、後復有四字韻語 2 行，均隸書。額篆書，額題：漢故益州太守北海相景君銘。

圖版著錄：

《金石圖說》甲上/34a–b，《新編》2/2/912–913。

《二銘草堂金石聚》4/17a–44b，《新編》2/3/1841 上—1854 下。

《漢碑大觀》第一集，《新編》2/8/6228 下—6230 下。（局部）

《金石經眼錄》23a–24a，《新編》4/10/502 上—下。

《金石圖》，《新編》4/10/540 上。

《金石索》石索二，下冊 1093—1104 頁。

《北京圖書館藏中國歷代石刻拓本匯編》1 冊 91—92 頁。

《漢碑全集》2 冊 482—483、485—506、508—530 頁。

《漢魏六朝碑刻校注》1 冊 136—137 頁。

《山東石刻分類全集·秦漢碑刻》28—29 頁。

錄文著錄：

《金石萃編》7/15a－20a，《新編》1/1/126 上—128 下。

《金石存》6/2a－3a、4a－5b，《新編》1/9/6642 下—6643 上、6643 下—6644 上。

《隸釋》6/9a－10b，《新編》1/9/6820 上—下。（碑陽）

《隸續》16/3b－6b，《新編》1/10/7177 下—7178 下。（碑陰）

《兩漢金石記》8/8b－11b，《新編》1/10/7309 下—7311 上。

《金薤琳琅》4/10a－11b、12a－14b，《新編》1/10/7661 下—7662 上、7662 下—7663 下。

《金石古文》5/7a－8b、9a－11a，《新編》1/12/9395 上—下、9396 上—9397 上。

《漢碑錄文》1/26b－27b、29a－33b，《新編》2/8/6128 上—下、6129 下—6131 下。

《濟州金石志》2/6b－8a、9b－12b，《新編》2/13/9467 下—9468 下、9469 上—9470 下。

《紅藕齋漢碑彙鈔集跋》，《新編》3/38/498 上—500 下。

《碑版廣例》3/3b－5a，《新編》3/40/261 上—262 上。（碑陽）

《六藝之一錄》40/7b－9a、13b－15a，《新編》4/4/560 上—561 上、563 上—564 上。

《全後漢文》98/5a－6b，《全文》1 冊 1000 上—下。（碑陽，碑陰不全）

《魯迅輯校石刻手稿·碑銘》上冊 92—98 頁。

《漢魏石刻文學考釋》下冊 1219—1222 頁。

《漢碑集釋》61—65 頁。

《漢碑全集》2 冊 484、507 頁。

《漢魏六朝碑刻校注》1 冊 138—139 頁。

漢 代　113

碑目題跋著錄：

《金石萃編》7/28a－29b，《新編》1/1/132 下—133 上。

《八瓊室金石補正》4/5b、6a－b，《新編》1/6/4060 上—下。

《金石存》6/3a－b、5b－6a，《新編》1/9/6643 上、6644 上—下。

《隸釋》6/10b－11a，《新編》1/9/6820 下—6821 上。

《隸釋》21/32a－b、27/7a 引《集古錄》，《新編》1/9/6978 下。

《隸釋》23/14a－b 引《集古錄目》，《新編》1/9/6996 下。

《隸釋》27/7a 引《天下碑錄》，《新編》1/9/7039 上。

《隸釋刊誤》6/25a－26a，《新編》1/9/7057 上—下。

《隸續》7/1b、16/6b－8a，《新編》1/10/7133 上、7178 下—7179 下。

《兩漢金石記》1/29a、8/11b－15a，《新編》1/10/7219 上、7311 上—7313 上。

《金薤琳琅》4/11b－12a、14b－15a，《新編》1/10/7662 上—下、7663 下—7664 上。

《集古求真》9/3a－b，《新編》1/11/8563 上。

《集古求真補正》3/16a－17b，《新編》1/11/8670 下—8671 上。

《金石錄》1/3b、14/7a－b，《新編》1/12/8801 上、8885 上。

《金石錄補》25/8b，《新編》1/12/9118 下。

《金石錄補續跋》2/2b－4a，《新編》1/12/9146 下—9147 下。

《金石文字記》1/11b，《新編》1/12/9197 上。

《金石古文》5/8b－9a，《新編》1/12/9395 下—9396 上。

《山左金石志》7/12b－13a，《新編》1/19/14422 下—14423 上。

《集古錄跋尾》1/22a－b，《新編》1/24/17842 下。

《集古錄目》1/2a，《新編》1/24/17947 下。

《通志·金石略》卷上/18b，《新編》1/24/18028 上。

《石墨鐫華》1/7b－8a，《新編》1/25/18596 上—下。

《曝書亭金石文字跋尾》2/14b－15b，《新編》1/25/18686 下—18687 上。

《潛研堂金石文字目錄》1/3b，《新編》1/25/19008 上。

《潛研堂金石文跋尾》1/9a－b，《新編》1/25/18737 上。

《平津讀碑記》1/6b-7a，《新編》1/26/19351下—19352上。

《藝風堂金石文字目》1/5a，《新編》1/26/19525上。

《寰宇訪碑錄》1/3b，《新編》1/26/19853上。

《金石彙目分編》10（2）/47a，《新編》1/28/21164上。

《石刻題跋索引》3頁右—4頁左，《新編》1/30/22341-22342。

《續語堂碑錄》，《新編》2/1/68下。

《天下金石志》3/7，《新編》2/2/817上。

《金石圖說》甲上/35a-b，《新編》2/2/914。

《蒼潤軒玄牘記》1/2a-b，《新編》2/2/1593下。

《二銘草堂金石聚》4/44b-45b，《新編》2/3/1854下—1855上。

《平津館金石萃編》2/9a，《新編》2/4/2435上。

《宜祿堂收藏金石記》卷2，《新編》2/5/3267上。

《宜祿堂金石記》1/5a-b，《新編》2/6/4208上。

《墨華通考》卷8，《新編》2/6/4391上。

《崇雅堂碑錄》1/2b，《新編》2/6/4484下。

《來齋金石刻考略》卷上/17b-18a，《新編》2/8/5973上—下。

《漢碑錄文》1/27b-29a、33b-35b，《新編》2/8/6128下—6129下、6131下—6132下。

（宣統）《山東通志·藝文志》卷152，《新編》2/12/9368上。

《濟州金石志》2/9b、16a，《新編》2/13/9469上、9472下。

《關中金石文字存逸考》12/37a，《新編》2/14/10655上。

《獨笑齋金石文攷》第二集2/2a-9b，《新編》2/16/11743下—11747上。

《碑藪》，《新編》2/16/11830下。

《語石》2/7a，《新編》2/16/11879上。

《金石萃編校字記》2a-b，《新編》2/17/12325下。

《金石例補》2/1a-2a，《新編》2/17/12366上—下。

《隸韻·碑目》3a-b，《新編》2/17/12516上。

《隸辨》7/8a-b，《新編》2/17/13039下。

《蒼潤軒碑跋紀》4b-5a，《新編》2/18/13122下—13123上。

《古今碑帖考》7a,《新编》2/18/13166 上。

《金石录续跋》6-8,《新编》2/18/13197 下—13198 下。

《平安馆藏碑目》,《新编》2/18/13377 上。

《求是斋碑跋》1/4b-5a,《新编》2/19/14002 下—14003 上。

《古墨斋金石跋》1/6b-7b,《新编》2/19/14065 下—14066 上。

《爱吾庐题跋》41a,《新编》2/20/14394 上。

《集古录补目补》卷上/1b-2a,《新编》2/20/14509 下—14510 上。

《竹崦盦金石目录》3a,《新编》2/20/14548 上

《范氏天一阁碑目》1,《新编》2/20/14605 上。

《寰宇贞石图目录》卷上/2a、卷下/1b,《新编》2/20/14672 上、14677 下。

《山左碑目》2/18b,《新编》2/20/14847 下。

《古林金石表》2b,《新编》2/20/14894 下。

《蒿里遗文目录》1 上/1a,《新编》2/20/14937 下。

《佩文斋书画谱·金石》61/5a 上,《新编》3/2/32 上。

《读汉碑》1b-2b,《新编》3/2/589 上—下。

《汉隶拾遗》3b-4b,《新编》3/2/598 上—下。

(光绪)《云南通志·金石上》212/12b-13a,《新编》3/23/54 下—55 上。

(民国)《济宁直隶州续志·艺文志》19/3a-4a,《新编》3/26/48 上—下。附全祖望《鲒埼亭集》跋。

《金石文考略》2/22b,《新编》3/34/236 下。

《寒山堂金石林时地攷》卷上/13b,《新编》3/34/496 上。

《汉魏碑考》1a-b,《新编》3/35/81 上。

《石目》,《新编》3/36/44 下。

《话雨楼碑帖目录》1/3b,《新编》3/36/532。

《菉竹堂碑目》2/3b,《新编》3/37/277 上。

《竹崦盦金石目录》3a,《新编》3/37/341 上。

《汉石存目》卷上/3b,《新编》3/37/522 上。

汪本《隶释刊误》25a-26a,《新编》3/37/562 下—563 上。

《碑帖跋》40 頁，《新編》3/38/188、4/7/424 下。

《雪堂金石文字跋尾》2/5a，《新編》3/38/290 上。

《紅藕齋漢碑彙鈔集跋》，《新編》3/38/499 上、501 上。

《中國金石學講義·正編》11a，《新編》3/39/139。

《金石史》卷上/8b – 9b，《新編》3/39/471 下—472 上。

《金石小箋》5a – b，《新編》3/39/497 上。

《漢石例》1/20a、24b、2/18a、3/15b，《新編》3/40/134 下、136 下、152 下、172 上。

《碑版廣例》3/3a – b、3/5a – b、6/6b、6/15a，《新編》3/40/261 上、262 上、304 下、309 上。

《漢魏六朝志墓金石例》1/15a，《新編》3/40/403 上。

《漢魏六朝墓銘纂例》1/1b – 2a，《新編》3/40/434 上—下。

《玄牘記》，《新編》3/40/587 下—588 上。

《金石備攷·兗州府》，《新編》4/1/48 下。

《激素飛清閣平碑記》卷 1，《新編》4/1/194 上。

《分隸偶存》卷上/18a – 19a，《新編》4/1/602 下—603 上。

《弇州山人四部稿·墨刻跋》134/3a – b，《新編》4/6/573 下。

《庚子銷夏記》5/7b – 8a，《新編》4/6/626 上—下。

《芳堅館題跋》1/1b – 2a，《新編》4/6/770 上—下。

《雪堂所藏金石文字簿錄》12b – 14b，《新編》4/7/375 下—376 下。

《墨池篇》6/2a，《新編》4/9/667 下。

《金石圖》，《新編》4/10/540 下。

《漢隸字源》41—42、137—138 頁。

《金石索》石索二，下冊 1104 頁。

《北山集古錄》卷一，《北山金石錄》上冊 368 頁。

《讀碑小箋》，《羅振玉學術論著集》第三集，35 頁。

《增補校碑隨筆》（修訂本）37—38 頁。

《碑帖鑒定》38 頁。

《善本碑帖錄》1/17。

《齊魯碑刻墓誌研究》"附表" 345 頁。

《碑帖敘錄》44—45 頁。

《漢魏石刻文字繫年》39 頁。

《漢魏六朝碑刻校注·總目提要》編號 0170。

淑德大學《中國石刻拓本目錄》"碑碣等刻石"編號 71、72。

論文：

李發林：《漢碑偶識》，《考古》1988 年第 8 期。

閆章虎：《〈北海相景君銘〉相關問題研究》，《書法研究》2017 年第 1 期。

漢安 003

漢劉明神碑

又名：明公祠碑。漢安二年（143）。在解縣東南八里。

碑目題跋著錄：

《金石彙目分編》11/41b，《新編》1/28/21248 上。

（光緒）《山西通志·金石記二》90/2a–b，《新編》3/30/332 下。

《太平寰宇記碑錄》編號 86，《北山金石錄》上冊 277—278 頁。

漢安 004

漢安殘碑并陰

漢安年間（142—144），碑陽第三行有"漢安"年號。2000 年 4 月河南省偃師市出土，先歸孟津張氏，旋歸洛陽劉氏。碑陽殘高 62、寬 24 釐米；碑陰殘高 66、寬 26 釐米。碑陽存 8 行，行 1 至 8 字不等，隸書；碑陰存篆書 6 行，行 5 至 8 字不等。

圖版著錄：

《邙洛碑誌三百種》4—5 頁。

建　康

建康 001

文叔陽食堂題字

建康元年（144）八月十九日刻。清道光十三年在山東省魚臺縣鳧陽山出土，先歸端方，後歸岳彬，現藏法國某博物館。高 47、寬 49.5 釐米。文隸書，6 行，行 12 至 15 字不等。

　　圖版著錄：

　　《二銘草堂金石聚》4/46a，《新編》2/3/1855 下。

　　《古石抱守錄》，《新編》3/1/290 – 291。

　　《北京圖書館藏中國歷代石刻拓本匯編》1 冊 97 頁。

　　《漢碑全集》2 冊 547—548 頁。

　　《漢魏六朝碑刻校注》1 冊 150 頁。

　　《山東石刻分類全集·秦漢碑刻》30 頁。

　　錄文著錄：

　　《八瓊室金石補正》4/6b，《新編》1/6/4060 下。

　　《匋齋藏石記》1/16a – b，《新編》1/11/7996 下。

　　《續語堂碑錄》，《新編》2/1/77 上。

　　《函青閣金石記》2/21a，《新編》2/6/5030 下。

　　《濟州金石志》8/1b，《新編》2/13/9695 上。

　　（民國）《濟寧直隸州續志·藝文志》19/39a – b，《新編》3/26/66 上。

　　《魯迅輯校石刻手稿·碑銘》上冊 100 頁。

　　《漢魏石刻文學考釋》上冊 102 頁。

　　《漢碑全集》2 冊 548 頁。

　　《漢魏六朝碑刻校注》1 冊 151 頁。

　　碑目題跋著錄：

　　《八瓊室金石補正》4/6b – 7a，《新編》1/6/4060 下—4061 上。

　　《匋齋藏石記》1/17a，《新編》1/11/7997 上。

　　《藝風堂金石文字目》1/5b，《新編》1/26/19525 上。

　　《補寰宇訪碑錄》1/5a，《新編》1/27/20197 上。

　　《補寰宇訪碑錄校勘記》1/1a – b，《新編》1/27/20286 上。

　　《金石彙目分編》10（2）/64a，《新編》1/28/21172 下。

　　《續語堂碑錄》，《新編》2/1/68 下。

　　《二銘草堂金石聚》4/46b，《新編》2/3/1855 下。

　　《函青閣金石記》2/21b，《新編》2/6/5030 下。

（宣統）《山東通志·藝文志》卷152，《新編》2/12/9368 上。

《濟州金石志》8/1b，《新編》2/13/9695 上。附牟農星跋。

《語石》5/39a，《新編》2/16/11958 上。

《枕經堂金石題跋》2/18a－b、28a－b，《新編》2/19/14245 下、14250 下。

（民國）《濟寧直隸州續志·藝文志》19/39b－40a、73a，《新編》3/26/66 上—下、83 上。附《隸篇》《魚臺志》。

《漢石存目》卷上/3b，《新編》3/37/522 上。

《佛金山館秦漢碑跋》19a－b，《新編》3/38/140 下。

《碑帖跋》81 頁，《新編》3/38/229、4/7/434 下。

《碑帖鑒定》38—39 頁。

《善本碑帖錄》1/16。

《漢魏石刻文學考釋》上冊 101—102 頁。

《漢魏石刻文字繫年》39 頁。

《增補校碑隨筆》（修訂本）38—39 頁。

《漢魏六朝碑刻校注·總目提要》編號 0173。

建康 002

竇貴人（竇章之女）碑

東漢順帝時（永建至建康年間，126—144）。竇章撰。

碑目著錄：

《佩文齋書畫譜·金石》61/5a 上，《新編》3/2/32 上。

《六藝之一錄》51/27b，《新編》4/4/766 上。

備考：竇貴人，其事見《後漢書》卷二三《竇章傳》。

建康 003

徵士法高卿碑

又名：法真刻石。東漢順帝時（永建至建康年間，126—144）。胡廣撰。

著錄：

《藝文類聚》卷 37，上冊 657 頁。（文）

《全後漢文》56/8a－b，《全文》1 冊 783 下。（文）

《漢魏石刻文學考釋》上冊 389—390 頁。（文、跋）

《佩文齋書畫譜・金石》61/5a 上—下，《新編》3/2/32 上。（目）

《漢魏六朝碑刻校注・總目提要》編號 0334。（目）

備考：法真字高卿，《後漢書》卷八三有傳。

建　和

建和 001

敦煌長史武斑碑并陰

又名：武班碑。永嘉元年（145）卒，建和元年（147）二月廿三日立。紀伯允書。乾隆五十一年黃小松在山東省嘉祥縣紫雲山訪得，現存山東省嘉祥縣武氏祠。碑高 210、寬 88 釐米。文 20 行，行約 40 字，隸書。額隸書，額題：故敦煌長史武君之碑。

圖版著錄：

《二銘草堂金石聚》4/47a－52a，《新編》2/3/1856 上—1858 下。

《北京圖書館藏中國歷代石刻拓本匯編》1 冊 98 頁。

《漢碑全集》2 冊 558—559、561—567 頁。

《漢魏六朝碑刻校注》1 冊 155—156 頁。

《山東石刻分類全集・秦漢碑刻》37 頁。

錄文著錄：

《金石萃編》8/1a－3a，《新編》1/1/134 上—135 上。

《隸釋》6/11a－12b，《新編》1/9/6821 上—下。

《兩漢金石記》15/49b－50b，《新編》1/10/7430 上—下。

《金薤琳琅》4/15a－17a，《新編》1/10/7664 上—7665 上。

《金石古文》5/11a－12b，《新編》1/12/9397 上—下。

《漢碑錄文》1/36a－37b，《新編》2/8/6133 上—下。

（宣統）《山東通志・藝文志》卷 150，《新編》2/12/9263 下—9264 上。

《濟州金石志》7/1a－2b，《新編》2/13/9649 上—下。

（咸豐）《濟寧直隸州續志·藝文志》4/2b－3b,《新編》3/26/89上—下。

《六藝之一錄》40/16a－18a,《新編》4/4/564下—565下。

《全後漢文》98/6b－7b,《全文》1冊1000下—1001上。

《漢魏石刻文學考釋》上冊372—373頁。

《漢碑全集》2冊560頁。

《漢碑集釋》77—79頁。

《漢魏六朝碑刻校注》1冊157頁。

碑目題跋著錄：

《金石萃編》8/6a－8a,《新編》1/1/136下—137下。

《隸釋》6/12b－13b,《新編》1/9/6821下—6822上。

《隸釋》21/28a－b引《集古錄》,《新編》1/9/6976下。

《隸釋》23/13a引《集古錄目》,《新編》1/9/6996上。

《隸釋刊誤》26a－b,《新編》1/9/7057下。

《兩漢金石記》1/29a、15/50b－52b,《新編》1/10/7219上、7430下—7431下。

《金薤琳琅》4/17a,《新編》1/10/7665上。

《集古求真》9/9a,《新編》1/11/8566上。

《集古求真補正》3/22b－23b,《新編》1/11/8673下—8674上。

《金石錄》1/3b、14/7b－8a,《新編》1/12/8801上、8885上—下。

《金石錄補》25/8b,《新編》1/12/9118下。

《金石錄補續跋》2/4a－b,《新編》1/12/9147下。

《山左金石志》7/13a－b,《新編》1/19/14423上。

《集古錄跋尾》2/7b－8a,《新編》1/24/17847上—下。

《集古錄目》1/2a－b,《新編》1/24/17947下。

《通志·金石略》卷上/18b,《新編》1/24/18028上。

《潛研堂金石文跋尾》1/10a－b,《新編》1/25/18737下。

《潛研堂金石文字目錄》1/3b,《新編》1/25/19008上。

《授堂金石三跋·一跋》1/6b－7a,《新編》1/25/19088下—19089上。

《平津讀碑記》1/7a–b,《新編》1/26/19352 上。
《藝風堂金石文字目》1/5b,《新編》1/26/19525 上。
《寰宇訪碑錄》1/3b,《新編》1/26/19853 上。
《寰宇訪碑錄校勘記》1/2a,《新編》1/27/20102 下。
《續補寰宇訪碑錄》1/3a,《新編》1/27/20304 上。
《金石彙目分編》10（2）/57b,《新編》1/28/21169 上。
《石刻題跋索引》4 頁左—右,《新編》1/30/22342。
《續語堂碑錄》,《新編》2/1/68 下。
《天下金石志》3/7,《新編》2/2/817 上。
《二銘草堂金石聚》4/52a–b,《新編》2/3/1858 下。
《平津館金石萃編》2/9b,《新編》2/4/2435 上。
《崇雅堂碑錄》1/3a,《新編》2/6/4485 上。
《漢碑錄文》1/37b–38a,《新編》2/8/6133 下—6134 上。
（宣統）《山東通志・藝文志》卷150,《新編》2/12/9264 上。
《濟州金石志》7/3b、8/78a–b,《新編》2/13/9650 上、9733 下。
《獨笑齋金石文攷》第二集 2/9b–11a,《新編》2/16/11747 上—11748 上。
《碑藪》,《新編》2/16/11829 下。
《語石》6/1b,《新編》2/16/11963 上。
《金石例補》1/1b、2/3b,《新編》2/17/12361 上、12367 上。
《隸韻・碑目》3b,《新編》2/17/12516 上。
《隸辨》7/8b,《新編》2/17/13039 下。
《古今碑帖考》7a,《新編》2/18/13166 上。
《金石錄續跋》8,《新編》2/18/13198 下。
《平安館藏碑目》,《新編》2/18/13379 上。
《集古錄補目補》卷上/2a,《新編》2/20/14510 上。
《竹崦盦金石目錄》3a,《新編》2/20/14548 上。
《寰宇貞石圖目錄》卷上/2a,《新編》2/20/14672 上。
《山左碑目》2/24a,《新編》2/20/14850 下。
《蒿里遺文目錄》1 上/1a,《新編》2/20/14937 下。

《佩文齋書畫譜‧金石》61/5a 下，《新編》3/2/32 上。

《漢隸拾遺》4b－5a，《新編》3/2/598 下—599 上。

（民國）《濟寧直隸州續志‧藝文志》19/1b－3a，《新編》3/26/47 上—48 上。附《隸釋存疑》《盧志》。

（光緒）《嘉祥縣志‧方輿‧金石》1/19b，《新編》3/26/161 上。

《寒山堂金石林時地攷》卷下/2a，《新編》3/34/502 下。

《石目》，《新編》3/36/44 下。

《竹崦盦金石目錄》3a，《新編》3/37/341 上。

《漢石存目》卷上/3b，《新編》3/37/522 上。

汪本《隸釋刊誤》26a－b，《新編》3/37/563 上。

《紅藕齋漢碑彙鈔集跋》，《新編》3/38/533 上。

《中國金石學講義‧正編》36b，《新編》3/39/190。

《漢石例》1/20b、2/30a。《新編》3/40/134 下、158 下。

《碑版廣例》6/8a，《新編》3/40/305 下。

《漢魏六朝志墓金石例》1/10a，《新編》3/40/400 下。

《漢魏六朝墓銘纂例》1/2a－b，《新編》3/40/434 下。

《金石備攷‧兗州府》，《新編》4/1/48 上。

《古今書刻》下編/34a，《新編》4/1/151 下。

《激素飛清閣平碑記》卷1，《新編》4/1/194 上。

《六藝之一錄》40/19a，《新編》4/4/566 上。附《六一題跋》。

《墨池篇》6/2a，《新編》4/9/667 下。

《漢隸字源》42 頁。

《碑帖鑒定》39 頁。

《善本碑帖錄》1/17。

《碑帖敘錄》88—89 頁。

《齊魯碑刻墓誌研究》"附表" 345 頁。

《漢魏石刻文學考釋》上冊 370—372 頁。

《漢魏石刻文字繫年》40 頁。

《齊魯碑刻墓誌研究》345 頁。

《漢魏六朝碑刻校注‧總目提要》編號0174。

淑德大學《中國石刻拓本目錄》"碑碣等刻石"編號76。

論文：

蔣英炬、吳文祺：《漢代武氏墓群石刻研究》，第48—49頁。

備考：《金石錄》額題："漢故敦煌長史武君之碑"，較它書多出一"漢"字；而《漢碑全集》較它書少一"故"字，為"敦煌長史武君之碑"。因《二銘草堂金石聚》雙鈎本和北圖拓本皆額題為"故敦煌長史武君之碑"，故暫從之。

建和002

武氏石闕銘

又名：孝子武始公等造石闕銘、武氏林記。建和元年（147）三月四日刻。清乾隆五十一年黃易訪得，現存山東省嘉祥縣武氏祠文物保管所。高約73、寬33釐米。文8行，前7行行12字，末行9字，隸書。

圖版著錄：

《二銘草堂金石聚》4/53a-54a，《新編》2/3/1859上—下。

《漢碑大觀》第一集，《新編》2/8/6231上—下。（局部）

《金石索》石索三，下冊1259—1262頁。

《北京圖書館藏中國歷代石刻拓本匯編》1冊99頁。

《漢碑全集》2冊568—569頁。

《漢魏六朝碑刻校注》1冊160頁。

《山東石刻分類全集·秦漢碑刻》35—36頁。

錄文著錄：

《金石萃編》8/8b，《新編》1/1/137下。

《兩漢金石記》15/52b-53a，《新編》1/10/7431下—7432上。

《宜祿堂收藏金石記》卷3，《新編》2/5/3294下。

《金石文鈔》1/14a，《新編》2/7/5079下。

《漢碑錄文》1/35a-b，《新編》2/8/6132下。

《濟州金石志》7/4b，《新編》2/13/9650下。

《中國金石學講義·正編》37a-b，《新編》3/39/191-192。

《碑版廣例》5/16b,《新編》3/40/298 上。
《全後漢文》98/7b,《全文》1 冊 1001 上。
《金石索》石索三,下冊 1262 頁。
《漢魏石刻文學考釋》上冊 107 頁。
《漢碑全集》2 冊 569 頁。
《漢碑集釋》86 頁。
《漢魏六朝碑刻校注》1 冊 161 頁。

碑目題跋著錄:

《金石萃編》8/9b–10a,《新編》1/1/138 上—下。
《兩漢金石記》1/29b、15/53a–b,《新編》1/10/7219 上、7432 上。
《集古求真》9/9a,《新編》1/11/8566 上。
《集古求真補正》3/22b,《新編》1/11/8673 下。
《金石錄》1/4a、14/8a,《新編》1/12/8801 下、8885 下。
《金石錄補》25/8b,《新編》1/12/9118 下。
《通志·金石略》卷上/18b,《新編》1/24/18028 上。
《潛研堂金石文字目錄》1/3b,《新編》1/25/19008 上。
《平津讀碑記》1/7b–8a,《新編》1/26/19352 上—下。
《藝風堂金石文字目》1/5b,《新編》1/26/19525 上。
《寰宇訪碑錄》1/3b,《新編》1/26/19853 上。
《寰宇訪碑錄校勘記》1/2b,《新編》1/27/20102 下。
《續補寰宇訪碑錄》1/3a,《新編》1/27/20304 上。
《金石彙目分編》10(2)/57b,《新編》1/28/21169 上。
《石刻題跋索引》4 頁右,《新編》1/30/22342。
《續語堂碑錄》,《新編》2/1/68 下。
《天下金石志》16/5,《新編》2/2/872 下。
《石刻名彙》1/1b,《新編》2/2/1025 上。
《二銘草堂金石聚》4/54b,《新編》2/3/1859 下。
《平津館金石萃編》2/9b,《新編》2/4/2435 上。
《宜祿堂收藏金石記》卷 3,《新編》2/5/3294 下—3295 上。
《宜祿堂金石記》1/6a,《新編》2/6/4208 下。

《崇雅堂碑錄》1/3a，《新編》2/6/4485 上。

《金石文鈔》1/14a－15a，《新編》2/7/5079 下—5080 上。

《漢碑錄文》1/35b－36a，《新編》2/8/6132 下—6133 上。

（宣統）《山東通志・藝文志》卷 152，《新編》2/12/9368 上。

《濟州金石志》7/5a，《新編》2/13/9651 上。

《獨笑齋金石文攷》第二集 2/11a－12a，《新編》2/16/11748 上—下。

《語石》5/22a、6/31a，《新編》2/16/11949 下、11978 上。

《金石萃編校字記》2b，《新編》2/17/12325 下。

《隸韻・碑目》3b，《新編》2/17/12516 上。

《隸辨》8/46a－b，《新編》2/17/13097 下。

《平安館藏碑目》，《新編》2/18/13379 上。

《古墨齋金石跋》1/8a－b，《新編》2/19/14066 下。

《枕經堂金石題跋》2/29a－31a，《新編》2/19/14251 上—14252 上。

《竹崦盦金石目錄》3a，《新編》2/20/14548 上。

《寰宇貞石圖目錄》卷上/2a，《新編》2/20/14672 上。

《佩文齋書畫譜・金石》61/5a 下，《新編》3/2/32 上。

（民國）《濟寧直隸州續志・藝文志》19/6a－b，《新編》3/26/49 下。附桂馥跋。

（光緒）《嘉祥縣志・方輿》1/19b，《新編》3/26/161 上。

《石目》，《新編》3/36/53 上。

《竹崦盦金石目錄》3a，《新編》3/37/341 上。

《漢石存目》卷上/3b，《新編》3/37/522 上。

《碑帖跋》50、79 頁，《新編》3/38/198、227；4/7/427 上、434 下。

《漢石例》2/17b，《新編》3/40/152 上。

《金石備攷》附錄，《新編》4/1/92 上。

《激素飛清閣平碑記》卷 1，《新編》4/1/194 下。

《六藝之一錄》40/25a，《新編》4/4/569 上。

《雪堂所藏金石文字簿錄》14b，《新編》4/7/376 下。

《漢隸字源》114 頁。

《金石索》石索三，下冊 1262 頁。

《增補校碑隨筆》（修訂本）39 頁。

《碑帖鑒定》39 頁。

《碑帖敘錄》87—88 頁。

《善本碑帖錄》1/17。

《漢魏石刻文學考釋》上冊 103、107 頁。

《漢魏石刻文字繫年》40 頁。

《漢魏六朝碑刻校注·總目提要》編號 0175。

淑德大學《中國石刻拓本目錄》"碑碣等刻石"編號 77。

論文：

陳明達：《漢代的石闕》，《文物》1961 年第 12 期。

楊愛國：《漢代畫像石榜題略論》，《考古》2005 年第 5 期。

建和 003

太尉李固碑

建和元年（147）卒。碑在陝西山陽縣，南宋被磨損。拓片高 83、寬 32 釐米。文殘存 7 行，行存 7 至 18 字不等，隸書。額題：□故太尉李府君之銘。

圖版著錄：

《北京圖書館藏中國歷代石刻拓本匯編》1 冊 100 頁。

《中國西北地區歷代石刻匯編》1 冊 13 頁。

《漢魏六朝碑刻校注》1 冊 162 頁。

錄文著錄：

《石交錄》1/17a，《新編》4/6/438 上。

《漢魏六朝碑刻校注》1 冊 163 頁。

碑目題跋著錄：

《隸釋》27/3a 引《天下碑錄》，《新編》1/9/7037 上。

《中州金石考》5/10a，《新編》1/18/13705 下。

《通志·金石略》卷上/11b，《新編》1/24/18024 下。

《寶刻叢編》6/42a，《新編》1/24/18184 下。

《輿地碑記目·興元府碑記》4/29a，《新編》1/24/18574 上。

《金石彙目分編》3（2）/77b、9（2）/62b、12（2）/51b,《新編》1/27/20731 上、1/28/20984 下、1/28/21361 上。

《石刻題跋索引》24 頁左,《新編》1/30/22362。

《天下金石志》5/6,《新編》2/2/825 下。

《墨華通考》卷 6、卷 7,《新編》2/6/4355 下、4380 下。

（光緒）《畿輔通志·金石十一》148/58b－59a,《新編》2/11/8536 下—8537 上。

《河朔金石待訪目》19a,《新編》2/12/9022 上。

《中州金石目錄》1/7b,《新編》2/20/14689 上。

《佩文齋書畫譜·金石》61/19b 上,《新編》3/2/39 上。

（光緒）《重修廣平府志·金石略下》36/3a,《新編》3/25/131 上。

（乾隆）《新修懷慶府志·金石志》27/1a,《新編》3/28/650 上。

（道光）《修武縣志·金石志》10/1b,《新編》3/29/237 上。

（民國）《修武縣志·金石》13/8b,《新編》3/29/266。

《紅藕齋漢碑彙鈔集跋》,《新編》3/38/520 下。

《金石備攷·彰德府》,《新編》4/1/57 下。

《古今書刻》下編/33a,《新編》4/1/151 上。

《六藝之一錄》52/17a,《新編》4/4/776 上。

《石交錄》1/16b－17a,《新編》4/6/437 下—438 上。（疑偽）

《水經注碑錄》卷七編號 197,《北山金石錄》上冊 171—172 頁。

《漢魏石刻文學考釋》中冊 828 頁。

《漢魏石刻文字繫年》117 頁。

《漢魏六朝碑刻校注·總目提要》編號 0177。

論文：

陳顯遠：《陝西城固縣的東漢李固墓》,《文物》1974 年第 12 期。

備考：李固,《後漢書》卷六三有傳。羅振玉《石交錄》疑此碑偽刻,但又云："而亦不能確定為偽。"且該碑著錄較早,故附此。

建和 004

司隸校尉楊孟文石門頌

又名：石門頌、故司隸校尉犍為楊君頌、楊孟文石門頌摩崖、漢司隸校尉楊厥碑。建和二年（148）十一月上旬刻。王升撰。位於陝西省褒城縣褒斜谷之石門，現存漢中市博物館。高 327、寬 254 釐米。文 22 行，滿行 31 字，隸書。隸書額題：故司隸校尉犍為楊君頌。

圖版著錄：

《二銘草堂金石聚》5/1a–39b，《新編》2/3/1873 上—1892 上。

《漢碑大觀》第一集，《新編》2/8/6231 下—6235 上。（局部）

《草隸存》卷 2，《新編》4/3/43。

《金石索》石索二，下冊 1105—1112 頁。

《北京圖書館藏中國歷代石刻拓本匯編》1 冊 101 頁。

《中國西北地區歷代石刻匯編》1 冊 14 頁。

《漢碑全集》2 冊 570—571、573—642 頁。

《漢魏六朝碑刻校注》1 冊 164 頁。

錄文著錄：

《金石萃編》8/10a–12a，《新編》1/1/138 下—139 下。

《隸釋》4/3b–5b，《新編》1/9/6796 上—6797 上。

《兩漢金石記》13/16a–18a，《新編》1/10/7390 下—7391 下。

《金石古文》14/4a–b，《新編》1/12/9434 下。（節文）

《宜祿堂收藏金石記》卷 3，《新編》2/5/3295 下—3296 上。

《金石文鈔》1/16a–17b，《新編》2/7/5080 下—5081 上。

《漢碑錄文》1/38a–39b，《新編》2/8/6134 上—下。

《石門碑醳》6b–7a，《新編》3/2/550 下—551 上。

《紅藕齋漢碑彙鈔集跋》，《新編》3/38/554 上—555 上。

《碑版廣例》1/19b–21b，《新編》3/40/241 上—242 上。

《續古文苑》13/1b–2b，《新編》4/2/193 上—下。

《六藝之一錄》40/25b–27b，《新編》4/4/569 上—570 上。

《全後漢文》98/7b–8b，《全文》1 冊 1001 上—下。

《魯迅輯校石刻手稿·碑銘》上冊 109—112 頁。

《漢魏石刻文學考釋》下冊 1054—1055 頁。

《漢碑全集》2 冊 572 頁。

《漢碑集釋》88—90 頁。

《漢魏六朝碑刻校注》1 冊 165 頁。

碑目題跋著錄：

《金石萃編》8/17a – 18b，《新編》1/1/142 上—下。

《隸釋》4/5b – 8a，《新編》1/9/6797 上—6798 下。

《隸釋》22/3b – 4a 引《集古錄》，《新編》1/9/6981 上—下。

《隸釋》23/15b 引《集古錄目》，《新編》1/9/6997 上。

《隸釋刊誤》17b – 18a，《新編》1/9/7053 上—下。

《隸續》7/6b – 7a，《新編》1/10/7135 下—7136 上。

《兩漢金石記》1/29b、13/16a – 18a，《新編》1/10/7219 上、7391 下—7392 下。

《集古求真》9/1b，《新編》1/11/8562 上。

《集古求真補正》3/14a，《新編》1/11/8669 下。

《金石錄》1/4a、14/8b – 9a，《新編》1/12/8801 下、8885 下—8886 上。

《金石錄補》25/8b – 9a、20a，《新編》1/12/9118 下—9119 上、9124 下。

《金石錄補續跋》2/4b – 5a，《新編》1/12/9147 下—9148 上。

《陝西金石志》5/1b，《新編》1/22/16415 上。

《集古錄跋尾》2/8b – 9a，《新編》1/24/17847 下—17848 上。

《集古錄目》1/2b，《新編》1/24/17947 下。

《通志·金石略》卷上/18b，《新編》1/24/18028 上。

《輿地碑記目·興元府碑記》4/29a，《新編》1/24/18574 上。

《潛研堂金石文跋尾》1/10b，《新編》1/25/18737 下。

《潛研堂金石文字目錄》1/3b，《新編》1/25/19008 上。

《平津讀碑記》1/8a – b，《新編》1/26/19352 下。

《藝風堂金石文字目》1/9a，《新編》1/26/19527 上。

《寰宇訪碑錄》1/3b，《新編》1/26/19853 上。

《金石彙目分編》12（2）/48a，《新編》1/28/21359 下。

《石刻題跋索引》488 頁左—右，《新編》1/30/22826。

《續語堂碑錄》,《新編》2/1/68 下。

《天下金石志》6/19,《新編》2/2/840 上。

《二銘草堂金石聚》5/40a-b,《新編》2/3/1892 下。

《平津館金石萃編》2/9b,《新編》2/4/2435 上。

《宜祿堂收藏金石記》卷3,《新編》2/5/3297 上。

《宜祿堂金石記》1/6a-b,《新編》2/6/4208 下。

《墨華通考》卷10,《新編》2/6/4415 下。

《崇雅堂碑錄》1/3a,《新編》2/6/4485 上。

《金石文鈔》1/18a-19a,《新編》2/7/5081 下—5082 上。

《漢碑錄文》1/39b-40b,《新編》2/8/6134 下—6135 上。

《關中金石文字存逸考》10/22a-24a、12/22b,《新編》2/14/10602 下—10603 下、10647 下。

《關中金石記》1/3,《新編》2/14/10664 下。

《獨笑齋金石文攷》第二集 2/12b-18b,《新編》2/16/11748 下—11751 下。

《碑藪》,《新編》2/16/11824 上。

《語石》2/3a、5/18b,《新編》2/16/11877 上、11947 下。

《金石萃編校字記》6a-b,《新編》2/17/12327 下。

《金石例補》2/8a-b,《新編》2/17/12369 下。

《隸韻·碑目》3b,《新編》2/17/12516 上。

《隸辨》7/9a-b,《新編》2/17/13040 上。

《古今碑帖考》7a,《新編》2/18/13166 上。

《金石錄續跋》8-9,《新編》2/18/13198 下—13199 上。

《平安館藏碑目》,《新編》2/18/13379 上。

《古墨齋金石跋》1/8b-10a,《新編》2/19/14066 下—14067 下。

《枕經堂金石題跋》2/38a-39a,《新編》2/19/14255 下—14256 上。

《定庵題跋》7a-8a,《新編》2/19/14289 上—下。

《愛吾廬題跋》13b-14a、41a-b,《新編》2/20/14380 上—下、14394 上。

《集古錄補目補》卷上/2a-b,《新編》2/20/14510 上。

《竹崦盦金石目錄》3a，《新編》2/20/14548 上。

《寰宇貞石圖目錄》卷下/1b、卷上/2a，《新編》2/20/14677 下、14672 上。

《佩文齋書畫譜·金石》61/5a 下—5b 上，《新編》3/2/32 上。

《石門碑醳》17a，《新編》3/2/556 上。

《讀漢碑》2b–4a，《新編》3/2/589 下—590 下。

《漢隸拾遺》5a–b，《新編》3/2/599 上。

《寒山堂金石林時地攷》卷下/2a，《新編》3/34/502 下。

《石目》，《新編》3/36/44 下。

《西安碑目·鳳縣》，《新編》3/37/270 上。

《竹崦盦金石目錄》3a–b，《新編》3/37/341 上。

《漢石存目》卷上/3b，《新編》3/37/522 上。

汪本《隸釋刊誤》17b–18a，《新編》3/37/558 下—559 上。

《東洲草堂金石跋》3/7a，《新編》3/38/90 下。

《紅藕齋漢碑彙鈔集跋》，《新編》3/38/555 上—556 上。

《中國金石學講義·正編》11b，《新編》3/39/140。

《金石小箋》18a–b，《新編》3/39/503 下。

《漢石例》1/23b，《新編》3/40/136 上。

《碑版廣例》1/21b–22a，《新編》3/40/242 上—下。

《金石備攷·漢中府》，《新編》4/1/36 下。

《激素飛清閣平碑記》卷 1，《新編》4/1/194 下。

《雪堂所藏金石文字簿錄》14b，《新編》4/7/376 下。

《墨池篇》6/2a，《新編》4/9/667 下。

《吳愙齋尺牘》，《新編》4/9/784 上。

《漢隸字源》31—32 頁。

《水經注碑錄》卷七編號 196，《北山金石錄》上冊 170—171 頁。

《增補校碑隨筆》（修訂本）39—40 頁。

《碑帖鑒定》39—40 頁。

《碑帖敘錄》41—42 頁。

《善本碑帖錄》1/18–19。

《漢魏石刻文字繫年》41 頁。

《漢魏六朝碑刻校注・總目提要》編號 0180。

淑德大學《中國石刻拓本目錄》"碑碣等刻石"編號 79。

論文：

陳明達：《褒斜道石門及其石刻》，《文物》1961 年第 4、5 合期。

黃盛璋：《褒斜道與石門石刻》，《文物》1963 年第 2 期。

陝西省考古研究所：《褒斜道石門附近棧道遺跡及題刻的調查》，《文物》1964 年第 11 期。

郭榮章：《〈石門頌〉小考》，《考古與文物》1980 年第 4 期。

郭榮章：《漢〈石門頌〉新證》，《漢中師院學報》1983 年第 2 期。

李發林：《漢碑偶識》，《考古》1988 年第 8 期。

辛德勇：《漢〈楊孟文石門頌〉堂光道新解——兼析灙駱道的開通時間》，《中國歷史地理論叢》1990 年第 1 輯。

陳奇猷：《讀〈漢碑偶識〉質疑》，《考古》1991 年第 2 期。

陶喻之：《褒斜石門兩種摩崖石刻考辯》，《上海博物館集刊》第 6 期，1992 年。

郭榮章主編：《漢三頌專輯》，陝西人民美術出版社 1993 年版。

馮歲平：《〈石門頌〉四道考》，《文博》1994 年第 2 期。

鍾林元：《〈石門頌〉、〈楊淮表紀〉主要人物考》，《文博》1995 年第 2 期。

陶喻之：《漢魏蜀道石刻史料研究》，《上海博物館集刊》第 7 期，上海書畫出版社 1996 年版。

陳顯遠、王雲林：《褒斜道、石門及其摩崖石刻》，《西北史地》1996 年第 2 期。

韓建識：《〈石門頌〉剜補與改刻問題》，《首都博物館論叢》第 30 輯，2016 年。

李星：《漢〈石門頌〉在文學史文獻學上的價值》，《石門》第 2 期。

劉潔：《〈石門頌〉與東漢儒學》，《文博》1999 年第 3 期。

馮歲平：《〈石門頌〉鑒定三題》，《文博》2000 年第 1 期。

張靭：《〈故司隸校尉犍為楊君頌〉注釋》，《石門》第 3 期。

童衍方：《明拓〈石門頌〉校讀》，董恆宇主編：《全國首屆碑帖學術研討會論文集》，第 37—41 頁。

樊軍：《論"漢三頌"撰、書者其人》，載樊軍《〈石門頌〉研究》，第 116—123 頁。

曹大滄：《漢隸石門頌研究》，人民美術出版社 2013 年版。

建和 005

吳郡丞武開明碑

建和二年（148）十一月十六日卒。在濟寧州，今佚。

碑目題跋著錄：

《金石錄》1/4a、14/9a–b，《新編》1/12/8801 下、8886 上。（節文）

《通志·金石略》卷上/19a，《新編》1/24/18028 下。

《金石彙目分編》10（2）/63a，《新編》1/28/21172 上。

《石刻題跋索引》4 頁右，《新編》1/30/22342。

《天下金石志》16/1，《新編》2/2/870 下。

《墨華通考》卷 8，《新編》2/6/4391 上。

（宣統）《山東通志·藝文志》卷 152，《新編》2/12/9368 上。

《濟州金石志》2/17a–b，《新編》2/13/9473 上。

《隸辨》8/46b，《新編》2/17/13097 下。

《佩文齋書畫譜·金石》61/5a 下，《新編》3/2/32 上。

（民國）《濟寧直隸州續志·藝文志》19/55a，《新編》3/26/74 上。

（光緒）《嘉祥縣志·方輿·金石》1/19b，《新編》3/26/161 上。

《中國金石學講義·正編》36b–37a，《新編》3/39/190–191。

《漢石例》2/16a，《新編》3/40/151 下。

《金石備攷》附錄，《新編》4/1/90 下。

《六藝之一錄》40/21b，《新編》4/4/567 上。

《漢魏石刻文學考釋》中冊 521—522 頁。（節文）

《漢魏石刻文字繫年》40 頁。

《漢魏六朝碑刻校注·總目提要》編號 0179。

論文：

蔣英炬、吳文祺：《漢代武氏墓群石刻研究》，第 48 頁。

建和 006

廣漢長王君治石路碑

建和二年（148）。楊子欽撰。在漢州，今佚。據《隸續》卷七碑式載：首行大書一"表"字，文 6 行，滿行 24 字，隸書。

錄文著錄：

《隸釋》4/8a–b，《新編》1/9/6798 下。

《六藝之一錄》53/5a–b，《新編》4/4/785 上。

《全後漢文》98/8b–9a，《全文》1 冊 1001 下—1002 上。

《漢魏石刻文學考釋》下冊 1404 頁。

碑目題跋著錄：

《隸釋》4/8b，《新編》1/9/6798 下。

《隸釋刊誤》18a–b，《新編》1/9/7053 下。

《隸續》7/8b，《新編》1/10/7136 下。

《金石彙目分編》16（1）/26b，《新編》1/28/21461 下。

《石刻題跋索引》488 頁右，《新編》1/30/22826。

《天下金石志》16/3，《新編》2/2/871 下。

《蜀碑記補》1/6–7，《新編》2/12/8729 上—下。

《隸韻·碑目》3b，《新編》2/17/12516 上。

《隸辨》7/9b，《新編》2/17/13040 上。

《佩文齋書畫譜·金石》61/5b 上，《新編》3/2/32 上。

（嘉慶）《四川通志·輿地志》58/22b，《新編》3/14/483 下。

《燕庭金石叢稿》，《新編》3/32/494 下。

汪本《隸釋刊誤》18a–b，《新編》3/37/559 上。

《紅藕齋漢碑彙鈔集跋》，《新編》3/38/524 上。

《碑版廣例》6/6a，《新編》3/40/304 下。

《金石備攷》附錄，《新編》4/1/91 下。

《漢隸字源》32 頁。

《漢魏石刻文學考釋》下冊 1403、1404 頁。

《漢魏石刻文字繫年》40 頁。

《漢魏六朝碑刻校注・總目提要》編號 0181。

建和 007

周代崖墓記

又名：樂山建和三年崖墓題記。建和三年（149）正月廿日造。1941 年四川省樂山市新福寺鄉崖墓內。尺寸不詳。5 行，行字不等，共 45 字，隸書。

著錄：

《四川歷代石刻》23 頁。（圖、文）

《漢碑全集》2 冊 643—644 頁。（圖、文）

《漢魏六朝碑刻校注》1 冊 169—170 頁。（圖、文）

《漢魏石刻文字繫年》41 頁。（跋）

《漢魏六朝碑刻校注・總目提要》編號 0183。（目）

建和 008

張導治漳河神壇碑

建和三年（149）。為鉅鹿太守張導修治漳河的德政碑。山西省平定縣出土，碑在鉅鹿縣銅馬祠側。額題：漳河神壇碑。

碑目題跋著錄：

《隸釋》20/6a-b，《新編》1/9/6949 下。（節文）

《金石彙目分編》3（2）/64b，《新編》1/27/20724 下。

（光緒）《畿輔通志・金石十》147/13b-14a，《新編》2/11/8485 上—下。

《京畿金石考》卷下/32a，《新編》2/12/8783 下。

《隸辨》8/46b-47a，《新編》2/17/13097 下—13098 上。

《畿輔待訪碑目》卷上/1a，《新編》2/20/14801 上。

《佩文齋書畫譜・金石》61/5b 上，《新編》3/2/32 上。

《六藝之一錄》39/24a，《新編》4/4/551 下。

《全後漢文》98/9a，《全文》1 冊 1002 上。（節文）

《水經注碑錄》卷二編號 57，《北山金石錄》上冊 67 頁。（節文）

《漢魏石刻文學考釋》上冊 119 頁。（節文）

《漢魏六朝碑刻校注·總目提要》編號 0184。

和 平

和平 001

張公神碑并陰

又名：漢張公神道石闕銘、張公廟碑。和平元年（150）五月造碑。鄭彬撰。在通利軍黎陽縣界□鎮，今佚。隸書。額題：張公神碑。

錄文著錄：

《隸釋》3/12b – 14a，《新編》1/9/6787 下—6788 下。

《濬縣金石錄》卷上/1b – 3a，《新編》2/14/10249 上—10250 上。

《碑版廣例》3/12a – 14a，《新編》3/40/265 下—266 下。

《六藝之一錄》39/19b – 22a，《新編》4/4/549 上—550 下。

《全後漢文》63/7a，《全文》1 冊 820 上。（節文）

《全後漢文》98/9a – 10b，《全文》1 冊 1002 上—下。

《漢魏石刻文學考釋》下冊 1440—1442 頁。

碑目題跋著錄：

《隸釋》3/14b – 15a，《新編》1/9/6788 下—6789 上。

《隸釋》22/10a – b 引《集古錄》，《新編》1/9/6984 下。

《隸釋》23/18a – b 引《集古錄目》，《新編》1/9/6998 下。

《隸釋》27/3a 引《天下碑錄》，《新編》1/9/7037 上。

《隸釋刊誤》15b – 16a，《新編》1/9/7052 上—下。

《金石錄》1/4a，《新編》1/12/8801 下。

《金石錄補》25/19b，《新編》1/12/9124 上。

《中州金石考》4/15a、b，《新編》1/18/13699 上。

《集古錄跋尾》2/9a – b，《新編》1/24/17848 上。

《集古錄目》1/2b – 3a，《新編》1/24/17947 下—17948 上。

《通志·金石略》卷上/19a，《新編》1/24/18028 下。

《寶刻叢編》6/50a，《新編》1/24/18188 下。

《金石彙目分編》9（2）/32a，《新編》1/28/20969 下。

《石刻題跋索引》488 頁右—489 頁左，《新編》1/30/22826－22827。

《天下金石志》16/1，《新編》2/2/870 下。

《河朔金石待訪目》9a，《新編》2/12/9017 下。

《金石例補》2/7b－8a，《新編》2/17/12369 上—下。

《隸韻·碑目》4a，《新編》2/17/12516 下。

《隸辨》7/10a，《新編》2/17/13040 下。

《古今碑帖考》7a，《新編》2/18/13166 上。

《集古錄補目補》卷上/2b，《新編》2/20/14510 上。

《中州金石目錄》1/2b，《新編》2/20/14686 下。

《佩文齋書畫譜·金石》61/5b 上—下，《新編》3/2/32 上。

汪本《隸釋刊誤》15b－16a，《新編》3/37/557 下—558 上。

《紅藕齋漢碑彙鈔集跋》，《新編》3/38/520 上—下、533 上—下。

《碑版廣例》3/14a－b、6/12a，《新編》3/40/266 下、307 下。

《金石備攷》附錄，《新編》4/1/86 上。

《墨池篇》6/2a，《新編》4/9/667 下。

《漢隸字源》28 頁。

《漢魏石刻文字繫年》41 頁。

《漢魏六朝碑刻校注·總目提要》編號 0185。

論文：

李立：《〈張公神碑歌〉考論——兼論漢代圖像文學研究的意義與價值》，《北京師範大學學報》2009 年第 4 期。

備考：《全後漢文》將此碑分作兩處錄入，一是銘文，一是全文。

和平 002

李君墓記磚

和平元年（150）六月十四日卒。河南省三門峽一帶出土。尺寸不詳。文隸書，3 行，行 3 至 5 字不等。

著錄：

《中國磚銘》圖版上冊 194 頁右。（圖）

《中國古代磚刻銘文集》上、冊編號0176。（圖、文）

《碑帖鑒定》40頁。（文、跋）

和平003

中陽和平元年孫圖畫像石墓題記

又名：沐叔孫畫像石題記。和平元年（150）十月五日。1986年在山西省中陽縣徵集，現存中陽縣。拓本高120、寬14釐米。刻石似為墓室立柱之類。題記1行23字，隸書。題記為"和平元年十月五日甲午故中郎將安集掾平定沐□孫圖"。

著錄：

《漢碑全集》2冊654—658頁。（圖、文）

論文：

吳鎮烽：《秦晉兩省東漢畫像石題記集釋》，《考古與文物》2006年第1期。

和平004

縣三老楊信碑

和平元年（150）。碑在忠州。隸書。

錄文著錄：

《隸釋》18/4a－b，《新編》1/9/6932下。

《六藝之一錄》50/31a－32a，《新編》4/4/752上—下。

《漢魏石刻文學考釋》中冊523—524頁。

碑目題跋著錄：

《隸釋》18/5a，《新編》1/9/6933上。

《隸釋刊誤》71a－b，《新編》1/9/7080上。

《金石錄補》3/2a－b、25/15a－b，《新編》1/12/8999下、9122上。

《寶刻叢編》19/7a，《新編》1/24/18355上。

《金石彙目分編》16（2）/13a，《新編》1/28/21489上。

《石刻題跋索引》5頁左，《新編》1/30/22343。

《天下金石志》16/4，《新編》2/2/872上。

《蜀碑記補》2/18，《新編》2/12/8732上。

《碑藪》，《新編》2/16/11819 上。

《隸韻・碑目》4a，《新編》2/17/12516 下。

《隸辨》7/10b–11a，《新編》2/17/13040 下—13041 上。

《佩文齋書畫譜・金石》61/5b 下，《新編》3/2/32 上。

（嘉慶）《四川通志・輿地志》60/26a，《新編》3/14/531 下。

《燕庭金石叢稿》，《新編》3/32/533 上。

《寒山堂金石林時地攷》卷下/2a，《新編》3/34/502 下。

汪本《隸釋刊誤》71a–b，《新編》3/37/585 下。

《紅藕齋漢碑彙鈔集跋》，《新編》3/38/525 下—526 上。

《漢石例》1/18b，《新編》3/40/133 下。

《漢魏六朝墓銘纂例》1/2b，《新編》3/40/434 下。

《金石備攷》附錄，《新編》4/1/92 上。

《古今書刻》下編/34a，《新編》4/1/151 下。

《漢隸字源》97 頁。

《漢魏石刻文學考釋》中冊 522—523 頁。

《漢魏石刻文字繫年》127 頁。

《漢魏六朝碑刻校注・總目提要》編號 0187。

和平 005

漢祝長嚴訢碑

和平元年（150）卒。宋政和中江蘇省下邳縣民耕地獲得，今佚。隸書。

錄文著錄：

《隸續》3/5a–6a，《新編》1/10/7103 上—下。

《金石古文》14/3a，《新編》1/12/9434 上。（節文）

（咸豐）《邳州志・古蹟》19/12b–14a，《新編》3/6/574 下—575 下。

《全後漢文》98/10b–11a，《全文》1 冊 1002 下—1003 上。

《漢魏石刻文學考釋》下冊 1164—1165 頁。

碑目題跋著錄：

《隸續》3/6a–7a，《新編》1/10/7103 下—7104 上。

《金石錄》1/4a、14/10a，《新編》1/12/8801下、8886下。

《通志·金石略》卷上/19a，《新編》1/24/18028下。

《寶刻叢編》1/47a，《新編》1/24/18103上。

《金石彙目分編》4/38b，《新編》1/27/20778下。

《石刻題跋索引》4頁右，《新編》1/30/22342。

《天下金石志》2/11，《新編》2/2/811上。

《金石例補》1/9a–b，《新編》2/17/12365上。

《隸韻·碑目》4a，《新編》2/17/12516下。

《隸辨》7/10b，《新編》2/17/13040下。

《古今碑帖考》7b，《新編》2/18/13166上。

《佩文齋書畫譜·金石》61/5b下，《新編》3/2/32上。

（同治）《徐州府志·碑碣攷》20/2a–b，《新編》3/6/549下。

（咸豐）《邳州志·古蹟》19/15a，《新編》3/6/576上。

《紅藕齋漢碑彙鈔集跋》，《新編》3/38/509下—510上。

《漢石例》1/18b–19a、1/20a、2/17b，《新編》3/40/133下—134上、134下、152上。

《漢魏六朝志墓金石例》1/13b–14a，《新編》3/40/402上。

《漢魏六朝墓銘纂例》1/2b，《新編》3/40/434下。

《金石備攷·淮安府》，《新編》4/1/16上。

《六藝之一錄》40/32a，《新編》4/4/572下。

《墨池篇》6/2b，《新編》4/9/667下。

《漢隸字源》113頁。

《漢魏石刻文字繫年》42頁。

《漢魏六朝碑刻校注·總目提要》編號0191。

和平006

漢莫府奏曹史左表墓石柱

又名：左元異墓石刻記。和平元年（150）立。1919年山西省離石縣（或記為靈璧縣）出土，傳今在加拿大某博物館，或云在美國波士頓博物館，或云在英國倫敦博物館。石柱高137、寬19釐米。文隸書，二石，一石 19 字，一石 21 字，碑陰 7 字。

　　錄文著錄：

《希古樓金石萃編》6/16b – 17a，《新編》1/5/3878 下—3879 上。

《漢魏石刻文學考釋》中冊 525 頁。

《漢魏石刻文字繫年》42 頁。

　　碑目題跋著錄：

《希古樓金石萃編》6/17a – b，《新編》1/5/3879 上。附褚德彝跋。

《石刻題跋索引》5 頁左，《新編》1/30/22343。

《石刻名彙》1/1a，《新編》2/2/1025 上。

《崇雅堂碑錄補》1/2a，《新編》2/6/4551 下。

《蒿里遺文目錄補遺》13a，《新編》2/20/15002 上。

《增補校碑隨筆》（修訂本）40 頁。

《碑帖鑒定》40 頁。

《漢魏石刻文學考釋》中冊 524—525 頁。

《漢魏石刻文字繫年》42 頁。

《漢魏六朝碑刻校注·總目提要》編號 0188、0189。

淑德大學《中國石刻拓本目錄》"碑碣等刻石" 編號 80。

　　論文：

梁宗和：《山西離石縣的漢代畫像石》，《文物參考資料》1958 年第 4 期。

徐森玉：《西漢石刻文字初探》，《文物》1964 年第 5 期。

謝國楨：《跋漢左元異墓石陶片拓本》，《文物》1979 年第 11 期。

陳邦懷：《漢左表石柱跋》，《一得集》上卷，第 223 頁。

吳鎮烽：《秦晉兩省東漢畫像石題記集釋》，《考古與文物》2006 年第 1 期。

趙元：《呂梁左表墓漢畫像石題名考釋》，《浙江師範大學學報》2016 年第 3 期。

和平 007

馮君閣道碑

又名：馮君開道碑。和平元年（150）刻。不詳所在，今佚。文隸書，凡 69 字。

碑目題跋著錄：

《隸續》15/1a，《新編》1/10/7173 上。

《兩漢金石記》19/4b–5a，《新編》1/10/7468 下—7469 上。

《寶刻叢編》20/4a，《新編》1/24/18374 下。

《石刻題跋索引》489 頁左，《新編》1/30/22827。

《隸辨》7/10a–b，《新編》2/17/13040 下。

《佩文齋書畫譜·金石》61/5b 下，《新編》3/2/32 上。

《紅藕齋漢碑彙鈔集跋》，《新編》3/38/533 下。

《六藝之一錄》53/6a，《新編》4/4/785 下。

《漢隸字源》134 頁。

《漢魏石刻文學考釋》上冊 455 頁。

《漢魏石刻文字繫年》41 頁。

《漢魏六朝碑刻校注·總目提要》編號 0190。

論文：

陶喻之：《漢魏蜀道石刻史料研究》，《上海博物館集刊》第 7 期，上海書畫出版社 1996 年版。

和平 008

漢陽太守劉福頌德碑

又名：河峪關驛頌德碑。和平元年（150）。在甘肅省張家川回族自治縣恭門鎮河峪村東北，20 世紀 80 年代文物普查時發現。高 130、寬 102 釐米。文隸書，15 行，行約 18 字。額僅存一"漢"字。

論文：

竇永峰：《隴右摩崖石刻最古之珍—東漢和平元年〈河峪關驛頌德碑〉考釋》，《書畫賞評》2015 年第 4 期。（圖、文）

張弨：《新見東漢摩崖刻石文字兩種》，《書法叢刊》2016 年第 2 期。

王煥新：《故漢陽太守劉福功德頌摩崖相關問題辨析》，《隴右文博》2017 年第 1 期。（圖、文）

李翀：《關隴古道東漢河峪摩崖石刻考釋》，《隴右文博》2017 年第 1

期。（文）

張弛、谷國偉編著：《原石拓本比對：東漢劉福功德頌》，河南美術出版社 2017 年版。

元　嘉

元嘉 001

彭城相繆宇墓誌

又名"邳州青龍山元嘉元年畫像石墓題記"、"繆宇墓石題記"。和平元年（150）七月七日卒，元嘉元年（151）三月廿日葬。1980 年江蘇省徐州邳縣西北青龍山南麓出土，石藏徐州市漢畫像石博物館。高 20、寬 28 釐米。文隸書，11 行，行存字不等。

著錄：

《漢碑全集》2 冊 659—662 頁。（圖、文）

《漢魏六朝碑刻校注》1 冊 171—172 頁。（圖、文）

《漢魏石刻文字繫年》44 頁。（文、跋）

《漢魏南北朝墓誌彙編》1 頁。（文）

《漢魏六朝碑刻校注·總目提要》編號 0193。（目）

淑德大學《中國石刻拓本目錄》"碑碣等刻石"編號 82。（目）

論文：

周曉陸：《繆宇墓誌銘考》，《南京博物院集刊》第 6 輯，1983 年。

尤振堯：《略論東漢彭城相繆宇墓的發掘及其歷史價值》，《南京博物院集刊》第 6 輯，1983 年。

周曉陸：《〈繆宇墓誌銘〉的一點補正》，《南京博物院集刊》第 7 輯，1984 年。

南京博物院、邳縣文化館：《東漢彭城相繆宇墓》，《文物》1984 年第 8 期。

宋治民：《繆宇不是彭城相》，《文物》1985 年第 1 期。

黃展岳：《早期墓誌的一些問題》，《文物》1995 年第 12 期。

盧芳玉：《新見漢代志墓刻銘研究札記》，《中國書法》2004 年第

11 期。

于淼：《繆宇墓誌中的"要帶黑紼"》，《中華文史論叢》2015 年第 4 期。

元嘉 002

從事武梁碑

元嘉元年（151）季夏卒。在山東省嘉祥縣武氏祠，今佚。隸書。

錄文著錄：

《隸釋》6/13b – 14a，《新編》1/9/6822 上—下。

《漢碑錄文》1/41b – 42a，《新編》2/8/6135 下—6136 上。

（宣統）《山東通志·藝文志》卷 150，《新編》2/12/9264 上。

《濟州金石志》7/3b – 4a，《新編》2/13/9650 上—下。

《六藝之一錄》40/20a – b，《新編》4/4/566 下。

《全後漢文》99/1a – b，《全文》1 冊 1004 上。

《漢魏石刻文學考釋》中冊 527—528 頁。

碑目題跋著錄：

《隸釋》6/14b – 15a，《新編》1/9/6822 下—6823 上。

《隸釋刊誤》26b，《新編》1/9/7057 下。

《金石錄》1/4a、4/10b，《新編》1/12/8801 下、8886 下。

《通志·金石略》卷上/19a，《新編》1/24/18028 下。

《曝書亭金石文字跋尾》2/7b – 8a，《新編》1/25/18683 上—下。

《金石彙目分編》10（2）/63b，《新編》1/28/21172 上。

《石刻題跋索引》5 頁左，《新編》1/30/22343。

《天下金石志》3/7，《新編》2/2/817 上。

《漢碑錄文》1/42a – b，《新編》2/8/6136 上。

《濟州金石志》7/4b，《新編》2/13/9650 下。

《語石》6/30a，《新編》2/16/11977 下。

《金石例補》2/2b – 3a，《新編》2/17/12366 下—12367 上。

《隸韻·碑目》4a，《新編》2/17/12516 下。

《隸辨》7/11a，《新編》2/17/13041 上。

《佩文齋書畫譜·金石》61/5b 下—6a 上，《新編》3/2/32 上—下。

（光緒）《嘉祥縣志·金石》1/19b，《新編》3/26/161 上。

汪本《隸釋刊誤》26b，《新編》3/37/563 上。

《紅藕齋漢碑彙鈔集跋》，《新編》3/38/506 上。

《漢魏六朝志墓金石例》1/10b，《新編》3/40/400 下。

《漢石例》1/19a、1/32a、2/17b、3/20a‑b，《新編》3/40/134 上、140 下、152 上、174 下。

《漢魏六朝墓銘纂例》1/3a，《新編》3/40/435 上。

《金石備攷·兗州府》，《新編》4/1/48 下。

《漢隸字源》42—43 頁。

《漢魏石刻文學考釋》中冊 526—527 頁。

《漢魏石刻文字繫年》42 頁。

《漢魏六朝碑刻校注·總目提要》編號 0194。

論文：

蔣英炬、吳文祺：《漢代武氏墓群石刻研究》，第 47 頁。

元嘉 003

廣漢屬國都尉丁魴碑

元嘉元年（151）十一月六日立碑。在四川巴州，今佚。《隸續·碑式》載：10 行，行 30 字。

錄文著錄：

《隸釋》17/5b‑6b，《新編》1/9/6924 上—下。

《六藝之一錄》50/30a‑b，《新編》4/4/751 下。

《漢魏石刻文學考釋》上冊 374—375 頁。

碑目題跋著錄：

《隸釋》17/6b，《新編》1/9/6924 下。

《隸釋刊誤》69a，《新編》1/9/7079 上。

《隸續》7/7a‑b，《新編》1/10/7136 上。

《寶刻叢編》18/10a，《新編》1/24/18349 下。

《金石彙目分編》16（1）/48a，《新編》1/28/21472 下。

《石刻題跋索引》5 頁左，《新編》1/30/22343。

《天下金石志》16/4，《新編》2/2/872 上。

《隸韻·碑目》4a，《新編》2/17/12516 下。

《隸辨》7/11a，《新編》2/17/13041 上。

《佩文齋書畫譜·金石》61/6a 上，《新編》3/2/32 下。

《燕庭金石叢稿》，《新編》3/32/612 上。

汪本《隸釋刊誤》69a，《新編》3/37/584 下。

《紅藕齋漢碑彙鈔集跋》，《新編》3/38/533 下。

《漢石例》1/19a，《新編》3/40/134 上。

《金石備攷》附錄，《新編》4/1/91 下。

《漢隸字源》92 頁。

《漢魏石刻文學考釋》上冊 373—374 頁。

《漢魏石刻文字繫年》44 頁。

《漢魏六朝碑刻校注·總目提要》編號 0197。

元嘉 004

孝女曹娥碑

漢安二年（143）五月卒，元嘉元年（151）撰碑。縣令度尚立，邯鄲淳撰。在浙江省上虞縣，舊碑不存，東晉王羲之重書此碑，正書；唐李邕、北宋蔡卞皆有書，雜見於各集帖中。《墨華通考》云，碑亡，王應遴補刻。

錄文著錄：

《金石古文》13/7a – 8a，《新編》1/12/9432 上—下。

《古文苑》19/11b – 13a，《新編》4/1/435 上—436 上。

《全三國文》26/4a – b，《全文》2 冊 1196 下。

《漢魏石刻文學考釋》下冊 1167—1168 頁。

碑目題跋著錄：

《隸釋》20/31a 引《水經注》，《新編》1/9/6962 上。

《集古求真》1/5a – 6a，《新編》1/11/8480 上—下。

《通志·金石略》卷上/16b，《新編》1/24/18027 上。

《寶刻叢編》13/2b－3a,《新編》1/24/18280 下—18281 上。

《輿地碑記目·紹興府碑記》1/11b,《新編》1/24/18528 上。

《石刻題跋索引》28 頁右—29 頁左,《新編》1/30/22366－22367。

《天下金石志》10/8,《新編》2/2/860 下。

《墨華通考》卷3,《新編》2/6/4330 上。

《來齋金石刻考略》卷上/30a,《新編》2/8/5979 下。

《碑藪》,《新編》2/16/11843 下。

《語石》9/12a,《新編》2/16/12016 下。

《隸辨》8/47a,《新編》2/17/13098 上。

《鐵函齋書跋》1/16b－17a,《新編》2/18/13646 下—13647 上。

《竹雲題跋》1/17a－18a,《新編》2/19/13806 上—下。

《清儀閣題跋》117a－118a,《新編》2/19/13937 上—下。

《古墨齋金石跋》2/4b－5a,《新編》2/19/14083 下—14084 上。

《古林金石表》8a,《新編》2/20/14897 下。

《佩文齋書畫譜·金石》61/5b 下,《新編》3/2/32 上。

(雍正)《敕修浙江通志·碑碣三》257/8a,《新編》3/7/89 下。

(乾隆)《紹興府志·金石志一》75/14a－b,《新編》3/9/9 下。

(光緒)《上虞縣志校續·金石志》40/1a、2a－b,《新編》3/9/189 上、下。

《燕庭金石叢稿》,《新編》3/32/580 下。

《石目》,《新編》3/36/92 下。

《紅藕齋漢碑彙鈔集跋》,《新編》3/38/577 下。

《拙存堂題跋》10a－b,《新編》3/38/597 下。

《漢魏六朝志墓金石例》1/7a,《新編》3/40/399 上。

《古今書刻》下編/11b,《新編》4/1/140 上。

《六藝之一錄》39/33b－34a,《新編》4/4/556 上—下。

《庚子銷夏記》5/14b,《新編》4/6/629 下。

《虛舟題跋》原卷4/6a－7b,《新編》4/6/700 下—701 上。

《清儀閣金石題識》3/17b－19a,《新編》4/7/86 上—87 上。

《退庵金石書畫跋》5/26a－b,《新編》4/7/218 上。

《全後漢文》79/8b，《全文》1 冊 899 下。

《水經注碑錄》卷十編號 274，《北山金石錄》上冊 239—241 頁。

《太平寰宇記碑錄》編號 156，《北山金石錄》上冊 296 頁。

《碑帖敘錄》153—154 頁。

《漢魏六朝碑刻校注·總目提要》編號 0196。

論文：

沈尹默：《關於曹娥碑墨跡的一封信》，《文物》1964 年第 2 期。

馬志堅：《曹娥、曹娥碑與曹娥廟》，《東南文化》1990 年第 1、2 合期。

張鵬飛：《漢孝女曹娥碑考》，《紹興文理學院學報》2014 年第 5 期。

王元軍：《〈曹娥碑〉題記中有關孟簡的幾個問題》，《文獻》2015 年第 2 期。

備考：曹娥，《後漢書》卷八四《列女傳》有傳。

元嘉 005

平都侯相蔣君碑

元嘉二年（152）三月卒，《漢隸字源》云：永興元年（153）立，暫從卒年。宋嘉定中發現於湖南省道州營道縣南三十里荊山。文隸書，額篆書，2 行。《隸續·碑式》載：文 16 行，行 40 字，後餘 5 行。額題：漢故平都侯相蔣君之碑。

錄文著錄：

《隸釋》6/15a–16b，《新編》1/9/6823 上—下。

（光緒）《湖南通志·金石二》260/10b–11b，《新編》2/11/7754 下—7755 上。

（道光）《永州府志·金石略》18 上/9a–10a，《新編》3/14/249 上—下。

《六藝之一錄》40/33b–35b，《新編》4/4/573 上—574 上。

《漢魏石刻文學考釋》中冊 530—531 頁。

碑目題跋著錄：

《隸釋》6/16b–17a，《新編》1/9/6823 下—6824 上。

《隸釋刊誤》26b－27a，《新編》1/9/7057 下—7058 上。

《隸續》7/5b－6a，《新編》1/10/7135 上—下。

《金石錄》1/4a、14/10b－11a，《新編》1/12/8801 下、8886 下—8887 上。

《金石錄補續跋》2/5a－b，《新編》1/12/9148 上。

《通志・金石略》卷上/19a，《新編》1/24/18028 下。

《輿地碑記目・道州碑記》2/18a，《新編》1/24/18545 下。

《金石彙目分編》15/64b，《新編》1/28/21438 下。

《石刻題跋索引》5 頁左，《新編》1/30/22343。

《天下金石志》16/1，《新編》2/2/870 下。

（光緒）《湖南通志・金石二》260/12b－14a，《新編》2/11/7755 下—7756 下。

《金石例補》1/3a、10a－b，《新編》2/17/12362 上、12365 下。

《隸韻・碑目》4a，《新編》2/17/12516 下。

《隸辨》7/11b－12a，《新編》2/17/13041 上—下。

《古今碑帖考》7b，《新編》2/18/13166 上。

《金石錄續跋》9，《新編》2/18/13199 上。

《佩文齋書畫譜・金石》61/6a 上—下，《新編》3/2/32 下。

（道光）《永州府志・金石略》18 上/10b－11b，《新編》3/14/249 下—250 上。

汪本《隸釋刊誤》26b－27a，《新編》3/37/563 上—下。

《紅藕齋漢碑彙鈔集跋》，《新編》3/38/533 下—534 上。

《漢魏六朝志墓金石例》1/10a，《新編》3/40/400 下。

《漢魏六朝墓銘纂例》1/3a，《新編》3/40/435 上。

《金石備攷》附錄，《新編》4/1/90 下。

《墨池篇》6/2b，《新編》4/9/667 下。

《漢隸字源》43 頁。

《漢魏石刻文學考釋》中冊 528—530 頁。

《漢魏石刻文字繫年》44－45 頁。

《漢魏六朝碑刻校注・總目提要》編號 0198。

元嘉 006

蜀郡太守裴君碑并陰

元嘉二年（152）。2010 年成都市出土。碑通高 341 釐米，呈梯形，上寬 98、下寬 128 釐米，上厚 33、下厚 46 釐米。文隸書，碑陽 17 行，滿行 42 字；碑陰題名 14 行，滿行 41 字。

圖版著錄：

《北京大學圖書館新藏金石拓本菁華 1996—2012》45 頁。（碑陽）

論文：

趙超、趙久湘：《成都新出漢碑兩種釋讀》，《文物》2012 年第 9 期。（圖、文）

成都文物考古研究所：《成都天府廣場東御街漢代石碑發掘簡報》，《南方民族考古》第 8 輯，2012 年。

羅開玉：《〈李君碑〉、〈裴君碑〉初探》，《南方民族考古》第 8 輯，2012 年。（圖、文）

馮廣宏：《天府廣場出土漢碑略考》，《南方民族考古》第 8 輯，2012 年。

方北辰：《"裴君"當為東漢度遼將軍裴曄——成都市區新近出土漢碑碑主考證》，《南方民族考古》第 8 輯，2012 年。

宋治民：《成都天府廣場出土漢碑的初步研究》，《南方民族考古》第 8 輯，2012 年。

何崝：《成都天府廣場出土二漢碑考釋》，《南方民族考古》第 8 輯，2012 年。

王翠竹：《方北辰先生"〈裴君碑〉碑主系裴曄"說質疑》，《黑龍江史志》2016 年第 9 期。

元嘉 007

郎中王政碑

元嘉三年（153）正月卒。在山東省任城縣，今佚。《隸續·碑式》載：隸額二行，文十二行，行三十字。隸書。額題：漢故郎中王君之銘。

錄文著錄：

《隸續》1/1a－2a，《新編》1/10/7090 上—下。
《漢碑錄文》2/1a－b，《新編》2/8/6143 上。
《濟州金石志》2/21a－b，《新編》2/13/9474 下。
《全後漢文》99/2a，《全文》1 冊 1004 下。
《漢魏石刻文學考釋》中冊 934—935 頁。

碑目題跋著錄：

《隸釋》21/31a－b 引《集古錄》，《新編》1/9/6978。
《隸釋》23/13b－14a 引《集古錄目》，《新編》1/9/6996 上—下。
《隸釋》27/6b 引《天下碑錄》，《新編》1/9/7038 下。
《隸續》1/2a－b、7/3a，《新編》1/10/7090 下、7134 上。
《金石錄》1/8a，《新編》1/12/8803 下。
《金石錄補》4/8a、25/12a，《新編》1/12/9008 下、9120 下。
《集古錄跋尾》3/11a－b，《新編》1/24/17858 上。
《集古錄目》2/2b，《新編》1/24/17951 下。
《通志·金石略》卷上/15a，《新編》1/24/18026 下。
《金石彙目分編》10（2）/54b，《新編》1/28/21167 下。
《石刻題跋索引》5 頁左、16 頁右，《新編》1/30/22343、22354。
《天下金石志》3/8，《新編》2/2/817 下。
《墨華通考》卷 7，《新編》2/6/4380 下。
《漢碑錄文》2/2a－b，《新編》2/8/6143 下。
（宣統）《山東通志·藝文志》卷 152，《新編》2/12/9368 上。
《濟州金石志》2/21b，《新編》2/13/9475 上。
《碑藪》，《新編》2/16/11830 上。
《金石例補》1/2b、1/8b－9a、2/1a－2a，《新編》2/17/12361 下、12364 下—12365 上、12366 上—下。
《隸韻·碑目》4b，《新編》2/17/12516 下。
《隸辨》7/11b，《新編》2/17/13041 上。
《古今碑帖考》9a，《新編》2/18/13167 上。
《集古錄補目補》卷上/14b，《新編》2/20/14516 上。
《佩文齋書畫譜·金石》61/6a 上，《新編》3/2/32 下。

《寒山堂金石林時地玫》卷上/13a,《新編》3/34/496 上。

《紅藕齋漢碑彙鈔集跋》,《新編》3/38/533 下。

《漢魏六朝墓銘纂例》1/3a,《新編》3/40/435 上。

《金石備玫·兗州府》,《新編》4/1/48 下。

《六藝之一錄》49/15b,《新編》4/4/727 上。

《墨池篇》6/4a,《新編》4/9/668 下。

《漢隸字源》103 頁。

《漢魏石刻文學考釋》中冊 933—934 頁。

《漢魏石刻文字繫年》45 頁。

《漢魏六朝碑刻校注·總目提要》編號 0199。

永 興

永興 001

益州刺史李孟初神祠碑

永興二年（154）六月十日刻。碑在乾隆間白河水漲時沖出土，後又入土，道咸間又沖出，運南陽臥龍崗，今在河南省南陽市臥龍崗漢碑亭。碑高175、寬73釐米；碑穿孔徑10釐米；碑身下部剝落約70釐米。文隸書，15行，行約30字。首題：故宛令益州刺史南郡襄陽李（下缺）字孟初神祠之碑。

圖版著錄：

《二銘草堂金石聚》5/64a–68a,《新編》2/3/1904 下—1906 下。

《漢碑大觀》第一集,《新編》2/8/6239 上—下、6240 下。（局部）

《北京圖書館藏中國歷代石刻拓本匯編》1 冊 105 頁。

《漢碑全集》3 冊 719—720、722—728 頁。

《漢魏六朝碑刻校注》1 冊 184 頁。

錄文著錄：

《金石萃編》8/29a–b,《新編》1/1/148 上。

《兩漢金石記》12/23a–24a,《新編》1/10/7381 上—下。

（光緒）《南陽縣志·藝文下》10/6a–b,《新編》3/30/189 下。

《紅藕齋漢碑彙鈔集跋》，《新編》3/38/516 上。（節文）

《全後漢文》99/3a–b，《全文》1 冊 1005 上。

《魯迅輯校石刻手稿·碑銘》上冊 119—120 頁。

《漢魏石刻文學考釋》上冊 276—277 頁。

《漢碑全集》3 冊 721 頁。

《漢碑集釋》175—176 頁。

《漢魏六朝碑刻校注》1 冊 185 頁。

碑目題跋著錄：

《兩漢金石記》1/30a、12/24a–25a，《新編》1/10/7219 下、7381 下—7382 上。

《集古求真》9/6b，《新編》1/11/8564 下。

《集古求真補正》3/19b–20a，《新編》1/11/8672 上—下。

《中州金石記》1/2b–3b，《新編》1/18/13749 下—13750 上。

《潛研堂金石文字目錄》1/4a，《新編》1/25/19008 下。

《授堂金石三跋·一跋》2/6b–7a，《新編》1/25/19096 下—19097 上。

《平津讀碑記》1/9a，《新編》1/26/19353 上。

《藝風堂金石文字目》1/9a，《新編》1/26/19527 上。

《寰宇訪碑錄》1/3b，《新編》1/26/19853 上。

《寰宇訪碑錄校勘記》1/2b，《新編》1/27/20102 下。

《金石彙目分編》9（4）/59b、9（補遺）/2b，《新編》1/28/21065 上、21082 下。

《石刻題跋索引》489 頁右，《新編》1/30/22827。

《續語堂碑錄》，《新編》2/1/68 下。

《二銘草堂金石聚》5/68a–b，《新編》2/3/1906 下。

《平津館金石萃編》2/9b，《新編》2/4/2435 上。

《崇雅堂碑錄》1/3a，《新編》2/6/4485 上。

《獨笑齋金石文玫》第二集 3/2a–b，《新編》2/16/11755 下。

《語石》2/15a，《新編》2/16/11883 上。

《金石萃編校字記》2b，《新編》2/17/12325 下。

《平安館藏碑目》，《新編》2/18/13379 下。

《古墨齋金石跋》1/11a，《新編》2/19/14068 上。

《竹崦盦金石目錄》3b，《新編》2/20/14548 上。

《寰宇貞石圖目錄》卷上/2a、卷下/1b，《新編》2/20/14672 上、14677 下。

《中州金石目錄》1/2b，《新編》2/20/14686 下。

《讀漢碑》4a－b，《新編》3/2/590 下。

（光緒）《南陽縣志·藝文下》10/9a－b，《新編》3/30/191 上。附傅壽彤跋。

《石目》，《新編》3/36/44 下。

《中州金石目》4/15b，《新編》3/36/179 上。

《竹崦盦金石目錄》3b，《新編》3/37/341 上。

《漢石存目》卷上/4a，《新編》3/37/522 下。

《碑版廣例》6/13b，《新編》3/40/308 上。

《激素飛清閣平碑記》卷1，《新編》4/1/194 下—195 上。

《雪堂所藏金石文字簿錄》17b－18a，《新編》4/7/378 上—下。

《北山集古錄》卷一，《北山金石錄》上冊369 頁。

《增補校碑隨筆》（修訂本）41—42 頁。

《碑帖鑒定》41 頁。

《碑帖敘錄》71—72 頁。

《善本碑帖錄》1/19。

《漢魏石刻文學考釋》上冊273—276 頁。

《漢魏石刻文字繫年》45—46 頁。

《漢魏六朝碑刻校注·總目提要》編號0204。

淑德大學《中國石刻拓本目錄》"碑碣等刻石" 編號85。

論文：

河南省文化局文物工作隊：《河南現存的漢碑》，《文物》1964 年第5 期。

陳直：《〈河南現存的漢碑〉一文的訂補》，《中原文物》1981 年第1 期。

張聰貴：《古代石刻敘錄》（四），《文獻》1981年第4期。

姚軍：《"李孟初神祠碑"考》，《南陽理工學院學報》2015年第3期。

郭靖：《南陽市博物館藏三通漢碑》，《中原文物》2015年第4期。

永興 002

孔謙墓碑

又名：孔德讓碣、孔謙碣、孔謙謁廟碑。永興二年（154）七月卒。碣原在山東曲阜孔廟，今藏曲阜市漢魏碑刻陳列館。碑高83、寬53、厚22.5釐米。文隸書，存8行，滿行10字。

圖版著錄：

《金石圖說》甲下/38a，《新編》2/2/917下。

《二銘草堂金石聚》5/69a–70b，《新編》2/3/1907上—下。

《漢碑大觀》第一集，《新編》2/8/6240上、6241上—下。（局部）

《金石經眼錄》59a–b，《新編》4/10/520上。

《金石圖》，《新編》4/10/546下。

《金石索》石索二，下冊1151頁。

《北京圖書館藏中國歷代石刻拓本匯編》1冊106頁。

《漢碑全集》3冊729—734頁。

《漢魏六朝碑刻校注》1冊190頁。

《山東石刻分類全集·秦漢碑刻》84頁。

錄文著錄：

《金石萃編》9/1a，《新編》1/1/150上。

《金石存》6/10a，《新編》1/9/6646下。

《隸釋》6/17a–b，《新編》1/9/6824上。

《兩漢金石記》7/3a，《新編》1/10/7299上。

《宜祿堂收藏金石記》卷3，《新編》2/5/3300上。

《金石續鈔》1/2a，《新編》2/7/5365上。

《漢碑錄文》2/5b–6a，《新編》2/8/6145上—下。

《紅藕齋漢碑彙鈔集跋》，《新編》3/38/476下、477下。

《碑版廣例》3/14b－15a，《新編》3/40/266 下—267 上。
《六藝之一錄》42/17b，《新編》4/4/601 上。
《全後漢文》99/3b－4a，《全文》1 冊 1005 上—下。
《魯迅輯校石刻手稿・碑銘》上冊 121 頁。
《北京圖書館藏中國歷代石刻拓本匯編》1 冊 106 頁。
《漢魏石刻文學考釋》中冊 1001 頁。
《漢碑全集》3 冊 730 頁。
《漢碑集釋》179 頁。
《漢魏六朝碑刻校注》1 冊 191 頁。

碑目題跋著錄：
《金石存》6/10a，《新編》1/9/6646 下。
《隸釋》6/17b，《新編》1/9/6824 上。
《隸釋》22/12a－b 引《集古錄》，《新編》1/9/6985 下。
《隸釋》23/19a 引《集古錄目》，《新編》1/9/6999 上。
《隸釋》27/6a 引《天下碑錄》，《新編》1/9/7038 下。
《隸釋刊誤》27a，《新編》1/9/7058 上。
《隸續》5/15b，《新編》1/10/7118 上。
《兩漢金石記》1/30a、7/3a－4a，《新編》1/10/7219 下、7299 上—下。
《集古求真》9/6a，《新編》1/11/8564 下。
《金石錄》1/4b，《新編》1/12/8801 下。
《金石錄補》25/9a，《新編》1/12/9119 上。
《金石錄補續跋》2/6a，《新編》1/12/9148 下。
《山左金石志》8/1b，《新編》1/19/14444 上。
《集古錄跋尾》2/10a－b，《新編》1/24/17848 下。
《集古錄目》1/3b，《新編》1/24/17948 上。
《通志・金石略》卷上/18a，《新編》1/24/18028 上。
《寶刻叢編》2/9b－10a，《新編》1/24/18109 上—下。
《潛研堂金石文字目錄》1/3b，《新編》1/25/19008 上。
《授堂金石三跋・一跋》1/8b，《新編》1/25/19089 下。

《平津讀碑記》1/9a－b，《新編》1/26/19353 上。

《藝風堂金石文字目》1/9a，《新編》1/26/19527 上。

《寰宇訪碑錄》1/4a，《新編》1/26/19853 下。

《金石彙目分編》10（2）/4a，《新編》1/28/21142 下。

《石刻題跋索引》5 頁左—右，《新編》1/30/22343。

《續語堂碑錄》，《新編》2/1/68 下。

《天下金石志》3/3，《新編》2/2/815 上。

《金石圖說》甲下/38b，《新編》2/2/917 下。

《二銘草堂金石聚》5/70b，《新編》2/3/1907 下。

《平津館金石萃編》2/10a，《新編》2/4/2435 下。

《宜祿堂金石記》1/6b，《新編》2/6/4208 下。

《墨華通考》8/7a，《新編》2/6/4390 上。

《崇雅堂碑錄》1/3a，《新編》2/6/4485 上。

《金石續鈔》1/2a－b，《新編》2/7/5365 上。

《漢碑錄文》2/6a，《新編》2/8/6145 下。

《山左訪碑錄》6/3a，《新編》2/12/9083 下。

（宣統）《山東通志·藝文志》卷 152，《新編》2/12/9353 上。

《曲阜碑碣考》1/1b，《新編》2/13/9747 上。

《獨笑齋金石文攷》第二集 3/2b－3a，《新編》2/16/11755 下—11756 上。

《碑藪》，《新編》2/16/11829 上。

《語石》2/6b，《新編》2/16/11878 下。

《金石例補》1/2a－b，《新編》2/17/12361 下。

《隸韻·碑目》4b，《新編》2/17/12516 下。

《隸辨》7/12b，《新編》2/17/13041 下。

《古今碑帖考》7b，《新編》2/18/13166 上。

《金石錄續跋》10，《新編》2/18/13199 下。

《平安館藏碑目》，《新編》2/18/13379 下。

《古墨齋金石跋》1/11b，《新編》2/19/14068 上。

《集古錄補目補》卷上/3a，《新編》2/20/14510 下。

《竹崦盦金石目錄》3b，《新編》2/20/14548 上。
《寰宇貞石圖目錄》卷上/2a，《新編》2/20/14672 上。
《山左碑目》2/4a，《新編》2/20/14840 下。
《蒿里遺文目錄》1 上/1a，《新編》2/20/14937 下。
《佩文齋書畫譜·金石》61/6a 下，《新編》3/2/32 下。
（乾隆）《曲阜縣志·金石》51/5a－b，《新編》3/26/105 上。
《寒山堂金石林時地攷》卷上/12a，《新編》3/34/495 下。
《石目》，《新編》3/36/44 下。
《話雨樓碑帖目錄》1/5a，《新編》3/36/535。
《竹崦盦金石目錄》3b，《新編》3/37/341 上。
《漢石存目》卷上/4a，《新編》3/37/522 下。
汪本《隸釋刊誤》27a，《新編》3/37/563 下。
《佛金山館秦漢碑跋》11a，《新編》3/38/136 下。
《紅藕齋漢碑彙鈔集跋》，《新編》3/38/476 下、477 下。
《中國金石學講義·正編》10b，《新編》3/39/138。
《漢石例》1/5a－b、2/12a，《新編》3/40/127 上、149 上。
《漢魏六朝志墓金石例》1/15a，《新編》3/40/403 上。
《漢魏六朝墓銘纂例》1/3a－b，《新編》3/40/435 上。
《讀碑小識》，《新編》3/40/479。
《金石備攷·兗州府》，《新編》4/1/46 上。
《激素飛清閣平碑記》卷1，《新編》4/1/195 上。
《墨池篇》6/2b，《新編》4/9/667 下。
《漢隸字源》43 頁。
《增補校碑隨筆》（修訂本）42 頁。
《碑帖鑒定》42 頁。
《善本碑帖錄》1/19。
《齊魯碑刻墓誌研究》"附表" 345 頁。
《碑帖敘錄》38 頁。
《漢魏石刻文學考釋》中冊 999—1001 頁。
《漢魏石刻文字繫年》46 頁。

《漢魏六朝碑刻校注·總目提要》編號 0206。

淑德大學《中國石刻拓本目錄》"碑碣等刻石"編號 87。

永興 003

李爰婦趙樹磚誌

永興二年（154）九月七日。《中國古代磚刻銘文集》歸入北魏，暫從東漢。1997 年洛陽市孟津縣平樂鄉邙山漢魏故城出土，洛陽王木鐸藏誌。磚高 30.6、寬 15、厚 5.5 釐米。文隸書，2 行，共 16 字。

著錄：

《洛陽新獲墓誌續編》1 頁（圖）、309 頁（文）。

《中國古代磚刻銘文集》上、下冊編號 0974。（圖、文）

《北朝隋代墓誌所在總合目錄》編號 541。（目）

論文：

王木鐸：《洛陽新獲磚誌說略》，《中國書法》2001 年第 4 期。

永興 004

薌他君石祠堂石柱題記

永興二年（154）刻，父永興二年五月卒，母永興二年九月廿一日卒。1934 年山東省東阿縣西南鐵頭山出土，今存北京故宮博物院。石柱高 120、寬 18 釐米。文隸書，10 行，行 31 至 46 字不等。額題：東郡厥縣東阿西鄉常吉里薌他君石祠堂。

著錄：

《山東石刻分類全集·秦漢碑刻》85 頁。（圖）

《漢碑全集》3 冊 735—740 頁。（圖、文）

《漢魏六朝碑刻校注》1 冊 187—188 頁。（圖、文）

《漢魏石刻文字繫年》46—47 頁。（文、跋）

《碑帖鑒定》41—42 頁。（跋）

《齊魯碑刻墓誌研究》"附表" 345 頁。（目）

《漢魏六朝碑刻校注·總目提要》編號 0205。（目）

論文：

羅福頤：《薌他君石祠堂題字考釋》，《故宮博物院院刊》第 2 輯，

1960 年，第 178—181 頁。

陳直：《漢郛他君石祠堂題字通考》，陳直：《文史考古論叢》，第 411—415 頁。

許國平：《漢郛他君祠堂石柱》，《紫禁城》2002 年第 1 期。

孫貫文：《郛他君石祠堂考釋》，《考古學研究》（六），2006 年，第 503—513 頁。

永興 005
盛冢墓磚

永興二年（154）。浙江歸安陸氏舊藏。隸書。

碑目著錄：

《石刻名彙》11/192b，《新編》2/2/1123 下。

《古誌彙目》1/2b，《新編》3/37/8。

永興 006
管氏墓磚

永興三年（155）。浙江歸安陸氏舊藏。隸書。

碑目著錄：

《石刻名彙》11/192b，《新編》2/2/1123 下。

永興 007
琅琊王傅蔡朗碑

永興六年（158）夏卒。蔡邕撰。在開封府尉氏縣，今不詳所在。隸書。

錄文著錄：

《漢碑錄文》2/6a－7b，《新編》2/8/6145 下—6146 上。

《全後漢文》75/4a－5b，《全文》1 冊 880 下—881 上。

《蔡中郎集》2/54a－56a，《漢魏六朝百三名家集》1 冊 560 下—561 下。

《蔡中郎集》6/11a－12b，景印文淵閣《四庫全書·集部》1063 冊 217 下—218 上。

《蔡中郎文集》3/8b－9a，《四部叢刊初編》第 98 冊。

《漢魏石刻文學考釋》中冊 533—534 頁。
碑目題跋著錄：
《中州金石考》1/8b，《新編》1/18/13672 下。
《金石彙目分編》9（1）/12b，《新編》1/28/20929 下。
《石刻題跋索引》5 頁右，《新編》1/30/22343。
《漢碑錄文》2/7b，《新編》2/8/6146 上。
（宣統）《山東通志·藝文志》卷 152，《新編》2/12/9362 下。
《中州金石目錄》1/3a，《新編》2/20/14687 上。
（道光）《尉氏縣志·藝文志》20/84a，《新編》3/28/177 下。
《紅藕齋漢碑彙鈔集跋》，《新編》3/38/519 上。
《漢石例》2/5b，《新編》3/40/146 上。
《漢魏六朝墓銘纂例》1/4a，《新編》3/40/435 下。
《漢魏石刻文學考釋》中冊 532 頁。
《漢魏石刻文字繫年》47 頁。
《漢魏六朝碑刻校注·總目提要》編號 0225。
備考：永興無六年，僅二年。《漢魏石刻文字繫年》誤作"蔡郎"。

永　壽

永壽 001

益州太守無名碑

永壽元年（155）三月十九日卒。在成都府。文 17 行，行 41 字；故吏門生題名 9 行，行 6 人。
圖版著錄：
《隸續》5/4a–b，《新編》1/10/7112 下。（有圖無文）
錄文著錄：
《隸釋》17/10b–11b、12b，《新編》1/9/6926 下—6927 下。
《六藝之一錄》52/9b–10b、11b，《新編》4/4/772 上—773 上。
《漢魏石刻文學考釋》中冊 535—536 頁。
碑目題跋著錄：

《隸釋》17/12a – 13b，《新編》1/9/6927 下—6928 上。

《隸釋刊誤》70a – b，《新編》1/9/7079 下。

《金石錄補》3/2b – 3a，《新編》1/12/8999 下—9000 上。

《寶刻叢編》20/4a，《新編》1/24/18374 下。

《金石彙目分編》16（1）/2a – b、19/11a，《新編》1/28/21449 下、21586 上。

《石刻題跋索引》5 頁右，《新編》1/30/22343。

《天下金石志》7/1，《新編》2/2/842 上。

《蜀碑記補》1/4 – 5，《新編》2/12/8728 下—8729 上。

《隸韻・碑目》4b，《新編》2/17/12516 下。

《隸辨》7/12b – 13a，《新編》2/17/13041 下—13042 上。

《佩文齋書畫譜・金石》61/6a 下—6b 上，《新編》3/2/32 下。

（嘉慶）《四川通志・輿地志》58/3b – 4b，《新編》3/14/474 上—下。

（嘉慶）《成都縣志・金石》6/31b – 32a，《新編》3/14/543 上—下。

（同治）《重修成都縣志・金石》2/5a – b，《新編》3/14/551 上。

（光緒）《雲南通志・藝文志》212/12b – 13a，《新編》3/23/54 下—55 上。

（光緒）《續雲南通志稿・藝文志》171/4b，《新編》3/23/108 下。

《燕庭金石叢稿》，《新編》3/32/472 上。

《寒山堂金石林時地攷》卷下/1b，《新編》3/34/502 上。

汪本《隸釋刊誤》70a – b，《新編》3/37/585 上。

《紅藕齋漢碑彙鈔集跋》，《新編》3/38/523 下—524 上。

《碑版廣例》6/19b，《新編》3/40/311 上。

《漢石例》1/20a，《新編》3/40/134 下。

《漢魏六朝墓銘纂例》1/3b – 4a，《新編》3/40/435 上—下。

《金石備攷・成都府》，《新編》4/1/73 上。

《漢隸字源》94—95 頁。

《漢魏石刻文學考釋》中冊 534—535 頁。

《漢魏石刻文字繫年》47 頁。

《漢魏六朝碑刻校注・總目提要》編號 0207。

永壽 002

右扶風丞李禹表

又名：李禹通閣道摩崖、李君通閣道記。永壽元年（155）刻。在陝西褒城石門壁，清嘉慶十九年王森文訪得，石存漢中市博物館。通高 70、通寬 40 釐米。文隸書，7 行，行 10 字至 13 字不等。以"表"字為碑額。

圖版著錄：

《二銘草堂金石聚》3/63a–64b，《新編》2/3/1828 上—下。

《金石索》石索四，下冊 1519 頁。

《北京圖書館藏中國歷代石刻拓本匯編》1 冊 109 頁。

《中國西北地區歷代石刻匯編》1 冊 15 頁。

《漢碑全集》3 冊 767—772 頁。

《漢魏六朝碑刻校注》1 冊 196 頁。

錄文著錄：

《金石續編》1/10b–11a，《新編》1/4/3011 下—3012 上。

《八瓊室金石補正》4/12b，《新編》1/6/4063 下。

《十二硯齋金石過眼錄》1/14b，《新編》1/10/7799 下。

《續語堂碑錄》，《新編》2/1/77 下。

《函青閣金石記》2/25a–b，《新編》2/6/5032 下。

《關中金石文字存逸考》10/24a，《新編》2/14/10603 下。

《清儀閣題跋》62a，《新編》2/19/13909 下。

《石門碑醳》5a、24a，《新編》3/2/550 上、559 下。

《紅藕齋漢碑彙鈔集跋》，《新編》3/38/560 下。

《清儀閣金石題識》2/7b，《新編》4/7/45 上。

《魯迅輯校石刻手稿·碑銘》上冊 125 頁。

《中國西北地區歷代石刻匯編》1 冊 15 頁。

《漢魏石刻文學考釋》下冊 1407 頁。

《漢碑全集》3 冊 768 頁。

《漢魏六朝碑刻校注》1 冊 197 頁。

碑目題跋著錄：

《金石續編》1/11b－12b，《新編》1/4/3012 上—下。

《八瓊室金石補正》4/14a－16b，《新編》1/6/4064 下—4065 下。

《十二硯齋金石過眼錄》1/15a－16a，《新編》1/10/7800 上—下。

《陝西金石志》5/6a，《新編》1/22/16417 下。

《藝風堂金石文字目》1/4a，《新編》1/26/19524 下。

《補寰宇訪碑錄》1/5b，《新編》1/27/20197 上。

《金石彙目分編》12（2）/47b，《新編》1/28/21359 上。

《續語堂碑錄》，《新編》2/1/68 下。

《二銘草堂金石聚》3/65a－b，《新編》2/3/1829 上。

《函青閣金石記》2/25b－26b，《新編》2/6/5032 下—5033 上。

《關中金石文字存逸考》10/24a－25b、12/22b，《新編》2/14/10603 下—10604 上、10647 下。

《獨笑齋金石文攷》第二集 3/3a－4a，《新編》2/16/11756 上—下。

《平安館藏碑目》，《新編》2/18/13380 上。

《清儀閣題跋》62a－63a，《新編》2/19/13909 下—13910 上。

《寰宇貞石圖目錄》卷上/2a，《新編》2/20/14672 上。

《石門碑醳》17a、24a－b，《新編》3/2/556 上、559 下。附陸紹文跋。

《漢石存目》卷上/4a，《新編》3/37/522 下。

《碑帖跋》81 頁，《新編》3/38/229、4/7/435 上。

《紅藕齋漢碑彙鈔集跋》，《新編》3/38/560 下。

《中國金石學講義·正編》12a，《新編》3/39/141。

《清儀閣金石題識》2/7b－8b，《新編》4/7/45 上—下。

《金石索》石索四，下冊 1519—1520 頁。

《增補校碑隨筆》（修訂本）42 頁。

《碑帖鑒定》42 頁。

《碑帖敘錄》72—73 頁。

《善本碑帖錄》1/22。

《漢魏石刻文字繫年》48 頁。

《漢魏六朝碑刻校注·總目提要》編號 0209。

淑德大學《中國石刻拓本目錄》"碑碣等刻石"編號 88。

論文：

黃盛璋：《褒斜道與石門石刻》，《文物》1963 年第 2 期。

陝西省考古研究所：《褒斜道石門附近棧道遺跡及題刻的調查》，《文物》1964 年第 11 期。

馮歲平：《莫友芝跋漢〈李君表〉拓本書後》，《四川文物》2012 年第 4 期。

永壽 003

□郡太守殘碑

又名：漢永壽殘石、倉龍庚午等字殘碑、庚午作封刻石。永壽元年（155），俗誤為永壽殘碑。《希古樓金石萃編》認為，碑當作於"初平元年"。山東滕縣出土，舊藏滿洲托活洛氏（端方）、山東省滕縣高氏。石上下殘缺，僅存中段。高、寬均 70 釐米。文隸書，16 行，後空 3 行，行 15 字至 22 字不等。《希古樓金石萃編》疑為東郡太守頌德之碑。

圖版著錄：

《北京圖書館藏中國歷代石刻拓本匯編》1 冊 108 頁。

《漢碑全集》6 冊 2199—2201 頁。

《山東石刻分類全集·秦漢碑刻》87 頁。

錄文著錄：

《希古樓金石萃編》6/19b-20b，《新編》1/5/3880 上—下。

《匋齋藏石記》2/6b-7a，《新編》1/11/8001 下—8002 上。

《魯迅輯校石刻手稿·碑銘》上冊 298—299 頁。

《增補校碑隨筆》（修訂本）90—91 頁。

《漢魏石刻文學考釋》上冊 415 頁、中冊 868 頁。

《漢碑全集》6 冊 2200 頁。

碑目題跋著錄：

《希古樓金石萃編》6/20b-21a，《新編》1/5/3880 下—3881 上。

《匋齋藏石記》2/7b–8a，《新編》1/11/8002上—下。
《續補寰宇訪碑錄》1/4b，《新編》1/27/20304下。
《金石彙目分編》10（補遺）/16b，《新編》1/28/21221下。
《石刻題跋索引》20頁右，《新編》1/30/22358。
（宣統）《山東通志·藝文志》卷152，《新編》2/12/9353下。
《漢石存目》卷上/4a，《新編》3/37/522下。
《增補校碑隨筆》（修訂本）90—91頁。
《碑帖鑒定》78—79頁。
《漢魏石刻文學考釋》上冊414頁。
《漢魏六朝碑刻校注·總目提要》編號0210、0446。
淑德大學《中國石刻拓本目錄》"碑碣等刻石"編號90。

永壽004

沇州刺史班孟堅德政碑

建和十年，當東漢永壽元年（155）。從事秦閏等立。碑在昌邑城東北金城內。班孟堅即班固。

碑目題跋著錄：

《隸釋》20/4a–b引《水經注》，《新編》1/9/6948下。
《金石彙目分編》10（2）/56a，《新編》1/28/21168下。
《濟州金石志》6/2b–3a，《新編》2/13/9621下—9622上。附馬邦玉《寓目記》。
《隸辨》8/47a，《新編》2/17/13098上。
《佩文齋書畫譜·金石》61/5b上，《新編》3/2/32上。
《紅藕齋漢碑彙鈔集跋》，《新編》3/38/502上。
《六藝之一錄》51/4a–b，《新編》4/4/754下。
《水經注碑錄》卷二編號39，《北山金石錄》上冊53—54頁。

備考：東漢建和無十年，僅三年。班固，《後漢書》卷四〇上有傳。

永壽005

孔少垂墓碣

又名：孔君墓碣、孔麟墓碑。永壽元年（155）立。清乾隆五十八年在山東曲阜孔林墙外發現，原存曲阜市孔廟，今藏曲阜市漢魏碑刻陳列館。石高150、寬47.5、厚13釐米。文8行，滿行15字，隸書。額篆書，額題：孔君之墓。《漢魏石刻文字繫年》《漢魏六朝碑刻校注·總目提要》皆著錄為"孔麟墓碑"，考證其為孔子十九世孫孔麟。

圖版著錄：

《二銘草堂金石聚》5/71a–72b，《新編》2/3/1908上—下。

《漢碑大觀》第一集，《新編》2/8/6239下。（局部）

《北京圖書館藏中國歷代石刻拓本匯編》1冊107頁。

《漢碑全集》3冊756—759頁。

《漢魏六朝碑刻校注》1冊194頁。

《山東石刻分類全集·秦漢碑刻》86頁。

錄文著錄：

《金石萃編》9/2b–3a，《新編》1/1/150下—151上。

《山左金石志》8/1b–2a，《新編》1/19/14444上—下。

《宜祿堂收藏金石記》卷3，《新編》2/5/3300下。

《漢碑錄文》2/7b–8a，《新編》2/8/6146上—下。

《雪堂所藏金石文字簿錄》18b，《新編》4/7/378下。

《魯迅輯校石刻手稿·碑銘》上冊122頁。

《北京圖書館藏中國歷代石刻拓本匯編》1冊107頁。

《漢魏石刻文學考釋》中冊1002—1003頁。

《漢碑全集》3冊757頁。

《漢魏六朝碑刻校注》1冊195頁。

碑目題跋著錄：

《金石萃編》9/3b–4a，《新編》1/1/151上—下。

《金石錄》1/4b、15/3a，《新編》1/12/8801下、8889上。

《金石錄補續跋》2/6a–b，《新編》1/12/9148下。

《山左金石志》8/2a，《新編》1/19/14444下。

《寶刻叢編》2/10a，《新編》1/24/18109下。

《潛研堂金石文字目錄》1/4a，《新編》1/25/19008下。

《授堂金石文字續跋》1/5a，《新編》1/25/19169上。

《平津讀碑記》1/9b-10a，《新編》1/26/19353 上—下。
《藝風堂金石文字目》1/9a，《新編》1/26/19527 上。
《寰宇訪碑錄》1/4a，《新編》1/26/19853 下。
《金石彙目分編》10（2）/4a，《新編》1/28/21142 下。
《石刻題跋索引》5 頁右，《新編》1/30/22343。
《續語堂碑錄》，《新編》2/1/68 下。
《二銘草堂金石聚》5/72b-73b，《新編》2/3/1908 下—1909 上。
《平津館金石萃編》2/10a，《新編》2/4/2435 下。
《宜祿堂收藏金石記》卷3，《新編》2/5/3300 下。
《宜禄堂金石記》1/6b，《新編》2/6/4208 下。
《崇雅堂碑錄》1/3a，《新編》2/6/4485 上。
《漢碑錄文》2/8b，《新編》2/8/6146 下。
《山左訪碑錄》6/3a，《新編》2/12/9083 下。
（宣統）《山東通志·藝文志》卷152，《新編》2/12/9353 下。
《曲阜碑碣考》1/2a，《新編》2/13/9747 下。
《語石》4/3b，《新編》2/16/11919 上。
《金石萃編校字記》2b，《新編》2/17/12325 下。
《隸辨》8/47b，《新編》2/17/13098 上。
《平安館藏碑目》，《新編》2/18/13380 上。
《金石錄續跋》10-11，《新編》2/18/13199 下—13200 上。
《寰宇貞石圖目錄》卷上/2a，《新編》2/20/14672 上。
《山左碑目》2/5a，《新編》2/20/14841 上。
《蒿里遺文目錄》1 上/1a，《新編》2/20/14937 下。
《佩文齋書畫譜·金石》61/6b 上，《新編》3/2/32 下。
《求恕齋碑錄》，《新編》3/2/523 下。
《岱巖訪古日記》1b-2a，《新編》3/28/83 上—下。
《石目》，《新編》3/36/53 上。
《漢石存目》卷上/4a，《新編》3/37/522 下。
《竹崦盦金石目錄》1/6b，《新編》3/37/342 下。
《漢石存目》卷上/4a，《新編》3/37/522 下。

《蘇齋題跋》卷上/34a，《新編》3/38/633 下。

《中國金石學講義·正編》10b，《新編》3/39/138。

《金石小箋》18b，《新編》3/39/503 下。

《激素飛清閣平碑記》卷 1，《新編》4/1/195 上。

《六藝之一錄》42/26a，《新編》4/4/605 下。

《魯迅輯校石刻手稿·碑銘》上冊 122—123 頁。

《齊魯碑刻墓誌研究》"附表" 345 頁。

《碑帖敘錄》36—37 頁。

《漢魏石刻文學考釋》中冊 1001—1002 頁。

《漢魏石刻文字繫年》47 頁。

《漢魏六朝碑刻校注·總目提要》編號 0212。

淑德大學《中國石刻拓本目錄》"碑碣等刻石" 編號 89。

永壽 006

玄文先生李休碑

又名：玄文先生李子材銘。永壽二年（156）五月九日卒。蔡邕撰。

錄文著錄：

《藝文類聚》卷 37，上冊 658 頁。（節文）

（光緒）《南陽縣志·藝文下》10/10b－12a，《新編》3/30/191 下—192 下。

《全後漢文》75/5a－b，《全文》1 冊 881 上。

《蔡中郎集》2/56a－57b，《漢魏六朝百三名家集》1 冊 561 下—562 上。

《蔡中郎集》6/18a－19b，景印文淵閣《四庫全書·集部》1063 冊 221 上—下。

《蔡中郎文集》2/12a－13b，《四部叢刊初編》98 冊。

《漢魏石刻文學考釋》中冊 975—976 頁。

碑目題跋著錄：

《中州金石考》8/1b，《新編》1/18/13735 上。

《金石彙目分編》9（4）/60a，《新編》1/28/21065 下。

《中州金石目錄》1/3a,《新編》2/20/14687 上。

《漢石例》1/33b、2/29a,《新編》3/40/141 上、158 上。

《漢魏六朝志墓金石例》1/5b,《新編》3/40/398 上。

《漢魏六朝墓銘纂例》1/4a－b,《新編》3/40/435 下。

《漢魏石刻文學考釋》中冊 974—975 頁。

《漢魏六朝碑刻校注·總目提要》編號 0213。

永壽 007

吉成侯州輔碑并陰

又名：中常侍長樂太僕吉成侯州苞碑、侯苞碑。永壽二年（156）十二月卒。在河南省汝州魯縣滍水南。文隸書，額篆書，額題：漢故中常侍長樂太僕吉成侯州君之銘。

圖版著錄：

《金石索》石索四,下冊 1537 頁。（局部）

錄文著錄：

《隸釋》17/14a－15a、16a－17a,《新編》1/9/6928 下—6929 上、6929 下—6930 上。

（嘉慶）《寶豐縣志·金石志》14/5b－6b、8a－9a,《新編》3/30/127 上—下、128 下—129 上。

《六藝之一錄》41/11b－13a、15a－16b,《新編》4/4/581 上—582 上、583 上—下。

《全後漢文》99/4b－5b,《全文》1 冊 1005 下—1006 上。

《漢魏石刻文學考釋》中冊 939—941 頁。

碑目題跋著錄：

《隸釋》17/15a－16a、17a－18b,《新編》1/9/6929 上—下、6930 上—下。

《隸釋》20/27b－28a 引《水經注》,《新編》1/9/6960 上—下。

《隸釋刊誤》70b－71a,《新編》1/9/7079 下—7080 上。

《兩漢金石記》1/30a、16/22a－b,《新編》1/10/7219 下、7443 下。

《金石錄》1/4b、15/3b－4a,《新編》1/12/8801 下、8889 上—下。

《金石錄補》25/9b，《新編》1/12/9119 上。

《金石錄補續跋》2/7a－b，《新編》1/12/9149 上。

《中州金石考》8/22b、23a，《新編》1/18/13745 下、13746 上。

《通志·金石略》卷上/19a，《新編》1/24/18028 下。

《寶刻叢編》5/35a、36a，《新編》1/24/18160 上—下。

《金石彙目分編》9（4）/83b，《新編》1/28/21077 上。

《石刻題跋索引》5 頁右，《新編》1/30/22343。

《天下金石志》16/1，《新編》2/2/870 下。

《隸韻·碑目》5a，《新編》2/17/12517 上。

《隸辨》7/14a－b，《新編》2/17/13042 下。

《古今碑帖考》7b，《新編》2/18/13166 上。

《金石錄續跋》11－12，《新編》2/18/13200 上—下。

《中州金石目錄》1/3a，《新編》2/20/14687 上。

《佩文齋書畫譜·金石》61/6b 上，《新編》3/2/32 下。

（嘉慶）《寶豐縣志·金石志》14/6b－7b，《新編》3/30/127 下—128 上。

汪本《隸釋刊誤》70b－71a，《新編》3/37/585 上—下。

《紅藕齋漢碑彙鈔集跋》，《新編》3/38/522 下—523 上。

《漢石例》1/6a、2/38b、2/39b，《新編》3/40/127 下、162 下、163 上。

《碑版廣例》6/12a、17b，《新編》3/40/307 下、310 上。

《漢魏六朝墓銘纂例》1/4a，《新編》3/40/435 下。

《金石備攷》附錄，《新編》4/1/86 上。

《墨池篇》6/2b，《新編》4/9/667 下。

《全後漢文》99/5b，《全文》1 冊 1006 上。

《水經注碑錄》卷九編號 240，《北山金石錄》上冊 201—202 頁。

《漢隸字源》95—96 頁。

《金石索》石索四，下冊 1537 頁。附覃谿跋。

《漢魏石刻文字繫年》49 頁。

備考：州輔，其事見《後漢書》卷七八《宦者傳·曹騰》。

永壽 008

孟琁殘碑

別稱：孟孝琚碑、孟璿殘碑、孟璇殘碑、孟廣宗碑。西漢河平四年（前25）十一月六日刻，或云東漢永壽二年（156）或三年（157）立，暫從永壽二年。清光緒二十七年（1901）於雲南省昭通市白泥井出土，現存昭通市第三中學內。碑第三段殘缺，殘高133、寬96釐米。文隸書，存15行，行殘存21字。

圖版著錄：

《漢孟孝琚碑題跋》，《新編》2/20/14497。

（民國）《昭通縣志稿·金石》卷6，《新編》3/23/156。

《北京圖書館藏中國歷代石刻拓本匯編》1冊15頁。

《中國西南地區歷代石刻匯編》第14冊"雲南省博物館卷"，2頁。

《漢碑全集》3冊833—834、836—851頁。

《漢魏六朝碑刻校注》1冊63頁。

錄文著錄：

《希古樓金石萃編》7/5b–6b，《新編》1/5/3887上—下。

《漢孟孝琚碑題跋》1a–b、3a–b、11a–12a，《新編》2/20/14499上、14500上、14504上—下。

（民國）《昭通縣志·藝文志》8/50a–b，《新編》3/23/147上。

（民國）《昭通縣志稿·金石》6/35a–b，《新編》3/23/157上。

《魯迅輯校石刻手稿·碑銘》上冊330—331頁。

《增補校碑隨筆》（修訂本）104—105頁。

《漢魏石刻文學考釋》中冊848頁。

《漢碑全集》3冊835頁。

《漢碑集釋》15—16頁。

《漢魏六朝碑刻校注》1冊64頁。

碑目題跋著錄：

《希古樓金石萃編》7/7a，《新編》1/5/3888上。

《集古求真續編》6/16b–17b，《新編》1/11/8768下—8769上。

《續補寰宇訪碑錄》1/5a,《新編》1/27/20305 上。

《石刻題跋索引》25 頁左,《新編》1/30/22363。

《億年堂金石記》9a,《新編》2/6/4279 上。

《崇雅堂碑錄》1/1b,《新編》2/6/4484 上。

《獨笑齋金石文攷》第二集 8/7a–8a,《新編》2/16/11811 上—下。

《定庵題跋》2b–7a,《新編》2/19/14286 下—14289 上。

《漢孟孝琚碑題跋》1b–16a,《新編》2/20/14499 上—14506 下。

《寰宇貞石圖目錄》卷下/1a,《新編》2/20/14677 下。

《蒿里遺文目錄》1 上/2b,《新編》2/20/14938 上。

(民國)《昭通縣志·藝文志》8/50b–53b,《新編》3/23/147 上—148 下。附《鹿泉甫記》袁嘉穀跋。

(民國)《昭通縣志稿·金石》6/35b–38b,《新編》3/23/157 上—158 下。附謝崇基跋。

《漢石存目》卷上/8a,《新編》3/37/524 下。

《碑帖跋》56 頁,《新編》3/38/204、4/7/428 下。

《雪堂金石文字跋尾》2/2b–3a,《新編》3/38/288 下—289 上。

《丁戊金石跋》16a–17b,《新編》4/7/294 下—295 上。

《北山集古錄》卷一,《北山金石錄》上冊 369—370 頁。

《增補校碑隨筆》(修訂本) 105 頁。

《碑帖鑒定》82—83 頁。

《碑帖敘錄》106 頁。

《漢碑集釋》15 頁。

《漢魏石刻文學考釋》中冊 840—847 頁。

《漢魏石刻文字繫年》119 頁。

《漢魏六朝碑刻校注·總目提要》編號 0082。

淑德大學《中國石刻拓本目錄》"碑碣等刻石" 編號 221。

論文:

陳孝寧:《昭通漢〈孟孝琚碑〉譯釋——謹以此獻給該碑出土九十周年》,《昭通師專學報》1992 年第 2 期。

陳孝寧:《〈孟孝琚碑〉淺探》,《昭通師專學報》1993 年第 1 期。

梁仲章：《雲南出土〈孝琚殘碑〉考》，《四川文物》1994 年第 1 期。

浦漢英：《關於孟孝琚碑立石之年最後之結論》，《昭通師專學報》1997 年第 3 期。

吳其昌：《漢孟琁殘碑跋尾》，《吳其昌文集》3"史學論叢·上"，第 395—397 頁。

永壽 009

許安國墓祠題記

永壽三年（157）十二月廿六日刻。1980 年在山東省嘉祥縣滿硐鄉宋山村北山坡發現，現藏山東省石刻藝術博物館。石長 107、高 68 釐米。右邊題記 1 行 28 字，左邊題記 10 行，每行 40 至 53 字不等，隸書。

著錄：

《漢碑全集》3 冊 851—857 頁。（圖、文）

《漢魏六朝碑刻校注》1 冊 205—207 頁。（圖、文）

《濟寧歷代墓誌銘》圖版 1、18—20 頁。（圖、文）

《山東石刻分類全集·秦漢碑刻》189 頁。（圖）

《北京大學圖書館新藏金石拓本菁華 1996—2012》46 頁。（圖）

《漢魏石刻文字繫年》50—51 頁。（文、跋）

《漢魏六朝碑刻校注·總目提要》編號 0219。（目）

淑德大學《中國石刻拓本目錄》"碑碣等刻石"編號 95。（目）

論文：

朱錫祿：《山東嘉祥宋山 1980 年出土的漢畫像石》，《文物》1982 年第 5 期。

趙超：《山東嘉祥出土東漢永壽三年畫像石題記補考》，《文物》1990 年第 9 期。

楊愛國：《漢代畫像石榜題略論》，《考古》2005 年第 5 期。

令盦、下坡：《山東新發現的兩漢碑石及有關問題》，《漢碑研究》，第 353—366 頁。

備考：許安國，《史記》卷一八有傳。

永壽 010

孔君德碑

又名：孔從事碑。永壽三年（157）。婺州從事孔君德立於孔子墓壇前，在兗州。

碑目題跋著錄：

《隸釋》27/6a 引《天下碑錄》，《新編》1/9/7038 下。

《通志·金石略》卷上/14a，《新編》1/24/18026 上。

《金石彙目分編》10（2）/20b，《新編》1/28/21150 下。

《墨華通考》卷 8，《新編》2/6/4389 下。

《隸韻·碑目》5a，《新編》2/17/12517 上。

《佩文齋書畫譜·金石》61/7a 上，《新編》3/2/33 上。

《六藝之一錄》36/38a，《新編》4/4/508 下。

《漢魏石刻文字繫年》51 頁。

《漢魏六朝碑刻校注·總目提要》編號 0220。

永壽 011

劉平國碑

又名：烏壘磨崖石刻、劉平國治路頌、劉平國作關城頌、龜茲刻石、劉平國紀功摩崖。淳于伯隗作誦。永壽四年（158）八月十二日。摩崖刻。清光緒五年發現於新疆阿克蘇塞木里山。拓本一高 51、寬 40 釐米；一高 25、寬 22 釐米。額文 3 行，行 4 字；下刻 8 行，剝落嚴重，字數不可計。額題：京兆長安淳于伯隗作此誦。

圖版著錄：

《北京圖書館藏中國歷代石刻拓本匯編》1 冊 112 頁。

《中國西北地區歷代石刻匯編》1 冊 16 頁。

《漢碑全集》3 冊 860—864 頁。

《漢魏六朝碑刻校注》1 冊 214 頁。

錄文著錄：

《西陲石刻錄》3a，《新編》2/15/11031 上。

《新疆訪古錄》1/5a–7b，《新編》2/15/11485 上—11486 上。附葉

昌熾、王仁俊釋文。

《寶鴨齋題跋》卷上/7b－8a，《新編》2/19/14338 上—下。

（宣統）《新疆圖志·金石一》88/4a，《新編》3/32/395。

《魯迅輯校石刻手稿·碑銘》上冊 139—140 頁。

《增補校碑隨筆》（修訂本）45—46 頁。

《漢魏石刻文字繫年》52 頁。

《漢魏石刻文學考釋》上冊 123—124 頁。

《漢碑全集》3 冊 861—862 頁。

《漢魏六朝碑刻校注》1 冊 215 頁。

碑目題跋著錄：

《集古求真續編》6/9b－10a，《新編》1/11/8765 上—下。

《藝風堂金石文字目》1/9b，《新編》1/26/19527 上。

《再續寰宇訪碑錄校勘記》1a－b，《新編》1/27/20460 上。

《金石彙目分編》13（補遺）/2b－3a，《新編》1/28/21381 下—21382 上。

《石刻題跋索引》490 頁右，《新編》1/30/22828。

《崇雅堂碑錄》1/3b，《新編》2/6/4485 上。（疑偽）

《新疆訪古錄》1/7b，《新編》2/15/11486 上。

《語石》2/12b、8/24a，《新編》2/16/11881 下、12005 下。

《寶鴨齋題跋》卷上/7b－8b，《新編》2/19/14338 上—下。

《寰宇貞石圖目錄》卷上/2b，《新編》2/20/14672 上。

（宣統）《新疆圖志·金石一》88/4a－b，《新編》3/32/395－396。

《漢石存目》卷上/4a，《新編》3/37/522 下。

《碑帖跋》79 頁，《新編》3/38/227、4/7/434 下。

《石交錄》1/16b，《新編》4/6/437 下。

《壬癸金石跋》49a－50b，《新編》4/7/283 上—下。

《雪堂所藏金石文字簿錄》19a－20a，《新編》4/7/379 上—下。

《魯迅輯校石刻手稿·碑銘》上冊 140—149 頁。附桂叢識、徐鼎藩跋、沈家本《枕碧樓偶存稿》。

《再續寰宇訪碑錄》卷上，《羅振玉學術論著集》第五集，407 頁。

《增補校碑隨筆》（修訂本）45—47 頁。

《碑帖鑒定》44 頁。

《善本碑帖錄》1/22。，

《碑帖敘錄》226 頁。

《漢魏石刻文學考釋》上冊 119—123 頁。

《漢魏石刻文字繫年》52 頁。

《漢魏六朝碑刻校注·總目提要》編號 0223。

淑德大學《中國石刻拓本目錄》"碑碣等刻石" 編號 96。

論文：

王國維：《劉平國治□谷關頌跋》，《觀堂集林》卷 20，下冊第 979—980 頁。

汪兆鏞：《〈漢龜茲左將軍劉平國刻石〉跋》，《汪兆鏞文集·微尚齋雜文》卷三，第 261—262 頁。

吳其昌：《漢龜茲左將軍劉平國東烏壘關城制亭誦跋尾》，《吳其昌文集》3 "史學論叢·上"，第 398—401 頁。

馬雍：《〈漢龜茲左將軍劉平國作亭頌〉集釋考訂》，《文物集刊》第 2 集，文物出版社 1980 年版，第 45—58 頁；又載於馬雍《西域史地文物叢考》，第 24—40 頁。

王炳華：《"劉平國刻石"及有關新疆歷史的幾個問題》，王炳華：《西域考古歷史論集》，第 55—66 頁。

備考：《崇雅堂碑錄》疑其後人贗作，但近來的研究皆一致以其為真品，故附此。

永壽 012

封□墓記殘石

永壽□年（155—158）。隸書。

碑目著錄：

《國立北平圖書館藏碑目》1a，《新編》3/36/249 上。

延 熹

延熹001

郎中鄭固碑

延熹元年（158）四月卒。雍正六年山東省濟寧市出土，今存山東省濟寧市博物館。碑高196、寬80、厚22釐米。文15行，滿行29字，隸書。額篆書，額題：漢故郎中鄭君之碑。

圖版著錄：

《金石圖說》甲下/42a，《新編》2/2/923。

《二銘草堂金石聚》6/38a–47a，《新編》2/3/1929下—1934上。

《漢碑大觀》第二集，《新編》2/8/6251下—6252下。（局部）

《金石經眼錄》28a–29a，《新編》4/10/504下—505上。

《金石圖》，《新編》4/10/543上右。

《北京圖書館藏中國歷代石刻拓本匯編》1冊113頁。

《漢碑全集》3冊865—885頁。

《漢魏六朝碑刻校注》1冊210頁。

《山東石刻分類全集·秦漢碑刻》190頁。

錄文著錄：

《金石萃編》10/1a–2b，《新編》1/1/170上—下。

《金石存》6/18a–19a，《新編》1/9/6650下—6651上。

《隸釋》6/17b–19a，《新編》1/9/6824上—6825上。

《兩漢金石記》8/35a–b、38b–39b，《新編》1/10/7323上、7324下—7325上。

《金薤琳琅》7/10a–11a，《新編》1/10/7684下—7685上。

《金石古文》8/7b–8b，《新編》1/12/9411上—下。

《函青閣金石記》3/21b–22a，《新編》2/6/5045上—下。（殘文）

《漢碑錄文》2/17a–b，《新編》2/8/6151上。

《濟州金石志》2/22a–b，《新編》2/13/9475下。

《碑版廣例》5/4a–5a，《新編》3/40/292上—下。

《六藝之一錄》41/23b–24b，《新編》4/4/587 上—下。

《全後漢文》99/5b–6a，《全文》1 冊 1006 上—下。

《魯迅輯校石刻手稿・碑銘》上冊 150—152 頁。

《漢魏石刻文學考釋》中冊 543—544 頁。

《漢碑全集》3 冊 866 頁。

《漢碑集釋》218—221 頁。

《漢魏六朝碑刻校注》1 冊 211 頁。

碑目題跋著錄：

《金石萃編》10/10a–b，《新編》1/1/174 下。

《金石續錄》1/5a–6b，《新編》1/5/3757 上—下。

《金石存》6/19a–b，《新編》1/9/6651 上。

《隸釋》6/19a–b，《新编》1/9/6825 上。

《隸釋》21/27b–28a 引《集古錄》，《新編》1/9/6976 上—下。

《隸釋》23/12b–13a 引《集古錄目》，《新編》1/9/6995 下—6996 上。

《隸釋刊誤》27a–b，《新編》1/9/7058 上。

《隸續》7/3b，《新編》1/10/7134 上。

《兩漢金石記》1/30b、8/35b–38b、8/39b–40b，《新編》1/10/7219 下、7323 上—7324 下、7325 上—下。

《金薤琳琅》7/11b，《新編》1/10/7685 上。

《集古求真》9/7a，《新編》1/11/8565 上。

《集古求真補正》3/20a，《新編》1/11/8672 下。

《金石錄》1/5a、15/4b–5a，《新編》1/12/8802 上、8889 下—8890 上。

《金石錄補續跋》2/8a，《新編》1/12/9149 下。

《金石文字記》1/12b–15b，《新編》1/12/9197 下—9199 上。

《山左金石志》8/2b–3b，《新編》1/19/14444 下—14445 上。

《集古錄跋尾》2/14a–b，《新編》1/24/17850 下。

《集古錄目》1/4a，《新編》1/24/17948 下。

《曝書亭金石文字跋尾》2/18b–19a，《新編》1/25/18688 下—

18689 上。

《潛研堂金石文跋尾》1/13a－b，《新編》1/25/18739 上。

《潛研堂金石文字目錄》1/4a，《新編》1/25/19008 下。

《授堂金石三跋·一跋》1/9a，《新編》1/25/19090 上。

《平津讀碑記》1/10a－b，《新編》1/26/19353 下。

《藝風堂金石文字目》1/9b，《新編》1/26/19527 上。

《寰宇訪碑錄》1/4a，《新編》1/26/19853 下。

《寰宇訪碑錄校勘記》1/2b，《新編》1/27/20102 下。

《續補寰宇訪碑錄》1/3b，《新編》1/27/20304 上。

《金石彙目分編》10（2）/47a，《新編》1/28/21164 上。

《石刻題跋索引》5 頁右—6 頁左，《新編》1/30/22343—22344。

《續語堂碑錄》，《新編》2/1/68 下。

《天下金石志》3/7，《新編》2/2/817 上。

《金石圖說》甲下/42b，《新編》2/2/924。

《二銘草堂金石聚》6/47a－b，《新編》2/3/1934 上。

《平津館金石萃編》2/10a，《新編》2/4/2435 下。

《崇雅堂碑錄》1/3b，《新編》2/6/4485 上。

《函青閣金石記》3/22a－b，《新編》2/6/5045 下。

《來齋金石刻考略》卷上/19a，《新編》2/8/5974 上。

《漢碑錄文》2/18a－19b，《新編》2/8/6151 下—6152 上。

（宣統）《山東通志·藝文志》卷 152，《新編》2/12/9368 上。

《濟州金石志》2/26b－27a，《新編》2/13/9477 下—9478 上。附牟農星跋。

《獨笑齋金石文攷》第二集 3/8b－12b，《新編》2/16/11758 下—11760 下。

《碑藪》，《新編》2/16/11831 下。

《語石》3/7b，《新編》2/16/11901 上。

《金石萃編校字記》3a，《新編》2/17/12326 上。

《金石例補》1/4a、1/7b－8a、1/10a、2/4b，《新編》2/17/12362 下、12364 上—下、12365 下、12367 下。

《隸韻·碑目》5a，《新編》2/17/12517 上。

《隸辨》7/15b，《新編》2/17/13043 上。

《古今碑帖考》7b，《新編》2/18/13166 上。

《金石錄續跋》13，《新編》2/18/13201 上。

《平安館藏碑目》，《新編》2/18/13380 下。

《古墨齋金石跋》1/13a－b，《新編》2/19/14069 上。

《寶鴨齋題跋》卷上/5a－b，《新編》2/19/14337 上。

《集古錄補目補》卷上/6a，《新編》2/20/14512 上。

《竹崦盦金石目錄》3b，《新編》2/20/14548 上。

《范氏天一閣碑目》1－2，《新編》2/20/14605 上—下。

《寰宇貞石圖目錄》卷上/2b、卷下/1b，《新編》2/20/14672 上、14677 下。

《山左碑目》2/18b，《新編》2/20/14847 下。

《古林金石表》3a，《新編》2/20/14895 上。

《蒿里遺文目錄》1 上/1a，《新編》2/20/14937 下。

《佩文齋書畫譜·金石》61/7a 上，《新編》3/2/33 上。

《求恕齋碑錄》，《新編》3/2/523 下。

《讀漢碑》4b－5a，《新編》3/2/590 下—591 上。

《漢隸拾遺》7a－b，《新編》3/2/600 上。

（民國）《濟寧直隸州續志·藝文志》19/11a－b、13b－14a，《新編》3/26/52 上、53 上—下。附《鮚埼亭集》《太平御覽》、桂馥跋、《文選注》。

《金石文考略》2/37b，《新編》3/34/244 上。

《寒山堂金石林時地攷》卷上/13a，《新編》3/34/496 上。

《漢魏碑考》2a－b，《新編》3/35/81 下。

《石墨餘馨》，《新編》3/35/338。

《石目》，《新編》3/36/44 下。

《寒山金石林部目》7b，《新編》3/36/502 上。

《話雨樓碑帖目錄》1/4a，《新編》3/36/533。

《菉竹堂碑目》2/1b，《新編》3/37/276 上。

《竹崦盦金石目錄》1/3b，《新編》3/37/341 上。

《漢石存目》卷上/4b，《新編》3/37/522 下。

汪本《隸釋刊誤》27a－b，《新編》3/37/563 下。

《佛金山館秦漢碑跋》2b－3b，《新編》3/38/132 上—下。

《碑帖跋》33—34 頁，《新編》3/38/181－182、4/7/423 上。

《雪堂金石文字跋尾》2/5b，《新編》3/38/290 上。

《中國金石學講義·正編》11a，《新編》3/39/139。

《漢石例》2/17b、33b－34a、35a，《新編》3/40/152 上、160 上—下、161 上。

《碑版廣例》5/4a，《新編》3/40/292 下。

《漢魏六朝志墓金石例》1/7a－b，《新編》3/40/399 上。

《漢魏六朝墓銘纂例》1/4b－5a，《新編》3/40/435 下—436 上。

《金石備攷·兗州府》，《新編》4/1/48 上。

《古今書刻》下編/28b，《新編》4/1/148 下。

《激素飛清閣平碑記》卷 1，《新編》4/1/195 上。

《分隸偶存》卷上/19b－20a，《新編》4/1/603 上—下。

《雪堂所藏金石文字簿錄》20a－b，《新編》4/7/379 下。

《墨池篇》6/2b，《新編》4/9/667 下。

《金石圖》，《新編》4/10/543 上左。

《漢隸字源》44 頁。

《碑帖鑒定》44 頁。

《善本碑帖錄》1/22。

《碑帖敘錄》218 頁。

《增補校碑隨筆》（修訂本）47—48 頁。

《漢魏石刻文學考釋》中冊 537 頁。

《漢魏石刻文字繫年》52 頁。

《齊魯碑刻墓誌研究》"附表" 346 頁。

《漢魏六朝碑刻校注·總目提要》編號 0221。

淑德大學《中國石刻拓本目錄》"碑碣等刻石" 編號 97。

備考：諸書皆無碑陰文，《漢魏石刻文學考釋》的碑陰文不知從何而來？

延熹 002
田買奴妻延熹元年畫像石題記

延熹元年（158）十月三日作此食堂，十一月七日葬。1968 年出土於山東省曲阜市徐家村，石存曲阜石刻陳列館。石高 105、寬 22 釐米。文隸書，4 行，計 69 字。

著錄：

《山東石刻分類全集・秦漢碑刻》191 頁。（圖）

《漢魏石刻文字繫年》52—53 頁。（文、跋）

《濟寧歷代墓誌銘》18 頁。（文）

《漢魏六朝碑刻校注・總目提要》編號 0224。（目）

延熹 003
丹陽太守郭旻碑

延熹元年（158）十月卒，其年十二月葬。金文明《金石錄校證》卷一考證，當延熹三年（160）以後立，暫從延熹元年。在許州，今佚。《隸續》卷七《碑式》載：文十二行，銘四行，後有三行書重立碑之事，行二十八字。額篆書，額題：漢故丹陽太守郭君之碑。

錄文著錄：

《隸續》3/3a – 4a、19/1a – 2b，《新編》1/10/7102 上—下、7188 上—下。

《全後漢文》99/6b – 7a，《全文》1 冊 1006 下—1007 上。

《漢魏石刻文學考釋》中冊 546—547 頁。

碑目題跋著錄：

《隸續》3/4a – 5a、7/10a、19/2b，《新編》1/10/7102 下—7103 上、7137 下、7188 下。

《金石錄》1/5a、15/5a – b，《新編》1/12/8802 上、8890 上。

《金石錄補續跋》2/8a，《新編》1/12/9149 下。

《通志・金石略》卷上/19b，《新編》1/24/18028 下。

《寶刻叢編》5/2a，《新編》1/24/18143 下。

《金石彙目分編》9（1）/27a－b，《新編》1/28/20937 上。

《石刻題跋索引》6 頁左—右，《新編》1/30/22344。

《天下金石志》16/1，《新編》2/2/870 下。

《隸韻·碑目》11a，《新編》2/17/12520 上。

《隸辨》7/57b－58a，《新編》2/17/13064 上—下。

《古今碑帖考》7b，《新編》2/18/13166 上。

《金石錄續跋》13，《新編》2/18/13201 上。

《中州金石目錄》1/4a，《新編》2/20/14687 下。

《佩文齋書畫譜·金石》61/7b 上、13a 上，《新編》3/2/33 上、36 上。

《漢石例》2/14a、17b、31b，《新編》3/40/150 下、152 上、159 上。

《漢魏六朝志墓金石例》1/14b，《新編》3/40/402 下。

《漢魏六朝墓銘纂例》2/3a，《新編》3/40/443 上。

《金石備攷》附錄，《新編》4/1/86 上。

《六藝之一錄》40/36b，《新編》4/4/574 下。

《墨池篇》6/2b，《新編》4/9/667 下。

《漢隸字源》112、141 頁。

《漢魏石刻文學考釋》中冊 544—546 頁。

《漢魏石刻文字繫年》54 頁。

《漢魏六朝碑刻校注·總目提要》編號 0239。

延熹 004

議郎元賓碑

延熹二年（159）二月卒。在亳縣。今佚。隸書。

錄文著錄：

《隸釋》6/19b－20b，《新編》1/9/6825 上—下。

（民國）《安徽通志稿·金石古物考二》3b－4a，《新編》3/11/66 下—67 上。

《六藝之一錄》41/27b－28b，《新編》4/4/589 上—下。

《全後漢文》99/7a－b，《全文》1 冊 1007 上。

《漢魏石刻文學考釋》中冊 548 頁。

碑目題跋著錄：

《隸釋》6/20b – 21a，《新編》1/9/6825 下—6826 上。

《隸釋刊誤》27b，《新編》1/9/7058 上。

《金石錄》1/5a、15/5b – 6a，《新編》1/12/8802 上、8890 上—下。

《安徽金石略》8/4b，《新編》1/16/11746 下。

《通志·金石略》卷上/19a，《新編》1/24/18028 下。

《金石彙目分編》5/48b – 49a，《新編》1/27/20813 下—20814 上。

《石刻題跋索引》6 頁右，《新編》1/30/22344。

《天下金石志》2/5，《新編》2/2/808 上。

《碑藪》，《新編》2/16/11825 上。

《金石例補》1/4b、1/10a – b、2/1a – 2a、，《新編》2/17/12362 下、12365 下、12366 上—下。

《隸韻·碑目》5a，《新編》2/17/12517 上。

《隸辨》7/15b – 16a，《新編》2/17/13043 上—下。

《佩文齋書畫譜·金石》61/7a 下，《新編》3/2/33 上。

（光緒）《亳州志·金石》16/19a，《新編》3/12/165 上。

《寒山堂金石林時地攷》卷上/18a，《新編》3/34/498 下。

汪本《隸釋刊誤》27b，《新編》3/37/563 下。

《紅藕齋漢碑彙鈔集跋》，《新編》3/38/534 上。

《漢魏六朝志墓金石例》1/10b，《新編》3/40/400 下。

《漢魏六朝墓銘纂例》1/5a，《新編》3/40/436 上。

《金石備攷》，《新編》4/1/12 下、62 下。

《漢隸字源》44 頁。

《漢魏石刻文學考釋》中冊 547 頁。

《漢魏石刻文字繫年》53 頁。

《漢魏六朝碑刻校注·總目提要》編號 0227。

延熹 005

謝王四崖墓題記

又名：江津延熹二年崖墓題記。延熹二年（159）二月廿七日。1987

年在重慶市江津市沙河鄉水滸村發現。拓本高 85.5、寬 17 釐米。題記 1 行 12 字，隸書。

著錄：

《四川歷代碑刻》26 頁。（圖、文）

《漢碑全集》3 冊 858—859 頁。（圖、文）

延熹 006

樂山蕭壩佐孟機崖墓題記

延熹二年（159）三月十日造。1941 年發現於樂山肖壩臺象鼻嘴崖墓。高 150、寬 94 釐米。文 5 行，行字不等，隸書。

著錄：

《漢碑全集》3 冊 886—887 頁。（圖、文）

《四川歷代碑刻》25 頁。（圖、文）

《碑帖鑒定》44 頁。（文）

《漢魏石刻文字繫年》53 頁。（文、跋）

《漢魏六朝碑刻校注·總目提要》編號 0228。（目）

延熹 007

汝南周巨勝碑

又名：汝南周勰碑。延熹二年（159）十二月卒。蔡邕撰。在汝寧府汝陽縣。隸書。

錄文著錄：

《金石古文》9/2a–3b，《新編》1/12/9413 下—9414 上。

（康熙）《汝陽縣志·藝文志》10 上/81a–82b，《新編》3/30/242 下—243 上。

《全後漢文》75/5b–6b，《全文》1 冊 881 上—下。

《蔡中郎集》2/46a–48a，《漢魏六朝百三名家集》1 冊 556 下—557 下。

《蔡中郎集》6/13a–14b，景印文淵閣《四庫全書·集部》1063 冊 218 下—219 上。

《蔡中郎文集》2/7b–9a，《四部叢刊初編》98 冊。

《漢魏石刻文學考釋》中冊 833—834 頁。

碑目題跋著錄：

《中州金石考》8/13a，《新編》1/18/13741 上。

《金石彙目分編》9（4）/72a，《新編》1/28/21071 下。

《石刻題跋索引》24 頁右，《新編》1/30/22362。

《墨華通考》卷 7，《新編》2/6/4382 上。

《中州金石目錄》1/3a，《新編》2/20/14687 上。

《漢石例》2/15a，《新編》3/40/151 上。

《漢魏六朝志墓金石例》1/5a，《新編》3/40/398 上。

《漢魏六朝墓銘纂例》1/5a，《新編》3/40/436 上。

《漢魏石刻文學考釋》中冊 832—833 頁。

《漢魏六朝碑刻校注·總目提要》編號 0231。

備考：周勰，字巨勝，《後漢書》卷六一附《周舉傳》。

延熹 008

陳相王君造四縣邸碑并陰

延熹二年（159）。碑在陳縣城內。頌德碑。

錄文著錄：

（民國）《淮陽縣志·金石》，《新編》3/28/272 下—273 下。

《全後漢文》99/7b，《全文》1 冊 1007 上。（節文）

《漢魏石刻文學考釋》下冊 1055—1056 頁。（節文）

碑目題跋著錄：

《隸釋》20/12a－b 引《水經注》，《新編》1/9/6952 下。

《中州金石考》2/1a，《新編》1/18/13678 上。

《金石彙目分編》9（1）/38b，《新編》1/28/20942 下。

《墨華通考》卷 7，《新編》2/6/4369 下。

《隸辨》8/48a，《新編》2/17/13098 下。

《中州金石目錄》1/3a，《新編》2/20/14687 上。

《佩文齋書畫譜·金石》61/7a 上，《新編》3/2/33 上。

（民國）《淮陽縣志·金石》，《新編》3/28/273 下—275 上。

《紅藕齋漢碑彙鈔集跋》，《新編》3/38/519 上。

《六藝之一錄》53/6b，《新編》4/4/785 下。

《水經注碑錄》卷五編號 139，《北山金石錄》上冊 122 頁。

《漢魏六朝碑刻校注·總目提要》編號 0232。

延熹 009

田君碑

又名：費令田君德政碑。延熹年間（158—167），在延熹二年（159）之後。《集古錄》云東漢延熹年間，《集古錄目》《集古錄補目補》作永康年間，而《天下金石志》作延熹二年，今暫從《集古錄》。碑在沂州，今佚。

碑目題跋著錄：

《隸釋》21/21b－22a 引《集古錄》，《新編》1/9/6973 上—下。（節文）

《隸釋》23/10b 引《集古錄目》，《新編》1/9/6994 下。

《隸釋》27/7b 引《天下碑錄》，《新編》1/9/7039 上。

《集古錄跋尾》2/14b－15a，《新編》1/24/17850 下—17851 上。（節文）

《集古錄目》1/6a，《新編》1/24/17949 下。

《金石彙目分編》10（2）/72a，《新編》1/28/21176 下。

《石刻題跋索引》8 頁右，《新編》1/30/22346。

《天下金石志》3/9，《新編》2/2/818 上。

《墨華通考》卷 8，《新編》2/6/4391 上。

《碑藪》，《新編》2/16/11832 下。

《隸辨》8/48a－b，《新編》2/17/13098 下。

《古今碑帖考》7b，《新編》2/18/13166 上。

《集古錄補目補》卷上/6b，《新編》2/20/14512 上。

《佩文齋書畫譜·金石》61/7a 上—下，《新編》3/2/33 上。

《寒山堂金石林時地攷》卷上/14b，《新編》3/34/496 下。

《紅藕齋漢碑彙鈔集跋》，《新編》3/38/502 上—下、530 上。

《金石備攷‧兗州府》,《新編》4/1/49 上。

《古今書刻》下編/28b,《新編》4/1/148 下。

《六藝之一錄》41/29b,《新編》4/4/590 上。

《墨池篇》6/2b,《新編》4/9/667 下。

《漢魏石刻文學考釋》上冊 378—379 頁。（節文）

《漢魏石刻文字繫年》63 頁。

《漢魏六朝碑刻校注‧總目提要》編號 0271。

延熹 010

楚相孫叔敖碑并陰

又名：漢遺愛廟碑。延熹三年（160）五月廿八日。固始令段光立。在（北宋）光州固始縣西南本廟內；一說在期思縣城之西北隅，期思令為之立廟，今佚。《隸續‧碑式》載：隸額，2 行；碑陽 24 行，行 37 字，最後一行書年月；碑陰 23 行，行 20 字。額題：楚相孫君之碑。

錄文著錄：

《隸釋》3/4b－6b、3/7b－9a,《新編》1/9/6783 下—6784 下、6785 上—6786 上。

《金石古文》13/1a－3a,《新編》1/12/9429 上—9430 上。（碑陽）

《漢碑錄文》2/19b－22b,《新編》2/8/6152 上—6153 下。

《碑版廣例》2/12b－14a、2/22b－23b、4/12b,《新編》3/40/251 下—252 下、256 下—257 上、279 下。

《古文苑》19/1a－4a,《新編》4/1/430 上—431 下。（碑陽）

《六藝之一錄》39/3a－5b、39/11b－12b,《新編》4/4/541 上—542 上、545 上—下。

《全後漢文》99/8a－10a,《全文》1 冊 1007 下—1008 下。

《漢魏石刻文學考釋》上冊 305—308 頁。

碑目題跋著錄：

《金石續錄》1/6b－8a,《新編》1/5/3757 下—3758 下。

《隸釋》3/6b－7b、9a,《新編》1/9/6784 下—6785 上、6786 上。

《隸釋》20/27a 引《水經注》,《新編》1/9/6960 上。

《隸釋》21/15a－b 引《集古錄》,《新編》1/9/6970 上。

《隸釋》23/7a－b 引《集古錄目》,《新編》1/9/6993 上。

《隸釋》27/9a 引《天下碑錄》,《新編》1/9/7040 上。

《隸釋刊誤》13a－14b,《新編》1/9/7051 上—下。

《隸續》7/4b－5a,《新編》1/10/7134 下—7135 上。

《金石錄》1/5a、15/6a－b,《新編》1/12/8802 上、8890 下。

《金石錄補》25/9b,《新編》1/12/9119 上。

《金石錄補續跋》3/2a－3a,《新編》1/12/9150 下—9151 上。

《金石文字記》1/15b－16a,《新編》1/12/9199 上—下。

《安徽金石略》7/3a,《新編》1/16/11737 上。

(民國)《湖北通志·金石志》2/6a,《新編》1/16/11953 下。

《中州金石考》8/17b、18a－b,《新編》1/18/13743 上、下。

《集古錄跋尾》2/11b－12a,《新編》1/24/17849 上—下。

《集古錄目》1/4a,《新編》1/24/17948 下。

《通志·金石略》卷上/16b,《新編》1/24/18027 上。

《輿地碑記目》2/15a－b、16a、19b,《新編》1/24/18544 上·下、18546 上。

《授堂金石三跋·一跋》1/9a－10a,《新編》1/25/19090 上—下。

《金石彙目分編》5/43a、9(4)/76a－b、14/38a,《新編》1/27/20811 上、1/28/21073 下、1/28/21401 下。

《石刻題跋索引》6 頁右,《新編》1/30/22344。

《天下金石志》5/15,《新編》2/2/830 上。

《墨華通考》卷 7,《新編》2/6/4381 下。

《宜祿堂收藏金石記》45/5b－9b,《新編》2/5/3930 上—3932 上。

《漢碑錄文》2/22b－23b,《新編》2/8/6153 下—6154 上。

《石墨考異》卷上,《新編》2/16/11636 上。

《碑藪》,《新編》2/16/11825 上。

《金石例補》1/5b－6a,《新編》2/17/12363 上—下。

《隸韻·碑目》5a－b,《新編》2/17/12517 上。

《隸辨》7/16a－b,《新編》2/17/13043 下。

《古今碑帖考》7b，《新編》2/18/13166 上。

《金石錄續跋》15－16，《新編》2/18/13202 上—13202 下。

《集古錄補目補》卷上/3b，《新編》2/20/14510 下。

《中州金石目錄》1/3a，《新編》2/20/14687 上。

《古林金石表》3a，《新編》2/20/14895 上。

《佩文齋書畫譜・金石》61/7a 下，《新編》3/2/33 上。

《寒山堂金石林時地攷》卷上/18a，《新編》3/34/498 下。

汪本《隸釋刊誤》13a－14b，《新編》3/37/556 下—557 上。

《廣川書跋》5/5b－7a，《新編》3/38/717 上—718 上。

《金石小箋》3b－4a，《新編》3/39/496 上—下。

《碑版廣例》4/13a、6/5b，《新編》3/40/280 上、304 上。

《金石備攷・汝寧府》，《新編》4/1/63 上。

《古今書刻》下編/25b，《新編》4/1/147 上。

《六藝之一錄》39/10a－b，《新編》4/4/544 下。附《蘆浦筆記》。

《墨池篇》6/2b，《新編》4/9/667 下。

《水經注碑錄》卷五編號 134、卷八編號 234，《北山金石錄》上冊 118—119、194—196 頁。

《漢隸字源》26—27 頁。

《漢魏石刻文學考釋》上冊 302—305 頁。

《漢魏石刻文字繫年》54 頁。

《漢魏六朝碑刻校注・總目提要》編號 0234。

論文：

徐少華：《孫叔敖故里封地考述——兼論〈楚相孫叔敖碑〉的真偽與文本時代》，《江漢考古》2008 年第 2 期。

備考：孫叔敖，《史記》卷一一九有傳。《孫叔敖碑》著錄地點混亂，或云在光州，或云在壽州，或云在荊州，《金石彙目分編》卷九之四認為，其餘所載可能為覆刻本，贊同此觀點。

延熹 011

中常侍樊安碑

永壽四年（158）二月卒，延熹三年（160）十一月造碑。宋天聖四年在唐州湖陽縣城之東南發現。文隸書，《隸續・碑式》載：文十一行，銘三行，詔二行，行三十五字。首題：漢故中常侍騎都尉樊君之碑。

錄文著錄：

《隸釋》6/21a－22b，《新編》1/9/6826 上—下。

《金石古文》13/3b－4b，《新編》1/12/9430 上—下。

《碑版廣例》3/17b－19a，《新編》3/40/268 上—269 上。

《古文苑》19/4a－5b，《新編》4/1/431 下—432 上。

《六藝之一錄》41/19a－20b，《新編》4/4/585 上—下。

《全後漢文》99/10a－b，《全文》1 冊 1008 下。

《漢魏石刻文學考釋》中冊 550—551 頁、下冊 1323 頁。

碑目題跋著錄：

《隸釋》6/22b－23a，《新編》1/9/6826 下—6827 上。

《隸釋》20/26a－b 引《水經注》，《新編》1/9/6959 下。

《隸釋》21/7a－b 引《集古錄》，《新編》1/9/6966 上。

《隸釋》23/4b 引《集古錄目》，《新編》1/9/6991 下。

《隸釋》27/8b 引《天下碑錄》，《新編》1/9/7039 下。

《隸釋刊誤》27b－28a，《新編》1/9/7058 上—下。

《隸續》7/3a，《新編》1/10/7134 上。

《金石錄》1/5a，《新編》1/12/8802 上。

《中州金石考》8/5a，《新編》1/18/13737 上。

《集古錄跋尾》2/11a－b，《新編》1/24/17849 上。

《集古錄目》1/4a，《新編》1/24/17948 下。

《通志・金石略》卷上/17b，《新編》1/24/18027 下。

《授堂金石三跋・一跋》2/11a，《新編》1/25/19099 上。

《金石彙目分編》9（4）/63a，《新編》1/28/21067 上。

《石刻題跋索引》6 頁右，《新編》1/30/22344。

《天下金石志》5/14、16/5，《新編》2/2/829 下、872 下。

《金石例補》1/10a－b、2/2a、2/13b－14a，《新編》2/17/12365 下、12366 下、12372 上—下。

《隸韻・碑目》5b，《新編》2/17/12517 上。

《隸辨》7/16b－17a，《新編》2/17/13043 下—13044 上。

《古今碑帖考》7b，《新編》2/18/13166 上。

《集古錄補目補》卷上/3b－4a，《新編》2/20/14510 下—14511 上。

《中州金石目錄》1/3a，《新編》2/20/14687 上。

《佩文齋書畫譜·金石》61/7a 下，《新編》3/2/33 上。

汪本《隸釋刊誤》27b－28a，《新編》3/37/563 下—564 上。

《紅藕齋漢碑彙鈔集跋》，《新編》3/38/534 上—下。

《廣川書跋》5/4b－5b，《新編》3/38/716 下—717 上。

《漢石例》1/18a、2/8a－b、2/31a－b、3/17a，《新編》3/40/133 下、147 下、159 上、173 上。

《碑版廣例》6/5b、13a，《新編》3/40/304 上、308 上。

《漢魏六朝墓銘纂例》1/5a－b，《新編》3/40/436 上。

《金石備攷·南陽府》及附錄，《新編》4/1/62 上、92 上。

《六藝之一錄》41/23a－b，《新編》4/4/587 上。附《益公題跋》。

《墨池篇》6/2b，《新編》4/9/667 下。

《水經注碑錄》卷八編號 230，《北山金石錄》上冊 191 頁。

《漢隸字源》44—45 頁。

《漢魏石刻文學考釋》中冊 548—549 頁、下冊 1322—1323 頁。

《漢魏石刻文字繫年》55—56 頁。

《漢魏六朝碑刻校注·總目提要》編號 0236。

延熹 012

江原長進德碣

又名：江原長碑、江原君石闕。延熹三年（160），一說延熹二年（159），暫從延熹三年。在蜀州江原縣，一說在忠州西四十五里，後遷於郡庠，今佚。《隸續》卷五載：其文三行，以左為首，似亦是墓闕也，21 字。

圖版著錄：

《隸續》5/26a，《新編》1/10/7123 下。（有圖無文）

錄文著錄：

《隸釋》13/7b－8a，《新編》1/9/6897 上—下。

（民國）《大邑縣志·金石》1b，《新編》3/15/587 上。

《碑版廣例》6/3b，《新編》3/40/303 上。

《六藝之一錄》54/18b，《新編》4/5/11 下。

《漢魏石刻文學考釋》中冊 1003 頁。

碑目題跋著錄：

《隸釋》13/8a，《新編》1/9/6897 下。

《隸釋刊誤》61b，《新編》1/9/7075 上。

《金石錄補》3/3b、25/15a、25/21b，《新編》1/12/9000 上、9122 上、9125 上。

《輿地碑記目·忠州碑記》4/23a，《新編》1/24/18571 上。

《金石彙目分編》16（1）/25b、16（2）/13b，《新編》1/28/21461 上、21489 上。

《石刻題跋索引》491 頁左，《新編》1/30/22829。

《天下金石志》16/4，《新編》2/2/872 上。

《蜀碑記補》2/20，《新編》2/12/8732 下。

《隸韻·碑目》5b，《新編》2/17/12517 上。

《隸辨》7/17a–b，《新編》2/17/13044 上。

《佩文齋書畫譜·金石》61/7b 上，《新編》3/2/33 上。

（嘉慶）《四川通志·輿地志》60/25b，《新編》3/14/531 上。

（民國）《大邑縣志·金石》1b，《新編》3/15/587 上。

《蜀碑記》2/5a，《新編》3/16/318 上。

《燕庭金石叢稿》，《新編》3/32/492 上、533 上。

汪本《隸釋刊誤》61b，《新編》3/37/580 下。

《紅藕齋漢碑彙鈔集跋》，《新編》3/38/526 上。

《漢石例》1/5a–b，《新編》3/40/127 上。

《漢魏六朝墓銘纂例》1/5b，《新編》3/40/436 上。

《金石備攷》附錄，《新編》4/1/91 下。

《漢隸字源》78 頁。

《漢魏石刻文學考釋》中冊 1003 頁。

《漢魏石刻文字繫年》54 頁。

《漢魏六朝碑刻校注·總目提要》編號0238。

延熹013
費亭侯曹騰碑并陰

建和元年（147）七月廿二日，《水經注》云：延熹三年（160）立，暫從延熹三年。碑在安徽亳縣。僅存碑陰錄文，《隸續·碑式》載：其文無存者，碑陰九行，行三十六字。額篆書，額題：漢故中常侍長樂太僕特進費亭侯曹君之碑。

錄文（碑陰文）著錄：

《隸釋》15/3a–b，《新編》1/9/6908 上。

（民國）《安徽通志稿·金石古物考二》4b–5a，《新編》3/11/67 上—下。

《六藝之一錄》41/10a–b，《新編》4/4/580 下。

《漢魏石刻文學考釋》下冊 1343—1344 頁。

碑目題跋著錄：

《隸釋》15/3b–4b，《新編》1/9/6908 上—下。

《隸釋》20/14b 引《水經注》，《新編》1/9/6953 下。

《隸釋》卷21/8b 引《集古錄》，《新編》1/9/6966 下。

《隸釋》卷23/5a 引《集古錄目》，《新編》1/9/6992 上。

《隸釋》27/9a 引《天下碑錄》，《新編》1/9/7040 上。

《隸釋刊誤》65a，《新編》1/9/7077 上。

《隸續》7/5b，《新編》1/10/7135 上。

《金石錄》1/4a、14/8b，《新編》1/12/8801 下、8885 下。

《金石錄補》25/8b，《新編》1/12/9118 下。

《安徽金石略》8/3b，《新編》1/16/11746 上。

《集古錄跋尾》2/8b，《新編》1/24/17847 下。

《集古錄目》2/8a，《新編》1/24/17954 下。

《通志·金石略》卷上/16a，《新編》1/24/18027 上。

《授堂金石三跋·一跋》1/7a–b，《新編》1/25/19089 上。

《金石彙目分編》5/49a，《新編》1/27/20814 上。

《石刻題跋索引》6 頁右，《新編》1/30/22344。
《天下金石志》2/5，《新編》2/2/808 上。
《墨華通考》2/30b，《新編》2/6/4317 下。
《碑藪》，《新編》2/16/11825 下。
《隸韻·碑目》3b，《新編》2/17/12516 上。
《隸辨》7/17b－18a，《新編》2/17/13044 上—下。
《古今碑帖考》7a，《新編》2/18/13166 上。
《集古錄補目補》卷上/6b，《新編》2/20/14512 上
《佩文齋書畫譜·金石》61/7b 上，《新編》3/2/33 上。
（光緒）《亳州志·金石》16/19a，《新編》3/12/165 上。
《寒山堂金石林時地攷》卷上/18b，《新編》3/34/498 下。
汪本《隸釋刊誤》65a，《新編》3/37/582 下。
《紅藕齋漢碑彙鈔集跋》，《新編》3/38/529 下、530 上、534 下。
《漢石例》3/17a，《新編》3/40/173 上。
《漢魏六朝墓銘纂例》1/5b－6a，《新編》3/40/436 上—下。
《金石備攷·鳳陽府》，《新編》4/1/12 下。
《古今書刻》下編/26a，《新編》4/1/147 下。
《六藝之一錄》41/8a，《新編》4/4/579 下。
《墨池篇》6/2a，《新編》4/9/667 下。
《水經注碑錄》卷五編號 150，《北山金石錄》上冊 129—130 頁。
《漢隸字源》84 頁。
《漢魏石刻文字繫年》55 頁。
《漢魏石刻文學考釋》下冊 1341—1343 頁。
《漢魏六朝碑刻校注·總目提要》編號 0176。
備考：曹騰，《後漢書》卷七八有傳。

延熹 014

孝子劉迪墓碣

延熹三年（160）。八分書。

碑目著錄：

《崇雅堂碑錄》1/3b,《新編》2/6/4485 上。

延熹 015

行事渡君碑

延熹四年（161）二月十日卒。1999 年山東鉅野縣昌邑鄉出土，現藏鉅野縣文管所。碑通高 252、高 90、厚 22 釐米；碑座長 137、寬 72、高 34 釐米。文隸書，11 行，滿行 29 字。額隸書，1 行 7 字。額題：故行事渡君之碑。

著錄：

《北京大學圖書館新藏金石拓本菁華 1996—2012》47 頁。（圖）

《山東石刻分類全集・秦漢碑刻》192 頁。（圖）

《漢碑全集》3 冊 906—916 頁。（圖、文）

《漢魏六朝碑刻校注》1 冊 221—222 頁。（圖、文）

《齊魯碑刻墓誌研究》"附表" 346 頁。（目）

《漢魏六朝碑刻校注・總目提要》編號 0240。（目）

延熹 016

封丘令王元賓碑并陰

又名：王元賞碑。延熹四年（161）五月卒，門生故吏為之立碑。今佚。文隸書，碑陰 4 行，題 10 餘人。

錄文著錄：

《隸續》16/9a、19/2b - 3b,《新編》1/10/7180 上、7188 下—7189 上。

《全後漢文》99/10b - 11a,《全文》1 冊 1008 下—上。（碑陽）

《漢魏石刻文學考釋》中冊 558—559 頁。

碑目題跋著錄：

《隸釋》22/2a、9b - 10a 引《集古錄》,《新編》1/9/6980 下、6984 上—下。

《隸釋》23/14b 引《集古錄目》,《新編》1/9/6996 下。

《隸續》16/9a - b、19/3b,《新編》1/10/7180 上、7189 上。

《金石錄》1/5a、15/6b - 7a,《新編》1/12/8802 上、8890 下—

8891 上。

《金石錄補》25/9b，《新編》1/12/9119 上。

《集古錄跋尾》2/5a－6a、13b－14a，《新編》1/24/17846 上—下、17850 上—下。

《集古錄目》1/4a－b，《新編》1/24/17948 下。

《通志·金石略》卷上/19b，《新編》1/24/18028 下。

《寶刻叢編》20/5a－6a，《新編》1/24/18375 上—下。

《授堂金石三跋·一跋》2/6a－b，《新編》1/25/19096 下。

《石刻題跋索引》7 頁右、498 頁左，《新編》1/30/22345、22836。

《天下金石志》5/15、16/1，《新編》2/2/830 上、870 下。

《碑藪》，《新編》2/16/11825 上。

《隸韻·碑目》5b，《新編》2/17/12517 上。

《隸辨》7/18a－b，《新編》2/17/13044 下。

《古今碑帖考》8a，《新編》2/18/13166 下。

《集古錄補目補》卷上/4a－b，《新編》2/20/14511 上。

《佩文齋書畫譜·金石》61/7b 下，《新編》3/2/33 上。

《寒山堂金石林時地攷》卷上/18a，《新編》3/34/498 下。

《紅藕齋漢碑彙鈔集跋》，《新編》3/38/530 上、534 下—535 上。

《漢石例》3/13b，《新編》3/40/171 上。

《碑版廣例》6/16a，《新編》3/40/309 下。

《漢魏六朝墓銘纂例》1/6b，《新編》3/40/436 下。

《金石備攷》附錄，《新編》4/1/90 下。

《古今書刻》下編/25b，《新編》4/1/147 上。

《六藝之一錄》41/30b、32a，《新編》4/4/590 下、591 下。

《墨池篇》6/3a，《新編》4/9/668 上。

《漢隸字源》138、141—142 頁。

《漢魏石刻文學考釋》中冊 556—558、1021—1023 頁。

《漢魏石刻文字繫年》56 頁。

《漢魏六朝碑刻校注·總目提要》編號 0241。

備考：《隸續》認為：歐公所云之"漢碑陰題名"中的出錢數和碑陰

題名中的人名，當為《王元賓碑陰》。筆者按：《集古錄跋尾》卷二 5a –
6a 所著錄的"後漢碑陰題名""又碑陰題名"兩目，比對《王元賓（賞）
碑》的碑陰題名，實皆為《王元賓碑陰》；《漢魏石刻文學考釋》雖疑此
兩碑陰為同一碑陰文，但是沒有指出其為《王元賓碑陰》文，而是單獨
著錄為"碑陰蔡顥等題名"、"碑陰張翔等題名"兩目。

延熹 017

日南太守胡著碑

延熹四年（161）。在湖陽縣。

碑目題跋著錄：

《隸釋》20/25b – 26a 引《水經注》，《新編》1/9/6959 上—下。

《中州金石考》8/5b，《新編》1/18/13737 上。

《金石彙目分編》9（4）/63a – b，《新編》1/28/21067 上。

《隸辨》8/48b – 49a，《新編》2/17/13098 下—13099 上。

《中州金石目錄》1/3a，《新編》2/20/14687 上。

《佩文齋書畫譜·金石》61/7b 下，《新編》3/2/33 上。

（民國）《棗陽縣志·金石志》32/1a，《新編》3/13/471 下。

《紅藕齋漢碑彙鈔集跋》，《新編》3/38/502 下。

《六藝之一錄》51/13a，《新編》4/4/759 上。

《水經注碑錄》卷八編號 226，《北山金石錄》上冊 189—190 頁。

延熹 018

桂陽太守胡瑒母墓石室梁銘

延熹四年（161）立。元魏時銘字猶存。

碑目著錄：

（民國）《棗陽縣志·金石志》32/1a，《新編》3/13/471 下。

《水經注碑錄》卷八編號 227，《北山金石錄》上冊 189—190 頁。

延熹 019

成皋令任伯嗣碑

延熹五年（162）七月，《漢隸字源》作"熹平七年立"，暫從延熹
五年。碑在汜水縣。隸書。

錄文著錄：

《隸續》15/3a－4a，《新編》1/10/7173 上—下。

《全後漢文》100/1a－b，《全文》1 冊 1010 上。

《漢魏石刻文學考釋》下冊 1066—1067 頁。

碑目題跋著錄：

《隸續》15/4a－b，《新編》1/10/7173 下。

《金石錄》1/5b、15/8b－9a，《新編》1/12/8802 上、8891 下—8892 上。

《中州金石考》1/16a，《新編》1/18/13676 下。

《通志·金石略》卷上/19b，《新編》1/24/18028 下。

《寶刻叢編》5/15a、b，《新編》1/24/18152 下。

《金石彙目分編》9（1）/25a－b，《新編》1/28/20936 上。

《石刻題跋索引》8 頁左，《新編》1/30/22346。

《天下金石志》16/1，《新編》2/2/870 下。

《隸辨》7/19b－20a，《新編》2/17/13045 上—下。

《古今碑帖考》8a，《新編》2/18/13166 下。

《中州金石目錄》1/3b，《新編》2/20/14687 上。

《佩文齋書畫譜·金石》61/8a 上，《新編》3/2/33 下。

（民國）《氾水縣志·金石》1/8a，《新編》3/28/431 上。

《紅藕齋漢碑彙鈔集跋》，《新編》3/38/519 上、535 下。

《漢石例》2/14a，《新編》3/40/150 下。

《金石備攷》附錄，《新編》4/1/90 下。

《六藝之一錄》42/4a－b，《新編》4/4/594 下。

《墨池篇》6/3a，《新編》4/9/668 上。

《漢隸字源》133 頁。

《漢魏石刻文字繫年》63 頁。

《漢魏石刻文學考釋》下冊 1065—1066 頁。

《漢魏六朝碑刻校注·總目提要》編號 0246。

延熹 020

馬君興墓磚

延熹五年（162）七月十日刻。拓本高 34、寬 32 釐米。文 3 行，滿行 5 字，隸書。

圖版著錄：

《北京圖書館藏中國歷代石刻拓本匯編》1 冊 117 頁。

延熹 021

冀州刺史王純碑并陰

又名：王紛碑。延熹四年（161）八月廿八日卒，五年（162）十一月十八日葬。在鄆州中都縣，今佚。文 13 行，滿行 35 字。額篆書，額題：漢故冀州刺史王君之碑。

圖版著錄：

《隸續》5/11b，《新編》1/10/7116 上。（碑額圖）

《望堂金石初集》，《新編》2/4/2826 上—2832 下。（碑陽）

錄文著錄：

《隸釋》7/1a–2b，《新編》1/9/6828 上—下。（碑陽）

《隸續》12/18b–21b，《新編》1/10/7157 下—7159 上。（碑陰）

《漢碑錄文》2/23b–29a，《新編》2/8/6154 上—6157 上。

（宣統）《山東通志・藝文志》卷 150，《新編》2/12/9236 下—9237 上。（碑陽）

《六藝之一錄》42/1a–2b，《新編》4/4/593 上—下。（碑陽）

《全後漢文》100/2a–b，《全文》1 冊 1010 下。（碑陽）

《漢魏石刻文學考釋》中冊 553—556 頁。

碑目題跋著錄：

《隸釋》7/2b，《新編》1/9/6828 下。

《隸釋》20/3b–4a 引《水經注》，《新編》1/9/6948 上—下。

《隸釋刊誤》28a–b，《新編》1/9/7058 下。

《隸續》5/11b、12/21b，《新編》1/10/7116 上、7159 上。

《金石錄》1/5a、15/7a–8a，《新編》1/12/8802 上、8891 上—下。

《金石錄補》25/10a，《新編》1/12/9119 下。

《金石錄補續跋》3/3a，《新編》1/12/9151 上。

《金石文字記》1/16a，《新編》1/12/9199 下。

《通志·金石略》卷上/19b，《新編》1/24/18028 下。

《曝書亭金石文字跋尾》2/19a－b，《新編》1/25/18689 上。

《金石彙目分編》1/15b、10（2）/46a，《新編》1/27/20665 上、21163 下。

《石刻題跋索引》6 頁右—7 頁左，《新編》1/30/22344—22345。

《天下金石志》1/3，《新編》2/2/802 下。

《望堂金石初集》，《新編》2/4/2832 下。

《墨華通考》1/3a、卷 8，《新編》2/6/4292 上、4390 下。

《漢碑錄文》2/24b－25a、29a－b，《新編》2/8/6154 下—6155 上、6157 上。

《京畿金石考》卷上/20b，《新編》2/12/8755 下。

《隸韻·碑目》5b，《新編》2/17/12517 上。

《隸辨》7/18b－19b，《新編》2/17/13044 下—13045 上。

《古今碑帖考》8a，《新編》2/18/13166 下。

《金石錄續跋》16，《新編》2/18/13202 下。

《畿輔待訪碑目》卷上/1a，《新編》2/20/14801 上。

《佩文齋書畫譜·金石》61/7b 上，《新編》3/2/33 上。

（乾隆）《東平州志·金石志》5/6b，《新編》3/26/615 上。

（光緒）《東平州志·金石上》21/2b－3a，《新編》3/26/619 下—620 上。

《寒山堂金石林時地攷》卷上/2a，《新編》3/34/490 下。

汪本《隸釋刊誤》28a－b，《新編》3/37/564 上。

《紅藕齋漢碑彙鈔集跋》，《新編》3/38/535 上—下。

《金石小箋》8b－9a，《新編》3/39/498 下—499 上。

《漢石例》1/22b，《新編》3/40/135 下。

《碑版廣例》6/15a、15b，《新編》3/40/309 上。

《漢魏六朝志墓金石例》1/14a，《新編》3/40/402 下。

《漢魏六朝墓銘纂例》1/6a－b，《新編》3/40/436 下。

《金石備攷·直隸順天府》，《新編》4/1/6 上。

《墨池篇》6/3a，《新編》4/9/668 上。

《漢隸字源》45、124 頁。

《水經注碑錄》卷二編號 33，《北山金石錄》上冊 50—51 頁。

《善本碑帖錄》1/39。

《漢魏石刻文學考釋》中冊 551—553 頁。

《漢魏石刻文字繫年》56 頁。

《漢魏六朝碑刻校注·總目提要》編號 0242。

論文：

馬春香：《〈漢冀州刺史王純碑〉試釋》，《燕趙歷史文化研究之三：冀州歷史文化論叢》，第 217—223 頁。

備考：施蟄存《水經注碑錄》認為，酈道元所著錄的《王紛碑》"為單文孤證，故自可疑矣"；他贊同趙明誠《金石錄》的觀點，即《王紛碑》為《王純碑》。但《金石錄補續跋》卷三則認為：《王紛碑》立於中平四年，《王純碑》立於延熹四年，二者相去二十餘年，"或別有王紛，非王純也"。暫從趙明誠諸人的觀點，王紛碑即王純碑，故二碑合併著錄。

延熹 022

朔方太守仇□碑陰

又名：衙令修廟題名。延熹五年（162）立，《天下金石志》作"永壽二年"，暫從延熹五年。

碑目題跋著錄：

《隸釋》21/12b－13a 引《集古錄》，《新編》1/9/6968 下—6969 上。（節文）

《隸釋》23/6a－b 引《集古錄目》，《新編》1/9/6992 下。

《集古錄跋尾》2/13a－b，《新編》1/24/17850 上。（節文）

《集古錄目》1/4b，《新編》1/24/17948 下。

《石刻題跋索引》7 頁右，《新編》1/30/22345。

《天下金石志》16/4，《新編》2/2/872 上。

《隸辨》8/49a－b，《新編》2/17/13099 上。

《古今碑帖考》7b，《新編》2/18/13166 上。

《集古錄補目補》卷上/4b,《新編》2/20/14511 上。

《紅藕齋漢碑彙鈔集跋》,《新編》3/38/502 下—503 上、529 下。

《漢石例》1/24b,《新編》3/40/136 下。

《金石備攷》附錄,《新編》4/1/92 上。

《墨池篇》6/2b,《新編》4/9/667 下。

延熹 023
楊公碑陰題名

延熹五年（162）立。碑在閿鄉楊氏墓側,可見者十五人,皆稱故吏。

碑目題跋著錄:

《隸釋》23/6a–b 引《集古錄目》,《新編》1/9/6992 下。

《集古錄目》2/9a,《新編》1/24/17955 上。

《佩文齋書畫譜·金石》61/7b 下,《新編》3/2/33 上。

延熹 024
杜臨為父作封記

又名:□通作封記、□臨為父通作封記、杜臨封塚記。永和二年（137）七月喪父,永和三年（138）臘月葬,延熹六年（163）二月三十日刻。清光緒三十四年（1908）在山東省嶧縣西馬槽村出土,曾歸濟南金石保存所、山東省立圖書館,今存山東省博物館。誌高 53、廣 49 釐米。文 16 行（第 13 行空行）,行 24 至 28 字不等,隸書。

圖版著錄:

《漢魏南北朝墓誌集釋》圖版二,《新編》3/3/274。

《北京圖書館藏中國歷代石刻拓本匯編》1 冊 121 頁。

《漢碑全集》3 冊 941—942、944—951 頁。

《漢魏六朝碑刻校注》1 冊 232 頁。

《山東石刻分類全集·秦漢碑刻》193 頁。

錄文著錄:

《希古樓金石萃編》6/15a–16a,《新編》1/5/3878 上—下。

（宣統）《山東通志·藝文志》卷 150,《新編》2/12/9230 上—下。

《夢碧簃石言》2/1a-b，《新編》3/2/174 上。

（民國）《續修歷城縣志·金石考一》31/5a-6a，《新編》3/25/389 上—下。

《魯迅輯校石刻手稿·碑銘》上冊 165—166 頁。

《增補校碑隨筆》（修訂本）50—51 頁。

《漢魏石刻文學考釋》中冊 931—932 頁。

《漢魏南北朝墓誌彙編》1—2 頁。

《漢碑全集》3 冊 943 頁。

《漢魏六朝碑刻校注》1 冊 233 頁。

碑目題跋著錄：

《希古樓金石萃編》6/16a，《新編》1/5/3878 下。

《集古求真續編》6/11a-12b，《新編》1/11/8766 上—下。

《續補寰宇訪碑錄》1/3a，《新編》1/27/20304 上。

《石刻題跋索引》129 頁左，《新編》1/30/22467。

《石刻名彙》1/1b，《新編》2/2/1025 上。

《億年堂金石記》11a-b，《新編》2/6/4280 上。

《摹盧金石記》2a-b，《新編》2/6/4283 下。

《崇雅堂碑錄》1/3b，《新編》2/6/4485 上。

《崇雅堂碑錄補》1/2a，《新編》2/6/4551 下。

（宣統）《山東通志·藝文志》卷 150，《新編》2/12/9230 下—9231 上。

《蒿里遺文目錄》6/1a，《新編》2/20/14994 上。

《夢碧簃石言》2/1a-3a、4/18a，《新編》3/2/174 上—175 上、207 下。

《漢魏南北朝墓誌集釋》1/1b，《新編》3/3/36。附《匋齋文藁四編》題跋。

（民國）《續修歷城縣志·金石考一》31/6a-7a，《新編》3/25/389 下—390 上。

《國立北平圖書館藏碑目》1a，《新編》3/36/249 上。

《古誌彙目》1/1b，《新編》3/37/6。

《漢石存目》卷上/6a，《新編》3/37/523 下。

《循園古冢遺文跋尾》1/1a－2a，《新編》3/38/7 上－下。

《石交錄》1/15b，《新編》4/6/437 上。

《魯迅輯校石刻手稿·碑銘》上冊 167—168 頁。附羅正鈞、蕭應椿、姚鵬圖記。

《增補校碑隨筆》（修訂本）50—51 頁。

《碑帖鑒定》"新舊偽造各代石刻"，471 頁。

《漢魏石刻文學考釋》中冊 927、929—931 頁。

《漢魏石刻文字繫年》57—58 頁。

《六朝墓誌檢要》（修訂本）1—2 頁。

《齊魯碑刻墓誌研究》"附表" 346 頁。

《漢魏六朝碑刻校注·總目提要》編號 0248。

淑德大學《中國石刻拓本目錄》"碑碣等刻石" 編號 105。

《北京大學圖書館藏歷代墓誌拓片目錄》編號 00002。

備考：《碑帖鑒定》云其偽造，然諸家皆云其真，故暫存。《續補寰宇訪碑錄》有"孟陽為父塋壙碑"，從時間、地點來看，當是"杜臨封塚記"。

延熹 025

平輿令薛君碑

延熹六年（163）二月卒。碑隸書，前有敘 36 字，後為四言詩，76 句。隸額，額題：漢故平輿令薛君碑。

錄文著錄：

《隸續》1/2b－3b，《新編》1/10/7090 下—7091 上。

（民國）《安徽通志稿·金石古物考二》6a－7a，《新編》3/11/68 上－下。

《碑版廣例》3/16a－17a，《新編》3/40/267 下—268 上。

《全後漢文》100/3a－b，《全文》1 冊 1011 上。

《漢魏石刻文學考釋》下冊 1450—1451 頁。

碑目題跋著錄：

《隸續》1/3b-4b,《新編》1/10/7091 上—下。

《金石錄》1/5b、15/9a,《新編》1/12/8802 上、8892 上。

《安徽金石略》8/6a、6b,《新編》1/16/11747 下。

《通志·金石略》卷上/19b,《新編》1/24/18028 下。

《寶刻叢編》20/7b,《新編》1/24/18376 上。

《石刻題跋索引》7 頁右—8 頁左,《新編》1/30/22345-22346。

《天下金石志》3/6、16/5,《新編》2/2/816 下、872 下。

《墨華通考》卷 8,《新編》2/6/4391 上。

《碑藪》,《新編》2/16/11830 上。

《金石例補》1/9a、2/1a-2a,《新編》2/17/12365 上、12366 上—下。

《隸韻·碑目》6a,《新編》2/17/12517 下。

《隸辨》7/21a,《新編》2/17/13046 上。

《佩文齋書畫譜·金石》61/8a 上,《新編》3/2/33 下。

《寒山堂金石林時地攷》卷上/13b,《新編》3/34/496 上。

《紅藕齋漢碑彙鈔集跋》,《新編》3/38/536 上。

《漢石例》1/20a,《新編》3/40/134 下。

《漢魏六朝志墓金石例》1/13b,《新編》3/40/402 上。

《漢魏六朝墓銘纂例》1/6b-7a,《新編》3/40/436 下—437 上。

《金石備攷·兗州府》,《新編》4/1/47 下、92 上。

《古今書刻》下編/28a,《新編》4/1/148 下。

《六藝之一錄》41/33b,《新編》4/4/592 上。

《漢隸字源》104 頁。

《漢魏石刻文字繫年》57 頁。

《漢魏六朝碑刻校注·總目提要》編號 0249。

備考:《天下金石志》把該碑著錄為二,一碑所著錄的"方輿令"當為"平輿令",一碑所著錄的"平令"脫"輿"字。

延熹 026

朱穆墳前石碑

別稱:朱公叔墳前石碑,益州太守朱穆墓碑。延熹六年(163)

四月卒於京師，其年五月葬於宛邑北萬歲亭之陽。蔡邕撰。

錄文著錄：

《全後漢文》75/6b－7a，《全文》1 冊 881 下—882 上。

《蔡中郎集》2/31a－32a，《漢魏六朝百三名家集》1 冊 549 上—下。

《蔡中郎集》6/6a－b，景印文淵閣《四庫全書·集部》1063 冊 215 上。

《蔡中郎文集》1/13a－14a，《四部叢刊初編》98 冊。

（光緒）《南陽縣志·藝文下》10/9b－10b，《新編》3/30/191 上—下。

《漢魏石刻文學考釋》中冊 559—560 頁。

碑目題跋著錄：

《中州金石考》8/1b－2a，《新編》1/18/13735 上—下。

《金石彙目分編》9（4）/60a，《新編》1/28/21065 下。

《中州金石目錄》1/3b，《新編》2/20/14687 上。

《漢石例》1/19b－20a、2/19a，《新編》3/40/134 上—下、153 上。

《漢魏六朝志墓金石例》1/3a、3/2a，《新編》3/40/397 上、415 下。

《漢魏六朝墓銘纂例》1/7a，《新編》3/40/437 上。

《漢魏石刻文學考釋》中冊 559 頁。

《漢魏六朝碑刻校注·總目提要》編號 0250。

備考：朱穆，《後漢書》卷四三有傳，附《朱暉傳》。四庫全書本《蔡中郎集》卷六、四部叢刊本《蔡中郎文集》卷一收錄有《朱公叔鼎銘》，對朱公叔的生平經歷有著更為詳細的介紹。

延熹 027

廣野君酈食其廟碑

延熹六年（163）十二月雍丘令董生立。莨照撰文。碑在高陽縣。

碑目題跋著錄：

《隸釋》20/18a－b 引《水經注》，《新編》1/9/6955 下。（節文）

《中州金石考》6/18b，《新編》1/18/13715 下。

《金石彙目分編》9（1）/10b、9（4）/7a，《新編》1/28/20928 下、

21039 上。

（光緒）《畿輔通志·金石五》142/41a，《新編》2/11/8324 上。

《隸辨》8/49b，《新編》2/17/13099 上。

《畿輔待訪碑目》卷上/1a，《新編》2/20/14801 上。

《佩文齋書畫譜·金石》61/8a 上，《新編》3/2/33 下。

（道光）《保定府志·藝文錄》46/1b，《新編》3/23/241 上。

《紅藕齋漢碑彙鈔集跋》，《新編》3/38/503 上。

《六藝之一錄》39/18b，《新編》4/4/548 下。

《全後漢文》66/7a，《全文》1 冊 836 上。（節文）

《水經注碑錄》卷六編號 167，《北山金石錄》上冊 140—141 頁。（節文）

《漢魏石刻文學考釋》上冊 308—309 頁。（節文）

《漢魏六朝碑刻校注·總目提要》編號 0251。

備考：廣野君酈食其，《史記》卷九七、《漢書》卷四三有傳。

延熹 028

劉氏葬磚

延熹六年（163）。隸書。

碑目著錄：

《石刻名彙》11/184a，《新編》2/2/1119 下。

延熹 029

都鄉孝子嚴舉碑并陰

又名：嚴孝子碑。延熹七年（164）五月十一日。在忠州。高七尺。隸書。

錄文著錄：

《隸續》11/4b－7b，《新編》1/10/7143 下—7145 上。

《全後漢文》100/3b－4a，《全文》1 冊 1011 上—下。（碑陽）

《漢魏石刻文學考釋》上冊 376—378 頁。

碑目題跋著錄：

《隸續》11/6a－b、7b－8a，《新編》1/10/7144 下、7145 上—下。

《金石錄補》3/3b,《新編》1/12/9000 上。

《寶刻叢編》19/14a、b,《新編》1/24/18358 下。

《輿地碑記目・忠州碑記》4/23a,《新編》1/24/18571 上。

《金石彙目分編》16（2）/13a、16b,《新編》1/28/21489 上、21490 下。

《石刻題跋索引》8 頁左,《新編》1/30/22346。

《墨華通考》卷 11,《新編》2/6/4432 上。

《蜀碑記補》2/19,《新編》2/12/8732 下。

《金石例補》2/8a–b,《新編》2/17/12369 下。

《隸辨》7/22a–b,《新編》2/17/13046 下。

《佩文齋書畫譜・金石》61/8b 上,《新編》3/2/33 下。

（嘉慶）《四川通志・輿地志》60/26a,《新編》3/14/531 下。

（民國）《巴縣志・金石上》20 上/2b–3a,《新編》3/15/237 下—238 上。

《蜀碑記》2/5b,《新編》3/16/318 上。

《燕庭金石叢稿》,《新編》3/32/533 上、537 上。

《紅藕齋漢碑彙鈔集跋》,《新編》3/38/526 上、536 上。

《碑版廣例》6/19a,《新編》3/40/311 上。

《漢魏六朝志墓金石例》1/14a,《新編》3/40/402 下。

《六藝之一錄》49/33a–b,《新編》4/4/736 上。

《漢隸字源》119—120 頁。

《漢魏石刻文學考釋》上冊 375—376 頁。

《漢魏石刻文字繫年》58 頁。

《漢魏六朝碑刻校注・總目提要》編號 0256、0260。

延熹 030

泰山都尉孔宙碑并陰

延熹六年（163）正月卒,延熹七年（164）七月造碑。山東省曲阜孔廟同文門東側出土,今存山東省曲阜市漢魏碑刻陳列室。碑高 302、寬 107、厚 24 釐米。文隸書,15 行,滿行 28 字;陰 3 列,列 21 行。額篆書，2 行共 10 字，額題：有漢泰山都尉孔君之碑。陰額篆書，1 行 5 字，額題：門生故吏名。孔宙字季將，故碑陰有題作"孔季將碑陰"者。

圖版著錄：

《金石圖說》甲下/46a、47b，《新編》2/2/930、933。

《二銘草堂金石聚》7/1a－36a，《新編》2/3/1948 上—1965 下。

《漢碑大觀》第二集，《新編》2/8/6254 上—6257 上。（局部）

《金石經眼錄》30a－31a，《新編》4/10/505 下—506 上。

《金石圖》，《新編》4/10/543 下。

《金石索》石索二，下冊 1137—1149 頁。

《北京圖書館藏中國歷代石刻拓本匯編》1 冊 123—124 頁。

《漢碑全集》3 冊 1001—1002、1004—1031、1033—1060 頁。

《漢魏六朝碑刻校注》1 冊 240—241 頁。

《山東石刻分類全集·秦漢碑刻》194—195 頁。

錄文著錄：

《金石萃編》11/1a－5b，《新編》1/1/182 上—184 上。

《金石存》7/2a－b、4a－5b，《新編》1/9/6653 下、6654 下—6655 上。

《隸釋》7/4a－7b，《新編》1/9/6829 下—6831 上。

《兩漢金石記》6/27a－30a，《新編》1/10/7295 上—7296 下。

《金薤琳琅》3/14b－18b，《新編》1/10/7653 下—7655 下。

《金石古文》4/11a－14a，《新編》1/12/9390 上—9391 下。

《宜祿堂收藏金石記》卷 3，《新編》2/5/3306 下、3308 下—3310 上。

《漢碑錄文》2/33a－37b，《新編》2/8/6159 上—6161 上。

（宣統）《山東通志·藝文志》卷 150，《新編》2/12/9237 上—9238 上。

（乾隆）《曲阜縣志·金石》51/7b－8a，《新編》3/26/106 上—下。

（碑陽）

《紅藕齋漢碑彙鈔集跋》，《新編》3/38/488 上—491 上。

《六藝之一錄》42/5a－6a、12b－15a，《新編》4/4/595 上—下、598

下—600 上。

《全後漢文》100/4b－5b，《全文》1 冊 1011 下—1012 上。（碑陽）

《魯迅輯校石刻手稿·碑銘》上冊 171—177 頁。

《漢魏石刻文學考釋》中冊 958—960 頁。

《漢碑全集》3 冊 1003、1032 頁。

《漢碑集釋》249—253 頁。

《漢魏六朝碑刻校注》1 冊 242—243 頁。

碑目題跋著錄：

《金石續錄》1/8a－9a，《新編》1/5/3758 下—3759 上。

《金石存》7/3a、5b－6a，《新編》1/9/6654 上、6655 上—下。

《隸釋》7/5b、7b－8a，《新編》1/9/6830 上、6831 上—下。

《隸釋》21/18b－19a、22/12b 引《集古錄》，《新編》1/9/6971 下—6372 上、6985 下。

《隸釋》23/9a－b、19a－b 引《集古錄目》，《新編》1/9/6994 上、6999 上。

《隸釋》27/6a 引《天下碑錄》，《新編》1/9/7038 下。

《隸釋刊誤》29a－30a，《新編》1/9/7059 上—下。

《兩漢金石記》1/30b、6/30a－32a，《新編》1/10/7219 下、7296 下—7297 下。

《金薤琳琅》3/16a－b、18b－19a，《新編》1/10/7654 下、7655 下—7656 上。

《集古求真》9/5b－6a，《新編》1/11/8564 上—下。

《集古求真補正》3/19b，《新編》1/11/8672 上。

《金石錄》1/5b、15/9a－b，《新編》1/12/8802 上、8892 上。

《金石錄補》25/10a，《新編》1/12/9119 下。

《金石錄補續跋》3/5a－6a，《新編》1/12/9152 上—下。

《金石文字記》1/16b－17a，《新編》1/12/9199 下—9200 上。

《金石古文》4/14a－b，《新編》1/12/9391 下。

《山左金石志》8/3b－4b，《新編》1/19/14445 上—下。

《集古錄跋尾》2/12a－b，《新編》1/24/17849 下。

《集古錄目》1/5a,《新編》1/24/17949 上。

《通志·金石略》卷上/14a、17b、18a,《新編》1/24/18026 上、18027 下、18028 上。

《寶刻叢編》2/12a–b,《新編》1/24/18110 下。

《石墨鐫華》1/4b–5b,《新編》1/25/18594 下—18595 上。

《曝書亭金石文字跋尾》2/16b–17a,《新編》1/25/18687 下—18688 上。

《潛研堂金石文跋尾》1/15b–16b,《新編》1/25/18740 上—下。

《潛研堂金石文字目錄》1/4a,《新編》1/25/19008 下。

《授堂金石三跋·一跋》1/10a–b,《新編》1/25/19090 下。

《平津讀碑記》1/11a–b,《新編》1/26/19354 上。

《藝風堂金石文字目》1/10a–b,《新編》1/26/19527 下。

《寰宇訪碑錄》1/4b,《新編》1/26/19853 下。

《寰宇訪碑錄刊謬》1b,《新編》1/26/20085 上。

《續補寰宇訪碑錄》1/3b,《新編》1/27/20304 上。

《金石彙目分編》10(2)/4a–b,《新編》1/28/21142 下。

《石刻題跋索引》6 頁左—右,《新編》1/30/22344。

《續語堂碑錄》,《新編》2/1/69 下。

《天下金石志》3/3,《新編》2/2/815 上。

《金石圖說》甲下/46b–47a、48a–b,《新編》2/2/931–932、934。

《蒼潤軒玄牘記》1/2b,《新編》2/2/1593 下。

《二銘草堂金石聚》7/36a–b,《新編》2/3/1965 下。

《平津館金石萃編》2/10b,《新編》2/4/2435 下。

《宜祿堂收藏金石記》卷 3,《新編》2/5/3307 下—3308 上、3310 下。

《宜祿堂金石記》1/7b–8a,《新編》2/6/4209 上—下。

《墨華通考》卷 8,《新編》2/6/4387 下、4389 下、4390 上·下。

《崇雅堂碑錄》1/3b–4a,《新編》2/6/4485 上—下。

《來齋金石刻考略》卷上/19a–20a,《新編》2/8/5974 上—下。

《漢碑錄文》2/34a、37b–39b,《新編》2/8/6159 下、6161 上—6162 上。

《山左訪碑錄》6/3b，《新編》2/12/9083 下。

（宣統）《山東通志·藝文志》卷 150，《新編》2/12/9238 下。

《曲阜碑碣考》1/2a–b，《新編》2/13/9747 下。

《石墨考異》卷上，《新編》2/16/11636 上。

《獨笑齋金石文攷》第二集 3/15a–19a，《新編》2/16/11762 上—11764 上。

《碑藪》，《新編》2/16/11829 上—下。

《語石》2/7a、6/30a、6/31a，《新編》2/16/11879 上、11977 下、11978 上。

《金石萃編校字記》3a，《新編》2/17/12326 上。

《金石例補》1/1b–2a，《新編》2/17/12361 上—下。

《隸韻·碑目》6a，《新編》2/17/12517 下。

《隸辨》7/22b–23a，《新編》2/17/13046 下—13047 上。

《蒼潤軒碑跋紀》5a，《新編》2/18/13123 上。

《古今碑帖考》8a，《新編》2/18/13166 下。

《金石錄續跋》19–20，《新編》2/18/13204 上—下。

《平安館藏碑目》，《新編》2/18/13380 下。

《求是齋碑跋》1/5a–b，《新編》2/19/14003 上。

《古墨齋金石跋》1/15a–16b，《新編》2/19/14070 上—下。

《集古錄補目補》卷上/5a–b，《新編》2/20/14511 下。

《竹崦盦金石目錄》4a，《新編》2/20/14548 下。

《范氏天一閣碑目》2，《新編》2/20/14605 下。

《寰宇貞石圖目錄》卷上/2b、卷下/1b，《新編》2/20/14672 上、14677 下。

《山左碑目》2/4b，《新編》2/20/14840 下。

《古林金石表》3a–3b，《新編》2/20/14895 上。

《蒿里遺文目錄》1 上/1a，《新編》2/20/14937 下。

《佩文齋書畫譜·金石》61/8a 下，《新編》3/2/33 下。

《求恕齋碑錄》，《新編》3/2/523 下。

《讀漢碑》5a–6b，《新編》3/2/591 上—下。

《漢隸拾遺》8a‑b,《新編》3/2/600 下。

《金石文考略》2/8a、10a,《新編》3/34/229 下、230 上—下。

《寒山堂金石林時地攷》卷上/12b,《新編》3/34/495 下。

《漢魏碑考》2b‑3a,《新編》3/35/81 下—82 上。

《石墨餘馨》,《新編》3/35/340。

《天壤閣雜記》3a,《新編》3/35/458 下。

《石目》,《新編》3/36/44 下。

《寒山金石林部目》7b,《新編》3/36/502 上。

《話雨樓碑帖目錄》1/5b,《新編》3/36/536。

《含經堂碑目》,《新編》3/37/253 上。

《菉竹堂碑目》2/1b,《新編》3/37/276 上。

《竹崦盦金石目錄》1/4a,《新編》3/37/341 下。

《漢石存目》卷上/4b,《新編》3/37/522 下。

汪本《隸釋刊誤》29b‑30a,《新編》3/37/564 下—565 上。

《佛金山館秦漢碑跋》6b‑8a,《新編》3/38/134 上—135 上。

《碑帖跋》36 頁,《新編》3/38/184、4/7/423 下。

《漢石經室金石跋尾》,《新編》3/38/256 下。

《雪堂金石文字跋尾》2/6a,《新編》3/38/290 下。

《砥齋題跋》6a‑7a,《新編》3/38/414 上—下。

《紅藕齋漢碑彙鈔集跋》,《新編》3/38/492 上。

《廣川書跋》5/7a‑8b,《新編》3/38/718 上—下。

《中國金石學講義・正編》10b,《新編》3/39/138。

《金石史》卷上/12a‑13a,《新編》3/39/473 下—474 上。

《漢石例》1/18a、2/18b、2/38a、3/1a、3/7a,《新編》3/40/133 下、152 下、162 下、165 上、168 上。

《碑版廣例》6/8a、13b、14b,《新編》3/40/305 下、308 上・下。

《漢魏六朝志墓金石例》1/7b‑8a,《新編》3/40/399 上—下。

《漢魏六朝墓銘纂例》1/7a‑b,《新編》3/40/437 上。

《讀碑小識》,《新編》3/40/479。

《玄牘記》,《新編》3/40/588 上。

《金石備攷·兗州府》，《新編》4/1/46 上。

《激素飛清閣平碑記》卷 1，《新編》4/1/195 下。

《分隸偶存》卷上/20a－b，《新編》4/1/603 下。

《弇州山人四部稿·墨刻跋》134/2b，《新編》4/6/573 上。

《庚子銷夏記》5/6a－b，《新編》4/6/625 下。

《芳堅館題跋》1/2b－4a，《新編》4/6/770 下—771 下。

《退菴金石書畫跋》2/14a－b，《新編》4/7/156 下。

《雪堂所藏金石文字簿錄》21b－22b，《新編》4/7/380 上—下。

《墨池篇》6/3a，《新編》4/9/668 上。

《金石圖》，《新編》4/10/544 上—下。

《漢隸字源》46—47 頁。

《金石索》石索二，下冊 1150 頁。

《北山集古錄》卷一，《北山金石錄》上冊 370—371 頁。

《增補校碑隨筆》（修訂本）51—53 頁。

《碑帖鑒定》46 頁。

《善本碑帖錄》1/23。

《碑帖敘錄》37 頁。

《齊魯碑刻墓誌研究》"附表" 346 頁。

《漢魏石刻文字繫年》58—59 頁。

《漢魏石刻文學考釋》中冊 943—944、947—952 頁。附《金石後錄》，桂馥跋等。

《漢魏六朝碑刻校注·總目提要》編號 0257。

淑德大學《中國石刻拓本目錄》"碑碣等刻石" 編號 107—108。

論文：

楊魯安：《漢〈孔宙碑〉要論》，《漢碑研究》，第 240—251 頁。

備考：《蒼潤軒玄牘記》著錄有誤，將《泰山都尉孔宙碑》誤錄為 "孔彪碑"。《宜祿堂金石記》《墨華通考》皆誤著為 "泰山都尉孔廟碑"。

延熹 031

山陽太守祝睦碑

又名：祝睦前碑。延熹七年（164）八月卒。在江蘇省應天府虞城縣東二里出土。文隸書，《隸續·碑式》載：碑十二行，行三十字。額二行，篆書，額題：漢故山陽太守祝君之碑。

　　錄文著錄：

　　《隸釋》7/2b–3b，《新編》1/9/6828 下—6829 上。

　　《碑版廣例》4/1b–2b，《新編》3/40/274 上—下。

　　《六藝之一錄》42/26b–27b，《新編》4/4/605 下—606 上。

　　《全後漢文》100/5b–6a，《全文》1 冊 1012 上—下。

　　《漢魏石刻文學考釋》下冊 1063—1064 頁。

　　碑目題跋著錄：

　　《隸釋》7/4a，《新編》1/9/6829 下。

　　《隸釋》21/16b–17a 引《集古錄》，《新編》1/9/6970 下—6971 上。

　　《隸釋》23/8a 引《集古錄目》，《新編》1/9/6993 下。

　　《隸釋》27/4b 引《天下碑錄》，《新編》1/9/7037 下。

　　《隸釋刊誤》29a，《新編》1/9/7059 上。

　　《隸續》7/2a，《新編》1/10/7133 下。

　　《金石錄》1/5b，《新編》1/12/8802 上。

　　《中州金石考》3/9a，《新編》1/18/13690 上。

　　《集古錄跋尾》2/16a，《新編》1/24/17851 下。

　　《集古錄目》1/4b–5a，《新編》1/24/17948 下—17949 上。

　　《通志·金石略》卷上/12b，《新編》1/24/18025 上。

　　《寶刻叢編》2/2a，《新編》1/24/18105 下。

　　《金石彙目分編》9（1）/57a，《新編》1/28/20952 上。

　　《石刻題跋索引》8 頁左，《新編》1/30/22346。

　　《天下金石志》5/4，《新編》2/2/824 下。

　　《墨華通考》2/3b、卷 6、卷 7，《新編》2/6/4304 上、4355 下、4371 上。

　　《碑藪》，《新編》2/16/11825 上。

　　《語石》8/33a，《新編》2/16/12010 上。

　　《隸韻·碑目》6a，《新編》2/17/12517 下。

　　《隸辨》7/21a–b，《新編》2/17/13046 上。

《古今碑帖考》8a，《新編》2/18/13166 下。

《集古錄補目補》卷上/4b – 5a，《新編》2/20/14511 上—下。

《中州金石目錄》1/3b，《新編》2/20/14687 上。

《佩文齋書畫譜・金石》61/8a 上—下，《新編》3/2/33 下。

（乾隆）《歸德府志・金石文字》30/15b，《新編》3/28/237 下。附《漢隸碑目》。

《寒山堂金石林時地攷》卷上/18b，《新編》3/34/498 下。

汪本《隸釋刊誤》29a，《新編》3/37/564 下。

《紅藕齋漢碑彙鈔集跋》，《新編》3/38/506 上—下、507 上。

《漢石例》1/22b、2/9b，《新編》3/40/135 下、148 上。

《漢魏六朝墓銘纂例》1/8a，《新編》3/40/437 下。

《金石備攷・歸德府》，《新編》4/1/57 上。

《古今書刻》下編/25b，《新編》4/1/147 上。

《墨池篇》6/3a，《新編》4/9/668 上。

《漢隸字源》45 頁。

《漢魏石刻文字繫年》59 頁。

《漢魏石刻文學考釋》下冊 1063 頁。附《兩漢金石文選評注》。

《漢魏六朝碑刻校注・總目提要》編號 0258。

延熹 032

臨江長碑

延熹七年（164）。不記所在。

碑目著錄：

《隸韻・碑目》6a，《新編》2/17/12517 下。

《漢魏石刻文字繫年》60 頁。

《漢魏六朝碑刻校注・總目提要》編號 0259。

延熹 033

太尉楊秉碑

又名：司空楊公碑。延熹八年（165）五月卒。蔡邕撰。

錄文著錄：

《藝文類聚》卷 46，上冊 819—820 頁。（節文）

《蔡中郎集》2/22b – 24a，《漢魏六朝百三名家集》1 冊 544 下—545 下。

《全後漢文》75/7a – 8a，《全文》1 冊 882 上—下。

《蔡中郎集》5/30a – 31b，景印文淵閣《四庫全書·集部》1063 冊 210 上—下。

《蔡中郎文集》3/1a – 2b，《四部叢刊初編》98 冊。

《漢魏石刻文學考釋》中冊 759—760 頁。

碑目題跋著錄：

《金石彙目分編》9（4）/58a、12（2）/26a，《新編》1/28/21064 下、21348 下。

《漢石例》2/2b、3/18b，《新編》3/40/144 下、173 下。

《漢魏六朝墓銘纂例》1/8a，《新編》3/40/437 下。

《漢魏六朝碑刻校注·總目提要》編號 0263。

備考：楊秉，《後漢書》卷五四有傳，附於《楊震傳》。

延熹 034

雁門太守鮮于璜碑并陰

延光四年（125）六月卒於家，延熹八年（165）十一月十八日造。1973 年出土於天津武清高村，今存天津市歷史博物館。碑高 242、寬 81 至 83、厚 12 釐米。文隸書，碑陽 16 行，滿行 35 字；碑陰 15 行，滿行 25 字。額篆書，額題：漢故雁門太守鮮于君碑。

著錄：

《北京圖書館藏中國歷代石刻拓本匯編》1 冊 127—128 頁。（圖）

《漢碑全集》3 冊 1061—1101 頁。（圖、文）

《漢魏六朝碑刻校注》1 冊 254—257 頁。（圖、文）

《碑帖鑒定》52—53 頁。（圖、跋）

《漢魏石刻文學考釋》中冊 560—564 頁。（文、跋）

《漢魏石刻文字繫年》61—62 頁。（文、跋）

《漢碑集釋》284—287 頁。（文）

《碑帖敘錄》249 頁。（目）

《漢魏六朝碑刻校注·總目提要》編號 0267。（目）

淑德大學《中國石刻拓本目錄》"碑碣等刻石" 編號 110—111。（目）

論文：

天津市文物管理處等：《武清縣發現東漢鮮于璜墓碑》，《文物》1974 年第 8 期。

天津市文物管理處考古隊：《武清東漢鮮于璜墓》，《考古學報》1982 年第 3 期。

敖承隆：《關於〈漢鮮于璜碑〉釋文》，《文物》1983 年第 8 期。

張傳璽：《東漢雁門太守鮮于璜碑銘考釋》，《北京大學學報》1984 年第 2 期。

李鶴年：《漢雁門太守鮮于璜碑考略》，《漢碑研究》，第 260—266 頁。

延熹 035

繆紆墓記

又名：徐州從事墓誌、□紅夫婦墓記。卒於永壽元年（155）十二月，夫人延熹八年（165）十月葬。1982 年發現於江蘇省邳州燕子埠鄉。題記刻在墓室門楣中段，門楣長 130、高 31 釐米。文隸書，17 行，行 10 至 20 字不等。

著錄：

《漢碑全集》3 冊 773—776 頁。（圖、文）

《漢魏六朝碑刻校注》1 冊 251—252 頁。（圖、文）

《漢魏石刻文字繫年》48 頁。（文、跋）

《漢魏六朝碑刻校注·總目提要》編號 0266。（目）

淑德大學《中國石刻拓本目錄》"碑碣等刻石" 編號 112。（目）

論文：

李銀德、陳永清：《東漢永壽元年徐州從事墓誌》，《文物》1994 年第 8 期。

周曉陸：《繆紆墓誌讀考》，《文物》1995 年第 4 期。

黃展岳：《早期墓誌的一些問題》，《文物》1995 年第 12 期。

延熹 036

山陽太守祝睦後碑

又名：山陽太守祝君碑頌。延熹七年（164）八月卒，延熹九年（166）立碑。碑在南京虞城縣。文隸書，《隸續·碑式》載：碑十五行，行三十六字。篆額二行，額題：漢故山陽太守祝君碑頌。

錄文著錄：

《隸釋》7/8b – 10a，《新編》1/9/6831 下—6832 下。

《金石古文》14/3b，《新編》1/12/9434 上。（節文）

《碑版廣例》4/2b – 4a，《新編》3/40/274 下—275 下。

《六藝之一錄》42/28b – 30b，《新編》4/4/606 下—607 下。

《全後漢文》100/7a – 8a，《全文》1 冊 1013 上—下。

《漢魏石刻文學考釋》下冊 1064—1065 頁。

碑目題跋著錄：

《隸釋》7/10a，《新編》1/9/6832 下。

《隸釋》21/17a – b 引《集古錄》，《新編》1/9/6971 上。

《隸釋》23/8b 引《集古錄目》，《新編》1/9/6993 下。

《隸釋》27/4b 引《天下碑錄》，《新編》1/9/7037 下。

《隸釋刊誤》30a – 31a，《新編》1/9/7059 下—7060 上。

《隸續》7/2a，《新編》1/10/7133 下。

《金石錄》1/5b，《新編》1/12/8802 上。

《金石錄補續跋》3/4a – 5a，《新編》1/12/9151 下—9152 上。

《中州金石考》3/9a，《新編》1/18/13690 上。

《集古錄跋尾》2/16a – b，《新編》1/24/17851 下。

《集古錄目》1/5b，《新編》1/24/17949 上。

《通志·金石略》卷上/12b，《新編》1/24/18025 上。

《寶刻叢編》2/2b，《新編》1/24/18105 下。

《金石彙目分編》9（1）/57a，《新編》1/28/20952 上。

《石刻題跋索引》8頁左,《新編》1/30/22346。

《天下金石志》5/5,《新編》2/2/825上。

《墨華通考》2/3b,《新編》2/6/4304上。

《語石》8/33a,《新編》2/16/12010上。

《隸韻·碑目》6b,《新編》2/17/12517下。

《隸辨》7/24a-b,《新編》2/17/13047下。

《古今碑帖考》8a,《新編》2/18/13166下。

《金石錄續跋》17-19,《新編》2/18/13203上—13204上。

《集古錄補目補》卷上/5a,《新編》2/20/14511下。

《中州金石目錄》1/3b,《新編》2/20/14687上。

《佩文齋書畫譜·金石》61/8b上,《新編》3/2/33下。

(乾隆)《歸德府志·金石文字》30/15b,《新編》3/28/237下。附《漢隸碑目》。

《寒山堂金石林時地攷》卷上/18b,《新編》3/34/498下。

汪本《隸釋刊誤》30a-31a,《新編》3/37/565上—下。

《紅藕齋漢碑彙鈔集跋》,《新編》3/38/506下—507上。

《漢石例》2/37a,《新編》3/40/162上。

《碑版廣例》6/7b,《新編》3/40/305上。

《漢魏六朝志墓金石例》1/10b,《新編》3/40/400下。

《漢魏六朝墓銘纂例》1/8a,《新編》3/40/437下。

《金石備攷·歸德府》,《新編》4/1/57上。

《墨池篇》6/3a,《新編》4/9/668上。

《漢隸字源》47頁。

《漢魏石刻文字繫年》59頁。

《漢魏石刻文學考釋》下冊1063頁。附《兩漢金石文選評注》。

《漢魏六朝碑刻校注·總目提要》編號0268。

延熹037

潁川太守曹褒碑

延熹九年(166)卒。在亳州。題云:漢故潁川太守曹君墓。

碑目題跋著錄：

《隸釋》20/15a 引《水經注》，《新編》1/9/6954 上。

《安徽金石略》8/5a，《新編》1/16/11747 上。

《金石彙目分編》5/49a，《新編》1/27/20814 上。

《隸辨》8/50a，《新編》2/17/13099 下。

《佩文齋書畫譜·金石》61/8b 上，《新編》3/2/33 下。

（光緒）《亳州志·金石》16/19b，《新編》3/12/165 上。

《紅藕齋漢碑彙鈔集跋》，《新編》3/38/503 上。

《水經注碑錄》卷五編號 151，《北山金石錄》上冊 130—131 頁。

備考：曹褒，《後漢書》卷三五有傳，然史傳未曾云其任"潁川太守"，待考。

延熹 038

溫江延熹畫像石墓門題記

延熹十年（167）二月造，三月立。20 世紀 50 年代出土於四川省溫江縣壽安鄉火星村，現藏成都市溫江區文物保護管理所。畫像石高 160、寬 73、厚 10 釐米。文隸書，1 行約存 32 字。

著錄：

《漢碑全集》4 冊 1141—1143 頁。（圖、文）

《成都出土歷代墓銘券文圖錄綜釋》3—4 頁。（圖、文）

《漢魏石刻文字繫年》58 頁。（文、跋）

《漢魏六朝碑刻校注·總目提要》編號 0253。（目）

論文：

郭永棣、高文：《溫江縣出土漢代石墓門畫像》，《四川文物》1994 年第 3 期。

延熹 039

高祖劉邦泗水亭碑銘

又名"漢高祖廟碑"。延熹十年（167）立。班固撰。在小沛縣東，縣治故城南垞上東岸。今佚。

錄文著錄：

《古文苑》13/2b–3b,《新編》4/1/399下—400上。
《藝文類聚》卷12,上冊228頁。
《全後漢文》26/3b,《全文》1冊613頁上。
《漢魏石刻文學考釋》下冊1198頁。
碑目題跋著錄：
《隸釋》20/22a引《水經注》,《新編》1/9/6957下。
《佩文齋書畫譜·金石》61/8b上,《新編》3/2/33下。
(同治)《徐州府志·碑碣攷》20/1b–2a,《新編》3/6/549上—下。
(民國)《沛縣志·碑碣附》8/5a,《新編》3/6/563下。
《六藝之一錄》39/1a,《新編》4/4/540上。
《水經注碑錄》卷七編號183,《北山金石錄》上冊161頁。
《漢魏石刻文學考釋》下冊1197—1198頁。
《漢魏六朝碑刻校注·總目提要》編號0497。
備考：漢高祖劉邦,《史記》卷八、《漢書》卷一上·下有本紀。

延熹 040

司徒盛允碑

延熹中（158—167）立。碑在歸德府虞城縣。

碑目題跋著錄：
《隸釋》20/18a引《水經注》,《新編》1/9/6955下。
《中州金石考》3/9a,《新編》1/18/13690上。
《金石彙目分編》9（1）/57a,《新編》1/28/20952上。
《墨華通考》卷7,《新編》2/6/4371上。
《隸辨》8/50b,《新編》2/17/13099下。
《中州金石目錄》1/3b,《新編》2/20/14687上。
《佩文齋書畫譜·金石》61/8b上,《新編》3/2/33下。
《紅藕齋漢碑彙鈔集跋》,《新編》3/38/503上。
《六藝之一錄》51/9b–10a,《新編》4/4/757上—下。
《水經注碑錄》卷六編號164,《北山金石錄》上冊139頁。
備考：盛允,其事見《後漢書》卷七《孝桓帝紀》、卷六一《黃瓊傳》附《黃琬傳》。

延熹 041

溫令許續碑

延熹中（158—167）立。在陳留郡渦水之北。

碑目題跋著錄：

《隸釋》20/12b – 13a 引《水經注》，《新編》1/9/6952 下—6953 上。

《中州金石考》2/1a – b，《新編》1/18/13678 上。

《金石彙目分編》9（1）/53b，《新編》1/28/20950 上。

《隸辨》8/50b，《新編》2/17/13099 下。

《中州金石目錄》1/3b，《新編》2/20/14687 上。

《佩文齋書畫譜·金石》61/8b 下，《新編》3/2/33 下。

（乾隆）《鹿邑縣志·金石文字》12/7b，《新編》3/28/244 上。

（民國）《太康縣志·藝文志上》5/20a，《新編》3/28/325 下。

《紅藕齋漢碑彙鈔集跋》，《新編》3/38/503 上、519 下。

《六藝之一錄》51/8a，《新編》4/4/756 下。

《水經注碑錄》卷五編號 142，《北山金石錄》上冊 124 頁。

備考：《隸釋》誤作"許續"。

永　康

永康 001

車騎將軍馮緄碑

又名：馮皇卿碑。永康元年（167）十二月卒。碑在四川省渠縣，原廢永睦縣之西八十里。碑高 269、寬 132 釐米。《隸續·碑式》載：文十四行，行三十四字。隸書。原碑有額，篆書，二行十字。翻刻本無，額題：漢故車騎將軍馮公之碑。

圖版著錄：

《漢魏六朝碑刻校注》1 冊 260 頁。

錄文著錄：

《隸釋》7/13a – 14a，《新編》1/9/6834 上—下。

《十二硯齋金石過眼錄》2/1a-2a，《新編》1/10/7802 上—下。

（同治）《渠縣志·金石》47/5b-7a，《新編》3/15/427 上—428 上。

《碑版廣例》3/19a-20b，《新編》3/40/269 上—下。

《六藝之一錄》42/32a-33b，《新編》4/4/608 下—609 上。

《全後漢文》100/10b-11a，《全文》1 冊 1014 下—1015 上。

《漢魏石刻文學考釋》中冊 572—573 頁。

《漢魏六朝碑刻校注》1 冊 261 頁。

碑目題跋著錄：

《隸釋》7/14a-15a，《新編》1/9/6834 下—6835 上。

《隸釋刊誤》31b-32a，《新編》1/9/7060 上—下。

《隸續》7/10a，《新編》1/10/7137 下。

《十二硯齋金石過眼錄》2/2a-4a，《新編》1/10/7802 下—7803 下。

《金石錄》1/6a、16/2a-3a，《新編》1/12/8802 下、8894 下—8895 上。

《金石錄補》25/20a，《新編》1/12/9124 下。

《金石錄補續跋》3/7a-8a，《新編》1/12/9153 上—下。

《通志·金石略》卷上/20a，《新編》1/24/18029 上。

《寶刻叢編》18/4a，《新編》1/24/18346 下。

《輿地碑記目·達州碑記》4/22a-b，《新編》1/24/18570 下。

《平津讀碑記再續》2b-3a，《新編》1/26/19462 下—19463 上。

《金石彙目分編》16（2）/25b、26b、27a，《新編》1/28/21495 上·下、21496 上。

《石刻題跋索引》8 頁右，《新編》1/30/22346。

《續語堂碑錄》，《新編》2/1/69 下。

《天下金石志》7/4，《新編》2/2/843 下。

《墨華通考》卷 11，《新編》2/6/4433 下。

《蜀碑記補》4/27、10/51-52，《新編》2/12/8734 下、8740 下。

《石墨考異》卷上，《新編》2/16/11636 上。

《獨笑齋金石文玫》第二集 4/6b-9b，《新編》2/16/11767 下—11769 上。

《金石例補》2/6b – 7a，《新編》2/17/12368 下—12369 上。

《隸韻・碑目》7a，《新編》2/17/12518 上。

《隸辨》7/25a – b，《新編》2/17/13048 上。

《古今碑帖考》8a，《新編》2/18/13166 下。

《金石錄續跋》21 – 23，《新編》2/18/13205 上—13206 上。

《求是齋碑跋》1/7b – 8a，《新編》2/19/14004 上—14004 下。

《佩文齋書畫譜・金石》61/9a 上，《新編》3/2/34 上。

（嘉慶）《四川通志・輿地志》59/39b，《新編》3/14/515 上。

（同治）《渠縣志・金石》47/8b – 9a，《新編》3/15/428 下—429 上。

（道光）《大竹縣志・金石》38/4a，《新編》3/15/448 下。

《蜀碑記》10/2b，《新編》3/16/338 下。

《燕庭金石叢稿》，《新編》3/32/548 上、550 下、551 上。

《石目》，《新編》3/36/44 下。

汪本《隸釋刊誤》31b – 32a，《新編》3/37/565 下—566 上。

《紅藕齋漢碑彙鈔集跋》，《新編》3/38/510 下、527 上。

《金石小箋》7a – 8b，《新編》3/39/498 上—下。

《漢石例》1/15a、1/22b，《新編》3/40/132 上、135 下。

《碑版廣例》3/19a、3/20b、6/8a，《新編》3/40/269 上—下、305 下。

《漢魏六朝志墓金石例》1/11a，《新編》3/40/401 上。

《漢魏六朝墓銘纂例》1/8b，《新編》3/40/437 下。

《金石備攷・順慶府》，《新編》4/1/74 下。

《古今書刻》下編/40b，《新編》4/1/154 下。

《芳堅館題跋》1/6a，《新編》4/6/772 下。

《墨池篇》6/3a，《新編》4/9/668 上。

《漢隸字源》48 頁。

《漢魏石刻文學考釋》中冊 567—572 頁。

《漢魏石刻文字繫年》64 頁。

《漢魏六朝碑刻校注・總目提要》編號 0273。

淑德大學《中國石刻拓本目錄》"碑碣等刻石" 編號 113。

論文：

何如明：《漢車騎將軍馮緄碑誌考釋》，《考古與文物》2006 年第 1 期。

備考：馮緄，《後漢書》卷三八有傳。

永康 002

荆州刺史度尚碑

永康元年（167）立碑。舊在魚臺縣官廨使星亭。《隸續·碑式》載：文十五行，石下缺，存者行三十二字。額篆書一行，額題：漢故荆州刺史度侯之碑。

錄文著錄：

《隸釋》7/10a–11b，《新編》1/9/6832 下—6833 上。

《金薤琳琅》5/2b–4b，《新編》1/10/7666 下—7667 下。

《金石古文》6/2a–3a，《新編》1/12/9398 下—9399 上。

《漢碑錄文》2/42a–43a，《新編》2/8/6163 下—6164 上。

《濟州金石志》8/2a–3a，《新編》2/13/9695 下—9696 上。

《六藝之一錄》43/1a–2b，《新編》4/4/611 上—下。

《全後漢文》100/9b–10b，《全文》1 冊 1014 上—下。

《漢魏石刻文學考釋》中冊 566—567 頁。

碑目題跋著錄：

《隸釋》7/11b–13a，《新編》1/9/6833 上—6834 上。

《隸釋》20/22a 引《水經注》，《新編》1/9/6957 下。

《隸釋刊誤》31a，《新編》1/9/7060 上。

《隸續》7/3b，《新編》1/10/7134 上。

《金薤琳琅》5/4a–b，《新編》1/10/7667 下。

《金石錄》1/6a、15/10b–11a，《新編》1/12/8802 下、8892 下—8893 上。

《金石古文》6/3b–4a，《新編》1/12/9399 上—下。

《通志·金石略》卷上/20a，《新編》1/24/18029 上。

《石刻題跋索引》8 頁左—右，《新編》1/30/22346。

《天下金石志》2/14，《新編》2/2/812 下。

《墨華通考》卷 2、卷 6，《新編》2/6/4320 上、4365 下。

《漢碑錄文》2/45a，《新編》2/8/6165 上。

（宣統）《山東通志·藝文志》卷 152，《新編》2/12/9368 下。

《濟州金石志》8/4b，《新編》2/13/9696 下。

《碑藪》，《新編》2/16/11840 上。

《隸韻·碑目》6b，《新編》2/17/12517 下。

《隸辨》7/24b－25a，《新編》2/17/13047 下—13048 上。

《山左碑目》2/29a，《新編》2/20/14853 上。

《古林金石表》3b，《新編》2/20/14895 上。

《佩文齋書畫譜·金石》61/8b 下，《新編》3/2/33 下。

（同治）《徐州府志·碑碣攷》20/3a－b，《新編》3/6/550 上。

（民國）《沛縣志·碑碣附》8/6b－7a，《新編》3/6/564 上—下。

（民國）《濟寧直隸州續志·藝文志》19/73a，《新編》3/26/83 上。

《寒山堂金石林時地攷》卷下/15b，《新編》3/34/509 上。

汪本《隸釋刊誤》31a，《新編》3/37/565 下。

《漢石例》1/16b，《新編》3/40/132 下。

《碑版廣例》6/8a，《新編》3/40/305 下。

《漢魏六朝墓銘纂例》1/8b，《新編》3/40/437 下。

《金石備攷·徐州》，《新編》4/1/18 上。

《古今書刻》下編/20b，《新編》4/1/144 下。

《漢隸字源》47 頁。

《水經注碑錄》卷七編號 182，《北山金石錄》上冊 160 頁。

《漢魏石刻文學考釋》中冊 564—566 頁。

《漢魏石刻文字繫年》64 頁。

《漢魏六朝碑刻校注·總目提要》編號 0275。

備考：度尚，《後漢書》卷三八有傳。

永康 003

蓋王氏墓磚

永康元年（167）。浙江歸安陸氏舊藏。隸書。

碑目著錄：

《石刻名彙》11/184a,《新編》2/2/1119 下。

永康 004

吳奮墓磚

永康二年（168）。隸書。

碑目著錄：

《石刻名彙》11/184a,《新編》2/2/1119 下。

建　寧

建寧 001

沛相楊統碑并陰

又名：漢金城太守楊統碑。建寧元年（168）三月癸丑卒。在陝州閿鄉縣，石今毀。拓本高 208、寬約 71 釐米。文隸書，14 行，滿行 35 字。《隸續·碑式》載：碑陰故吏十五人作一橫行。額篆書二行，額題：漢故沛相楊君之碑。

圖版（碑陽）著錄：

《隨軒金石文字》,《新編》2/8/5857–5872。

《漢碑全集》4 冊 1154—1155、1157—1172 頁。

《漢魏六朝碑刻校注》1 冊 269 頁。

錄文著錄：

《金石萃編》12/7a–8b,《新編》1/1/204 上—下。（碑陽）

《隸釋》7/15b–16b、17b–18a,《新編》1/9/6835 上—下、6836 上—下。

（民國）《新修閿鄉縣志·金石》19/5a–6a、7b,《新編》3/29/683 上—下、684 上。

《碑版廣例》4/22a–23b,《新編》3/40/284 下—285 上。（碑陽）

《六藝之一錄》43/13b–15a、16b–17a,《新編》4/4/617 上—619 上。

《全後漢文》101/1b–2a,《全文》1 冊 1016 上—下。（碑陽）

《漢魏石刻文學考釋》中冊 600—601 頁。

《漢碑全集》4 冊 1156 頁。（碑陽）

《漢魏六朝碑刻校注》1 冊 270 頁。（碑陽）

碑目題跋著錄：

《金石萃編》12/10a – 11a，《新編》1/1/205 下—206 上。

《隸釋》7/16b – 17b、18a，《新編》1/9/6835 下—6836 下。

《隸釋》21/4a – b 引《集古錄》，《新編》1/9/6964 下。

《隸釋》23/2a 引《集古錄目》，《新編》1/9/6990 下。

《隸釋》27/4a 引《天下碑錄》，《新編》1/9/7037 下。

《隸釋刊誤》7/32a – 33a，《新編》1/9/7060 下—7061 上。

《隸續》7/2b，《新編》1/10/7133 下。

《兩漢金石記》1/31a、17/1a – 2b，《新編》1/10/7220 上、7446 上—下。

《集古求真》9/12b，《新編》1/11/8567 下。

《集古求真補正》3/27b – 28a，《新編》1/11/8676 上—下。

《金石錄》1/6b、16/5a，《新編》1/12/8802 下、8896 上。

《中州金石考》7/30a，《新編》1/18/13733 下。

《集古錄跋尾》2/1a – 2a、3/7b – 8a，《新編》1/24/17844 上—下、17856 上—下。

《集古錄目》1/7a，《新編》1/24/17950 上。

《通志·金石略》卷上/20b，《新編》1/24/18029 上。

《寶刻叢編》10/3b、4a，《新編》1/24/18251 上、下。

《補寰宇訪碑錄》1/5b，《新編》1/27/20197 上。

《金石彙目分編》9（4）/58a、12（2）/26a，《新編》1/28/21064 下、21348 下。

《石刻題跋索引》10 頁左，《新編》1/30/22348。

《天下金石志》6/14，《新編》2/2/837 下。

《墨華通考》卷 7、卷 10，《新編》2/6/4372 上、4411 上。

《碑藪》，《新編》2/16/11825 下。

《續校碑隨筆·孤本》卷下/7a，《新編》2/17/12505 上。

《隸韻·碑目》7a,《新編》2/17/12518 上。

《隸辨》7/26b–27a,《新編》2/17/13048 下—13049 上。

《古今碑帖考》8b,《新編》2/18/13166 下。

《集古錄補目補》卷上/4b、8a–b,《新編》2/20/14511 上、14513 上。

《中州金石目錄》1/3b–4a,《新編》2/20/14687 上—下。

《佩文齋書畫譜·金石》61/9a 上,《新編》3/2/34 上。

《讀漢碑》6b–7b,《新編》3/2/591 下—592 上。

(民國)《新修閿鄉縣志·金石》19/6b,《新編》3/29/683 下。附《涵真閣漢碑文字跋》。

《寒山堂金石林時地攷》卷上/19a,《新編》3/34/499 上。

《石墨餘馨》,《新編》3/35/338。

《石目》,《新編》3/36/44 下。

汪本《隸釋刊誤》32a–33a,《新編》3/37/566 上—下。

《漢石例》2/39a,《新編》3/40/163 上。

《碑版廣例》6/7b,《新編》3/40/305 上。

《漢魏六朝志墓金石例》1/8b,《新編》3/40/399 下。

《漢魏六朝墓銘纂例》1/9a,《新編》3/40/438 上。

《金石備攷·西安府》,《新編》4/1/33 上。

《激素飛清閣平碑記》卷1,《新編》4/1/196 上。

《墨池篇》6/3b,《新編》4/9/668 上。

《善本碑帖錄》1/38。

《漢隸字源》48—49 頁。

《漢魏石刻文學考釋》中冊 598—600 頁。

《漢魏石刻文字繫年》71 頁。

《漢魏六朝碑刻校注·總目提要》編號0279。

備考:楊統,其事見《後漢書》卷三〇上《楊厚傳》及"天文推步之術"條注。《集古錄跋尾》《集古錄目》皆不知碑主為何人?據題跋內容和錄文比對,墓主當為楊統,故附此。《古今碑帖考》誤為"楊震碑"。

建寧 002

司空孔扶碑

又名：司農孔峽碑、司徒孔峽碑。《金石錄》、《通志·金石略》、《寶刻叢編》作"魯相謁孔子冢文"。建寧元年（168）四月。在曲阜墓前，或云在仙源縣墓前。隸書。額題：漢故司空孔公之碑。《隸續》認為，趙氏《金石錄》"以為魯相謁孔子冢文，當是不見其額之故"。

錄文著錄：

《隸續》11/1b，《新編》1/10/7142 上。

《漢碑錄文》3/1a–b，《新編》2/8/6167 上。

《全後漢文》101/2a–b，《全文》1 冊 1016 下。

《漢魏石刻文學考釋》上冊 381 頁。

碑目題跋著錄：

《隸釋》27/6a 引《天下碑錄》，《新編》1/9/7038 下。

《隸續》11/1b–2b，《新編》1/10/7142 上—下。

《金石錄》16/3a–b，《新編》1/12/8895 上。

《金石錄補》3/3b–4a、25/10b，《新編》1/12/9000 上—下、9119 下。

《通志·金石略》卷上/14a，《新編》1/24/18026 上。

《寶刻叢編》2/13a，《新編》1/24/18111 上。

《金石彙目分編》10（2）/20b，《新編》1/28/21150 下。

《石刻題跋索引》492 頁右，《新編》1/30/22830。

《天下金石志》3/3，《新編》2/2/815 上。

《墨華通考》卷 8，《新編》2/6/4389 下。

《漢碑錄文》3/2a–b，《新編》2/8/6167 下。

（宣統）《山東通志·藝文志》卷 152，《新編》2/12/9353 下。

《碑藪》，《新編》2/16/11832 上。

《隸韻·碑目》7a，《新編》2/17/12518 上。

《隸辨》7/28a–b，《新編》2/17/13049 下。

《山左碑目》2/9b，《新編》2/20/14843 上。

《佩文齋書畫譜·金石》61/9a 下,《新編》3/2/34 上。
《寒山堂金石林時地攷》卷上/14a,《新編》3/34/496 下。
《紅藕齋漢碑彙鈔集跋》,《新編》3/38/502 上。
《金石備攷·兗州府》,《新編》4/1/46 上。
《六藝之一錄》42/25a,《新編》4/4/605 上。
《漢隸字源》118 頁。
《漢魏石刻文學考釋》上冊 379—380 頁。
《漢魏石刻文字繫年》67 頁。
《漢魏六朝碑刻校注·總目提要》編號 0281。
備考:孔扶,其事見《後漢書》卷六《孝順帝紀》。

建寧 003

竹邑侯相張壽碑

建寧元年(168)五月卒。碑為明人截為碑砆,僅存上截。宋著錄刻於山東成武縣古文亭山(又名雲亭山),乾隆五十六年知縣林紹龍訪得,存山東成武縣學,今存山東成武縣文管所。原載高二尺九寸,廣三尺六寸五分;今殘碑高 69、寬 92、厚 23 釐米。文 16 行,行 15 字,隸書;中鑿孔計毀 10 行,行 4 字。隸書額題:漢故竹邑侯相張君之碑。

圖版著錄:

《金石圖說》甲下/50a,《新編》2/2/937 上。
《二銘草堂金石聚》7/37a–40b,《新編》2/3/1966 上—1967 下。
《漢碑大觀》第五集,《新編》2/8/6309 上。(局部)
《金石經眼錄》33a–b,《新編》4/10/507 上。
《金石圖》,《新編》4/10/555 下左。
《金石索》石索四,下冊 1527 頁。
《北京圖書館藏中國歷代石刻拓本匯編》1 冊 129 頁。
《漢碑全集》4 冊 1179—1180、1182—1189 頁。
《漢魏六朝碑刻校注》1 冊 274 頁。
《山東石刻分類全集·秦漢碑刻》197 頁。

錄文著錄：

《金石萃編》12/11a – 13a，《新編》1/1/206 上—207 上。

《金石存》7/13a – 14a，《新編》1/9/6659 上—下。

《隸釋》7/18a – 19b，《新編》1/9/6836 下—6837 上。

《兩漢金石記》12/16b – 17b，《新編》1/10/7377 下—7378 上。

《宜祿堂收藏金石記》卷 4，《新編》2/5/3316 上。

《函青閣金石記》2/27a – b，《新編》2/6/5033 下。

《漢碑錄文》3/2b – 3a，《新編》2/8/6167 下—6168 上。

（宣統）《山東通志・藝文志》卷 151，《新編》2/12/9279 上—下。

《碑版廣例》4/23b – 25a，《新編》3/40/285 上—286 上。

《六藝之一錄》43/33a – 34b，《新編》4/4/627 上—下。

《全後漢文》101/3a – 4a，《全文》1 冊 1017 上—下。

《金石索》石索四，下冊 1528—1530 頁。

《魯迅輯校石刻手稿・碑銘》上冊 183—185 頁。

《漢魏石刻文學考釋》中冊 576—577 頁。

《漢碑全集》4 冊 1181 頁。

《漢碑集釋》300—302 頁。

《漢魏六朝碑刻校注》1 冊 275 頁。

碑目題跋著錄：

《金石存》7/14a – b，《新編》1/9/6659 下。

《隸釋》7/19b – 20a，《新編》1/9/6837 上—下。

《隸釋》22/2b – 3a 引《集古錄》，《新編》1/9/6980 下—6981 上。

《隸釋》23/15a 引《集古錄目》，《新編》1/9/6997 上。

《隸釋》27/6b 引《天下碑錄》，《新編》1/9/7038 下。

《隸釋刊誤》33b，《新編》1/9/7061 上、3/37/566 下。

《兩漢金石記》1/31a、12/17b – 18b，《新編》1/10/7220 上、7378 上—下。

《集古求真》9/9b，《新編》1/11/8566 上。

《金石錄》1/6a，《新編》1/12/8802 下。

《金石錄補續跋》3/8a – b，《新編》1/12/9153 下。

《金石文字記》1/20a-b,《新編》1/12/9201下。

《山左金石志》8/5a-b,《新編》1/19/14446上。

《集古錄跋尾》3/1a-b,《新編》1/24/17853上。

《集古錄目》1/6a-b,《新編》1/24/17949下。

《通志·金石略》卷上/14b,《新編》1/24/18026上。

《曝書亭金石文字跋尾》2/19b,《新編》1/25/18689上。

《潛研堂金石文跋尾》1/17a-b,《新編》1/25/18741上。

《潛研堂金石文字目錄》1/4b,《新編》1/25/19008下。

《平津讀碑記》1/11b-12a,《新編》1/26/19354上—下。

《藝風堂金石文字目》1/10b,《新編》1/26/19527下。

《寰宇訪碑錄》1/4b,《新編》1/26/19853下。

《金石彙目分編》10（3）/9a,《新編》1/28/21183上。

《石刻題跋索引》8頁右—9頁左,《新編》1/30/22346-22347。

《續語堂碑錄》,《新編》2/1/69下。

《天下金石志》5/5,《新編》2/2/825上。

《金石圖說》甲下/50b-51a,《新編》2/2/937-938。

《二銘草堂金石聚》7/40b-41b,《新編》2/3/1967下—1968上。

《平津館金石萃編》2/10b,《新編》2/4/2435下。

《宜祿堂收藏金石記》卷4,《新編》2/5/3317上。

《宜祿堂金石記》1/9a,《新編》2/6/4210上。

《墨華通考》卷7、卷8,《新編》2/6/4371上、4390上。

《崇雅堂碑錄》1/4a,《新編》2/6/4485下。

《函青閣金石記》2/27b-28b,《新編》2/6/5033下—5034上。

《漢碑錄文》3/3a-6a,《新編》2/8/6168上—6169下。

（宣統）《山東通志·藝文志》卷151,《新編》2/12/9280上。

《獨笑齋金石文攷》第二集4/4b-6b,《新編》2/16/11766下—11767下。

《碑藪》,《新編》2/16/11830下。

《金石萃編校字記》3b,《新編》2/17/12326上。

《隸韻·碑目》7a,《新編》2/17/12518上。

《隸辨》7/28b，《新編》2/17/13049 下。

《古今碑帖考》8a，《新編》2/18/13166 下。

《金石錄續跋》23，《新編》2/18/13206 上。

《平安館藏碑目》，《新編》2/18/13381 上。

《枕經堂金石題跋》3/7a－b，《新編》2/19/14262 上。

《定庵題跋》23a，《新編》2/19/14297 上。

《寶鴨齋題跋》卷上/7b，《新編》2/19/14338 上。

《集古錄補目補》卷上/7a，《新編》2/20/14512 下。

《竹崦盦金石目錄》4a，《新編》2/20/14548 下。

《寰宇貞石圖目錄》卷上/2b、卷下/1b，《新編》2/20/14672 上、14677 下。

《山左碑目》3/6a，《新編》2/20/14858 下。

《古林金石表》3b，《新編》2/20/14895 上。

《蒿里遺文目錄》1 上/1a，《新編》2/20/14937 下。

《佩文齋書畫譜·金石》61/9b 上，《新編》3/2/34 上。

（雍正）《平陽府志·古蹟》31/16a，《新編》3/31/324 下。

《石目》，《新編》3/36/44 下。

《話雨樓碑帖目錄》1/5b，《新編》3/36/536。

《竹崦盦金石目錄》1/4a，《新編》3/37/341 下。

《漢石存目》卷上/5a，《新編》3/37/523 上。

《佛金山館秦漢碑跋》17b－18b，《新編》3/38/139 下—140 上。

《漢石經室金石跋尾》，《新編》3/38/253 下—254 上。

《漢石例》1/22b，《新編》3/40/135 下。

《漢魏六朝墓銘纂例》1/9a，《新編》3/40/438 上。

《金石備攷·歸德府》，《新編》4/1/57 上。

《激素飛清閣平碑記》卷 1，《新編》4/1/195 下。

《庚子銷夏記》5/9b，《新編》4/6/627 上。

《雪堂所藏金石文字簿錄》22b－23a，《新編》4/7/380 下—381 上。

《墨池篇》6/3a，《新編》4/9/668 上。

《金石圖》，《新編》4/10/556 上。

《漢隸字源》49 頁。

《魯迅輯校石刻手稿·碑銘》上冊 185—186 頁。附林紹龍跋。

《增補校碑隨筆》（修訂本）56 頁。

《碑帖鑒定》52 頁。

《善本碑帖錄》1/25。

《碑帖敘錄》172 頁。

《齊魯碑刻墓誌研究》"附表" 346 頁。

《漢魏石刻文學考釋》中冊 573—576 頁。

《漢魏石刻文字繫年》65 頁。

《漢魏六朝碑刻校注·總目提要》編號 0282。

淑德大學《中國石刻拓本目錄》"碑碣等刻石" 編號 114。

論文：

劉海宇：《山東漢代碑刻研究》第二章第五節"有關《竹邑侯相張壽碑》的問題"，博士學位論文，山東大學，2011 年，第 103—105 頁。

齊峰：《館藏張壽碑跋文考證》，《首都博物館論叢》第 30 輯，2016 年，第 261—271 頁。

齊峰：《館藏張壽碑第二開跋文考證》，《首都博物館論叢》第 31 輯，2017 年，第 264—274 頁。

建寧 004

潘延壽墓磚

又名：潘延壽墓莂。建寧元年（168）八月。浙江蕭山出土，浙江山陰何氏舊藏。文隸書，正面 5 行，左側字 1 行。

錄文著錄：

《循園金石文字跋尾》卷上/2b – 7b，《新編》2/20/14466 下—14469 上。

碑目題跋著錄：

《石刻題跋索引》499 頁左，《新編》1/30/22837。

《石刻名彙》11/184a、14/212a，《新編》2/2/1119 下、1134 下。

《循園金石文字跋尾》卷上/2b – 8a，《新編》2/20/14466 下—

14469 下。

《夢碧簃石言》5/3b–4a,《新編》3/2/214 上—下。

《北山集古錄》卷四"磚文題跋",《北山金石錄》上冊 445 頁。

建寧 005

衛尉卿衡方碑并陰

建寧元年（168）二月五日卒，其年九月十七日葬。朱登書。碑原在山東省汶上縣，雍正間汶水決，碑倒，後重立，今存泰安市岱廟。碑高 240、寬 110、厚 25 釐米。文隸書，23 行，行 36 字；陰存 2 列，字漫漶。額隸書，2 行 10 字。額題：漢故衛尉卿衡府君之碑。

圖版（碑陽）著錄：

《金石圖說》甲下/51b,《新編》2/2/939。

《二銘草堂金石聚》7/42a–65a,《新編》2/3/1968 下—1980 上。

《漢碑大觀》第五集,《新編》2/8/6309 下—6311 上。（局部）

《金石經眼錄》36a–b,《新編》4/10/508 下。

《金石圖》,《新編》4/10/545 上。

《金石索》石索二,下冊 1227—1236 頁。

《北京圖書館藏中國歷代石刻拓本匯編》1 冊 130 頁。

《漢碑全集》4 冊 1192—1193、1195—1219 頁。

《漢魏六朝碑刻校注》1 冊 278 頁。

《山東石刻分類全集·秦漢碑刻》198 頁。

錄文著錄：

《金石萃編》12/14b–17a,《新編》1/1/207 下—209 上。（碑陽）

《八瓊室金石補正》4/21b–23a,《新編》1/6/4068 上—4069 上。（碑陰）

《金石存》7/15a–16b,《新編》1/9/6660 上—下。（碑陽）

《隸釋》8/1a–3b,《新編》1/9/6838 上—6839 上。（碑陽）

《兩漢金石記》12/7b–9b,《新編》1/10/7373 上—7374 上。（碑陽）

《金薤琳琅》5/9b–12a,《新編》1/10/7670 上—7671 下。（碑陽）

《十二硯齋金石過眼錄》2/6b，《新編》1/10/7804 下。（碑陰）

《金石古文》6/7b－10a，《新編》1/12/9401 上—9402 下。（碑陽）

《宜祿堂收藏金石記》卷 4，《新編》2/5/3317 下—3318 上。（碑陽）

《漢碑錄文》3/6a－8a，《新編》2/8/6169 下—6170 下。（碑陽）

（宣統）《山東通志·藝文志》卷 150，《新編》2/12/9238 下—9239 下。（碑陽）

（道光）《重修平度州志·金石》24/2b－3b，《新編》3/27/303 下—304 上。（節文）

《碑版廣例》4/19b－21b，《新編》3/40/283 上—284 上。（碑陽）

《六藝之一錄》44/1a－3b，《新編》4/4/629 上—630 上。

《全後漢文》101/4a－5b，《全文》1 冊 1017 下—1018 上。（碑陽）

《魯迅輯校石刻手稿·碑銘》上冊 188—194 頁。

《漢魏石刻文學考釋》中冊 591—593 頁。

《漢碑全集》4 冊 1194 頁。（碑陽）

《漢碑集釋》307—310 頁。（碑陽）

《漢魏六朝碑刻校注》1 冊 279—280 頁。（碑陽）

碑目題跋著錄：

《八瓊室金石補正》4/23a，《新編》1/6/4069 上。

《金石存》7/16b－17b，《新編》1/9/6660 下—6661 上。

《隸釋》8/3b－4a，《新編》1/9/6839 上—下。

《隸釋》22/15a－b 引《集古錄》，《新編》1/9/6987 上。

《隸釋》23/20b 引《集古錄目》，《新編》1/9/6999 下。

《隸釋刊誤》33b－34b，《新編》1/9/7061 上—下。

《十二硯齋金石過眼錄》2/7a，《新編》1/10/7805 上。附翟雲升《隸篇》。

《兩漢金石記》1/31a、12/9b－11b，《新編》1/10/7220 上、7374 上—7375 上。

《金薤琳琅》5/12a－b，《新編》1/10/7671 下。

《集古求真》9/10b，《新編》1/11/8566 下。

《集古求真補正》3/24b，《新編》1/11/8674 下。

《金石錄》1/6b、16/5a,《新編》1/12/8802下、8896上。

《金石錄補續跋》3/9b－10a,《新編》1/12/9154上—下。

《金石文字記》1/21b－22a,《新編》1/12/9202上—下。

《山左金石志》8/5b,《新編》1/19/14446上。

《集古錄跋尾》1/23a－b,《新編》1/24/17843上。

《集古錄目》1/6b,《新編》1/24/17949下。

《通志·金石略》卷上/20b,《新編》1/24/18029上。

《曝書亭金石文字跋尾》2/9b－10a,《新編》1/25/18684上—下。

《潛研堂金石文跋尾》1/17b－18a,《新編》1/25/18741上—下。

《潛研堂金石文字目錄》1/4b,《新編》1/25/19008下。

《平津讀碑記》1/12a,《新編》1/26/19354下。

《藝風堂金石文字目》1/10b,《新編》1/26/19527下。

《寰宇訪碑錄》1/4b,《新編》1/26/19853下。

《寰宇訪碑錄校勘記》1/3a,《新編》1/27/20103上。

《金石彙目分編》10（2）/45a,《新編》1/28/21163上。

《石刻題跋索引》9頁左—右,《新編》1/30/22347。

《續語堂碑錄》,《新編》2/1/69下。

《天下金石志》6/3,《新編》2/2/832上。

《金石圖說》甲下/52a,《新編》2/2/940。

《二銘草堂金石聚》7/65a－b,《新編》2/3/1980上。

《平津館金石萃編》2/10b,《新編》2/4/2435下。

《宜祿堂收藏金石記》卷4,《新編》2/5/3319下—3320上。

《宜祿堂金石記》1/9b,《新編》2/6/4210上。

《墨華通考》卷8,《新編》2/6/4391上。

《崇雅堂碑錄》1/4a,《新編》2/6/4485下。

《漢碑錄文》3/8a－9b,《新編》2/8/6170下—6171上。

《山左訪碑錄》6/19a,《新編》2/12/9091下。

（宣統）《山東通志·藝文志》卷150,《新編》2/12/9239下。

《獨笑齋金石文攷》第二集4/9b－13a,《新編》2/16/11769上—11771上。

漢　代　243

《碑藪》,《新編》2/16/11819 下。
《語石》3/3a,《新編》2/16/11899 上。
《金石例補》1/4a,《新編》2/17/12362 下。
《隸韻・碑目》7a,《新編》2/17/12518 上。
《隸辨》7/28b–29a,《新編》2/17/13049 下—13050 上。
《古今碑帖考》8b,《新編》2/18/13166 下。
《金石錄續跋》24–25,《新編》2/18/13206 下—13207 上。
《平安館藏碑目》,《新編》2/18/13381 上。
《古墨齋金石跋》1/17a–b,《新編》2/19/14071 上。
《枕經堂金石題跋》3/8a–b,《新編》2/19/14262 下。
《定庵題跋》10b–11b,《新編》2/19/14290 下—14291 上。
《集古錄補目補》卷上/8a,《新編》2/20/14513 上。
《竹崦盦金石目錄》4b,《新編》2/20/14548 下。
《寰宇貞石圖目錄》卷上/2b、卷下/1b,《新編》2/20/14672 上、14677 下。
《山左碑目》2/17a,《新編》2/20/14847 上。
《古林金石表》4b,《新編》2/20/14895 下。
《蒿里遺文目錄》1 上/1b,《新編》2/20/14937 下。
《佩文齋書畫譜・金石》61/9b 上,《新編》3/2/34 上。
《漢隸拾遺》8b–9a,《新編》3/2/600 下—601 上。
《漢魏碑考》3a,《新編》3/35/82 上。
《石目》,《新編》3/36/44 下。
《話雨樓碑帖目錄》1/5b,《新編》3/36/536。
《西安碑目・西安府》,《新編》3/37/263 上。
《竹崦盦金石目錄》1/4b,《新編》3/37/341 下。
《漢石存目》卷上/5a,《新編》3/37/523 上。
汪本《隸釋刊誤》33b–34b,《新編》3/37/566 下—567 上。
《東洲草堂金石跋》3/7b–8b,《新編》3/38/90 下—91 上。
《佛金山館秦漢碑跋》16a–17b,《新編》3/38/139 上—下。
《漢石經室金石跋尾》,《新編》3/38/254 上。

《漢石例》1/23b、2/16a、2/39a,《新編》3/40/136 上、151 下、163 上。

《碑版廣例》6/7a,《新編》3/40/305 上。

《漢魏六朝志墓金石例》1/8a,《新編》3/40/399 下。

《漢魏六朝墓銘纂例》1/9b,《新編》3/40/438 上。

《金石備攷·西安府》,《新編》4/1/29 上。

《激素飛清閣平碑記》卷 1,《新編》4/1/196 上。

《分隸偶存》卷上/20b–21a,《新編》4/1/603 下—604 上。

《清儀閣金石題識》2/18a–20b,《新編》4/7/50 下—51 下。

《退菴金石書畫跋》2/18a–b,《新編》4/7/158 下。

《雪堂所藏金石文字簿錄》23a–24b,《新編》4/7/381 上—下。

《墨池篇》6/3b,《新編》4/9/668 上。

《金石圖》,《新編》4/10/545 上左。

《漢隸字源》50 頁。

《金石索》石索二,下冊 1236 頁。

《面城精舍雜文乙編》,《羅振玉學術論著集》第九集,76 頁。

《增補校碑隨筆》(修訂本)56—58 頁。

《碑帖鑒定》54 頁。

《碑帖敘錄》243 頁。

《善本碑帖錄》1/25–26。

《齊魯碑刻墓誌研究》"附表"346 頁。

《漢魏石刻文學考釋》中冊 585—591 頁。

《漢魏石刻文字繫年》65 頁。

《漢魏六朝碑刻校注·總目提要》編號 0284。

淑德大學《中國石刻拓本目錄》"碑碣等刻石"編號 116。

論文:

陶莉:《漢衡方碑》,載於陶莉《岱廟碑刻研究》,第 13—17 頁。

建寧 006

建寧元年殘碑

建寧元年(168)九月刻。1976 年在山西省臨猗縣城關翟村出土。今藏山西省運城市博物館。石存左下段，拓本高 44、寬 39 釐米。文隸書，殘存 6 行 50 字。由錄文看，當是頌德碑，第二行有"遂放遺光"諸字。

著錄：

《漢碑全集》4 冊 1220—1223 頁。（圖、文）

《漢魏石刻文字繫年》65—66 頁。（文、跋）

《漢魏六朝碑刻校注·總目提要》編號 0285。（目）

淑德大學《中國石刻拓本目錄》"碑碣等刻石"編號 115。（目）

建寧 007

高陽令楊著碑并陰

又名：後漢高陽令楊君碑。建寧元年（168）十月廿八日卒。在河南陝州，石今毀。拓本碑身高 181、寬 85 釐米；額高 47、寬 20 釐米。文隸書，13 行，滿行 28 字。《隸續·碑式》載：碑陰前後缺，橫五列。篆額二行，額題：漢故高陽令楊君之碑。

圖版（碑陽）著錄：

《隨軒金石文字》，《新編》2/8/5891 – 5906。

《北京圖書館藏中國歷代石刻拓本匯編》1 冊 132 頁。

《漢碑全集》4 冊 1173—1178 頁。

《漢魏六朝碑刻校注》1 冊 285 頁。

錄文著錄：

《金石萃編》12/22a – 23a，《新編》1/1/211 下—212 上。（碑陽）

《隸釋》11/19b – 20b、21b – 22b，《新編》1/9/6882 上—6883 下。

《漢碑錄文》3/10b – 11a，《新編》2/8/6171 下—6172 上。（碑陽）

（民國）《新修閿鄉縣志·金石》19/8a – b、11a – b，《新編》3/29/684 下、686 上。

《六藝之一錄》43/25a – 26a、27b – 29a，《新編》4/4/623 上—下、624 上—625 上。

《全後漢文》101/6a – b，《全文》1 冊 1018 下。（碑陽）

《漢魏石刻文學考釋》中冊 580—582 頁。

《漢碑全集》4 冊 1174 頁。（碑陽）

《漢魏六朝碑刻校注》1 冊 286 頁。（碑陽）

碑目題跋著錄：

《金石萃編》12/24b – 27a，《新編》1/1/212 下—214 上。

《八瓊室金石補正》4/23a – 25a，《新編》1/6/4069 上—4070 上。

《隸釋》11/20b – 21a、22b，《新編》1/9/6882 下—6883 下。

《隸釋》21/6a 引《集古錄》，《新編》1/9/6965 下。

《隸釋》23/3b 引《集古錄目》，《新編》1/9/6991 上。

《隸釋》27/4 a 引《天下碑錄》，《新編》1/9/7037 下。

《隸釋刊誤》11/57a – b，《新編》1/9/7073 上。

《隸續》7/2b，《新編》1/10/7133 下。

《兩漢金石記》17/3a – 4b，《新編》1/10/7447 上—下。

《集古求真》9/12b – 13a，《新編》1/11/8567 下—8568 上。

《集古求真補正》3/28b，《新編》1/11/8676 下。

《金石錄》2/1a、18/9b – 10a，《新編》1/12/8806 上、8910 上—下。

《中州金石考》7/30a，《新編》1/18/13733 下。

《集古錄跋尾》3/5b – 6a，《新編》1/24/17855 上—下。

《集古錄目》1/7a、2/8a，《新編》1/24/17950 上、17954 下。

《通志·金石略》卷上/12b，《新編》1/24/18025 上。

《寶刻叢編》10/4b、5a，《新編》1/24/18251 下、18252 上。

《補寰宇訪碑錄》1/5b，《新編》1/27/20197 上。

《金石彙目分編》9（4）/58b、12（2）/26b，《新編》1/28/21064 下、21348 下。

《石刻題跋索引》9 頁左，《新編》1/30/22347。

《天下金石志》6/14 – 15，《新編》2/2/837 下—838 上。

《墨華通考》卷 10，《新編》2/6/4411 上。

《漢碑錄文》3/11a – 12a，《新編》2/8/6172 上—下。

《續校碑隨筆·孤本》卷下/7a，《新編》2/17/12505 上。

《隸辨》7/27a – 28a，《新編》2/17/13049 上—下。

《古今碑帖考》9a，《新編》2/18/13167 上。

《中州金石目錄》1/4b、8b,《新編》2/20/14687 下、14689 下。

《佩文齋書畫譜·金石》61/9a 下,《新編》3/2/34 上。

《讀漢碑》7b-8a,《新編》3/2/592 上—下。

《寒山堂金石林時地攷》卷上/19a,《新編》3/34/499 上。

《石墨餘馨》,《新編》3/35/338。

《石目》,《新編》3/36/45 上。

汪本《隸釋刊誤》57a-b,《新編》3/37/578 下。

《漢石例》2/38b、3/15a,《新編》3/40/162 下、172 上。

《碑版廣例》6/16b,《新編》3/40/309 下。

《漢魏六朝志墓金石例》1/9a,《新編》3/40/400 上。

《漢魏六朝墓銘纂例》2/8b,《新編》3/40/445 下。

《金石備攷·西安府》,《新編》4/1/33 上。

《激素飛清閣平碑記》卷1,《新編》4/1/196 上。

《墨池篇》6/4a,《新編》4/9/668 下。

《漢隸字源》67—68 頁。

《善本碑帖錄》1/38。

《漢魏石刻文學考釋》中冊 577—580 頁。

《漢魏石刻文字繫年》84 頁。

《漢魏六朝碑刻校注·總目提要》編號 0287。

備考:楊著,楊震之孫,楊震,《後漢書》卷五四有傳。

建寧 008

冀州從事張表碑

建寧元年(168)三月卒,其年十一月葬。《寶刻叢編》記在澶州。石久佚,清代復出之,時人記在河北冀縣,今不詳所在。文16行,滿行25字,隸書。額篆書三行,額題:漢故冀州從事張君之碑。

圖版著錄:

《望堂金石初集》,《新編》2/4/2833 上—2840 下。

錄文著錄:

《隸釋》8/4a-5a,《新編》1/9/6839 下—6840 上。

《碑版廣例》3/5b－6b，《新編》3/40/262 上—下。

《六藝之一錄》43/30a－31b，《新編》4/4/625 下—626 上。

《全後漢文》101/5b－6a，《全文》1 冊 1018 上—下。

《漢魏石刻文學考釋》中冊 597—598 頁。

碑目題跋著錄：

《隸釋》8/5a－b，《新編》1/9/6840 上。

《隸釋》21/20a 引《集古錄》，《新編》1/9/6972 下。

《隸釋》23/10a 引《集古錄目》，《新編》1/9/6994 下。

《隸釋刊誤》34b－35b，《新編》1/9/7061 下—7062 上。

《隸續》7/9b，《新編》1/10/7137 上。

《集古求真》9/9b－10a，《新編》1/11/8566 上—下。

《集古求真補正》3/24b，《新編》1/11/8674 下。

《金石錄》1/6b，《新編》1/12/8802 下。

《金石錄補》25/20a，《新編》1/12/9124 下。

《金石錄補續跋》3/8b－9a，《新編》1/12/9153 下—9154 上。

《金石文字記》1/20b，《新編》1/12/9201 下。

《集古錄跋尾》3/1a，《新編》1/24/17853 上。

《集古錄目》1/6b，《新編》1/24/17949 下。

《通志·金石略》卷上/20b，《新編》1/24/18029 上。

《寶刻叢編》6/7a、b，《新編》1/24/18167 上。

《曝書亭金石文字跋尾》2/11a－b，《新編》1/25/18685 上。

《金石彙目分編》3（2）/35a，《新編》1/27/20710 上。

《石刻題跋索引》9 頁右—10 頁左，《新編》1/30/22347－22348。

《天下金石志》16/1，《新編》2/2/870 下。

《望堂金石初集》，《新編》2/4/2840 下。

（光緒）《畿輔通志·金石十四》151/1b－2b，《新編》2/11/8615 上—下。

《京畿金石考》卷下/12a，《新編》2/12/8773 下。

《金石例補》1/10a－b，《新編》2/17/12365 下。

《隸韻·碑目》7b，《新編》2/17/12518 上。

《隸辨》7/29a,《新編》2/17/13050 上。

《古今碑帖考》8a,《新編》2/18/13166 下。

《金石錄續跋》23－24,《新編》2/18/13206 上—下。

《集古錄補目補》卷上/8a,《新編》2/20/14513 上。

《畿輔待訪碑目》卷上/1b,《新編》2/20/14801 上。

《古林金石表》3b－4a,《新編》2/20/14895 上—下。

《佩文齋書畫譜·金石》61/9b 上,《新編》3/2/34 上。

《話雨樓碑帖目錄》1/7b,《新編》3/36/540。

汪本《隸釋刊誤》34b－35b,《新編》3/37/567 上—下。

《紅藕齋漢碑彙鈔集跋》,《新編》3/38/511 上。

《漢魏六朝墓銘纂例》1/9b－10a,《新編》3/40/438 上—下。

《金石備攷》附錄,《新編》4/1/90 下。

《庚子銷夏記》5/4a－b,《新編》4/6/624 下。

《墨池篇》6/3a,《新編》4/9/668 上。

《漢隸字源》50 頁。

《善本碑帖錄》1/39。

《碑帖敘錄》167 頁。

《漢魏石刻文學考釋》中冊 595—597 頁。

《漢魏石刻文字繫年》66 頁。

《漢魏六朝碑刻校注·總目提要》編號 0288。

建寧 009

堵陽長劉子山斷碑

又名：堵陽長謁者劉君碑。建寧元年（168）立。

錄文著錄：

《隸續》20/3b－4a,《新編》1/10/7196 上—下。

《漢魏石刻文學考釋》中冊 634 頁。

碑目題跋著錄：

《兩漢金石記》19/6b－7b,《新編》1/10/7469 下—7470 上。

《金石錄》1/6b,《新編》1/12/8802 下。

《金石錄補》25/10a,《新編》1/12/9119 下。

《通志‧金石略》卷上/20b,《新編》1/24/18029 上。

《石刻題跋索引》13 頁左,《新編》1/30/22351。

《天下金石志》16/1,《新編》2/2/870 下。

《隸韻‧碑目》7b,《新編》2/17/12518 上。

《隸辨》7/29b,《新編》2/17/13050 上。

《佩文齋書畫譜‧金石》61/9a 下,《新編》3/2/34 上。

《紅藕齋漢碑彙鈔集跋》,《新編》3/38/536 上。

《漢魏六朝墓銘纂例》1/10b,《新編》3/40/438 下。

《金石備攷》附錄,《新編》4/1/86 上。

《六藝之一錄》43/36a,《新編》4/4/628 下。

《漢隸字源》145 頁。

《漢魏石刻文學考釋》中冊 633—634 頁。

《漢魏石刻文字繫年》67 頁。

《漢魏六朝碑刻校注‧總目提要》編號 0290。

建寧 010

樂成陵令太尉掾許嬰碑

建寧元年（168）立。在柘縣城內。

碑目題跋著錄：

《隸釋》20/13a‐b 引《水經注》,《新編》1/9/6953 上。

《隸釋》27/5a 引《天下碑錄》,《新編》1/9/7038 上。

《金石彙目分編》9（1）/58b,《新編》1/28/20952 下。

《隸辨》8/51b‐52a,《新編》2/17/13100 上—下。

《佩文齋書畫譜‧金石》61/10b 下,《新編》3/2/34 下。

《紅藕齋漢碑彙鈔集跋》,《新編》3/38/503 下。

《六藝之一錄》51/8a‐b,《新編》4/4/756 下。

《水經注碑錄》卷五編號 144,《北山金石錄》上冊 124—125 頁。

《漢魏石刻文字繫年》67 頁。

《漢魏六朝碑刻校注‧總目提要》編號 0289。

建寧 011

曹掾史等字殘碑

又名：建寧殘碑。建寧元年（168）。1921 年河南洛陽出土，現存故宮博物院。拓本高 55、寬 48 釐米。殘石存字 7 行，第二行有"曹掾史"，第五行有"建寧元年"字。

著錄：

《古石抱守錄》，《新編》3/1/284 – 285 頁。（圖）

《北京圖書館藏中國歷代石刻拓本匯編》1 冊 131 頁。（圖）

《漢碑全集》4 冊 1190—1191 頁。（圖、文）

《碑帖鑒定》52、54 頁。（跋）

建寧 012

尚書郎河東太守孔宙碑

建寧元年（168）。在仙源縣（曲阜）。

碑目題跋著錄：

《隸釋》27/6a 引《天下碑錄》，《新編》1/9/7038 下。

《金石彙目分編》10（2）/20b，《新編》1/28/21150 下。

《天下金石志》3/3，《新編》2/2/815 上。

（宣統）《山東通志·藝文志》卷 152，《新編》2/12/9353 下。

《碑藪》，《新編》2/16/11832 上。

《寒山堂金石林時地攷》卷上/14a，《新編》3/34/496 下。

《金石備攷·兗州府》，《新編》4/1/46 上。

《六藝之一錄》42/25b，《新編》4/4/605 上。

建寧 013

郭泰碑

又名：郭有道碑、郭林宗碑。蔡邕撰并書，建寧二年（169）正月卒。明萬曆中縣令王正己重刻，碑原在山西省介休縣。拓本高 143、寬 72 釐米。文隸書，12 行，滿行 40 字。額題：有道郭先生碑。

圖版著錄：

《北京圖書館藏中國歷代石刻拓本匯編》1 冊 134 頁。

錄文著錄：

《金石萃編》12/27b－29a，《新編》1/1/214 上—215 上。

《兩漢金石記》17/6a－7b，《新編》1/10/7448 下—7449 上。

《漢碑錄文》3/17b－19a，《新編》2/8/6175 上—6176 上。

（民國）《濟寧直隸州續志·藝文志》19/55b，《新編》3/26/74 上。

（雍正）《山西通志·碑碣一》191/1a－2a，《新編》3/30/577 上—下。

《碑版廣例》4/117a－18a，《新編》3/40/282 上—下。

《藝文類聚》卷 37，上冊 657 頁。（節文）

《蔡中郎集》2/40b－42a，《漢魏六朝百三名家集》1 冊 553 下—554 下。

《全後漢文》76/1a－1b，《全文》1 冊 884 頁上。

《蔡中郎集》5/6b－7b，景印文淵閣《四庫全書·集部》1063 冊 198 上—下。

《蔡中郎文集》2/1a－2a，《四部叢刊初編》98 冊。

《漢魏石刻文學考釋》中冊 604—605 頁。

碑目題跋著錄：

《金石萃編》12/32a－33a，《新編》1/1/216 下—217 上。

《金石續錄》1/10a－b，《新編》1/5/3759 下。

《隸釋》20/1b－2a 引《水經注》，《新編》1/9/6947 上—下。

《隸釋》27/4a－b 引《天下碑錄》，《新編》1/9/7037 下。

《兩漢金石記》1/31a、17/7b－10b，《新編》1/10/7220 上、7449 上—7450 下。

《集古求真》9/11a－12a，《新編》1/11/8567 上—下。

《通志·金石略》卷上/12b，《新編》1/24/18025 上。

《寶刻類編》1/9b，《新編》1/24/18411 上。

《石墨鐫華》1/8b－9a，《新編》1/25/18596 下—18597 上。

《潛研堂金石文字目錄》1/4b，《新編》1/25/19008 下。

《再續寰宇訪碑錄校勘記》1b，《新編》1/27/20460 上。

《金石彙目分編》10（補遺）/17a、11/4b、11/69a。《新編》1/28/

21222 上、21229 下、21262 上。

《石刻題跋索引》10 頁左,《新編》1/30/22348。

《天下金石志》4/5,《新編》2/2/822 上。

《石刻名彙》1/2a,《新編》2/2/1025 下。

《墨華通考》卷 9,《新編》2/6/4398 下、4401 下。

《函青閣金石記》3/17a – 19b,《新編》2/6/5043 上—5044 上。

《來齋金石刻考略》卷上/20b – 21b,《新編》2/8/5974 下—5975 上。

《漢碑錄文》3/19a – b,《新編》2/8/6176 上。

《山右金石錄》"目錄"1a、"跋尾"1a,《新編》2/12/9029 上、9032 上、9046 上。

(宣統)《山東通志·藝文志》卷 152,《新編》2/12/9368 下。

《濟州金石志》6/12a,《新編》2/13/9626 下。

《碑藪》,《新編》2/16/11833 上。

《語石》2/9b、6/1a、10/4a,《新編》2/16/11880 上、11963 上、12021 下。

《隸辨》8/50b – 51a,《新編》2/17/13099 下—13100 上。

《鐵函齋書跋》1/5b – 6a,《新編》2/18/13641 上—下。

《古墨齋金石跋》1/17b – 18a,《新編》2/19/14071 上—下。

《竹崦盦金石目錄》4b,《新編》2/20/14548 下。

《古林金石表》4a,《新編》2/20/14895 下。

(民國)《濟寧直隸州續志·藝文志》19/57b,《新編》3/26/75 上。

(光緒)《山西通志·金石記二》90/2b、90/5a、98/5b,《新編》3/30/332 下、334 上、538 上。

《山右訪碑記》1b,《新編》3/30/566 上。

(民國)《介休縣志·金石》16/2a,《新編》3/31/31 下。

《金石文考略》2/39b,《新編》3/34/245 上。

《寒山堂金石林時地攷》卷上/9a,《新編》3/34/494 上。

《石墨餘馨》,《新編》3/35/337。

《讀石墨餘馨後記》,《新編》3/35/360。

《石目》,《新編》3/36/45 上。

《寒山金石林部目》7b，《新編》3/36/502 上。

《話雨樓碑帖目錄》1/5b，《新編》3/36/536。

《菉竹堂碑目》2/3b，《新編》3/37/277 上。

《竹崦盦金石目錄》1/4b，《新編》3/37/341 下。

《漢石例》1/26b、2/15b，《新編》3/40/137 下、151 上。

《漢魏六朝志墓金石例》1/4b、3/2b，《新編》3/40/397 下、415 下。

《漢魏六朝墓銘纂例》1/11a，《新編》3/40/439 上。

《金石備攷·汾州府》，《新編》4/1/53 下。

《古今書刻》下編/37b，《新編》4/1/153 上。

《六藝之一錄》51/16b、22b，《新編》4/4/760 下、763 下。

《清儀閣金石題識》2/20b–21b，《新編》4/7/51 下—52 上。

《壬癸金石跋》52a–b，《新編》4/7/284 下。

《水經注碑錄》卷一編號21，《北山金石錄》上冊37—41 頁。

《太平寰宇記碑錄》編號76，《北山金石錄》上冊275 頁。

《面城精舍雜文甲編》，《羅振玉學術論著集》第九集，37 頁。

《再續寰宇訪碑錄》卷上，《羅振玉學術論著集》第五集，407 頁。

《增補校碑隨筆》（修訂本）61—62 頁。

《碑帖鑒定》55—56 頁。

《碑帖敘錄》137 頁。

《善本碑帖錄》1/40。

《漢魏石刻文學考釋》中冊601—604 頁。

《漢魏石刻文字繫年》67—68 頁。

《漢魏六朝碑刻校注·總目提要》編號0291。

淑德大學《中國石刻拓本目錄》"碑碣等刻石" 編號119。

論文：

胡月：《漢郭有道碑考》，《漢碑研究》，第 320—331 頁。

王思禮、賴非：《山東兩漢碑刻真偽考三例》，《漢魏研究》，第 332—339 頁。

啓功：《〈郭泰碑〉跋》，載於《啓功全集》（修訂版）第五卷，第 5—6 頁。

段青蘭：《考郭泰墓碑，賞傅山書法—記〈郭有道碑〉》，《文物世界》2003 年第 6 期。

備考：郭泰（太），字林宗，又稱"郭有道"，《後漢書》卷六八有傳。

建寧 014
□□墓碑

又名：建寧二年殘碑。建寧二年（169）二月十日造。2008 年在邯鄲古玩市場發現，據云拓片來源於邯鄲永年縣西蘇村一帶，上世紀文革時期挖土發現，原碑下落不明。碑殘高 93、寬 74 釐米。文 12 行，殘存 67 字，隸書。額隸書，1 行 11 字，額題：建寧二年二月十日丙子造。

論文：

郝良真：《邯鄲新見東漢建寧二年殘碑考釋》，《邯鄲學院學報》2015 年第 3 期。（圖、文）

建寧 015
金鄉長侯成碑

又名：後漢金鄉守長侯君碑。建寧二年（169）四月二日卒，夫人延熹七年（164）十一月三日卒。在山東省濟州金鄉單父墓前出土。《隸續·碑式》載：文十七行，行三十字，八分書。隸額 1 行 10 字。額題：漢故金鄉守長侯君之碑。

錄文著錄：

《隸釋》8/6a–7a，《新編》1/9/6840 下—6841 上。

《金石古文》9/6b–8a，《新編》1/12/9415 下—9416 下。

《漢碑錄文》3/19b–20b，《新編》2/8/6176 上—下。

（宣統）《山東通志·藝文志》卷 151，《新編》2/12/9280 上—下。

《濟州金石志》6/3a–4b，《新編》2/13/9622 上—下。

《碑版廣例》5/17a–18b，《新編》3/40/298 下—299 上。

《六藝之一錄》44/8b–10a，《新編》4/4/632 下—633 下。

《全後漢文》101/7b–8a，《全文》1 冊 1019 上—下。

《漢魏石刻文學考釋》中冊 607—608 頁。

碑目題跋著錄：

《隸釋》8/7b－8a，《新編》1/9/6841 上—下。

《隸釋》21/33a－b 引《集古錄》，《新編》1/9/6979 上。

《隸釋》23/14b 引《集古錄目》，《新編》1/9/6996 下。

《隸釋刊誤》35b－36b，《新編》1/9/7062 上—下。

《隸續》7/5a，《新編》1/10/7135 上。

《金石錄》1/6b、16/4a－b，《新編》1/12/8802 下、8895 下。

《金石錄補續跋》3/9a－b，《新編》1/12/9154 上。

《金石文字記》1/20b－21a，《新編》1/12/9201 下—9202 上。

《集古錄跋尾》3/1b－2a，《新編》1/24/17853 上—下。

《集古錄目》1/6b，《新編》1/24/17949 下。

《通志·金石略》卷上/20b，《新編》1/24/18029 上。

《曝書亭金石文字跋尾》2/20a－b，《新編》1/25/18689 下。

《授堂金石三跋·一跋》1/11b－12a，《新編》1/25/19091 上—下。

《金石彙目分編》10（3）/8a，《新編》1/28/21182 下。

《石刻題跋索引》10 頁右，《新編》1/30/22348。

《天下金石志》3/7，《新編》2/2/817 上。

《墨華通考》卷 8，《新編》2/6/4390 上、下。

《漢碑錄文》3/20b－21b，《新編》2/8/6176 下—6177 上。

（宣統）《山東通志·藝文志》卷 151，《新編》2/12/9280 下。

《石墨考異》卷上，《新編》2/16/11636 上—下。

《碑藪》，《新編》2/16/11829 下。

《金石例補》1/4b、1/7a－b，《新編》2/17/12362 下、12364 上。

《隸韻·碑目》7b，《新編》2/17/12518 上。

《隸辨》7/30b－31a，《新編》2/17/13050 下—13051 上。

《古今碑帖考》8b，《新編》2/18/13166 下。

《金石錄續跋》24，《新編》2/18/13206 下。

《集古錄補目補》卷上/7a，《新編》2/20/14512 下。

《佩文齋書畫譜·金石》61/9b 下，《新編》3/2/34 上。

《寒山堂金石林時地攷》卷上/12a，《新編》3/34/495 下。

汪本《隸釋刊誤》35b – 36b，《新編》3/37/567 下—568 上。

《漢石例》2/21a – b，《新編》3/40/154 上。

《漢魏六朝志墓金石例》1/11a，《新編》3/40/401 上。

《漢魏六朝墓銘纂例》1/10b – 11a，《新編》3/40/438 下—439 上。

《金石備攷·兗州府》，《新編》4/1/48 下。

《墨池篇》6/3b，《新編》4/9/668 上。

《漢隸字源》51 頁。

《善本碑帖錄》1/39。

《漢魏石刻文學考釋》中冊 605—607 頁。

《漢魏石刻文字繫年》68 頁。

《漢魏六朝碑刻校注·總目提要》編號 0295。

建寧 016

肥致碑

建寧二年（169）五月十五日建。1991 年在河南省偃師市蔡莊鄉南蔡莊村出土，現藏偃師市博物館。碑身高 98、寬 48、厚 9.5 釐米。文隸書，19 行，滿行 29 字。額隸書，6 行 28 字，額題：孝章皇帝大歲在丙子崩孝章皇帝孝和皇帝孝和皇帝大歲在已丑崩；首題：河南梁東安樂肥君之碑。

著錄：

《北京大學圖書館新藏金石拓本菁華 1996—2012》48 頁。（圖）

《洛陽新獲墓誌》2 頁。（圖）

《漢碑全集》4 冊 1273—1286 頁。（圖、文）

《漢魏六朝碑刻校注》1 冊 297—298 頁。（圖、文）

《漢魏石刻文字繫年》70—71 頁。（文、跋）

《漢魏六朝碑刻校注·總目提要》編號 0296。（目）

淑德大學《中國石刻拓本目錄》"碑碣等刻石" 編號 120。（目）

論文：

河南省偃師文物管理委員會：《偃師縣南蔡莊鄉肥致墓發掘簡報》，《文物》1992 年第 9 期。

黃展岳：《早期墓誌的一些問題》，《文物》1995 年第 12 期。

王育成：《東漢肥致碑探索》，《中國歷史博物館館刊》1996 年第 2 期。

虞萬里：《東漢〈肥致碑〉考釋》，《中原文物》1997 年第 4 期。

王家葵：《漢肥致碑考疑》，《宗教學研究》2001 年第 3 期。

任昉：《〈洛陽新獲墓誌〉釋文補正》，《故宮博物院院刊》2001 年第 5 期。

劉昭瑞：《論肥致碑的立碑者及碑的性質》，《中原文物》2002 年第 3 期。

黃展岳：《肥致碑及相關問題》，《考古》2012 年第 5 期。

樊有升：《東漢〈肥致碑〉》，李獻奇、黃明蘭主編《畫像磚石刻墓誌研究》，第 168—171 頁。

何嶠：《〈肥致碑〉為真漢碑考》，《國學》2014 年，第 234—241 頁。

叢文俊：《跋東漢肥致碑》，載於《藝術與學術：叢文俊書法研究題跋文集》，第 244 頁。

備考：此碑有真偽爭議，然因有發掘報告，故附此。

建寧 017

處士圈典碑

又名：處士圈叔則碑。建寧二年（169）六月卒。蔡邕撰。

錄文著錄：

《藝文類聚》卷 37，上冊 658 頁。（節文）

《蔡中郎集》2/48a - 49a，《漢魏六朝百三名家集》1 冊 557 下—558 上。

《全後漢文》76/1b - 2a，《全文》1 冊 884 上—下。

《蔡中郎文集》2/13b - 14b，《四部叢刊初編》98 冊。

《蔡中郎集》6/19b - 20b，景印文淵閣《四庫全書·集部》1063 冊 221 下—222 上。

《漢魏石刻文學考釋》中冊 980—981 頁。

碑目題跋著錄：

《漢石例》1/17a、1/29b、3/15a，《新編》3/40/133 上、139 上、172 上。

《漢魏六朝志墓金石例》1/5a、3/2b，《新編》3/40/398 上、415 下。

《漢魏六朝墓銘纂例》1/11b，《新編》3/40/439 上。

《漢魏石刻文學考釋》中冊 979—980 頁。

《漢魏六朝碑刻校注·總目提要》編號 0297。

建寧 018

孝廉柳敏碑

建寧二年（169）十月造碑，縣令趙臺立。原在黔州州廨，今佚。碑高六尺一寸，廣三尺。文隸書，14 行，行 26 字。碑陰為畫像。《輿地碑記目》作"孝廉柳莊敏碑"。

圖版著錄：

《四川歷代碑刻》69 頁。

《漢魏六朝碑刻校注》1 冊 300 頁。

錄文著錄：

《金石萃編》13/19b－20b，《新編》1/1/227 上—下。

《金石存》7/23a－b，《新編》1/9/6664 上。

《隸釋》8/8a－9a，《新編》1/9/6841 下—6842 上。

（光緒）《黔江縣志·金石》1/42a－b，《新編》3/15/455 上。

《紅藕齋漢碑彙鈔集跋》，《新編》3/38/530 下—531 上。

《碑版廣例》4/7a－8a，《新編》3/40/277 上—下。

《六藝之一錄》44/13b－14b，《新編》4/4/635 上—下。

《全後漢文》101/8b－9a，《全文》1 冊 1019 下—1020 上。

《四川歷代碑刻》69 頁。

《漢魏石刻文學考釋》中冊 584 頁。

《漢魏六朝碑刻校注》1 冊 301 頁。

碑目題跋著錄：

《金石萃編》13/22a－23a，《新編》1/1/228 下—229 上。

《金石存》7/23b－25a，《新編》1/9/6664 上—6665 上。

《隸釋》8/9a－b，《新編》1/9/6842 上。

《隸釋刊誤》36b－37a，《新編》1/9/7062 下—7063 上。

《隸續》5/3a–b，《新編》1/10/7112 上。

《集古求真》9/19b，《新編》1/11/8571 上。

《集古求真補正》3/34a，《新編》1/11/8679 下。

《金石錄》1/6b、16/4b–5a，《新編》1/12/8802 下、8895 下—8896 上。

《金石錄補》6/11a，《新編》1/12/9020 上。

《通志·金石略》卷上/20b，《新編》1/24/18029 上。

《寶刻叢編》19/5a–6a，《新編》1/24/18354 上—下。

《輿地碑記目·黔州碑記》4/25a，《新編》1/24/18572 上。

《金石彙目分編》16（2）/12a，《新編》1/28/21488 下。

《石刻題跋索引》9 頁左，《新編》1/30/22347。

《天下金石志》16/2，《新編》2/2/871 上。

《墨華通考》卷 11，《新編》2/6/4432 上。

《蜀碑記補》2/18，《新編》2/12/8732 上。

《語石》6/12a，《新編》2/16/11968 下。

《金石例補》1/4b、2/3b–4a，《新編》2/17/12362 下、12367 上—下。

《隸韻·碑目》8a，《新編》2/17/12518 下。

《隸辨》7/31a–b，《新編》2/17/13051 上。

《退庵題跋》卷上/12a–b，《新編》2/20/14437 上。

《佩文齋書畫譜·金石》61/9b 下，《新編》3/2/34 上。

（嘉慶）《四川通志·輿地志》60/29b，《新編》3/14/533 上。

（同治）《渠縣志·金石》47/12b，《新編》3/15/430 下。

（光緒）《黔江縣志·金石》1/41a，《新編》3/15/454 下。

《蜀碑記》2/3b，《新編》3/16/317 上。

《燕庭金石叢稿》，《新編》3/32/530 上。

《話雨樓碑帖目錄》1/6a，《新編》3/36/537。

汪本《隸釋刊誤》36b–37a，《新編》3/37/568 上—下。

《紅藕齋漢碑彙鈔集跋》，《新編》3/38/525 下、531 上—下。

《漢石例》2/29b，《新編》3/40/158 上。

《漢魏六朝志墓金石例》1/14a–b,《新編》3/40/402 下。

《漢魏六朝墓銘纂例》1/11a,《新編》3/40/439 上。

《金石備攷》附錄,《新編》4/1/90 下。

《漢隸字源》51 頁。

《善本碑帖錄》1/39。

《漢魏石刻文學考釋》中冊 582—584 頁。

《漢魏石刻文字繫年》69 頁。

《漢魏六朝碑刻校注·總目提要》編號 0298。

建寧 019

交趾都尉胡府君夫人黃列嬴神誥

建寧二年（169）卒于京師，十月葬于洛陽東界關亭之阿。蔡邕撰。在河南府洛陽縣。

錄文著錄：

《全後漢文》79/4a–5b,《全文》1 冊 897 下—898 上。

《蔡中郎文集》4/8a–10a,《四部叢刊初編》第 98 冊。

《蔡中郎集》6/25b–27b，景印文淵閣《四庫全書·集部》1063 冊 224 下—225 下。

《漢魏石刻文學考釋》下冊 1347—1348 頁。

碑目題跋著錄：

《中州金石考》6/1b,《新編》1/18/13707 上。

《金石彙目分編》9（3）/61a,《新編》1/28/21021 上。

《中州金石目錄》1/4a,《新編》2/20/14687 下。

（乾隆）《河南府志·金石志》108/4b,《新編》3/28/116 下。

《漢魏六朝墓銘纂例》1/11b–12a,《新編》3/40/439 上—下。

《漢石例》1/12a、2/20b–21a、2/24b、2/25b、2/36b–37a,《新編》3/40/130 下、153 下、155 下、156 上、161 下—162 上。

《漢魏六朝碑刻校注·總目提要》編號 0299。

建寧 020

童幼胡根碑

建寧二年（169）卒。蔡邕撰。《漢魏六朝碑刻校注》作"初平三年"，不知何據？

錄文著錄：

《全後漢文》76/2a – 2b，《全文》1 冊 884 下。

《蔡中郎集》2/59a – 60a，《漢魏六朝百三名家集》1 冊 563 上—下。

《蔡中郎文集》9/3b – 4b，《四部叢刊初編》第 98 冊。

《蔡中郎集》6/35b – 36b，景印文淵閣《四庫全書·集部》1063 冊 229 下—230 上。

《漢魏石刻文學考釋》中冊 767—768 頁。

碑目題跋著錄：

《漢石例》1/32b，《新編》3/40/140 下。

《漢魏六朝志墓金石例》1/5b，《新編》3/40/398 上。

《漢魏六朝墓銘纂例》1/11b，《新編》3/40/439 上。

《漢魏石刻文學考釋》中冊 767 頁。

《漢魏六朝碑刻校注·總目提要》編號 0447。

論文：

後藤秋正：《蔡邕〈童幼胡根碑銘〉與哀辭——論禁碑所產生的影響》，《佳木斯師專學報》1996 年第 3 期。

建寧 021

陳留太守胡碩二碑

建寧元年（168）七月二十一日卒，建寧二年（169）立碑。均蔡邕撰。在洛陽。

其一：

錄文著錄：

《蔡中郎集》2/32a – 33b，《漢魏六朝百三名家集》1 冊 549 下—550 上。

《蔡中郎集》6/8b – 10a，景印文淵閣《四庫全書·集部》1063 冊 216 上—217 上。

《蔡中郎文集》5/5a – 6b，《四部叢刊初編》第 98 冊。

《全後漢文》75/8a – 9a，《全文》1 冊 882 下—883 上。

《漢魏石刻文學考釋》上冊 417—418 頁。

其二：

錄文著錄：

《蔡中郎集》2/33b-34b，《漢魏六朝百三名家集》1 冊 550 上—下。

《全後漢文》75/9a-9b，《全文》1 冊 883 上。

《蔡中郎集》6/10a-11a，景印文淵閣《四庫全書·集部》1063 冊 217 上—下。

《蔡中郎文集》5/6b-7b，《四部叢刊初編》第 98 冊。

《漢魏石刻文學考釋》上冊 418—419 頁。

碑目題跋著錄：

《中州金石考》6/1b，《新編》1/18/13707 上。

《金石彙目分編》9（3）/61b，《新編》1/28/21021 上。

《中州金石目錄》1/4a，《新編》2/20/14687 下。

（乾隆）《河南府志·金石志》108/5a，《新編》3/28/117 上。

《紅藕齋漢碑彙鈔集跋》，《新編》3/38/520 下。

《漢石例》2/3b-4a、2/9a、2/16b、2/37b、3/18b，《新編》3/40/145 上—下、148 上、151 下、162 上、173 下。

《漢魏六朝墓銘纂例》1/3a、1/10a、3/2a，《新編》3/40/397 上、415 下、438 下。

《全後漢文》75/9b，《全文》1 冊 883 上。

《漢魏石刻文學考釋》上冊 417 頁。

《漢魏六朝碑刻校注·總目提要》編號 0283。

備考：胡碩二碑，其一為門人所立，其二為陳留主簿高吉、蔡畛等立。因大多數碑目題跋對此二碑無細分，故"碑目題跋著錄"二碑合併為一。

建寧 022

許阿瞿畫像石題記

又名：許阿瞿墓誌、許阿瞿畫像石墓誌。建寧三年（170）三月中旬。1973 年三月出土於河南省南陽市東郊一座三國墓中，現存南陽市漢畫館。石高 70、寬 112、厚 11 釐米。文隸書，6 行，滿行 23 字。

著錄：

《漢碑全集》4 冊 1287—1290 頁。（圖、文）

《漢魏六朝碑刻校注》1 冊 303—304 頁。（圖、文）

《漢碑集釋》354 頁。（文）

《漢魏石刻文字繫年》69 頁。（文、跋）

《碑帖鑒定》57 頁。（跋）

《漢魏六朝碑刻校注·總目提要》編號 0301。（目）

論文：

南陽市博物館：《南陽發現東漢許阿瞿墓誌畫像石》，《文物》1974 年第 8 期。

湯淑君：《許阿瞿畫像石墓誌》，《中原文物》1991 年第 2 期。

王子今：《許阿瞿墓誌補釋》，《湖南省博物館館刊》第 12 輯，2016 年。

建寧 023

淳于長夏承碑

建寧三年（170）六月二十八日卒。蔡邕書。宋元祐間，治河堤得於洺州土中；明嘉靖中毀，知府唐曜重摹，重刻本在河北省永年縣紫山書院。碑高 267、寬 128 釐米。文隸書，原刻 14 行，滿行 27 字；重刻本改為 13 行，滿行 30 字。原額篆書，3 行共 9 字，額題：漢北海淳于長夏君碑；重刻額題：淳于長夏承碑。

圖版著錄：

《隸續》5/13a，《新編》1/10/7117 上。（碑額圖）

《望堂金石初集》，《新編》2/4/2813 上—2824 下。

《漢碑大觀》第五集，《新編》2/8/6316 上—6319 上。（局部）

《金石索》石索二，下冊 1165—1169 頁。

《北京圖書館藏中國歷代石刻拓本匯編》1 冊 138—139 頁。

《漢碑全集》4 冊 1291—1292、1294—1319 頁。

《漢魏六朝碑刻校注》1 冊 305—306 頁。

錄文著錄：

《金石萃編》13/23a－24a，《新編》1/1/229 上—下。

《金石存》8/2a－b，《新編》1/9/6666 下。

《隸釋》8/9b－10b，《新編》1/9/6842 上—下。

《兩漢金石記》10/7b－8b，《新編》1/10/7344 上—下。

《金薤琳琅》6/4b－5b，《新編》1/10/7673 下—7674 上。

《金石古文》7/3a－4a，《新編》1/12/9404 上—下。

《宜祿堂收藏金石記》卷4，《新編》2/5/3322 上。

《漢碑錄文》3/21b－22b，《新編》2/8/6177 上—下。

（光緒）《永年縣志・碑碣志》14/1b，《新編》3/25/189 上。

《碑版廣例》3/15a－16a，《新編》3/40/267 上—下。

《續古文苑》15/5a－6a，《新編》4/2/227 上—下。

《六藝之一錄》44/16b－17b，《新編》4/4/636 下—637 上。

《全後漢文》101/9a－b，《全文》1 冊 1020 上。

《漢魏石刻文學考釋》中冊 613—614 頁。

《漢碑全集》4 冊 1293 頁。

《漢碑集釋》348—349 頁。

《漢魏六朝碑刻校注》1 冊 307 頁。

碑目題跋著錄：

《金石續錄》1/10b，《新編》1/5/3759 下。

《八瓊室金石補正》4/25a－b，《新編》1/6/4070 上。

《金石存》8/2b－3b，《新編》1/9/6666 下—6667 上。

《隸釋》8/10b－11b，《新編》1/9/6842 下—6843 上。

《隸釋刊誤》37a－38a，《新編》1/9/7063 上—下。

《兩漢金石記》1/31a、10/8b－22b，《新編》1/10/7220 上、7344 下—7351 下。

《金薤琳琅》6/5b－7b，《新編》1/10/7674 上—7675 上。

《集古求真》9/14a－15a，《新編》1/11/8568 下—8569 上。

《集古求真補正》3/29a，《新編》1/11/8677 上。

《金石錄》1/6b、16/5a－b，《新編》1/12/8802 下、8896 上。

《金石文字記》1/21a–b,《新編》1/12/9202 上。

《通志·金石略》卷上/20b,《新編》1/24/18029 上。

《寶刻叢編》6/51a,《新編》1/24/18189 上。

《石墨鐫華》1/8a–b,《新編》1/25/18596 下。

《曝書亭金石文字跋尾》2/10a,《新編》1/25/18684 下。

《潛研堂金石文跋尾》1/19a–b,《新編》1/25/18743 上。

《潛研堂金石文字目錄》1/4b,《新編》1/25/19008 下。

《鐵橋金石跋》1/7b–8a,《新編》1/25/19308 上—下。

《平津讀碑記》1/13a,《新編》1/26/19355 上。

《寰宇訪碑錄》1/4b,《新編》1/26/19853 下。

《寰宇訪碑錄校勘記》1/3b,《新編》1/27/20103 上。

《續補寰宇訪碑錄》1/3b,《新編》1/27/20304 上。

《金石彙目分編》3（2）/69b,《新編》1/27/20727 上。

《石刻題跋索引》10 頁右—11 頁左,《新編》1/30/22348–22349。

《續語堂碑錄》,《新編》2/1/69 下。

《天下金石志》1/8,《新編》2/2/805 上。

《蒼潤軒玄牘記》1/3a–b,《新編》2/2/1594 上。

《平津館金石萃編》2/11a,《新編》2/4/2436 上。

《望堂金石初集》,《新編》2/4/2825 上。

《宜祿堂收藏金石記》卷4,《新編》2/5/3322 下。

《宜祿堂金石記》1/9b–10a,《新編》2/6/4210 上—下。

《墨華通考》1/19a,《新編》2/6/4300 上。

《崇雅堂碑錄》1/4a,《新編》2/6/4485 下。

《漢碑錄文》3/22b–23a,《新編》2/8/6177 下—6178 上。

（光緒）《畿輔通志·金石十一》148/6a、7a–b、10b–16a,《新編》2/11/8510 下、8511 上、8512 下—8515 下。附王惲《秋澗集》、明《廣平府志》、《寒門綴學》等題跋。

《京畿金石考》卷下/33b–34a,《新編》2/12/8784 上—下。

《獨笑齋金石文攷》第二集 4/19b–22a,《新編》2/16/11774 上—11775 下。

《碑藪》，《新編》2/16/11834 上。

《語石》6/1a、10/8a，《新編》2/16/11963 上、12023 下。

《金石萃編校字記》3b，《新編》2/17/12326 上。

《金石例補》1/3a，《新編》2/17/12362 上。

《續校碑隨筆·孤本》卷下/6b－7a，《新編》2/17/12504 下—12505 上。

《隸韻·碑目》8a，《新編》2/17/12518 下。

《隸辨》7/31b－32b，《新編》2/17/13051 上—下。

《蒼潤軒碑跋紀》5b－6a，《新編》2/18/13123 上—下。

《平安館藏碑目》，《新編》2/18/13381 上。

《古墨齋金石跋》1/19a，《新編》2/19/14072 上。

《定庵題跋》23b－24b，《新編》2/19/14297 上—下。

《愛吾廬題跋》8a－9b，《新編》2/20/14377 下—14378 上。

《竹崦盦金石目錄》4b，《新編》2/20/14548 下。

《范氏天一閣碑目》2，《新編》2/20/14605 下。

《畿輔碑目》卷上/1b，《新編》2/20/14779 上。

《古林金石表》4a－b，《新編》2/20/14895 下。

《蒿里遺文目錄》1 上/1b，《新編》2/20/14937 下。

（光緒）《重修廣平府志·金石略上》35/4b、6a－7b，《新編》3/25/108 下、109 下—110 上。附"翁跋"、唐曜《重刻夏承碑記》、《通藝錄》。

（光緒）《永年縣志·碑碣志》14/2a－3a，《新編》3/25/189 下—190 上。

《金石文考略》2/14b、17a－b，《新編》3/34/232 下、234 上。

《寒山堂金石林時地攷》卷上/2a，《新編》3/34/490 下。

《漢魏碑考》4a，《新編》3/35/82 下。

《石墨餘馨》，《新編》3/35/338。

《讀石墨餘馨後記》，《新編》3/35/360。

《石目》，《新編》3/36/45 上。

《寒山金石林部目》7b，《新編》3/36/502 上。

《話雨樓碑帖目錄》1/6a，《新編》3/36/537。

《含經堂碑目》，《新編》3/37/253 上。

《菉竹堂碑目》2/2a，《新編》3/37/276下。

《竹崦盦金石目錄》1/4b，《新編》3/37/341下。

汪本《隸釋刊誤》37a－38a，《新編》3/37/568下—569上。

《半氈齋題跋》卷下/1b－2a，《新編》3/38/239上—下。

《義門題跋》4b－5a，《新編》3/38/582下—583上。

《漢石例》2/18a、2/32a－b，《新編》3/40/152下、159下。

《漢魏六朝墓銘纂例》1/12b，《新編》3/40/439下。

《玄牘記》，《新編》3/40/588上—下。

《金石備攷·廣平府》，《新編》4/1/9下。

《古今書刻》下編/3a，《新編》4/1/136上。

《激素飛清閣平碑記》卷1，《新編》4/1/196上—下。

《分隸偶存》卷上/22a，《新編》4/1/604下。

《六藝之一錄》44/19b，《新編》4/4/638上。

《弇州山人四部稿·墨刻跋》134/4a，《新編》4/6/574上。

《庚子銷夏記》5/8a－b，《新編》4/6/626下。

《虛舟題跋》原卷3/10b－12a，《新編》4/6/685下—686下。

《金石筆識》3a－b，《新編》4/7/225上。

《雪堂所藏金石文字簿錄》29b，《新編》4/7/384上。

《漢隸字源》51—52頁。

《金石索》石索二，下冊1170頁。

《增補校碑隨筆》（修訂本）62—63頁。

《碑帖鑒定》58頁。

《碑帖敘錄》133頁。

《善本碑帖錄》1/27。

《河北金石輯錄》27—28頁。

《漢魏石刻文學考釋》中冊608—613頁。

《漢魏石刻文字繫年》71頁。

《漢碑集釋》346—348頁。

《漢魏六朝碑刻校注·總目提要》編號0302。

淑德大學《中國石刻拓本目錄》"碑碣等刻石"編號121。

論文：

陳碩：《經典、傳說與典故——論〈夏承碑〉接受史中的若干問題》，《中國書法》2016 年第 18 期。

建寧 024

建寧三年□□殘碑

建寧三年（170）十一月終于家。1998 年在內蒙古自治區包頭市南郊黃河乳牛場召灣村出土，現藏內蒙古自治區文物考古研究所。出土殘石共三塊，拓本為其中最大的一塊。殘石高 73、寬 48 釐米。文隸書，存 9 行，90 餘字，應是碑的左上部分。

著錄：

《漢碑全集》4 冊 1320—1325 頁。（圖、文）

論文：

叢文俊：《包頭漢墓出土殘碑散考》，《中國書法》2001 年第 1 期。

武成：《東漢建寧三年殘碑考》，載《全國首屆碑帖學術研討會論文集》，第 42—48 頁。

建寧 025

郎中馬江碑

元嘉三年（153）卒，夫人曹氏卒於建寧三年（170）十二月。在濟州。篆書額題：漢故郎中馬君之碑。

錄文著錄：

《隸釋》8/11b–12b，《新編》1/9/6843 上—下。

《漢碑錄文》3/12a–b，《新編》2/8/6172 下。

（宣統）《山東通志·藝文志》卷 151，《新編》2/12/9280 下。

《濟州金石志》2/40a–b，《新編》2/13/9484 下。

（道光）《鉅野縣志·金石》20/2a–3a，《新編》3/26/299 下—300 上。

《碑版廣例》5/5a–6a，《新編》3/40/292 下—293 上。

《六藝之一錄》44/23b–25a，《新編》4/4/640 上—641 上。

《全後漢文》101/9b–10a，《全文》1 冊 1020 上—下。

《漢魏石刻文學考釋》中冊 615—616 頁。

碑目題跋著錄：

《隸釋》8/12b – 13a，《新編》1/9/6843 下—6844 上。

《隸釋》27/7a 引《天下碑錄》，《新編》1/9/7039 上。

《隸釋刊誤》38a – b，《新編》1/9/7063 下。

《金石錄》1/6b、16/5b – 6a，《新編》1/12/8802 下、8896 上—下。

《金石錄補續跋》3/10a，《新編》1/12/9154 下。

《通志・金石略》卷上/20b，《新編》1/24/18029 上。

《金石彙目分編》10（2）/54b，《新編》1/28/21167 下。

《石刻題跋索引》11 頁左，《新編》1/30/22349。

《天下金石志》3/8，《新編》2/2/817 下。

《漢碑錄文》3/13a – b，《新編》2/8/6173 上。

（宣統）《山東通志・藝文志》卷 151，《新編》2/12/9280 下。

《濟州金石志》2/41b，《新編》2/13/9485 上。

《碑藪》，《新編》2/16/11829 下。

《金石例補》1/7b、8a，《新編》2/17/12364 上、下。

《隸韻・碑目》8a，《新編》2/17/12518 下。

《隸辨》7/32b – 33a，《新編》2/17/13051 下—13052 上。

《金石錄續跋》25，《新編》2/18/13207 上。

《佩文齋書畫譜・金石》61/10a 上，《新編》3/2/34 下。

《寒山堂金石林時地攷》卷上/12b，《新編》3/34/495 下。

汪本《隸釋刊誤》38a – b，《新編》3/37/569 上。

《紅藕齋漢碑彙鈔集跋》，《新編》3/38/511 上—下。

《漢石例》2/21a、2/35b、3/26a，《新編》3/40/154 上、161 上、177 下。

《碑版廣例》5/6a，《新編》3/40/293。

《漢魏六朝志墓金石例》1/11a – b，《新編》3/40/401 上。

《漢魏六朝墓銘纂例》1/12a – b，《新編》3/40/439 下。

《金石備攷・兗州府》，《新編》4/1/48 下。

《漢隸字源》52 頁。

《漢魏石刻文學考釋》中冊 614—615 頁。

《漢魏石刻文字繫年》71 頁。

《漢魏六朝碑刻校注·總目提要》編號 0303。

建寧 026

太傅安樂侯胡公夫人章顯章靈表

建寧三年（170）卒，同年閏月葬。蔡邕撰。

錄文著錄：

《全後漢文》79/3a－4a，《全文》1 冊 897 上—下。

《蔡中郎文集》4/10a－11b，《四部叢刊初編》第 98 冊。

《蔡中郎集》6/27b－29b，景印文淵閣《四庫全書·集部》1063 冊 225 下—226 下。

《漢魏石刻文學考釋》中冊 993—994 頁。

碑目題跋著錄：

《金石彙目分編》9（3）/61b，《新編》1/28/21021 上。

《漢石例》1/10b、2/21b、2/25a、2/33b、2/36b，《新編》3/40/129 下、154 上、156 上、160 上、161 下。

《漢魏六朝志墓金石例》1/5b－6a、3/2b－3a，《新編》3/40/398 上—下、415 下—416 上。

《漢魏六朝墓銘纂例》1/12b－13a，《新編》3/40/439 下—440 上。

《漢魏石刻文學考釋》中冊 992—993 頁。

《漢魏六朝碑刻校注·總目提要》編號 0304。

建寧 027

胡元壬碑

建寧四年（171）二月。1956 年發現於宿縣東北褚蘭鎮墓山孜西南山腳下。碑額通高 18.8、寬 12.6 釐米。文隸書，9 行，多殘損；額 3 行 7 字。額題：辟陽胡元壬□墓。

著錄：

《漢魏石刻文字繫年》72 頁。（節文）

《漢魏六朝碑刻校注·總目提要》編號 0307。（目）

論文：

王步毅：《安徽宿縣褚蘭漢畫像石墓》，《考古學報》1993 年第 4 期。（圖、文）

建寧 028

慎令劉脩碑

又名：慎令劉伯麟碑。建寧四年（171）五月卒。在應天府下邑縣，或云在穀熟縣門外夫子廟中。隸書，《隸續》卷七《碑式》載：文十三行，行二十五字。隸額二行，額題：漢故慎令劉君墓碑。

錄文著錄：

《隸釋》8/13a – 14a，《新編》1/9/6844 上—下。

《金石古文》14/4a，《新編》1/12/9434 下。（節文）

（民國）《安徽通志稿·金石古物考二》10b – 11a，《新編》3/11/70 上—下。

《碑版廣例》5/14b – 15b，《新編》3/40/297 上—下。

《六藝之一錄》44/26a – b，《新編》4/4/641 下。

《全後漢文》101/10a – b，《全文》1 冊 1020 下。

《漢魏石刻文學考釋》中冊 621 頁。

碑目題跋著錄：

《隸釋》8/14a – b，《新編》1/9/6844 下。

《隸釋》22/7a – b 引《集古錄》，《新編》1/9/6983 上。

《隸釋》23/16b – 17a 引《集古錄目》，《新編》1/9/6997 下—6998 上。

《隸釋》27/5a 引《天下碑錄》，《新編》1/9/7038 上。

《隸釋刊誤》38b – 39a，《新編》1/9/7063 下—7064 上。

《隸續》7/9b，《新編》1/10/7137 上。

《金石錄》1/7a，《新編》1/12/8803 上。

《金石錄補》25/10b、20a – b，《新編》1/12/9119 下、9124 下。

《金石錄補續跋》3/10a – 11b，《新編》1/12/9154 下—9155 上。

《安徽金石略》8/6b，《新編》1/16/11747 下。

《中州金石考・夏邑縣》3/6b - 7a,《新編》1/18/13688 下—13689 上。

《集古錄跋尾》3/3a - b,《新編》1/24/17854 上。

《集古錄目》1/7a - b,《新編》1/24/17950 上。

《通志・金石略》卷上/13a,《新編》1/24/18025 下。

《金石彙目分編》9（1）/55a,《新編》1/28/20951 上。

《石刻題跋索引》11 頁左、24 頁右,《新編》1/30/22349、22362。

《天下金石志》16/2,《新編》2/2/871 上。

《墨華通考》2/4a、卷 7,《新編》2/6/4304 下、4371 上。

《金石例補》2/3b,《新編》2/17/12367 上。

《隸韻・碑目》8a,《新編》2/17/12518 下。

《隸辨》7/33a - b,《新編》2/17/13052 上。

《古今碑帖考》8b,《新編》2/18/13166 下。

《金石錄續跋》25 - 27,《新編》2/18/13207 上—13208 上。

《集古錄補目補》卷上/7b,《新編》2/20/14512 下。

《中州金石目錄》1/4a,《新編》2/20/14687 下。

《佩文齋書畫譜・金石》61/10a 下,《新編》3/2/34 下。

（光緒）《續修廬州府志・金石略》92/2b,《新編》3/10/475 下。

（乾隆）《歸德府志・金石文字》30/17a - b,《新編》3/28/238 下。

附《漢隸碑目》。

《寒山堂金石林時地攷》卷上/18b,《新編》3/34/498 下。

汪本《隸釋刊誤》38b - 39a,《新編》3/37/569 上—下。

《紅藕齋漢碑彙鈔集跋》,《新編》3/38/510 下、511 下—512 上。

《碑版廣例》5/15b、6/8a,《新編》3/40/297 下、305 下。

《漢魏六朝志墓金石例》1/11b,《新編》3/40/401 上。

《漢魏六朝墓銘纂例》1/13a,《新編》3/40/440 上。

《漢石例》2/18b、34a,《新編》3/40/152 下、160 下。

《金石備攷》附錄,《新編》4/1/86 上。

《古今書刻》下編/25b,《新編》4/1/147 上。

《墨池篇》6/3b,《新編》4/9/668 上。

《金石圖》,《新編》4/10/549 上右。

《漢隸字源》52 頁。

《漢魏石刻文學考釋》中冊 619—621 頁。

《漢魏石刻文字繫年》72—73 頁。

《漢魏六朝碑刻校注·總目提要》編號 0309。

建寧 029

李翕西狹頌碑

又名：惠安西表摩崖、武都太守李翕碑、西狹頌；碑陰又名：李翕澠池五瑞碑。仇靖書。建寧四年（171）六月十三日摩崖刻。在甘肅省成縣魚竅峽古棧道中，摩崖在五瑞圖後。高 290、寬 200 釐米。文隸書，20 行，滿行 20 字。篆書額題"惠安西表"四字，頌後刻丞右扶風陳倉、門下等題名一列，12 行；後刻"君昔在澠池"等字；圖左上刻"黃龍"二字，其下隸書題記，共 41 字。

圖版著錄：

《金石圖說》甲下/57a－b,《新編》2/2/944－945。

《二銘草堂金石聚》8/12a－34b、36a－38a,《新編》2/3/1992 下—2003 下、2004 下—2005 下。

《漢碑大觀》第六集,《新編》2/8/6323 下—6326 上。（局部）

《金石圖》,《新編》4/10/561 上。

《金石索》石索二，下冊 1171—1182 頁。

《北京圖書館藏中國歷代石刻拓本匯編》1 冊 140—142 頁。

《中國西北地區歷代石刻匯編》1 冊 19—21 頁。

《漢碑全集》4 冊 1326—1376 頁。

《漢魏六朝碑刻校注》1 冊 310—312 頁。

《蘭州碑林藏甘肅古代碑刻拓片菁華》4—7 頁。

錄文著錄：

《金石萃編》14/1a－3a,《新編》1/1/237 上—238 上。

《隸釋》4/8b－10b,《新編》1/9/6798 下—6799 下。

《隸續》11/10a－b,《新編》1/10/7146 下。（題名）

《兩漢金石記》13/1a－3a、4a－b,《新編》1/10/7383 上—7384 上、7384 下。

《金石古文》10/1a－2a,《新編》1/12/9417 上—下。（無題名）

《隴右金石錄》1/14b－15b,《新編》1/21/15959 下—15960 上。

《宜祿堂收藏金石記》卷 4,《新編》2/5/3324 上—3325 上。

《金石文鈔》1/20a－21a,《新編》2/7/5082 下—5083 上。（無題名）

《漢碑錄文》3/24b－25b,《新編》2/8/6178 下—6179 上。

（光緒）《甘肅新通志・藝文志附金石》92/1b－2a,《新編》3/32/176 下—177 上。

《紅藕齋漢碑彙鈔集跋》,《新編》3/38/556 下—557 下。

《碑版廣例》3/24a－25b,《新編》3/40/271 下—272 上。

《續古文苑》13/2b－3b,《新編》4/2/193 下—194 上。

《六藝之一錄》45/1a－2b、5b,《新編》4/4/646 上—下、648 上。

《全後漢文》102/1a－b,《全文》1 冊 1021 上。

《魯迅輯校石刻手稿・碑銘》上冊 201—204 頁。

《漢魏石刻文學考釋》下冊 1071—1072 頁。

《漢碑全集》4 冊 1328、1371 頁。

《漢碑集釋》356—358 頁。

《漢魏六朝碑刻校注》1 冊 313 頁。

碑目題跋著錄：

《隸釋》4/10a－b,《新編》1/9/6799 下。

《隸釋》27/4a 引《天下碑錄》,《新編》1/9/7037 下。

《隸釋刊誤》18b－19a,《新編》1/9/7053 下—7054 上。

《隸續》7/7b、10b－11a,《新編》1/10/7136 上、7146 下—7147 上。

《兩漢金石記》1/31a、13/3a－5a,《新編》1/10/7220 上、7384 上—7385 上。

《集古求真》9/15b－16a,《新編》1/11/8569 上—下。

《集古求真補正》3/29b,《新編》1/11/8677 上。

《金石錄》1/7a、16/6a－b,《新編》1/12/8803 上、8896 下。

《金石錄補》25/10b－11a、20a,《新編》1/12/9119 下—9120 上、

9124 下。

《元豐題跋》1/9b－11a,《新編》1/24/18014 上—18015 上。

《通志・金石略》卷上/20b,《新編》1/24/18029 上。

《輿地碑記目・成州碑記》4/37b－38a,《新編》1/24/18578 上—下。

《潛研堂金石文跋尾》1/19b－20a,《新編》1/25/18743 上—下。

《潛研堂金石文字目錄》1/4b－5a,《新編》1/25/19008 下—19009 上。

《授堂金石三跋・一跋》1/12a－13a,《新編》1/25/19091 下—19092 上。

《平津讀碑記》1/13b－14a,《新編》1/26/19355 上—下。

《藝風堂金石文字目》1/11a,《新編》1/26/19528 上。

《寰宇訪碑錄》1/5a,《新編》1/26/19854 上。

《寰宇訪碑錄校勘記》1/3b,《新編》1/27/20103 上。

《續補寰宇訪碑錄》1/5a、5b－6a,《新編》1/27/20305 上、下。

《金石彙目分編》13/8b－9a,《新編》1/28/21376 下—21377 上。

《石刻題跋索引》493 頁右—494 頁左,《新編》1/30/22831－22832。

《續語堂碑錄》,《新編》2/1/69 下。

《天下金石志》6/20,《新編》2/2/840 下。

《金石圖說》甲下/58a－60b,《新編》2/2/946 上—947 上。

《二銘草堂金石聚》8/35a－b、38a－b,《新編》2/3/2004 上、2005 下。

《平津館金石萃編》2/11a,《新編》2/4/2436 上。

《宜祿堂收藏金石記》卷4,《新編》2/5/3326 下。

《宜祿堂金石記》1/10b,《新編》2/6/4210 下。

《墨華通考》卷10,《新編》2/6/4419 上。

《崇雅堂碑錄》1/4a,《新編》2/6/4485 下。

《金石文鈔》1/21a－b,《新編》2/7/5083 上。

《漢碑錄文》3/25b－26b,《新編》2/8/6179 上—下。

《關中金石文字存逸考》10/39b－40a、12/25b,《新編》2/14/10611

漢代　277

上一下、10649 上。

《關中金石記》1/4，《新編》2/14/10664 下。

《獨笑齋金石文攷》第二集 5/2a – 3b，《新編》2/16/11776 下—11777 上。

《語石》2/12a、6/1b、6/31a，《新編》2/16/11881 下、11963 上、11978 上。

《隸韻·碑目》8a，《新編》2/17/12518 下。

《隸辨》7/34a – 26a，《新編》2/17/13052 下—13053 上。

《平安館藏碑目》，《新編》2/18/13381 上。

《古墨齋金石跋》1/19a – b，《新編》2/19/14072 上。

《枕經堂金石題跋》3/11a – b，《新編》2/19/14264 上。

《定庵題跋》8a – b、10a – b，《新編》2/19/14289 下、14290 下。

《寶鴨齋題跋》卷上/5b – 6a，《新編》2/19/14337 上—下。

《愛吾廬題跋》7a – b，《新編》2/20/14377 上。

《退庵題跋》卷上/4a – b，《新編》2/20/14433 上。

《竹崦盦金石目錄》5a，《新編》2/20/14549 上。

《寰宇貞石圖目錄》卷上/2b、卷下/1b，《新編》2/20/14672 上、14677 下。

《佩文齋書畫譜·金石》61/10a 上—下，《新編》3/2/34 下。

《漢隸拾遺》10b，《新編》3/2/601 下。

《寒山堂金石林時地攷》卷下/3a，《新編》3/34/503 上。

《石目》，《新編》3/36/55 下。

《西安碑目·成縣》，《新編》3/37/270 下。

《竹崦盦金石目錄》1/4b，《新編》3/37/341 下。

《漢石存目》卷上/5a，《新編》3/37/523 上。

汪本《隸釋刊誤》18b – 19a，《新編》3/37/559 上—下。

《佛金山館秦漢碑跋》14b – 15a，《新編》3/38/138 上—下。

《元豐類藁金石錄跋》，《新編》3/38/152 上—下。

《碑帖跋》41 頁，《新編》3/38/189、4/7/425 上。

《漢石經室金石跋尾》，《新編》3/38/254 下—255 上。

《紅藕齋漢碑彙鈔集跋》，《新編》3/38/558 上—563 下。附小東方朔等跋。

《碑版廣例》3/25b，《新編》3/40/272 上。

《金石備攷·鞏昌府》，《新編》4/1/37 上。

《古今書刻》下編/33a·b，《新編》4/1/151 上。

《激素飛清閣平碑記》卷1，《新編》4/1/196 下。

《退菴金石書畫跋》2/22a–b，《新編》4/7/160 下。

《雪堂所藏金石文字簿錄》29b，《新編》4/7/384 上。

《漢隸字源》32—33 頁。

《北山集古錄》卷一，《北山金石錄》上冊 371 頁。

《面城精舍雜文甲編》，《羅振玉學術論著集》第九集，37 頁。

《增補校碑隨筆》（修訂本）64—65、68 頁。

《碑帖鑒定》58—59 頁。

《善本碑帖錄》1/27–28。

《碑帖敘錄》54—55 頁。

《漢魏石刻文學考釋》下冊 1407—1408 頁。

《漢魏石刻文字繫年》73 頁。

《漢魏六朝碑刻校注·總目提要》編號 0311。

淑德大學《中國石刻拓本目錄》"碑碣等刻石" 編號 122。

論文：

郭榮章：《漢〈西狹頌〉摩崖探源》，《文博》1991 年第 2 期。

郭榮章主編：《漢三頌專輯》，陝西人民美術出版社 1993 年版。

胡祥慶：《讀〈西狹頌〉辨證》，《文博》1995 年第 2 期。

陶喻之：《漢魏蜀道石刻史料研究》，《上海博物館集刊》第 7 期，1996 年。

樊軍著：《〈西狹頌〉研究》，蘭州大學出版社 2007 年版。

備考：李翕，其事見《後漢書》卷六五《皇甫規傳》。

建寧 030

楊叔恭殘碑并陰、側

又名：昌邑聚殘石。建寧四年（171）七月六日從事孫光等立。石在山東鉅野昌邑集路旁，嘉慶廿一年歸馬邦玉，後歸端方，諸城王氏，又歸周進，今藏故宮博物院。殘石高 50、寬 57 釐米。文隸書，碑甚殘，存左下角 12 行，行 2、3 至 9 字不等；陰漫漶元盛等字；碑側存 4 行，行 3 至 9 字不等。

圖版著錄：

《二銘草堂金石聚》12/14a–17b，《新編》2/3/2153 下—2155 上。

《金石索》石索四，下冊 1521—1523 頁。

《北京圖書館藏中國歷代石刻拓本匯編》1 冊 143 頁。（碑陽、側）

《漢碑全集》4 冊 1404—1411 頁。（碑陽、側）

《山東石刻分類全集·秦漢碑刻》238—240 頁。

錄文著錄：

《八瓊室金石補正》4/25b–26b，《新編》1/6/4070 上—下。（碑陽）

《十二硯齋金石過眼錄》2/4a–5b，《新編》1/10/7803 下—7804 上。

《匋齋藏石記》2/1a–2b，《新編》1/11/7999 上—下。

《續語堂碑錄》，《新編》2/1/79 下—80 上。

《函青閣金石記》2/28b–29a，《新編》2/6/5034 上—下。

《漢碑錄文》3/26b–27b，《新編》2/8/6179 下—6180 上。（碑陽）

《濟州金石志》8/4b–5a，《新編》2/13/9696 下—9697 上。

《枕經堂金石題跋》3/12b，《新編》2/19/14264 下。（碑陽）

（民國）《濟寧直隸州續志·藝文志》19/22a–b，《新編》3/26/57 下。（碑陽）

（光緒）《鄒縣續志·金石志》10/4a–5a，《新編》3/26/134 下—135 上。

《魯迅輯校石刻手稿·碑銘》上冊 212—214 頁。

《漢碑全集》4 冊 1405、1411 頁。（碑陽、側）

《漢魏石刻文學考釋》上冊 385 頁。

碑目題跋著錄：

《八瓊室金石補正》4/28b，《新編》1/6/4071 下。

《隸釋》20/4a 引《水經注》，《新編》1/9/6948 下。

《十二硯齋金石過眼錄》2/5b–6b，《新編》1/10/7804 上—下。

《匋齋藏石記》2/5a－6a,《新編》1/11/8001 上—下。

《藝風堂金石文字目》1/11a－b,《新編》1/26/19528 上。

《補寰宇訪碑錄》1/5b－6a,《新編》1/27/20197 上—下。

《補寰宇訪碑錄刊誤》1b,《新編》1/27/20271 上。

《補寰宇訪碑錄校勘記》1/1b,《新編》1/27/20286 上。

《金石彙目分編》10（2）/56a、64a,《新編》1/28/21168 下、21172 下。

《石刻題跋索引》11 頁左—右,《新編》1/30/22349。

《續語堂碑錄》,《新編》2/1/69 下—70 上,80 上。附《隸篇》。

《二銘草堂金石聚》12/17b－18b,《新編》2/3/2155 上—下。

《宜祿堂金石記》1/17b－18b,《新編》2/6/4214 上—下。

《崇雅堂碑錄》1/4b,《新編》2/6/4485 下。

《函青閣金石記》2/29a－b,《新編》2/6/5034 下。

《漢碑錄文》3/27b－31a,《新編》2/8/6180 上—6182 上。

（宣統）《山東通志·藝文志》卷152,《新編》2/12/9365 上。

《濟州金石志》6/5a－b,8/5a－7a,《新編》2/13/9623 上、9697 上—9698 上。附馬寄園跋。

《隸辨》8/51a－b,《新編》2/17/13100 上。

《枕經堂金石題跋》3/12a－b,《新編》2/19/14264 下。

《寰宇貞石圖目錄》卷上/2b,《新編》2/20/14672 上。

《蒿里遺文目錄》1 上/1b,《新編》2/20/14937 下。

《佩文齋書畫譜·金石》61/10a 下,《新編》3/2/34 下。

《夢碧簃石言》5/8b 引《周句鑵齋藏石目》,《新編》3/2/216 下。

（民國）《濟寧直隸州續志·藝文志》19/22b,《新編》3/26/57 下。

（光緒）《鄒縣續志·金石志》10/4a－5a,《新編》3/26/134 下—135 上。

《漢石存目》卷上/5b,《新編》3/37/523 上。

《激素飛清閣平碑記》卷1,《新編》4/1/196 下。

《六藝之一錄》51/4a,《新編》4/4/754 下。

《雪堂所藏金石文字簿錄》31a－b,《新編》4/7/385 上。

《金石索》石索四，下冊 1524 頁。

《水經注碑錄》卷二編號 38，《北山金石錄》上冊 53—54 頁。

《北山集古錄》卷三"殘石題跋"，《北山金石錄》上冊 420—421 頁。

《增補校碑隨筆》（修訂本）66—68 頁。

《碑帖鑒定》60 頁。

《善本碑帖錄》1/29。

《碑帖敘錄》197 頁。

《齊魯碑刻墓誌研究》"附表"346 頁。

《漢魏石刻文學考釋》上冊 381—384 頁。

《漢魏石刻文字繫年》72 頁。

《漢魏六朝碑刻校注·總目提要》編號 0312。

淑德大學《中國石刻拓本目錄》"碑碣等刻石"編號 124—126。

建寧 031

博陵太守孔彪碑并陰

又名：孔彪墓碑。建寧四年（171）七月卒。碑在山東省曲阜市漢魏碑刻陳列館。碑高 283、寬 99、厚 27 釐米。文隸書，18 行，滿行 45 字，陰一列 13 行。額篆書，2 行共 10 字，額題：漢故博陵太守孔府君碑。

圖版著錄：

《隸續》5/12a，《新編》1/10/7116 下。（碑額圖）

《金石圖說》甲下/61a-b，《新編》2/2/948-949。

《二銘草堂金石聚》8/39a-52b，《新編》2/3/2006 上—2012 下。

《漢碑大觀》第六集，《新編》2/8/6326 下—6328 上。（局部）

《金石經眼錄》39a-40a，《新編》4/10/510 上—下。

《金石圖》，《新編》4/10/550 上。

《北京圖書館藏中國歷代石刻拓本匯編》1 冊 144—145 頁。

《漢碑全集》4 冊 1377—1378、1380—1403 頁。

《漢魏六朝碑刻校注》1 冊 316—317 頁。

《山東石刻分類全集·秦漢碑刻》241 頁。（碑陽）

錄文著錄：

《金石萃編》14/9a－12b，《新編》1/1/241 上—242 下。

《金石存》8/5a－6b、8a，《新編》1/9/6668 上—下、6669 下。

《隸釋》8/14b－17b，《新編》1/9/6844 下—6846 上。

《兩漢金石記》6/22b－25b，《新編》1/10/7292 下—7294 上。

《金薤琳琅》4/1a－3b、4a－b，《新編》1/10/7657 上—7658 下。

《金石古文》5/1a－3b，《新編》1/12/9392 上—9393 上。

《宜祿堂收藏金石記》卷4，《新編》2/5/3327 上—下、3328 下。

《漢碑錄文》3/31a－32b、33b－34a，《新編》2/8/6182 上—下、6183 上—下。

（宣統）《山東通志·藝文志》卷150，《新編》2/12/9240 下—9241 下。

（乾隆）《曲阜縣志·金石》51/11b－13a，《新編》3/26/108 上—109 上。（碑陽）

《紅藕齋漢碑彙鈔集跋》，《新編》3/38/474 下—475 下。（碑陽）

《六藝之一錄》42/19b－21b、24a－b，《新編》4/4/602 上—603 上、604 下。

《全後漢文》102/2a－3a，《全文》1 冊 1021 下—1022 上。（碑陽）

《魯迅輯校石刻手稿·碑銘》上冊 206—210 頁。

《漢魏石刻文學考釋》中冊 626—628 頁。

《漢碑全集》4 冊 1379、1403 頁。

《漢碑集釋》365—369 頁。

《漢魏六朝碑刻校注》1 冊 318—319 頁。

碑目題跋著錄：

《金石存》8/6b－7a、8b，《新編》1/9/6668 下—6669 下。

《隸釋》8/17b－18a，《新編》1/9/6846 上—下。

《隸釋》27/6a 引《天下碑錄》，《新編》1/9/7038 下。

《隸釋刊誤》39a－b，《新編》1/9/7064 上。

《隸續》5/12a，《新編》1/10/7116 下。

《兩漢金石記》1/31b、6/25b－27a，《新編》1/10/7220 上、7294

上—7295 上。

《金薤琳琅》4/3b-4a、4b-5a,《新編》1/10/7658 上—7659 上。

《集古求真》9/6b,《新編》1/11/8564 下。

《集古求真補正》3/19b,《新編》1/11/8672 上。

《金石錄》1/7a、16/6b-7a,《新編》1/12/8803 上、8896 下—8897 上。

《金石錄補續跋》3/11b-12a,《新編》1/12/9155 上—下。

《金石文字記》1/22a-b,《新編》1/12/9202 下。

《山左金石志》8/7a-b,《新編》1/19/14447 上。

《集古錄目》1/7b,《新編》1/24/17950 上。

《通志·金石略》卷上/14a,《新編》1/24/18026 上。

《寶刻叢編》2/16a-b,《新編》1/24/18112 下。

《曝書亭金石文字跋尾》2/10a-b,《新編》1/25/18684 下。

《潛研堂金石文跋尾》1/20a-21a,《新編》1/25/18742 下—18743 上。

《潛研堂金石文字目錄》1/5a,《新編》1/25/19009 上。

《平津讀碑記》1/14a-b,《新編》1/26/19355 下。

《藝風堂金石文字目》1/11a,《新編》1/26/19528 上。

《寰宇訪碑錄》1/5a,《新編》1/26/19854 上。

《金石彙目分編》10（2）/4b,《新編》1/28/21142 下。

《石刻題跋索引》11 頁右—12 頁左,《新編》1/30/22349—22350。

《續語堂碑錄》,《新編》2/1/69 下。

《天下金石志》3/3,《新編》2/2/815 上。

《金石圖說》甲下/62a-b,《新編》2/2/950。

《蒼潤軒玄牘記》1/3b,《新編》2/2/1594 上。

《二銘草堂金石聚》8/52b-53b,《新編》2/3/2012 下—2013 上。

《平津館金石萃編》2/11b,《新編》2/4/2436 上。

《宜祿堂收藏金石記》卷 4,《新編》2/5/3328 上。

《宜祿堂金石記》1/10b-11a,《新編》2/6/4210 下—4211 上。

《墨華通考》卷 8,《新編》2/6/4389 下。

《崇雅堂碑錄》1/4b,《新編》2/6/4485 下。

《來齋金石刻考略》卷上/21b－22a,《新編》2/8/5975 上—下。

《漢碑錄文》3/33a－b、34a－b,《新編》2/8/6183 上、下。

《山左訪碑錄》6/3b,《新編》2/12/9083 下。

(宣統)《山東通志·藝文志》卷150,《新編》2/12/9241 下。

《曲阜碑碣考》1/2b－3a、3/1a,《新編》2/13/9747 下—9748 上、9759 上。

《獨笑齋金石文攷》第二集 5/4a－8b,《新編》2/16/11777 下—11779 下。

《碑藪》,《新編》2/16/11829 下。

《隸韻·碑目》8b,《新編》2/17/12518 下。

《隸辨》7/33b－34a,《新編》2/17/13052 上—下。

《蒼潤軒碑跋紀》6a－b,《新編》2/18/13123 下。

《古今碑帖考》8b,《新編》2/18/13166 下。

《金石錄續跋》27－28,《新編》2/18/13208 上—下。

《平安館藏碑目》,《新編》2/18/13381 上。

《古墨齋金石跋》1/19b－20a,《新編》2/19/14072 上—下。

《愛吾廬題跋》13a－b,《新編》2/20/14380 上。

《集古錄補目補》卷上/7a,《新編》2/20/14512 下。

《竹崦盦金石目錄》4b－5a,《新編》2/20/14548 下—14549 上。

《寰宇貞石圖目錄》卷上/2b,《新編》2/20/14672 上。

《山左碑目》2/4b,《新編》2/20/14840 下。

《古林金石表》4b,《新編》2/20/14895 下。

《蒿里遺文目錄》1 上/1b,《新編》2/20/14937 下。

《佩文齋書畫譜·金石》61/10a 下,《新編》3/2/34 下。

《讀漢碑》8a－b,《新編》3/2/592 下。

《漢隸拾遺》9b－10b,《新編》3/2/601 上—下。

《金石文考略》2/34a,《新編》3/34/242 下。

《寒山堂金石林時地攷》卷上/12b、14a,《新編》3/34/495 下、496 下。

《漢魏碑考》4a－b，《新編》3/35/82 下。

《石目》，《新編》3/36/45 上。

《話雨樓碑帖目錄》1/6a，《新編》3/36/537。

《蒹竹堂碑目》2/2a－b，《新編》3/37/276 下。

《竹崦盦金石目錄》1/5a，《新編》3/37/342 上。

《漢石存目》卷上/5a，《新編》3/37/523 上。

汪本《隸釋刊誤》39a－b，《新編》3/37/569 下。

《佛金山館秦漢碑跋》9b－11a，《新編》3/38/135 下—136 下。

《漢石經室金石跋尾》，《新編》3/38/255 下—256 上。

《隱綠軒題識》5a－b，《新編》3/38/673 下。

《紅藕齋漢碑彙鈔集跋》，《新編》3/38/475 下。

《中國金石學講義·正編》10b，《新編》3/39/138。

《金石小箋》9a－b，《新編》3/39/499 上。

《漢石例》1/14b、2/39a，《新編》3/40/131 下、163 上。

《碑版廣例》6/7a、6/9a，《新編》3/40/305 上、306 上。

《漢魏六朝志墓金石例》1/9a，《新編》3/40/400 上。

《漢魏六朝墓銘纂例》1/13a－b，《新編》3/40/440 上。

《玄牘記》，《新編》3/40/588 下。

《金石備攷·兗州府》，《新編》4/1/46 上。

《激素飛清閣平碑記》卷1，《新編》4/1/196 下。

《分隸偶存》卷上/22b，《新編》4/1/604 下。

《庚子銷夏記》5/7a，《新編》4/6/626 上。

《芳堅館題跋》1/4a，《新編》4/6/771 下。

《雪堂所藏金石文字簿錄》30a－31a，《新編》4/7/384 下—385 上。

《墨池篇》6/3b，《新編》4/9/668 上。

《金石圖》，《新編》4/10/550 下。

《漢隸字源》53 頁。

《讀碑小箋》，《羅振玉學術論著集》第三集，36 頁。

《增補校碑隨筆》（修訂本）65 頁。

《碑帖鑒定》59—60 頁。

《善本碑帖錄》1/28。

《齊魯碑刻墓誌研究》"附表"346頁。

《碑帖敘錄》37頁。

《漢魏石刻文學考釋》中冊624—626頁。

《漢魏石刻文字繫年》73—74頁。

《漢魏六朝碑刻校注·總目提要》編號0313。

淑德大學《中國石刻拓本目錄》"碑碣等刻石"編號127—128。

論文：

楊壽祺：《隘廬漢碑跋三種》，《考古社刊》1936年第4期。

建寧032

孔君（孔彪）碑

建寧四年（171）十月。兗州府曲阜縣曲阜墓前。

碑目題跋著錄：

《隸釋》22/4b引《集古錄》，《新編》1/9/6981下。（節文）

《隸釋》23/15b–16a引《集古錄目》，《新編》1/9/6997上—下。

《金石錄補》3/4b，《新編》1/12/9000下。（節文）

《集古錄跋尾》3/3a，《新編》1/24/17854上。（節文）

《集古錄目》1/7b，《新編》1/24/17950上。

《石刻題跋索引》11頁，《新編》1/30/22349。

《宜祿堂金石記》1/6b，《新編》2/6/4208下。

《古今碑帖考》8b，《新編》2/18/13166下。

《六藝之一錄》42/25a，《新編》4/4/605上。

《漢魏石刻文學考釋》中冊670—671頁。（節文）

《漢魏六朝碑刻校注·總目提要》編號0314。

備考：《金石錄補》考證，碑主為孔宏，《隸辨》、《寶刻叢編》等直接將《集古錄跋尾》中的此條題跋放入《孔彪碑》；《庚子銷夏記》認為此碑主為孔彪；《漢魏石刻文學考釋》云"以俟再考"。按此《孔君碑》，根據字號、官歷來看，當為《孔彪碑》；另根據題跋節文內容，也與《孔彪碑》一致，故碑主非孔宏，當為孔彪。與前一孔彪碑是否同一碑文，待考，暫單列。

建寧 033
孫顯安畫像石題記

建寧四年（171）十二月丁□□十日。1997 年山西離石馬茂莊出土。文隸書，一處 1 行 22 字，一處 1 行 15 字。未見拓本。

論文：

吳鎮烽：《秦晉兩省東漢畫像石題記集釋》，《考古與文物》2006 年第 1 期。

建寧 034
丹水丞陳宣紀功碑

又名：丹水丞陳卿紀功碑。建寧四年（171）刻。明成化中河南內鄉縣出土。

碑目題跋著錄：

《中州金石考》8/10b，《新編》1/18/13739 下。

《曝書亭金石文字跋尾》2/20b – 21a，《新編》1/25/18689 下—18690 上。（節文）

《金石彙目分編》9（4）/68a – b，《新編》1/28/21069 下。

《石刻題跋索引》12 頁左，《新編》1/30/22350。

《中州金石目錄》1/4a，《新編》2/20/14687 下。

《碑帖敘錄》147 頁。

《漢魏石刻文學考釋》上冊 130—131 頁。（節文）

《漢魏石刻文字繫年》73 頁。

《漢魏六朝碑刻校注·總目提要》編號 0310。

建寧 035
河東太守孔雄碑

建寧四年（171）。兗州府曲阜縣。

碑目題跋著錄：

《通志·金石略》卷上/14a，《新編》1/24/18026 上。

《金石彙目分編》10（2）/21a，《新編》1/28/21151 上。

《墨華通考》卷 8，《新編》2/6/4389 下。

《佩文齋書畫譜·金石》61/10a 下，《新編》3/2/34 下。

建寧 036

武都太守李翕析里橋郙閣頌

又名：李翕郙閣頌摩崖。建寧五年（172）二月十八日。仇靖撰，仇紼書。石在陝西省略陽縣南白崖摩崖。高 251、寬 182 釐米。文隸書，19 行，滿行 27 字。額題：析里橋郙閣頌。

圖版著錄：

《二銘草堂金石聚》8/54a－74b，《新編》2/3/2013 下—2023 下。

《漢碑大觀》第六集，《新編》2/8/6328 下—6331 上。（局部）

《金石索》石索二，下冊 1185—1191 頁。

《北京圖書館藏中國歷代石刻拓本匯編》1 冊 147 頁。

《中國西北地區歷代石刻匯編》1 冊 22 頁。

《漢碑全集》4 冊 1412—1413、1415—1447 頁。

《漢魏六朝碑刻校注》1 冊 327 頁。

錄文著錄：

《金石萃編》14/21b－23b，《新編》1/1/247 上—248 上。

《金石存》8/9a－10a，《新編》1/9/6670 上—下。

《隸釋》4/11a－12b，《新編》1/9/6800 上—下。

《兩漢金石記》13/5a－6b，《新編》1/10/7385 上—下。

《金石古文》14/4b－6a，《新編》1/12/9434 下—9435 下。

《續語堂碑錄》，《新編》2/1/80 下—81 上。

《宜祿堂收藏金石記》卷 5，《新編》2/5/3329 下—3330 上。

《金石文鈔》1/22a、23a－b，《新編》2/7/5083 下、5084 上。

《漢碑錄文》3/34b－35b，《新編》2/8/6183 下—6184 上。

《石門碑醳》13b－15a，《新編》3/2/554 上—555 上。

（光緒）《甘肅新通志·藝文志附金石》92/2a－b，《新編》3/32/177 上。

《紅藕齋漢碑彙鈔集跋》，《新編》3/38/550 上—551 上。

《碑版廣例》2/25b－27a，《新編》3/40/258 上—259 上。

《六藝之一錄》45/6a－8a，《新編》4/4/648 下—649 下。

《全後漢文》81/3b－4b，《全文》1 冊 906 上—下。

《魯迅輯校石刻手稿·碑銘》上冊 224—226 頁。

《漢魏石刻文學考釋》下冊 1075—1076 頁。

《漢碑全集》4 冊 1414 頁。

《漢碑集釋》378—380 頁。

《漢魏六朝碑刻校注》1 冊 328 頁。

碑目題跋著錄：

《金石萃編》14/29b，《新編》1/1/251 上。

《金石續錄》1/10b－11a，《新編》1/5/3759 下—3760 上。

《金石存》8/10a－b，《新編》1/9/6670 下。

《隸釋》4/12b－13a，《新編》1/9/6800 下—6801 上。

《隸釋》22/17a－18b 引《集古錄》，《新編》1/9/6988 上—下。

《隸釋》23/21b 引《集古錄目》，《新編》1/9/7000 上。

《隸釋》27/10a、10b 引《天下碑錄》，《新編》1/9/7040 下。

《隸釋刊誤》19a，《新編》1/9/7054 上。

《隸續》7/7b，《新編》1/10/7136 上。

《兩漢金石記》1/31b、13/6b－9a，《新編》1/10/7220 上、7385 下—7387 上。

《集古求真》9/16a－b，《新編》1/11/8569 下。

《集古求真補正》3/29b，《新編》1/11/8677 上。

《金石錄》1/7a，《新編》1/12/8803 上。

《金石錄補》25/11a，《新編》1/12/9120 上。

《金石錄補續跋》3/12a－b，《新編》1/12/9155 下。

《金石文字記》1/22b－23b，《新編》1/12/9202 下—9203 上。

《金石古文》14/6a－b，《新編》1/12/9435 下。

《陝西金石志》5/4a，《新編》1/22/16416 下。

《雍州金石記》1/5b－6b，《新編》1/23/17128 上—下。

《集古錄跋尾》3/4a－b，《新編》1/24/17854 下。

《集古錄目》1/7b－8a，《新編》1/24/17950 上—下。

《通志·金石略》卷上/17a，《新編》1/24/18027 下。

《寶刻類編》1/10b，《新編》1/24/18411 下。

《石墨鐫華》1/9a－b，《新編》1/25/18597 上。

《曝書亭金石文字跋尾》2/11a，《新編》1/25/18685 上。

《潛研堂金石文字目錄》1/5a，《新編》1/25/19009 上。

《授堂金石三跋·一跋》1/13b，《新編》1/25/19092 上。

《平津讀碑記》1/14b－15a，《新編》1/26/19355 下—19356 上。

《藝風堂金石文字目》1/10b，《新編》1/26/19527 下。

《寰宇訪碑錄》1/5a，《新編》1/26/19854 上。

《寰宇訪碑錄校勘記》1/3b，《新編》1/27/20103 上。

《金石彙目分編》12（2）/52b，《新編》1/28/21361 下。

《石刻題跋索引》494 頁左—右，《新編》1/30/22832。

《續語堂碑錄》，《新編》2/1/70 上。

《天下金石志》6/19，《新編》2/2/840 上。

《二銘草堂金石聚》8/75a－b，《新編》2/3/2024 上。

《平津館金石萃編》2/11b，《新編》2/4/2436 上。

《宜祿堂金石記》1/11a，《新編》2/6/4211 上。

《墨華通考》卷 11，《新編》2/6/4422 上。

《崇雅堂碑錄》1/4b，《新編》2/6/4485 下。

《金石文鈔》1/22b、23b－24b，《新編》2/7/5083 下、5084 上—下。

《漢碑錄文》3/36a，《新編》2/8/6184 下。

《蜀碑記補》1/8，《新編》2/12/8729 下。

《關中金石文字存逸考》10/36a、12/23b，《新編》2/14/10609 下、10648 上。

《關中金石記》1/4－5，《新編》2/14/10664 下—10665 上。

《獨笑齋金石文攷》第二集 5/8b－12a，《新編》2/16/11779 下—11781 下。

《語石》2/3a、5/18b、6/1b－2a，《新編》2/16/11877 上、11947 下、11963 上—下。

《金石萃編校字記》3b，《新編》2/17/12326 上。

《隸韻·碑目》8b，《新編》2/17/12518 下。

《隸辨》7/35b－36b，《新編》2/17/13053 上—下。

《古今碑帖考》8b，《新編》2/18/13166 下。

《金石錄續跋》28，《新編》2/18/13208 下。

《平安館藏碑目》，《新編》2/18/13381 上。

《古墨齋金石跋》1/20b－21a，《新編》2/19/14072 下—14073 上。

《枕經堂金石題跋》3/13a－14a，《新編》2/19/14265 上—下。

《定庵題跋》8b－9a，《新編》2/19/14289 下—14290 上。

《集古錄補目補》卷上/7b，《新編》2/20/14512 下。

《竹崦盦金石目錄》5a，《新編》2/20/14549 上。

《寰宇貞石圖目錄》卷上/3a，《新編》2/20/14672 下。

《古林金石表》4b，《新編》2/20/14895 下。

《求恕齋碑錄》，《新編》3/2/523 下。

《石門碑醳》20a－23a，《新編》3/2/557 下—559 上。

《漢隸拾遺》11a－12a，《新編》3/2/602 上—下。

（嘉慶）《四川通志·輿地志》58/23a－b，《新編》3/14/484 上。

（光緒）《甘肅新通志·藝文志附金石》92/3a－b，《新編》3/32/177 下。

《寒山堂金石林時地攷》卷下/3a，《新編》3/34/503 上。

《漢魏碑考》4b－5a，《新編》3/35/82 下—83 上。

《石目》，《新編》3/36/55 下。

《寒山金石林部目》7b，《新編》3/36/502 上。

《西安碑目·略陽縣》，《新編》3/37/270 上。

《竹崦盦金石目錄》1/5a，《新編》3/37/342 上。

《漢石存目》卷上/5b，《新編》3/37/523 上。

汪本《隸釋刊誤》19a，《新編》3/37/559 下。

《碑帖跋》37、42 頁，《新編》3/38/185、190，4/7/424 上、425 上。

《漢石經室金石跋尾》，《新編》3/38/254 上。

《紅藕齋漢碑彙鈔集跋》，《新編》3/38/550 上、551 上—553 上。

《廣川書跋》5/9b，《新編》3/38/719 上。

《金石小箋》17b－18a，《新編》3/39/503 上—下。

《碑版廣例》2/25a－b、27a，《新編》3/40/258 上、259 上。

《金石備攷·漢中府》，《新編》4/1/36 下。

《古今書刻》下編/32a，《新編》4/1/150 下。

《激素飛清閣平碑記》卷 1，《新編》4/1/196 下。

《分隸偶存》卷上/23a－b，《新編》4/1/605 上。

《六藝之一錄》45/10b－11a，《新編》4/4/650 下—651 上。附《升庵外集》。

《庚子銷夏記》5/10b－11a，《新編》4/6/627 下—628 上。

《退菴金石書畫跋》2/23a－b，《新編》4/7/161 上。

《雪堂所藏金石文字簿錄》31b－32a，《新編》4/7/385 上—下。

《墨池篇》6/3b，《新編》4/9/668 上。

《漢隸字源》34 頁。

《十駕齋養新錄》卷 15，357 頁。

《金石索》石索二，下冊 1191 頁。

《越縵堂讀書記》下冊 1070 頁。

《全後漢文》81/4b，《全文》1 冊 906 下。

《北山集古錄》卷一，《北山金石錄》上冊 371—372 頁。

《增補校碑隨筆》（修訂本）68—69 頁。

《碑帖鑒定》60—61 頁。

《碑帖敘錄》109 頁。

《善本碑帖錄》1/28－29。

《漢魏石刻文學考釋》下冊 1072—1075 頁。

《漢魏石刻文字繫年》75 頁。

《漢魏六朝碑刻校注·總目提要》編號 0317。

淑德大學《中國石刻拓本目錄》"碑碣等刻石" 編號 130。

論文：

漢中地區文教局、略陽縣文化館：《〈郙閣頌〉摩崖石刻》，《文物》1976 年第 6 期。

祝嘉：《論"漢三頌"》，載祝嘉《書學論集》，第55—70頁。

杜白珣：《〈郙閣頌摩崖石刻〉補正》，《貴州文史叢刊》1984年第2期。

郭榮章：《〈郙閣頌〉摩崖刻字形、義新探》，《文博》1987年第5期。

郭榮章主編：《漢三頌專輯》，陝西人民美術出版社1993年版。

陶喻之：《漢魏蜀道石刻史料研究》，《上海博物館集刊》第7期，1996年。

馮歲平：《關於〈郙閣頌〉文獻的研究》，《文博》1998年第6期。

郭榮章：《〈郙閣頌〉品讀感悟》，《文博》1999年第6期。

樊軍：《論"漢三頌"撰、書者其人》，樊軍：《〈石門頌〉研究》，第116—123頁。

備考：李翕，其事見《後漢書》卷六五《皇甫規傳》。

建寧 037

北軍中候郭仲奇碑

建寧四年（171）九月卒，建寧五年（172）三月葬（或立碑）。碑在孟州濟源縣。《隸續·碑式》載：文十六行，行三十五字，篆額三行。額題：漢故北軍中候郭君碑。

錄文著錄：

《隸釋》9/1a–2b，《新編》1/9/6847上—下。

《碑版廣例》5/13a–14b，《新編》3/40/296下—297上。

《六藝之一錄》44/28b–30a，《新編》4/4/642下—643下。

《全後漢文》102/3a–4a，《全文》1冊1022上—下。

《漢魏石刻文學考釋》中冊623—624頁。

碑目題跋著錄：

《隸釋》9/2b–3a，《新編》1/9/6847下—6848上。

《隸釋》21/20b–21a引《集古錄》，《新編》1/9/6972下—6973上。

《隸釋》23/10a引《集古錄目》，《新編》1/9/6994下。

《隸釋》27/8b引《天下碑錄》，《新編》1/9/7039下。

《隸釋刊誤》40a-b,《新編》1/9/7064 下。

《隸續》7/4b,《新編》1/10/7134 下。

《金石錄》1/7a,《新編》1/12/8803 上。

《中州金石考》5/5b,《新編》1/18/13703 上。

《集古錄跋尾》3/3b-4a,《新編》1/24/17854 上—下。

《集古錄目》1/7b,《新編》1/24/17950 上。

《通志·金石略》卷上/16a,《新編》1/24/18027 上。

《寶刻叢編》5/20b-21a,《新編》1/24/18152 下—18153 上。

《金石彙目分編》9（2）/57b,《新編》1/28/20982 上。

《石刻題跋索引》11 頁右,《新編》1/30/22349。

《天下金石志》5/7,《新編》2/2/826 上。

《墨華通考》卷 7,《新編》2/6/4380 下。

《河朔訪古隨筆》卷下/8a,《新編》2/12/8878 下。

《河朔金石待訪目》15b、19b,《新編》2/12/9020 上、9022 上。

《碑藪》,《新編》2/16/11825 下。

《金石例補》1/8a-b,《新編》2/17/12364 下。

《隸韻·碑目》8b,《新編》2/17/12518 下。

《隸辨》7/43a,《新編》2/17/13052 下。

《古今碑帖考》8b,《新編》2/18/13166 下。

《集古錄補目補》卷上/8a,《新編》2/20/14513 上。

《中州金石目錄》1/4a,《新編》2/20/14687 下。

《佩文齋書畫譜·金石》61/10b 上,《新編》3/2/34 下。

（乾隆）《新修懷慶府志·金石志》26/26b,《新編》3/28/639 下。

（乾隆）《孟縣志·金石》7/2a-b,《新編》3/29/333 下。附《漢隸分韻》。

（民國）《孟縣志·金石》9/1b,《新編》3/29/449 上。

《寒山堂金石林時地攷》卷上/19a,《新編》3/34/499 上。

汪本《隸釋刊誤》40a-b,《新編》3/37/570 上。

《紅藕齋漢碑彙鈔集跋》,《新編》3/38/512 上。

《漢石例》2/4a、2/7a-b,《新編》3/40/145 下、147 上。

《漢魏六朝志墓金石例》1/11b，《新編》3/40/401 上。

《漢魏六朝墓銘纂例》1/13b，《新編》3/40/440 上。

《金石備攷·懷慶府》，《新編》4/1/58 下。

《古今書刻》下編/26a，《新編》4/1/147 下。

《墨池篇》6/3b，《新編》4/9/668 上。

《漢隸字源》53—54 頁。

《漢魏石刻文學考釋》中冊 622—623 頁。

《漢魏石刻文字繫年》74 頁。

《漢魏六朝碑刻校注·總目提要》編號 0323。

備考：《天下碑目》所載《郭君碑》與《隸釋》所載《郭仲奇碑》題額相同，當爲同一碑文。

建寧 038

武都太守李翕天井道碑

又名：漢天井山記。建寧五年（172）四月廿五日造。仇靖撰并書，《兩漢金石記》考證，《隸續》所載天井摩崖之後的武都丞呂國已下十二人題名，必是接西狹頌後者無疑。在甘肅成縣，歌頌李翕修天井道之德政。

錄文著錄：

《隸續》11/9b－10b，《新編》1/10/7146 上—下。

《碑版廣例》1/25a－b，《新編》3/40/244 上。

《續古文苑》10/5a－b，《新編》4/2/144 上。

《全後漢文》102/4a，《全文》1 冊 1022 下。

《漢魏石刻文學考釋》上冊 128—129 頁。

碑目題跋著錄：

《隸續》11/9b－10a、10b－11a，《新編》1/10/7146 上—7147 上。

《兩漢金石記》13/2b－3a，《新編》1/10/7383 下—7384 上。

《金石錄補》3/4b－5b，《新編》1/12/9000 下—9001 上。

《寶刻類編》1/10b，《新編》1/24/18411 下。

《輿地碑記目·成州碑記》4/38a，《新編》1/24/18578 下。

《金石彙目分編》13/9a，《新編》1/28/21377 上。

《隸韻·碑目》8a，《新編》2/17/12518 下。

《隸辨》7/35a–b，《新編》2/17/13053 上。

《佩文齋書畫譜·金石》61/10b 上，《新編》3/2/34 下。

《漢隸拾遺》10b–11a，《新編》3/2/601 下—602 上。

《紅藕齋漢碑彙鈔集跋》，《新編》3/38/536 下。

《碑版廣例》1/25b，《新編》3/40/244 上。

《六藝之一錄》52/28b，《新編》4/4/781 下。

《漢隸字源》120—121 頁。

《漢魏石刻文學考釋》上冊 127—128 頁。

《漢魏石刻文字繫年》74—75 頁。

《漢魏六朝碑刻校注·總目提要》編號 0325。

備考：李翕，其事見《後漢書》卷六五《皇甫規傳》。

建寧 039

仲君碑

建寧五年（172）四月。

碑目著錄：

《金石錄》1/7a，《新編》1/12/8803 上。

《通志·金石略》卷上/21a，《新編》1/24/18029 下。

《天下金石志》16/2，《新編》2/2/871 上。

《金石備攷》附錄，《新編》4/1/90 下。

《漢魏石刻文字繫年》74 頁。

《漢魏六朝碑刻校注·總目提要》編號 0326。

建寧 040

太傅胡廣碑四

其一：太傅胡廣碑

又稱：太傅文恭侯胡公碑。建寧五年（172）三月卒，其年四月葬於洛陽。蔡邕撰。故吏池喜所立。

錄文著錄：

《藝文類聚》卷46，上冊824頁。（節文）

《蔡中郎集》2/13b–16a，《漢魏六朝百三名家集》1冊540上—541下。

《全後漢文》76/4a–5a，《全文》1冊885下—886上。

《蔡中郎集》5/22a–24b，景印文淵閣《四庫全書·集部》1063冊206上—207上。

《蔡中郎文集》4/1a–3a，《四部叢刊初編》第98冊。

《漢魏石刻文學考釋》中冊849—851頁。

碑目題跋著錄：

《金石彙目分編》9（3）/61b，《新編》1/28/21021上。

《漢石例》1/20b、2/10b–11a、2/14b–15a、2/17a、2/18a，《新編》3/40/134下、148下—149上、150下—151上、152上、152下。

《漢魏六朝志墓金石例》1/1b，《新編》3/40/396上。

《漢魏六朝墓銘纂例》1/13b–14a，《新編》3/40/440上—下。

《水經注碑錄》卷九編號249，《北山金石錄》上冊209—211頁。

《漢魏石刻文學考釋》中冊848—849頁。

備考：胡廣，《後漢書》卷四四有傳。

其二：太傅胡廣碑

建寧五年（172）三月卒，四月葬。蔡邕撰。碑在洛陽。掾太原王允等所立。

錄文著錄：

《藝文類聚》卷46，上冊824頁。（節文）

《全後漢文》45/6b–7a，《全文》1冊719下—720上。（節文）

《全後漢文》76/5a–6a，《全文》1冊886上—下。

《蔡中郎集》2/16a–18a，《漢魏六朝百三名家集》1冊541下—542下。

《蔡中郎集》5/24b–26b，景印文淵閣《四庫全書·集部》1063冊207上—208上。

《蔡中郎文集》4/5b–7a，《四部叢刊初編》第98冊。

《漢魏石刻文學考釋》中冊852—853頁。

碑目題跋著錄：

《全後漢文》76/6a–b，《全文》1 冊 886 下。

《漢石例》1/19b、2/37b，《新編》3/40/134 上、162 上。

《漢魏六朝志墓金石例》1/1b–2a、3/1b，《新編》3/40/396 上—下、415 上。

《漢魏六朝墓銘纂例》1/14a，《新編》3/40/440 下。

《水經注碑錄》卷九編號 249，《北山金石錄》上冊 209—211 頁。

備考：崔瑗所撰《胡公碑》碑文不全，《文選·赭白馬賦》注僅引碑文中的八個字。嚴可均《全後漢文》考證，崔瑗所撰《胡公碑》與此《太傅胡廣碑》為同一碑文，故附此。然《全後漢文》編者認為：崔瑗先胡廣死三十年，不得為胡作碑，必誤也。存疑。

其三：太傅胡廣碑

又稱：胡公碑。建寧五年（172）春卒。蔡邕撰。碑在洛陽。故吏許詡所立。

錄文著錄：

《藝文類聚》卷 46，上冊 824 頁。（節文）

《全後漢文》76/2b–4a，《全文》1 冊 884 下—885 下。

《蔡中郎集》2/18a–21a，《漢魏六朝百三名家集》1 冊 542 下—544 上。

《蔡中郎文集》4/3a–5b，《四部叢刊初編》第 98 冊。

《蔡中郎集》5/26b–29a，景印文淵閣《四庫全書·集部》1063 冊 208 上—209 下。

《漢魏石刻文學考釋》中冊 851—852 頁。

碑目題跋著錄：

《漢石例》2/10b–11a，《新編》3/40/148 下—149 上。

《漢魏六朝志墓金石例》1/2a，《新編》3/40/396 下。

《漢魏六朝墓銘纂例》1/14a–b，《新編》3/40/440 下。

其四、胡廣祠堂碑銘

又名：太傅祠前銘。東漢（25—220）。蔡邕撰。

錄文著錄：

《全後漢文》76/6b，《全文》1 冊 886 下。

《蔡中郎集》2/6a – b，《漢魏六朝百三名家集》1 冊 536 下。

《蔡中郎集》5/29a – b，景印文淵閣《四庫全書·集部》1063 冊 209 下。

《蔡中郎文集》4/7a – b，《四部叢刊初編》第 98 冊。

《漢魏石刻文學考釋》下冊 1241 頁。

碑目題跋著錄：

《漢魏石刻文學考釋》下冊 1240 頁。

《漢魏六朝碑刻校注·總目提要》編號 0486。

建寧 041

桂陽太守趙越碑

建寧年間（168—172）。墓在獲嘉縣西。

碑目題跋著錄：

《隸釋》20/5b 引《水經注》，《新編》1/9/6949 上。

《中州金石考》4/12b，《新編》1/18/13697 下。

《金石彙目分編》9（2）/24a，《新編》1/28/20965 下。

《河朔訪古隨筆》卷下/14b，《新編》2/12/8881 下。

《河朔金石待訪目》8b，《新編》2/12/9016 下。

《隸辨》8/51b，《新編》2/17/13100 上。

《中州金石目錄》1/4a，《新編》2/20/14687 下。

《佩文齋書畫譜·金石》61/10b 下，《新編》3/2/34 下。

《紅藕齋漢碑彙鈔集跋》，《新編》3/38/503 下。

《六藝之一錄》51/6a – b，《新編》4/4/755 下。

《水經注碑錄》卷二編號 43，《北山金石錄》上冊 57—58 頁。

建寧 042

侯伯咸墓碑

建寧中（168—172）立。在兗州府單州。

碑目題跋著錄：

《隸釋》27/6b 引《天下碑錄》，《新編》1/9/7038 下。

《通志·金石略》卷上/14b，《新編》1/24/18026 上。

《金石彙目分編》10（3）/8a，《新編》1/28/21182 下。

《天下金石志》3/6，《新編》2/2/816 下。

《墨華通考》卷8，《新編》2/6/4390 下。

《碑藪》，《新編》2/16/11832 下。

《寒山堂金石林時地攷》卷上/13b，《新編》3/34/496 上。

《金石備攷·兗州府》，《新編》4/1/47 下。

備考：侯成，字伯盛，建寧二年卒。《隸釋》作"俠伯咸"。《侯成碑》在兗州府，與《侯伯咸碑》的時間、地點高度吻合，故疑"伯咸"是"伯盛"之誤。因無錄文對照，暫附此。

建寧 043

執金吾丞武榮碑

又名：武舍和碑。東漢建寧年間（168—172）刻。在山東濟寧，原置於碑主墓前，清乾隆五十一年（1786）錢塘黃易移置濟寧儒學，今存濟寧市博物館。碑高243、寬84、厚26釐米。文10行，滿行31字，隸書。額隸書，2行10字，額題：漢故執金吾丞武君之碑。

圖版著錄：

《金石圖說》甲下/63a，《新編》2/2/951。

《二銘草堂金石聚》4/55a–59a，《新編》2/3/1860 上—1862 上。

《漢碑大觀》第二集，《新編》2/8/6249 下—6251 上。（局部）

《金石經眼錄》58a–b，《新編》4/10/519 下。

《金石圖》，《新編》4/10/558 上右。

《北京圖書館藏中國歷代石刻拓本匯編》1 冊 149 頁。

《漢碑全集》4 冊 1144—1153 頁。

《漢魏六朝碑刻校注》1 冊 339 頁。

《山東石刻分類全集·秦漢碑刻》196 頁。

錄文著錄：

《金石萃編》12/1a–2a，《新編》1/1/201 上—下。

《金石存》7/11a–b，《新編》1/9/6658 上。

《隸釋》12/7b－8b，《新編》1/9/6888 上—下。

《兩漢金石記》8/33a－b，《新編》1/10/7322 上。

《金薤琳琅》5/1a－2a，《新編》1/10/7666 上—下。

《金石古文》6/1a－b，《新編》1/12/9398 上。

《宜祿堂收藏金石記》卷 5，《新編》2/5/3331 上。

《漢碑錄文》3/44a－b，《新編》2/8/6188 下。

《濟州金石志》2/28a－b，《新編》2/13/9478 下。

《碑版廣例》4/27b－28a，《新編》3/40/287 上—下。

《六藝之一錄》40/22b－23b，《新編》4/4/567 下—568 上。

《全後漢文》101/1a－1b，《全文》1 冊 1016 上。

《魯迅輯校石刻手稿·碑銘》上冊 304—305 頁。

《漢魏石刻文學考釋》中冊 633 頁。

《漢碑全集》4 冊 1145 頁。

《漢碑集釋》295—296 頁。

《漢魏六朝碑刻校注》1 冊 340 頁。

碑目題跋著錄：

《金石萃編》12/5b－7a，《新編》1/1/203 上—204 上。

《金石存》7/11b－12a，《新編》1/9/6658 上—下。

《隸釋》12/8b，《新編》1/9/6888 下。

《隸釋》21/27a－b 引《集古錄》，《新編》1/9/6976 上。

《隸釋》23/12b 引《集古錄目》，《新編》1/9/6995 下。

《隸釋》27/6b 引《天下碑錄》，《新編》1/9/7038 下。

《隸釋刊誤》59a，《新編》1/9/7074 上。

《兩漢金石記》8/33b－35a，《新編》1/10/7322 上—7323 上。

《金薤琳琅》5/2a－b，《新編》1/10/7666 下。

《集古求真》9/9a－b，《新編》1/11/8566 上。

《集古求真補正》3/24a，《新編》1/11/8674 下。

《金石錄》2/1b，《新編》1/12/8806 上。

《金石錄補續跋》4/13a－14b，《新編》1/12/9164 上—下。

《金石文字記》2/2a，《新編》1/12/9211 下。

《金石古文》6/1b-2a，《新編》1/12/9398 上—下。
《山左金石志》8/4b-5a，《新編》1/19/14445 下—14446 上。
《集古錄跋尾》2/4a，《新編》1/24/17845 下。
《集古錄目》2/7b，《新編》1/24/17954 上。
《通志·金石略》卷上/15a，《新編》1/24/18026 下。
《曝書亭金石文字跋尾》2/21b，《新編》1/25/18690 上。
《潛研堂金石文跋尾》1/16b-17a，《新編》1/25/18740 下—18741 上。
《潛研堂金石文字目錄》1/4b，《新編》1/25/19008 下。
《授堂金石三跋·一跋》2/9a-b，《新編》1/25/19098 上。
《平津讀碑記》1/15a-b，《新編》1/26/19356 上。
《藝風堂金石文字目》1/14a，《新編》1/26/19529 下。
《寰宇訪碑錄》1/5a，《新編》1/26/19854 上。
《寰宇訪碑錄校勘記》1/4a，《新編》1/27/20103 下。
《金石彙目分編》10（2）/47a，《新編》1/28/21164 上。
《石刻題跋索引》12 頁右—13 頁左，《新編》1/30/22350-22351。
《續語堂碑錄》，《新編》2/1/70 上。
《天下金石志》3/7，《新編》2/2/817 上。
《金石圖說》甲下/63b，《新編》2/2/952。
《二銘草堂金石聚》4/59a-b，《新編》2/3/1862 上。
《平津館金石萃編》2/11b，《新編》2/4/2436 上。
《宜祿堂金石記》1/11a，《新編》2/6/4211 上。
《崇雅堂碑錄》1/4b，《新編》2/6/4485 下。
《函青閣金石記》4/15a-b，《新編》2/6/5053 下。
《來齋金石刻考略》卷上/24a-b，《新編》2/8/5976 下。
《漢碑錄文》3/44b-45a，《新編》2/8/6188 下—6189 上。
（宣統）《山東通志·藝文志》卷 152，《新編》2/12/9368 下。
《濟州金石志》2/30b，《新編》2/13/9479 下。附牟農星跋。
《獨笑齋金石文攷》第二集 4/2a-4a，《新編》2/16/11765 下—11766 下。

《碑藪》，《新編》2/16/11829 下。

《隸辨》7/29b－30a，《新編》2/17/13050 上—下。

《古今碑帖考》10a，《新編》2/18/13167 下。

《金石錄續跋》48－50，《新編》2/18/13218 下—13219 下。

《平安館藏碑目》，《新編》2/18/13381 上、13384 上。

《古墨齋金石跋》1/30b－31a，《新編》2/19/14077 下—14078 上。

《集古錄補目補》卷上/6b，《新編》2/20/14512 上。

《竹崦盦金石目錄》5a，《新編》2/20/14549 上。

《范氏天一閣碑目》2，《新編》2/20/14605 下。

《寰宇貞石圖目錄》卷上/3a、卷下/2a，《新編》2/20/14672 下、14678 上。

《山左碑目》2/18b，《新編》2/20/14847 下。

《古林金石表》4b－5a，《新編》2/20/14895 下—14896 上。

《蒿里遺文目錄》1 上/1b，《新編》2/20/14937 下。

《佩文齋書畫譜·金石》61/9a 上，《新編》3/2/34 上。

《求恕齋碑錄》，《新編》3/2/523 下—524 上。

《漢隸拾遺》8b，《新編》3/2/600 下。

（民國）《濟寧直隸州續志·藝文志》19/14a－15a，《新編》3/26/53 下—54 上。附《金石後錄》。

（光緒）《嘉祥縣志·金石》1/19b，《新編》3/26/161 上。

《金石文考略》2/6b，《新編》3/34/228 下。

《寒山堂金石林時地攷》卷上/12b，《新編》3/34/495 下。

《漢魏碑考》3a－b，《新編》3/35/82 上。

《石目》，《新編》3/36/45 下。

《話雨樓碑帖目錄》1/4a，《新編》3/36/533。

《箓竹堂碑目》2/3b，《新編》3/37/277 上。

《竹崦盦金石目錄》1/5a，《新編》3/37/342 上。

《漢石存目》卷上/5b，《新編》3/37/523 上。

汪本《隸釋刊誤》59a，《新編》3/37/579 下。

《佛金山館秦漢碑跋》19a，《新編》3/38/140 下。

《砥齋題跋》8a–b，《新編》3/38/415 上。
《中國金石學講義·正編》11a、36b，《新編》3/39/139、190。
《漢石例》3/17a，《新編》3/40/173 上。
《碑版廣例》6/5b，《新編》3/40/304 上。
《漢魏六朝志墓金石例》1/8a，《新編》3/40/399 下。
《漢魏六朝墓銘纂例》1/9a，《新編》3/40/438 上。
《金石備攷·兗州府》及附錄，《新編》4/1/48 下、87 上。
《激素飛清閣平碑記》卷1，《新編》4/1/197 上。
《分隸偶存》卷上/21a，《新編》4/1/604 上。
《庚子銷夏記》5/9a–b，《新編》4/6/627 上。
《壬癸金石跋》8a–9a，《新編》4/7/262 上—下。
《雪堂所藏金石文字簿錄》32a–b，《新編》4/7/385 下。
《墨池篇》6/5b，《新編》4/9/669 上。
《金石圖》，《新編》4/10/558 上左。
《漢隸字源》70 頁。
《增補校碑隨筆》（修訂本）55—56 頁。
《碑帖鑒定》52 頁。
《碑帖敘錄》89 頁。
《善本碑帖錄》1/25。
《齊魯碑刻墓誌研究》"附表" 346 頁。
《漢魏石刻文學考釋》中冊 630—633 頁。
《漢魏石刻文字繫年》75 頁。
《漢魏六朝碑刻校注·總目提要》編號 0330。
淑德大學《中國石刻拓本目錄》"碑碣等刻石" 編號 131。
論文：
金玲：《〈漢故執金吾丞武榮碑〉補正》，《東方博物》2008 年第 4 期。
蔣英炬、吳文祺：《漢代武氏墓群石刻研究》，第 50—51 頁。

建寧 044

崔寔碑

建寧中卒（168—172）。據《後漢書·崔寔傳》，大鴻臚袁隗樹碑頌德。

碑目著錄：

《佩文齋書畫譜·金石》61/10b 下，《新編》3/2/34 下。

《六藝之一錄》51/28a，《新編》4/4/766 下。

備考：崔寔，《後漢書》卷五二有傳。

熹 平

熹平 001

熹平元年（嚴巨昭?）殘碑

熹平元年（172）四月卒。1991 年（一說 2002 年）河南省安陽出土。碑殘高 71、寬 70 釐米。文隸書，15 行，滿行 17 字。《北京大學圖書館新藏金石拓本菁華》附註：碑主姓氏民間有考證，為嚴姓，字巨昭，嚴助之後。

圖版著錄：

《秦晉豫新出墓誌蒐佚續編》1 冊 19 頁。

《北京大學圖書館新藏金石拓本菁華 1996—2012》49 頁。

論文：

熊長雲：《東漢〈嚴巨昭殘碑〉考》，《中國文化》2017 年第 1 期。

熹平 002

廷尉仲定碑

熹平元年（172）七月。在濮州雷澤。額題：漢故廷尉仲君之碑。

錄文著錄：

《金石錄》16/8a–b，《新編》1/12/8897 下。

《漢魏石刻文學考釋》中冊 635—636 頁。

碑目題跋著錄：

《隸續》15/1a，《新編》1/10/7173 上。

《金石錄》1/7b、16/8a–b，《新編》1/12/8803 上、8897 下。

《通志·金石略》卷上/21a，《新編》1/24/18029 下。

《金石彙目分編》10（3）/4a，《新編》1/28/21180 下。

《石刻題跋索引》13 頁左，《新編》1/30/22351。

《天下金石志》3/9，《新編》2/2/818 上。

《墨華通考》卷 8，《新編》2/6/4394 上。

《隸韻·碑目》8b，《新編》2/17/12518 下。

《隸辨》7/37a，《新編》2/17/13054 上。

《佩文齋書畫譜·金石》61/11a 上，《新編》3/2/35 上。

《漢石例》2/13a，《新編》3/40/150 上。

《金石備攷·東昌府》，《新編》4/1/49 下。

《六藝之一錄》44/33b，《新編》4/4/645 上。

《漢隸字源》134 頁。

《漢魏石刻文學考釋》中冊 635 頁。

《漢魏石刻文字繫年》76 頁。

《漢魏六朝碑刻校注·總目提要》編號 0331。

熹平 003

故民吳仲山碑

熹平元年（172）十二月。在開封府鄢陵縣。《隸續·碑式》載：隸額二行，文十三行，行二十一字。額題：漢故民吳公之碑。

錄文著錄：

《隸釋》9/3a–4a，《新編》1/9/6848 上—下。

（道光）《鄢陵縣志·麗藻志》13/27b–28b，《新編》3/28/185 下—186 上。

（民國）《鄢陵縣志·金石志》16/6b–7b，《新編》3/28/195 下—196 上。

《碑版廣例》4/18b–19a，《新編》3/40/282 下—283 上。

《六藝之一錄》44/32a–b，《新編》4/4/644 下。

《全後漢文》102/7a–b，《全文》1 冊 1024 上。

《漢魏石刻文學考釋》上冊 391—392 頁。

碑目題跋著錄：

《隸釋》9/4a，《新編》1/9/6848 下。

《隸釋刊誤》40b – 41b，《新編》1/9/7064 下—7065 上。

《隸續》7/4b，《新編》1/10/7134 下。

《金石錄》1/7b、16/9a，《新編》1/12/8803 上、8898 上。

《金石錄補》25/11a，《新編》1/12/9120 上。

《中州金石考》1/9b，《新編》1/18/13673 上。

《通志・金石略》卷上/19a，《新編》1/24/18028 下。

《寶刻叢編》1/26a，《新編》1/24/18092 下。

《金石彙目分編》9（1）/15a，《新編》1/28/20931 上。

《石刻題跋索引》13 頁左，《新編》1/30/22351。

《天下金石志》5/13，《新編》2/2/829 上。

《碑藪》，《新編》2/16/11825 下。

《金石例補》2/1a、10a – b，《新編》2/17/12366 上、12370 下。

《隸韻・碑目》9a，《新編》2/17/12519 上。

《隸辨》7/38a，《新編》2/17/13054 下。

《古今碑帖考》9a，《新編》2/18/13167 上。

《中州金石目錄》1/4a，《新編》2/20/14687 下。

《佩文齋書畫譜・金石》61/11a 上，《新編》3/2/35 上。

（民國）《鄢陵縣志・金石志》16/8a，《新編》3/28/196 下。附《東皋雜錄》。

《寒山堂金石林時地攷》卷上/19a，《新編》3/34/499 上。

汪本《隸釋刊誤》40b – 41b，《新編》3/37/570 上—下。

《紅藕齋漢碑彙鈔集跋》，《新編》3/38/519 上。

《漢石例》1/17b、21a、36b，《新編》3/40/133 上、135 上、142 下。

《碑版廣例》6/10b，《新編》3/40/306 下。

《漢魏六朝志墓金石例》1/11b – 12a，《新編》3/40/401 上—下。

《漢魏六朝墓銘纂例》1/14b – 15a，《新編》3/40/440 下—441 上。

《金石備攷・河南府》，《新編》4/1/61 下。

《墨池篇》6/4a，《新編》4/9/668 下。

《漢隸字源》54 頁。

《漢魏石刻文學考釋》上冊 390—391 頁。

《漢魏石刻文字繫年》76 頁。

《漢魏六朝碑刻校注·總目提要》編號 0333。

熹平 004

御史孔翊碑

熹平元年（172）立。在仙源縣墓前。

碑目題跋著錄：

《隸釋》27/6a 引《天下碑錄》,《新編》1/9/7038 下。

《通志·金石略》卷上/14b,《新編》1/24/18026 上。

《寶刻叢編》2/16b–17a,《新編》1/24/18112 下—18113 上。

《金石彙目分編》10（2）/21a,《新編》1/28/21151 上。

《石刻題跋索引》13 頁左,《新編》1/30/22351。

《天下金石志》3/3,《新編》2/2/815 上。

《墨華通考》卷 8,《新編》2/6/4390 上。

《來齋金石刻考略》卷上/24b,《新編》2/8/5976 下。

（宣統）《山東通志·藝文志》卷 152,《新編》2/12/9353 下。

《碑藪》,《新編》2/16/11832 上。

《山左碑目》2/9b,《新編》2/20/14843 上。

《佩文齋書畫譜·金石》61/19b 下,《新編》3/2/39 上。

《寒山堂金石林時地攷》卷上/14a,《新編》3/34/496 下。

《金石備攷·兗州府》,《新編》4/1/46 上。

《六藝之一錄》42/25b,《新編》4/4/605 上。

《漢魏石刻文學考釋》中冊 636 頁。

《漢魏石刻文字繫年》76 頁。

《漢魏六朝碑刻校注·總目提要》編號 0336。

備考：《後漢書》卷六五《皇甫規傳》有孔翊,不知是否碑主？

熹平 005

荊州刺史李剛碑

熹平元年（172）卒。在鉅野黃水南。

碑目題跋著錄：

《隸釋》20/4b 引《水經注》,《新編》1/9/6948 下。

《金石彙目分編》10（3）/14b-15a,《新編》1/28/21185 下—21186 上。

《碑藪》,《新編》2/16/11831 上。

《隸辨》8/52a,《新編》2/17/13100 下。

《六藝之一錄》51/5b-6a,《新編》4/4/755 上—下。

《水經注碑錄》卷二編號 40,《北山金石錄》上冊 54—55 頁。

備考：《後漢書》卷七八《宦者列傳·孫程》有"枝江侯李剛"，是否碑主，待考。

熹平 006

門生沛國蕭劉題名

又名：殘碑陰、熹平殘碑。熹平元年（172）義士門生沛國蕭劉定興立。在山桑城東南。

碑目題跋著錄：

《隸釋》20/16a 引《水經注》,《新編》1/9/6954 下。

《隸辨》8/52a,《新編》2/17/13100 下。

《佩文齋書畫譜·金石》61/11a 上,《新編》3/2/35 上。

《紅藕齋漢碑彙鈔集跋》,《新編》3/38/503 下。

《六藝之一錄》52/29a,《新編》4/4/782 上。

《水經注碑錄》卷五編號 157,《北山金石錄》上冊 134 頁。

熹平 007

司隸校尉楊淮表紀

又名：司隸校尉楊淮碑、漢楊伯邳表、卞玉磨厓表紀。熹平二年（173）二月廿二日。卞玉撰。刻石在陝西褒城石門西壁，今移入漢中市博物館。拓片高 189、寬 50 釐米。文隸書，7 行，行 25 至 26 字不等。

圖版著錄：

《二銘草堂金石聚》9/1a-10a,《新編》2/3/2026 上—2030 下。

《漢碑大觀》第六集,《新編》2/8/6334 下—6336 上。（局部）

《草隸存》卷 2,《新編》4/3/42。

《金石索》石索二，下冊 1203—1205 頁。

《北京圖書館藏中國歷代石刻拓本匯編》1 冊 151 頁。

《中國西北地區歷代石刻匯編》1 冊 23 頁。

《漢碑全集》4 冊 1450—1474 頁。

《漢魏六朝碑刻校注》1 冊 347 頁。

錄文著錄：

《金石萃編》15/5a－6a，《新編》1/1/254 上－下。

《隸續》11/11a－b，《新編》1/10/7147 上。

《兩漢金石記》13/20b－21a，《新編》1/10/7392 下—7393 上。

《宜祿堂收藏金石記》卷 5，《新編》2/5/3332 上。

《金石文鈔》1/25a－b，《新編》2/7/5085 上。

《漢碑錄文》3/45a－b，《新編》2/8/6189 上。

《石門碑醳》7b，《新編》3/2/551 上。

《紅藕齋漢碑彙鈔集跋》，《新編》3/38/553 上。

《碑版廣例》1/22a－b，《新編》3/40/242 下。

《續古文苑》15/8a－b，《新編》4/2/228 下。

《全後漢文》102/7b－8a，《全文》1 冊 1024 上－下。

《魯迅輯校石刻手稿·碑銘》上冊 230 頁。

《漢碑全集》4 冊 1451 頁。

《漢魏石刻文學考釋》上冊 139—140 頁。

《漢碑集釋》387 頁。

《漢魏六朝碑刻校注》1 冊 348 頁。

碑目題跋著錄：

《隸續》11/11b－12a，《新編》1/10/7147 上－下。

《兩漢金石記》1/32a、13/20b－21a，《新編》1/10/7220 下、7392 下—7393 上。

《集古求真》9/2a，《新編》1/11/8562 下。

《集古求真補正》3/14a－b，《新編》1/11/8669 下。

《金石錄補》3/6a－b，《新編》1/12/9001 下。

《陝西金石志》5/4b，《新編》1/22/16416 下。

《潛研堂金石文跋尾》1/21a－b，《新編》1/25/18743 上。

《潛研堂金石文字目錄》1/5a，《新編》1/25/19009 上。

《平津讀碑記》1/15b，《新編》1/26/19356 上。

《藝風堂金石文字目》1/11b，《新編》1/26/19528 上。

《寰宇訪碑錄》1/5a，《新編》1/26/19854 上。

《寰宇訪碑錄校勘記》1/4a，《新編》1/27/20103 下。

《金石彙目分編》12（2）/48a，《新編》1/28/21359 下。

《石刻題跋索引》13 頁右，《新編》1/30/22351。

《績語堂碑錄》，《新編》2/1/70 上。

《二銘草堂金石聚》9/10a–b，《新編》2/3/2030 下。

《平津館金石萃編》2/11b，《新編》2/4/2436 上。

《宜祿堂金石記》1/11b，《新編》2/6/4211 上。

《崇雅堂碑錄》1/4b，《新編》2/6/4485 下。

《金石文鈔》1/25b–26a，《新編》2/7/5085 上—下。

《漢碑錄文》3/45b–46a，《新編》2/8/6189 上—下。

《關中金石文字存逸考》10/26a、12/22b，《新編》2/14/10604 下、10647 下。

《關中金石記》1/5，《新編》2/14/10665 上。

《獨笑齋金石文攷》第二集 5/12a–13a，《新編》2/16/11781 下—11782 上。

《金石例補·書某人孫例》1/2b–3a，《新編》2/17/12361 下—12362 上。

《隸韻·碑目》10a，《新編》2/17/12519 下。

《隸辨》7/40a，《新編》2/17/13055 下。

《平安館藏碑目》，《新編》2/18/13381 下。

《古墨齋金石跋》1/22a–23a，《新編》2/19/14073 下—14074 上。

《枕經堂金石題跋》3/15a–b，《新編》2/19/14266 上。

《定庵題跋》9a–10a，《新編》2/19/14290 上—下。

《竹崦盦金石目錄》5b，《新編》2/20/14549 上。

《寰宇貞石圖目錄》卷上/3a、卷下/2a，《新編》2/20/14672 下、14678 上。

《佩文齋書畫譜·金石》61/11a 下，《新編》3/2/35 上。

《石門碑醳》17a－b，《新編》3/2/556 上。

《漢隸拾遺》12a－b，《新編》3/2/602 下。

《石目》，《新編》3/36/55 下。

《竹崦盦金石目錄》1/5a－b，《新編》3/37/342 上。

《漢石存目》卷上/5b，《新編》3/37/523 上。

《紅藕齋漢碑彙鈔集跋》，《新編》3/38/553 上—下。

《中國金石學講義·正編》12a，《新編》3/39/141。

《漢石例》1/19a，《新編》3/40/134 上。

《碑版廣例》1/22b，《新編》3/40/242 下。

《漢魏六朝志墓金石例》1/14b－15a，《新編》3/40/402 下。

《漢魏六朝墓銘纂例》1/16a，《新編》3/40/441 下。

《激素飛清閣平碑記》卷 1，《新編》4/1/197 上。

《六藝之一錄》51/29a，《新編》4/4/767 上。

《雪堂所藏金石文字簿錄》33a，《新編》4/7/386 上。

《漢隸字源》121—122 頁。

《增補校碑隨筆》（修訂本）69—70 頁。

《碑帖鑒定》61 頁。

《善本碑帖錄》1/29。

《碑帖敘錄》197 頁。

《漢魏石刻文字繫年》77 頁。

《漢魏石刻文學考釋》上冊 134—139 頁。

淑德大學《中國石刻拓本目錄》"碑碣等刻石" 編號 133。

論文：

陝西省考古研究所：《褒斜道石門附近棧道遺跡及題刻的調查》，《文物》1964 年第 11 期。

郭榮章：《〈楊淮楊弼表記摩崖〉補釋》，《文博》1986 年第 2 期。

鍾林元：《〈石門頌〉、〈楊淮表紀〉主要人物考》，《文博》1995 年第 2 期。

陶喻之：《漢魏蜀道石刻史料研究》，《上海博物館集刊》第 7 期，

1996 年。

劉潔：《〈楊淮表記〉摩崖考述》，《文物世界》2008 年第 2 期。

熹平 008

朐忍令景雲碑

又名：巴郡朐忍令景君碑。永元十五年（103）季夏仲旬卒，熹平二年（173）仲春刻。2004 年三月在重慶市雲陽縣舊縣坪發掘出土，現藏重慶中國三峽博物館。碑高 182、寬 81 釐米。文隸書，13 行，滿行 30 字。

著錄：

《北京圖書館新藏金石拓本菁華 1996—2012》50—51 頁。（圖）

《漢碑全集》5 冊 1475—1492 頁。（圖、文）

《漢魏六朝碑刻校注》1 冊 344—345 頁。（圖、文）

《漢魏六朝碑刻校注·總目提要》編號 0337。（目）

論文：

吉林省文物考古研究所等：《重慶雲陽舊縣坪臺基建築發掘簡報》，《文物》2008 年第 1 期。

叢文俊：《新發現〈漢巴郡朐忍令景雲碑〉考》，《中國書法》2005 年第 5 期；又載於《藝術與學術：叢文俊書法研究題跋文集》，第 29—36 頁。

叢文俊：《漢巴郡朐忍令景雲碑跋》，載於《藝術與學術：叢文俊書法研究題跋文集》，第 244 頁。

魏啟鵬：《讀三峽新出東漢景雲碑》，《四川文物》2006 年第 2 期。

程地宇：《〈漢巴郡朐忍令景雲碑〉考釋》，《三峽大學學報》2006 年第 5 期。

袁延勝：《新出〈漢景雲碑〉及相關問題》，《中原文物》2007 年第 3 期。

孫華：《漢朐忍令景雲碑考釋補遺》，《中國歷史文物》2008 年第 4 期。

李喬：《從〈景雲碑〉看景氏起源及漢代以前的遷徙》，《中原文物》2009 年第 4 期。

熹平 009

司隸校尉魯峻碑并陰

又名：司隸校尉忠惠父魯峻碑、司隸校尉忠惠父魯君碑。熹平元年（172）卒，二年（173）四月葬。蔡邕書。原立山東任城金鄉山，後移入山東濟寧縣學，今存山東省濟寧市博物館。碑高283、寬115、厚25釐米。文隸書，17行，行32字；陰2列，各21行。額隸書，2行共12字，額題：漢故司隸校尉忠惠父魯君碑。

圖版著錄：

《金石圖說》甲下/64a–b，《新編》2/2/953–954。

《二銘草堂金石聚》9/11a–35a，《新編》2/3/2031上—2043上。

《漢碑大觀》第六集，《新編》2/8/6336下—6339上。（局部）

《草隸存》卷2，《新編》4/3/46–48。（碑陰）

《金石經眼錄》41a–42a，《新編》4/10/511上—下。

《金石圖》，《新編》4/10/551上。

《金石索》石索二，下冊1207—1216頁。

《北京圖書館藏中國歷代石刻拓本匯編》1冊152—154頁。

《漢碑全集》5冊1493—1494、1496—1519頁。（碑陽）

《漢魏六朝碑刻校注》1冊350—352頁。

《山東石刻分類全集·秦漢碑刻》243—244頁。

錄文著錄：

《金石萃編》15/12b–16a，《新編》1/1/257下—259下。

《金石存》8/11a–12a、13a–14a，《新編》1/9/6671上—6672下。

《隸釋》9/4b–6a，《新編》1/9/6848下—6849下。（碑陽）

《兩漢金石記》8/1a–4b，《新編》1/10/7306上—7307下。

《金薤琳琅》4/5a–6b、7b–9a，《新編》1/10/7659上—7661上。

《金石古文》5/3b–5a、5b–7a，《新編》1/12/9393上—9395上。

《宜祿堂收藏金石記》卷5，《新編》2/5/3333上—下、3335上—3336上。

《漢碑錄文》3/46a–48b，《新編》2/8/6189下—6190下。

（宣統）《山東通志·藝文志》卷 150，《新編》2/12/9264 上—9266 上。

《濟州金石志》2/31a - 32a、36a - 38a，《新編》2/13/9480 上—下、9482 下—9483 下。

《紅藕齋漢碑彙鈔集跋》，《新編》3/38/494 下—496 下。

《碑版廣例》4/15b - 16b，《新編》3/40/281 上—下。（碑陽）

《六藝之一錄》45/22a - 24a、29a - 30a，《新編》4/4/656 下—657 下、660 上—下。

《全後漢文》102/9a - b，《全文》1 冊 1025 上。（碑陽）

《魯迅輯校石刻手稿·碑銘》上冊 232—236 頁。

《漢碑全集》5 冊 1495 頁。（碑陽）

《漢魏石刻文學考釋》中冊 655—657 頁。

《漢碑集釋》390—394 頁。

《漢魏六朝碑刻校注》1 冊 353—354 頁。

碑目題跋著錄：

《金石萃編》15/24b - 25a，《新編》1/1/263 下—264 上。

《八瓊室金石補正》5/12a - b，《新編》1/6/4078 下。

《金石存》8/12a - b、14a - b，《新編》1/9/6671 下、6672 下。

《隸釋》9/6a - 7a，《新編》1/9/6849 下—6850 上。

《隸釋》20/4b - 5a 引《水經注》，《新編》1/9/6948 下—6949 上。

《隸釋》21/28b - 29a 引《集古錄》，《新編》1/9/6976 下—6977 上。

《隸釋》23/13a 引《集古錄目》，《新編》1/9/6996 上。

《隸釋》27/6b 引《天下碑錄》，《新編》1/9/7038 下。

《隸釋刊誤》41b - 42b，《新編》1/9/7065 上—下。

《隸續》7/4b，《新編》1/10/7134 下。

《兩漢金石記》1/32a、8/4b - 8b，《新編》1/10/7220 下、7307 下—7309 下。

《金薤琳琅》4/6b - 7a、9a - 10a，《新編》1/10/7659 下—7660 上、7661 上—下。

《集古求真》9/16b - 17a，《新編》1/11/8569 下—8570 上。

《集古求真補正》3/30a,《新編》1/11/8677 下。

《金石錄》1/7b、16/9a－b,《新編》1/12/8803 上、8898 上。

《金石錄補》3/7a－b,《新編》1/12/9002 上。

《金石錄補續跋》3/12b－13a,《新編》1/12/9155 下—9156 上。

《金石文字記》1/23b,《新編》1/12/9203 上。

《金石古文》5/5a－b、7a,《新編》1/12/9394 上、9395 上。

《山左金石志》8/7b－8a,《新編》1/19/14447 上—下。

《集古錄跋尾》3/8a－b,《新編》1/24/17856 下。

《集古錄目》2/2a,《新編》1/24/17951 下。

《通志·金石略》卷上/15a,《新編》1/24/18026 下。

《寶刻類編》1/9b,《新編》1/24/18411 上。

《曝書亭金石文字跋尾》2/21a,《新編》1/25/18690 上。

《潛研堂金石文跋尾》1/21b－22a,《新編》1/25/18743 上—下。

《潛研堂金石文字目錄》1/5b,《新編》1/25/19009 上。

《平津讀碑記》1/16a,《新編》1/26/19356 下。

《藝風堂金石文字目》1/11b,《新編》1/26/19528 上。

《寰宇訪碑錄》1/5b,《新編》1/26/19854 上。

《金石彙目分編》10（2）/47a,《新編》1/28/21164 上。

《石刻題跋索引》13 頁右—14 頁左,《新編》1/30/22351－22352。

《續語堂碑錄》,《新編》2/1/70 上。

《天下金石志》3/1,《新編》2/2/814 上。

《金石圖說》甲下/65a－b,《新編》2/2/955。

《蒼潤軒玄牘記》1/3b,《新編》2/2/1594 上。

《二銘草堂金石聚》9/35a－b,《新編》2/3/2043 上。

《平津館金石萃編》2/11b,《新編》2/4/2436 上。

《宜祿堂收藏金石記》卷 5,《新編》2/5/3334 下、3336 下。

《宜祿堂金石記》1/11b－12a,《新編》2/6/4211 上—下。

《墨華通考》卷 8,《新編》2/6/4388 上、4390 上。

《崇雅堂碑錄》1/4b,《新編》2/6/4485 下。

《來齋金石刻考略》卷上/22a－22b,《新編》2/8/5975 下。

《漢碑錄文》3/47a－b、48b－50a，《新編》2/8/6190上、6190下—6191下。

（宣統）《山東通志·藝文志》卷150，《新編》2/12/9266上—下。

《濟州金石志》2/35a－b、2/39b、8/76a，《新編》2/13/9482上、9484上、9732下。

《獨笑齋金石文攷》第二集5/13a－17a，《新編》2/16/11782上—11784上。

《碑藪》，《新編》2/16/11829下。

《語石》2/7a、3/7b，《新編》2/16/11879上、11901上。

《金石萃編校字記》3b，《新編》2/17/12326上。

《金石例補》2/2a、2/6a－b，《新編》2/17/12366下、12368下。

《隸韻·碑目》9a－b，《新編》2/17/12519上。

《隸辨》7/38a－39a，《新編》2/17/13054下—13055上。

《蒼潤軒碑跋紀》6a，《新編》2/18/13123下。

《古今碑帖考》8b，《新編》2/18/13166下。

《金石錄續跋》29，《新編》2/18/13209上。

《平安館藏碑目》，《新編》2/18/13381下。

《鐵函齋書跋》1/6a－b，《新編》2/18/13641下。

《古墨齋金石跋》1/21a－22a，《新編》2/19/14073上—下。

《集古錄補目補》卷上/9a，《新編》2/20/14513下。

《竹崦盦金石目錄》5b，《新編》2/20/14549上。

《范氏天一閣碑目》2，《新編》2/20/14605下。

《寰宇貞石圖目錄》卷上/3a、卷下/2a，《新編》2/20/14672下、14678上。

《山左碑目》2/19a，《新編》2/20/14848上。

《古林金石表》5a，《新編》2/20/14896上。

《蒿里遺文目錄》1上/1b，《新編》2/20/14937下。

《讀漢碑》8b，《新編》3/2/592下。

《漢隸拾遺》12b－13a，《新編》3/2/602下—603上。

（民國）《濟寧直隸州續志·藝文志》19/17a，《新編》3/26/55上。

附《金石後錄》。

《金石文考略》2/30a，《新編》3/34/240 下。

《寒山堂金石林時地攷》卷上/12b，《新編》3/34/495 下。

《漢魏碑考》5a，《新編》3/35/83 上。

《石墨餘馨》，《新編》3/35/338。

《石目》，《新編》3/36/45 上。

《話雨樓碑帖目錄》1/4a–b，《新編》3/36/533–534。

《萚竹堂碑目》2/2b，《新編》3/37/276 下。

《竹崦盦金石目錄》1/5b，《新編》3/37/342 上。

《漢石存目》卷上/6a，《新編》3/37/523 下。

汪本《隸釋刊誤》41b–42b，《新編》3/37/570 下—571 上。

《佛金山館秦漢碑跋》13b–14a，《新編》3/38/137 下—138 上。

《碑帖跋》38 頁，《新編》3/38/186、4/7/424 上。

《漢石經室金石跋尾》，《新編》3/38/256 下。

《紅藕齋漢碑彙鈔集跋》，《新編》3/38/496 下—497 下。附孫退谷等跋。

《中國金石學講義·正編》11a，《新編》3/39/139。

《金石史》卷上/9b–10b，《新編》3/39/472 上—下。

《漢石例》1/22b、1/33b、2/18b、2/31b、2/39b，《新編》3/40/135 下、141 上、152 下、159 上、163 上。

《碑版廣例》4/17a、6/9b，《新編》3/40/282 上、306 上。

《碑版廣例》6/17b，《新編》3/40/310 上。

《漢魏六朝志墓金石例》1/8b–9a，《新編》3/40/399 下—400 上。

《漢魏六朝墓銘纂例》1/15a–b，《新編》3/40/441 上。

《玄牘記》，《新編》3/40/588 下。

《金石備攷·濟南府》，《新編》4/1/45 上。

《激素飛清閣平碑記》卷 1，《新編》4/1/197 上。

《分隸偶存》卷上/23b，《新編》4/1/605 上。

《草隸存》卷 2，《新編》4/3/49。

《弇州山人四部稿·墨刻跋》134/3b，《新編》4/6/573 下。

《庚子銷夏記》5/8b－9a，《新編》4/6/626下—627上。

《清儀閣金石題識》2/15a－b，《新編》4/7/49上。

《雪堂所藏金石文字簿錄》33a－34b，《新編》4/7/386上—下。

《墨池篇》6/4a，《新編》4/9/668下。

《金石圖》，《新編》4/10/551下。

《漢隸字源》54、124頁。

《水經注碑錄》卷二編號41，《北山金石錄》上冊55—56頁。

《北山集古錄》卷一，《北山金石錄》上冊372—373頁。

《增補校碑隨筆》(修訂本) 70—71頁。

《碑帖鑒定》61—62頁。

《善本碑帖錄》1/29－30。

《碑帖敘錄》231頁。

《齊魯碑刻墓誌研究》"附表" 347頁。

《漢魏石刻文學考釋》中冊648—649頁。

《漢魏石刻文字繫年》77—78頁。

《漢魏六朝碑刻校注·總目提要》編號0341。

淑德大學《中國石刻拓本目錄》"碑碣等刻石" 編號135—136。

論文：

朱家濂：《書北宋拓本〈魯峻碑〉後》，《中國歷史博物館館刊》1984年第6期。

備考：《水經注》誤著錄為"魯恭碑"。

熹平010

彭城姜伯淮碑

又名：彭城姜肱碑。熹平二年(173)四月卒。蔡邕撰。

錄文著錄：

《蔡中郎集》2/44a－45b，《漢魏六朝百三名家集》1冊555下—556上。

《全後漢文》76/6b－7b，《全文》1冊886下—887上。

《蔡中郎集》6/14b－16a，景印文淵閣《四庫全書·集部》1063冊

219 上—220 上。

《蔡中郎文集》2/9a – 10b，《四部叢刊初編》98 冊。

《漢魏石刻文學考釋》中冊 769 頁。

碑目題跋著錄：

《漢魏六朝志墓金石例》1/4b，《新編》3/40/397 下。

《漢石例》1/26b、2/3a、2/37b，《新編》3/40/137 下、145 上、162 上。

《漢魏六朝碑刻校注·總目提要》編號 0340。

備考：姜肱，字伯淮，《後漢書》卷五三有傳。

熹平 011

熹平□君殘碑

又稱：熹平二年殘碑、熹平斷碑、曲阜東闕殘碑。熹平二年（173）十一月二十一日卒。清乾隆五十八年（1793）黃易於山東曲阜東郊訪得，後移入曲阜孔廟，今存山東省曲阜市漢魏碑刻陳列館。碑殘高65、寬82、厚21釐米。文隸書，殘碑存7行，行14字不等。

圖版著錄：

《二銘草堂金石聚》9/36a – 37b，《新編》2/3/2043 下—2044 上。

《漢碑大觀》第二集，《新編》2/8/6265 下—6266 上。

《古石抱守錄》，《新編》3/1/196、322 – 323。

《北京圖書館藏中國歷代石刻拓本匯編》1 冊 155 頁。

《漢碑全集》5 冊 1542—1548 頁。

《漢魏六朝碑刻校注》1 冊 358 頁。

《山東石刻分類全集·秦漢碑刻》245 頁。

錄文著錄：

《金石萃編》15/25a – b，《新編》1/1/264 上。

《山左金石志》8/8a – b，《新編》1/19/14447 下。

《宜祿堂收藏金石記》卷 5，《新編》2/5/3337 上。

《漢碑錄文》3/51a – b，《新編》2/8/6192 上。

《紅藕齋漢碑彙鈔集跋》，《新編》3/38/476 上。

《魯迅輯校石刻手稿・碑銘》上冊 238 頁。
《漢碑全集》5 冊 1543 頁。
《漢魏石刻文學考釋》中冊 640 頁。
《漢魏六朝碑刻校注》1 冊 359 頁。
碑目題跋著錄：
《集古求真續編》8/18a – b，《新編》1/11/8769 下。
《山左金石志》8/8b – 9a，《新編》1/19/14447 下—14448 上。
《潛研堂金石文跋尾》1/22a – b，《新編》1/25/18743 下。
《潛研堂金石文字目錄》1/5a，《新編》1/25/19009 上。
《授堂金石文字續跋》1/5b – 6b，《新編》1/25/19169 上—下。
《平津讀碑記》1/16a – b，《新編》1/26/19356 下。
《藝風堂金石文字目》1/11b，《新編》1/26/19528 上。
《寰宇訪碑錄》1/5b，《新編》1/26/19854 上。
《寰宇訪碑錄校勘記》1/4a，《新編》1/27/20103 下。
《金石彙目分編》10（2）/4b，《新編》1/28/21142 下。
《石刻題跋索引》13 頁左，《新編》1/30/22351。
《續語堂碑錄》，《新編》2/1/70 上。
《二銘草堂金石聚》9/37b，《新編》2/3/2044 上。
《平津館金石萃編》2/12a，《新編》2/4/2436 下。
《宜祿堂收藏金石記》卷 5，《新編》2/5/3337 上。
《崇雅堂碑錄》1/5a，《新編》2/6/4486 上。
《漢碑錄文》3/51b – 52a，《新編》2/8/6192 上—下。
《山左訪碑錄》6/3b，《新編》2/12/9083 下。
（宣統）《山東通志・藝文志》卷 152，《新編》2/12/9353 下。
《曲阜碑碣考》1/3a，《新編》2/13/9748 上。
《語石》2/6b、10/4b，《新編》2/16/11878 下、12021 下。（人言其不可信）
《平安館藏碑目》，《新編》2/18/13381 下。
《枕經堂金石題跋》3/16a，《新編》2/19/14266 下。
《寰宇貞石圖目錄》卷上/3a，《新編》2/20/14672 下。

《山左碑目》2/5a，《新編》2/20/14841 上。

《蒿里遺文目錄》1 上/1b，《新編》2/20/14937 下。

《求恕齋碑錄》，《新編》3/2/523 下。

《讀漢碑》8b，《新編》3/2/592 下。

（民國）《續修曲阜縣志·藝文志》8/54a，《新編》3/26/99 下。

《岱巖訪古日記》1b，《新編》3/28/83 上。

《石目·墓銘》，《新編》3/36/79 下。

《竹崦盦金石目錄》1/5b，《新編》3/37/342 上。

《漢石存目》卷上/6a，《新編》3/37/523 下。

《佛金山館秦漢碑跋》14a，《新編》3/38/138 上。

《紅藕齋漢碑彙鈔集跋》，《新編》3/38/476 上—下。附方小東跋。

《石交錄》1/16a–b，《新編》4/6/437 下。

《雪堂所藏金石文字簿錄》34b，《新編》4/7/386 下。

《魯迅輯校石刻手稿·碑銘》上冊 239 頁。附阮元等人識。

《增補校碑隨筆》（修訂本）71 頁。

《碑帖鑒定》62 頁。

《善本碑帖錄》1/29。

《齊魯碑刻墓誌研究》"附表" 347 頁。

《漢魏石刻文學考釋》中冊 637—640 頁。

《漢魏石刻文字繫年》78 頁。

《漢魏六朝碑刻校注·總目提要》編號 0342。

淑德大學《中國石刻拓本目錄》"碑碣等刻石" 編號 132。

熹平 012

司空宗俱碑并陰

熹平二年（173）立。在鄧州。《隸續》卷五載，文 20 行，行 40 字。篆額二行，額題：漢司空宗公碑；碑陰額題：門生立碑人名。

圖版著錄：

《隸續》5/11a，《新編》1/10/7116 上。（碑額圖）

錄文著錄：

《隸釋》18/1a－2a，《新編》1/9/6931 上—下。（碑陽）

《隸續》20/5b－7a，《新編》1/10/7197 上—7198 上。（碑陰）

（光緒）《南陽縣志·藝文下》10/16a－18a，《新編》3/30/194 下—195 下。

《六藝之一錄》45/30b－31b，《新編》4/4/660 下—661 上。

《漢魏石刻文學考釋》中冊 658—660 頁。

碑目題跋著錄：

《隸釋》18/2a－b，《新編》1/9/6931 下。

《隸釋刊誤》71a，《新編》1/9/7080 上。

《隸續》20/7a，《新編》1/10/7198 上。

《金石錄》1/11a、18/9a－b，《新編》1/12/8805 上、8910 上。

《中州金石考》8/3b，《新編》1/18/13736 上。

《通志·金石略》卷上/22a，《新編》1/24/18030 上。

《寶刻叢編》3/26a－b，《新編》1/24/18126 下。

《金石彙目分編》9（4）/60b，《新編》1/28/21065 下。

《石刻題跋索引》14 頁左—右，《新編》1/30/22352。

《天下金石志》16/2，《新編》2/2/871 上。

《碑藪》，《新編》2/16/11826 下。

《隸韻·碑目》9a，《新編》2/17/12519 上。

《隸辨》7/39b－40a，《新編》2/17/13055 上—下。

《中州金石目錄》1/8b，《新編》2/20/14689 下。

《佩文齋書畫譜·金石》61/11a 上，《新編》3/2/35 上。

《寒山堂金石林時地攷》卷上/19a，《新編》3/34/499 上。

汪本《隸釋刊誤》71a，《新編》3/37/585 下。

《紅藕齋漢碑彙鈔集跋》，《新編》3/38/521 下—522 上。

《漢石例》1/16a、21a，《新編》3/40/132 下、135 上。

《碑版廣例》6/14b，《新編》3/40/308 下。

《漢魏六朝墓銘纂例》2/13b，《新編》3/40/448 上。

《金石備考·成都府》，《新編》4/1/73 上。

《漢隸字源》96、146 頁。

《漢魏石刻文學考釋》中冊 657—658 頁。

《漢魏石刻文字繫年》118 頁。

《漢魏六朝碑刻校注·總目提要》編號 0539。

備考：宗俱，史傳又作"宋俱"，其事見《後漢書》卷八《孝靈帝紀》、卷四一附《宋均傳》。

熹平 013

廣漢屬國侯李翊（或"翌"）碑

熹平二年（173）卒。在四川渠縣。《隸續》卷七《碑式》載：十行，行四十一字。

錄文著錄：

《隸釋》9/7a – 8b，《新編》1/9/6850 上—下。

《碑版廣例》4/28b – 29b，《新編》3/40/287 下—288 上。

《六藝之一錄》45/33a – 34b，《新編》4/4/662 上—下。

《全後漢文》102/10a – b，《全文》1 冊 1025 下。

《漢魏石刻文學考釋》中冊 661—662 頁。

碑目題跋著錄：

《隸釋》9/8b，《新編》1/9/6850 下。

《隸釋刊誤》42b – 44a，《新編》1/9/7065 下—7066 下。

《隸續》7/10a，《新編》1/10/7137 下。

《寶刻叢編》18/5b – 6a，《新編》1/24/18347 上—下。

《輿地碑記目·達州碑記》4/22b，《新編》1/24/18570 下。

《金石彙目分編》16（2）/25b、27a，《新編》1/28/21495 上、21496 上。

《石刻題跋索引》14 頁右，《新編》1/30/22352。

《天下金石志》16/3，《新編》2/2/871 下。

《墨華通考》卷 11，《新編》2/6/4433 下。

《蜀碑記補》4/26，《新編》2/12/8734 上。

《隸韻·碑目》9b，《新編》2/17/12519 上。

《隸辨》7/39a – b，《新編》2/17/13055 上。

《佩文齋書畫譜·金石》61/11a 上—下,《新編》3/2/35 上。

(嘉慶)《四川通志·輿地志》59/40a、42b,《新編》3/14/515 下、516 下。

(同治)《渠縣志·金石》47/10b,《新編》3/15/429 下。

《蜀碑記》10/2b,《新編》3/16/338 上。

《燕庭金石叢稿》,《新編》3/32/548 上、551 上。

《古誌彙目》1/1b,《新編》3/37/6。

汪本《隸釋刊誤》42b – 44a,《新編》3/37/571 上—572 上。

《紅藕齋漢碑彙鈔集跋》,《新編》3/38/512 下、526 下。

《碑版廣例》6/6a,《新編》3/40/304 下。

《漢魏六朝墓銘纂例》1/15b – 16a,《新編》3/40/441 上—下。

《金石備攷》附錄,《新編》4/1/91 下。

《漢隸字源》55 頁。

《漢魏石刻文學考釋》中冊 660—661 頁。

《漢魏石刻文字繫年》78 頁。

《漢魏六朝碑刻校注·總目提要》編號 0344。

熹平 014

交趾太守胡寵碑

一作"太傅胡廣碑"。熹平二年(173)。

碑目題跋著錄:

《佩文齋書畫譜·金石》61/11a 上,《新編》3/2/35 上。

《六藝之一錄》51/14a – b,《新編》4/4/759 下。

熹平 015

玄儒先生婁壽碑并陰

又名:元儒先生碑。熹平三年(174)正月卒。碑原在湖北襄陽光化縣,後移乾德縣敕書樓下,又云在山東轂城,原石已佚,有葉志詵雙鈎重摹本。拓本通高 208、寬 77 釐米。《隸續》卷五載,文 13 行,滿行 25 字;陰 15 行,行 4 人。額篆書,1 行 6 字,額題:玄儒婁先生碑。

圖版(碑陽)著錄:

《隸續》5/13b,《新編》1/10/7117 上。（碑額圖）

《望堂金石初集》,《新編》2/4/2848 上—2856 上。

《漢碑大觀》第三集,《新編》2/8/6268 下—6272 下。（局部）

《金石索》石索二,下冊 1237—1241 頁。

《北京圖書館藏中國歷代石刻拓本匯編》1 冊 157 頁。

《漢魏六朝碑刻校注》1 冊 364 頁。

錄文著錄：

《金石存》8/15a－b,《新編》1/9/6673 上。（碑陽）

《隸釋》9/9a－b、10b－12a,《新編》1/9/6851 上—6852 下。

《兩漢金石記》16/16a－17a,《新編》1/10/7440 下—7441 上。（碑陽）

《金薤琳琅》6/11a－12a,《新編》1/10/7677 上—下。（碑陽）

《金石古文》7/6a－7a,《新編》1/12/9405 下—9406 上。（碑陽）

（民國）《湖北通志·金石志》2/6b－9a、14a－15a,《新編》1/16/11953 下—11955 上、11957 下—11958 上。

《平津館金石萃編》2/12a－13b,《新編》2/4/2436 下—2437 上。（碑陽）

《漢碑錄文》4/1a－b,《新編》2/8/6193 上。（碑陽）

（嘉慶）《湖北通志·金石一》88/4b－6b,《新編》3/13/4 下—5 下。

（光緒）《襄陽府治·金石》18/1b－3a,《新編》3/13/391 上—392 上。

《碑版廣例》4/14b－15a,《新編》3/40/280 下—281 上。（碑陽）

《六藝之一錄》46/1a－2a、4b－6a,《新編》4/4/665 上—下、666 下—667 下。

《全後漢文》103/1a－1b,《全文》1 冊 1026 上。（碑陽）

《漢魏石刻文學考釋》中冊 668—670 頁。

《漢碑集釋》411—412 頁。（碑陽）

《漢魏六朝碑刻校注》1 冊 365 頁。

碑目題跋著錄：

《金石存》8/15b－16a,《新編》1/9/6673 上—下。

《隸釋》9/9b－10b、12a,《新編》1/9/6851 上—下、6852 下。

《隸釋》21/7b－8a 引《集古錄》,《新編》1/9/6966 上—下。

《隸釋》23/4b－5a 引《集古錄目》,《新編》1/9/6991 下—6992 上。

《隸釋》27/8a 引《天下碑錄》,《新編》1/9/7039 下。

《隸釋刊誤》44a－45a,《新編》1/9/7066 下—7067 上。

《兩漢金石記》1/32a、16/17a－19b,《新編》1/10/7220 下、7441 上—7442 上。

《金薤琳琅》6/12a－b,《新編》1/10/7677 下。

《集古求真》9/9b,《新編》1/11/8566 上。

《集古求真補正》3/24a,《新編》1/11/8674 下。

《金石錄》1/7b,《新編》1/12/8803 上。

《金石錄補》3/8a、25/11a－b,《新編》1/12/9002 下、9120 上。

《金石錄補續跋》3/13a－b,《新編》1/12/9156 上。

《集古錄跋尾》3/8b－9a,《新編》1/24/17856 下—17857 上。

《集古錄目》2/1b,《新編》1/24/17951 上。

《通志·金石略》卷上/15b,《新編》1/24/18026 下。

《輿地碑記目》3/6b、10b－11a,《新編》1/24/18550 下、18552 下—18553 上。

《曝書亭金石文字跋尾》2/9a－b,《新編》1/25/18684 上。

《授堂金石三跋·一跋》1/14a－b,《新編》1/25/19092 下。

《鐵橋金石跋》1/8b,《新編》1/25/19308 下。

《寰宇訪碑錄》1/5b,《新編》1/26/19854 上。

《續補寰宇訪碑錄》1/4a,《新編》1/27/20304 下。

《金石彙目分編》14/26b,《新編》1/28/21395 下。

《石刻題跋索引》14 頁右,《新編》1/30/22352。

《天下金石志》9/4,《新編》2/2/853 下。

《平津館金石萃編》2/15a、17b－18a,《新編》2/4/2438 上、2439 上—下。附豐道生跋、《四錄堂類集》。

《望堂金石初集》,《新編》2/4/2856 下—2858 下。

《墨華通考》卷 6、卷 7,《新編》2/6/4355 下、4356 上、4385 上。

《函青閣金石記》3/4b－7a,《新編》2/6/5036 下—5038 上。

《漢碑錄文》4/1b－2b,《新編》2/8/6193 上—下。

《碑藪》,《新編》2/16/11828 下。

《語石》10/8a,《新編》2/16/12023 下。

《金石例補》2/6a－b,《新編》2/17/12368 下。

《續校碑隨筆・孤本》卷下/6b,《新編》2/17/12504 下。

《隸韻・碑目》9b,《新編》2/17/12519 上。

《隸辨》7/40b－41b,《新編》2/17/13055 下—13056 上。

《古今碑帖考》9a,《新編》2/18/13167 上。

《金石錄續跋》29－30,《新編》2/18/13209 上—下。

《竹雲題跋》1/5a－b,《新編》2/19/13800 上。

《定庵題跋》11b－12a,《新編》2/19/14291 上—下。

《集古錄補目補》卷上/6a、9a－b,《新編》2/20/14512 上、14513 下。

《古林金石表》5a,《新編》2/20/14896 上。

《佩文齋書畫譜・金石》61/11b 上,《新編》3/2/35 上。

（光緒）《襄陽府治・金石》18/2b,《新編》3/13/391 下。

《寒山堂金石林時地攷》卷下/15b,《新編》3/34/509 上。

《石墨餘馨》,《新編》3/35/336。

《石目》,《新編》3/36/45 上。

汪本《隸釋刊誤》44a－45a,《新編》3/37/572 上—下。

《義門題跋》8a－b,《新編》3/38/584 下。

《金石餘論》4a,《新編》3/40/28 下。

《漢石例》2/12a、39b,《新編》3/40/149 上、163 上。

《碑版廣例》6/9b－10a、17b,《新編》3/40/306 上—下、310 上。

《漢魏六朝志墓金石例》1/9b,《新編》3/40/400 上。

《漢魏六朝墓銘纂例》2/1a,《新編》3/40/442 上。

《金石備攷・襄陽府》,《新編》4/1/21 下。

《古今書刻》下編/18b,《新編》4/1/143 下。

《激素飛清閣平碑記》卷1,《新編》4/1/197 上。

《墨池篇》6/4a,《新編》4/9/668 下。

《漢隸字源》55—56 頁。

《善本碑帖錄》1/37。

《碑帖敍錄》157 頁。

《漢魏石刻文學考釋》中冊 664—668 頁。

《漢魏石刻文字繫年》78—79 頁。

《漢魏六朝碑刻校注·總目提要》編號 0346。

熹平 016

繁陽令楊君碑并陰

又名：漢繁陽令楊馥碑。熹平三年（174）三月卒。在陝府閿鄉。《隸續·碑式》載：碑十八行，行二十字，碑陰二十二行，每行六人。篆額二行，額題：漢故繁陽令楊君之碑。

圖版著錄：

《隨軒金石文字》，《新編》2/8/5873-5889。（碑陽）

錄文著錄：

《隸釋》9/12b-13b、15a-17a，《新編》1/9/6852 下—6853 上、6854 上—6855 上。

《全後漢文》103/1b-2a，《全文》1 冊 1026 上—下。（碑陽）

《金石萃編》15/8a-9b，《新編》1/1/255 下—256 上。（碑陽）

（民國）《新修閿鄉縣志·金石》19/12a-b、14a-15b，《新編》3/29/686 下、687 下—688 上。

《六藝之一錄》43/17b-19b、21a-23b，《新編》4/4/619 上—620 上、621 上—622 上。

《漢魏石刻文學考釋》中冊 963—965 頁。

碑目題跋著錄：

《金石萃編》15/12a，《新編》1/1/257 下。

《隸釋》9/14a-b、17b-18a，《新編》1/9/6853 下、6855 上—下。

《隸釋》21/5b-6a、23b-24a 引《集古錄》，《新編》1/9/6965 上—下、6974 上—下。

《隸釋》23/3a-b 引《集古錄目》，《新編》1/9/6991 上。

《隸釋》27/4a 引《天下碑錄》，《新編》1/9/7037 下。

《隸釋刊誤》45a－46a，《新編》1/9/7067 上—下。

《隸續》7/3a，《新編》1/10/7134 上。

《兩漢金石記》1/32a、17/2b－3a，《新編》1/10/7220 下、7446 下—7447 上。

《集古求真》9/13a－14a，《新編》1/11/8568 上—下。

《集古求真補正》3/28b－29a，《新編》1/11/8676 下—8677 上。

《金石錄》1/7b，《新編》1/12/8803 上。

《金石錄補續跋》3/14a－b，《新編》1/12/9156 下。

《中州金石考》7/30b，《新編》1/18/13733 下。

《集古錄跋尾》3/5b、6b，《新編》1/24/17855 上、下。

《集古錄目》2/1a，《新編》1/24/17951 上。

《寶刻叢編》10/6a－7a，《新編》1/24/18252 下—18253 上。

《補寰宇訪碑錄》1/6a，《新編》1/27/20197 下。

《金石彙目分編》9（4）/58a、12（2）/26a－b，《新編》1/28/21064 下、21348 下。

《石刻題跋索引》15 頁左—右，《新編》1/30/22353。

《天下金石志》6/14，《新編》2/2/837 下。

《墨華通考》卷7，《新編》2/6/4372 上。

《隨軒金石文字》，《新編》2/8/5890。

《碑藪》，《新編》2/16/11825 下。

《續校碑隨筆·孤本》卷下/7a，《新編》2/17/12505 上。

《隸韻·碑目》9b－10a，《新編》2/17/12519 上—下。

《隸辨》7/41b－42b，《新編》2/17/13056 上—下。

《金石錄續跋》30－31，《新編》2/18/13209 下—13210 上。

《集古錄補目補》卷上/9b、10a，《新編》2/20/14513 下、14514 上。

《中州金石目錄》1/4b，《新編》2/20/14687 下。

《佩文齋書畫譜·金石》61/11a 下，《新編》3/2/35 上。

（民國）《新修閿鄉縣志·金石》19/13b－14a、16b，《新編》3/29/687 上—下、688 下。附《金石後錄》、潘寧跋。

《寒山堂金石林時地攷》卷上/19a，《新編》3/34/499 上。

《石墨餘馨》，《新編》3/35/338。

《石目》，《新編》3/36/45 上。

《西安碑目·華陰縣》，《新編》3/37/267 下。

汪本《隸釋刊誤》45a–46a，《新編》3/37/572 下—573 上。

《漢石例》2/38a，《新編》3/40/162 下。

《碑版廣例》6/17b，《新編》3/40/310 上。

《漢魏六朝墓銘纂例》2/1a–b，《新編》3/40/442 上。

《金石備攷·西安府》，《新編》4/1/33 上。

《古今書刻》下編/26a，《新編》4/1/147 下。

《激素飛清閣平碑記》卷1，《新編》4/1/196 上。

《漢隸字源》56—57 頁。

《善本碑帖錄》1/38。

《漢魏石刻文字繫年》84 頁。

《漢魏石刻文學考釋》中冊 960—963 頁。

《漢魏六朝碑刻校注·總目提要》編號 0348。

論文：

徐沖：《東漢後期的"處士"與"故吏"再論——以〈隸釋·繁陽令楊君碑〉所載"處士功曹"題名為線索》，《中國中古史研究》第 2 卷，中華書局，2011 年。

備考：《集古錄跋尾》所載"又漢楊君碑陰題名"根據節文內容，當是《繁陽令楊君碑》之碑陰。

熹平 017

武都太守耿勳碑

又名：天井山摩崖。熹平三年（174）四月二十日刻。李翕造碑。在甘肅成縣天成山摩崖。碑高 218、寬 205 釐米。文隸書，22 行，滿行 22 字。額題：漢故武都太守耿君表。

圖版著錄：

《二銘草堂金石聚》9/38a–54b，《新編》2/3/2044 下—2052 下。

《漢碑大觀》第三集，《新編》2/8/6267下—6268上。（局部）

《北京圖書館藏中國歷代石刻拓本匯編》1冊158頁。

《中國西北地區歷代石刻匯編》1冊24頁。

《漢碑全集》5冊1564—1580頁。

《漢魏六朝碑刻校注》1冊368頁。

錄文著錄：

《金石萃編》15/26b－28a，《新編》1/1/264下—265下。

《隸續》11/2b－3b，《新編》1/10/7142下—7143上。

《兩漢金石記》13/9b－11a，《新編》1/10/7387上—7388上。

《隴右金石錄》1/20a－21a，《新編》1/21/15962下—15963上。

（光緒）《甘肅新通志·藝文志附金石》92/3b－4a，《新編》3/32/177下—178上。

《紅藕齋漢碑彙鈔集跋》，《新編》3/38/514下—515上。

《碑版廣例》2/1b－2b，《新編》3/40/246上—下。

《續古文苑》15/8b－9b，《新編》4/2/228下—229上。

《全後漢文》102/8a－9a，《全文》1冊1024下—1025上。

《漢魏石刻文學考釋》上冊394—395頁。

《漢碑全集》5冊1565頁。

《漢碑集釋》402—404頁。

《漢魏六朝碑刻校注》1冊369頁。

碑目題跋著錄：

《金石萃編》15/31a－b，《新編》1/1/267上。

《八瓊室金石補正》5/12b－13a，《新編》1/6/4078下—4079上。

《隸續》11/3b－4b，《新編》1/10/7143上—下。

《兩漢金石記》1/32a、13/11a－12a，《新編》1/10/7220下、7388上—下。

《集古求真》9/18b，《新編》1/11/8570下。

《集古求真補正》3/32b，《新編》1/11/8678下。

《金石錄補》3/8a－b，《新編》1/12/9002下。

《隴右金石錄》1/22b－23a，《新編》1/21/15963下—15964上。

《輿地碑記目・成州碑記》4/38a,《新編》1/24/18578 下。

《潛研堂金石文跋尾》1/22b - 23a,《新編》1/25/18743 下—18744 上。

《潛研堂金石文字目錄》1/5a,《新編》1/25/19009 上。

《平津讀碑記》1/16b - 17a,《新編》1/26/19356 下—19357 上。

《藝風堂金石文字目》1/12a,《新編》1/26/19528 下。

《寰宇訪碑錄》1/5b,《新編》1/26/19854 上。

《寰宇訪碑錄校勘記》1/4a,《新編》1/27/20103 下。

《金石彙目分編》13/9a,《新編》1/28/21377 上。

《石刻題跋索引》14 頁右—15 頁左,《新編》1/30/22352 - 22353。

《天下金石志》6/20,《新編》2/2/840 下。

《二銘草堂金石聚》9/54b - 55b,《新編》2/3/2052 下—2053 上。

《平津館金石萃編》2/18a,《新編》2/4/2439 下。

《墨華通考》卷 10,《新編》2/6/4419 上。

《崇雅堂碑錄》1/5a,《新編》2/6/4486 上。

《關中金石文字存逸考》10/40a、12/25b,《新編》2/14/10611 下、10649 上。

《獨笑齋金石文攷》第二集 5/17a - 20a,《新編》2/16/11784 上—11785 下。

《語石》2/12a、6/31a,《新編》2/16/11881 下、11978 上。

《隸辨》7/42b,《新編》2/17/13056 下。

《竹崦盦金石目錄》5b,《新編》2/20/14549 上。

《寰宇貞石圖目錄》卷上/3a,《新編》2/20/14672 下。

《佩文齋書畫譜・金石》61/11b 上,《新編》3/2/35 上。

《漢隸拾遺》13a - b,《新編》3/2/603 上。

《寒山堂金石林時地攷》卷下/3a,《新編》3/34/503 上。

《石目》,《新編》3/36/45 上。

《西安碑目・成縣》,《新編》3/37/270 下。

《竹崦盦金石目錄》1/5b,《新編》3/37/342 上。

《漢石存目》卷上/6a,《新編》3/37/523 下。

《碑帖跋》52 頁，《新編》3/38/200、4/7/427 下。

《魯學齋金石文跋尾》，《新編》3/38/374。

《金石備攷・漢中府》，《新編》4/1/37 上。

《古今書刻》下編/33a，《新編》4/1/151 上。

《激素飛清閣平碑記》卷 1，《新編》4/1/197 上。

《六藝之一錄》51/29a，《新編》4/4/767 上。

《漢隸字源》119 頁。

《增補校碑隨筆》（修訂本）71 頁。

《碑帖鑒定》62 頁。

《碑帖敘錄》129 頁。

《善本碑帖錄》1/30。

《漢魏石刻文學考釋》上冊 392—394 頁。

《漢魏石刻文字繫年》79 頁。

《漢魏六朝碑刻校注・總目提要》編號 0349。

淑德大學《中國石刻拓本目錄》"碑碣等刻石" 編號 137。

論文：

陶喻之：《漢魏蜀道石刻史料研究》，《上海博物館集刊》第 7 期，1996 年。

熹平 018

伯興妻殘碑

又名：柏興妻殘碑。熹平三年（174）五月廿四日。1980 年山東省棗莊市臺兒莊區張山子鄉官墓村發現，石存山東省棗莊市博物館。殘碑高 86、寬 32、厚 13 釐米。殘存 5 行，行 13 至 14 字不等，隸書。

著錄：

《漢碑全集》5 冊 1549—1555 頁。（圖、文）

《漢魏六朝碑刻校注》1 冊 372—373 頁。（圖、文）

《山東石刻分類全集・秦漢碑刻》247 頁。（圖）

《漢魏石刻文字繫年》79—80 頁。（文、跋）

《齊魯碑刻墓誌研究》"附表" 347 頁。（目）

《漢魏六朝碑刻校注‧總目提要》編號 0350。（目）

淑德大學《中國石刻拓本目錄》"碑碣等刻石"編號 138。（目）

論文：

李錦山等：《棗莊市發現東漢紀年殘碑》，《文物》1983 年第 7 期。

陸錫興：《熹平三年殘碑補釋》，《文物》1985 年第 3 期。

李哲先、李錦山：《新發現的〈張山子熹平三年殘碑〉》，《書法》1988 年第 4 期。

令盦、下坡：《山東新發現的兩漢碑石及有關問題》，《漢碑研究》，第 346—366 頁。

李哲先、李錦山：《新發現的〈張山子熹平三年殘碑〉》，《漢碑研究》，第 374—379 頁。

熹平 019

桂陽太守周憬功勳銘并陰

又名：桂陽太守周君頌。熹平三年（174）十一月，唐太和九年重刻。郭蒼撰。碑在韶州樂昌縣昌樂瀧上周君廟中。《隸續‧碑式》載：隸額二行；文二十一行，行四十三字；碑陰上一列二十三人，下一列前空七行，所題者八人，又空六行，刻工師姓名。今所見為殘本。隸書額題：神漢桂陽太守周府君功勳之紀銘。

圖版著錄：

《粵東金石略補註》420 頁。（碑陽）

錄文著錄：

《隸釋》4/13a－15b、16b－17b，《新編》1/9/6801 上—6803 上。

《金薤琳琅》5/4b－7b、8a－9a，《新編》1/10/7667 下—7670 上。

《金石古文》6/4a－6b、6b－7b，《新編》1/12/9399 下—9401 上。

《粵東金石略》5/3a－6b，《新編》1/17/12405 上—12406 下。

《廣東攷古輯要》32/21a－24a，《新編》2/15/11375 上—11376 下。

（道光）《廣東通志‧金石略》200/2a－4a、6b－7b，《新編》3/20/412 下—415 上。

（民國）《樂昌縣志‧金石上》22/1a－3b，《新編》3/22/243 上—

244 上。

《六藝之一錄》45/12a – 15a、20b – 21b,《新編》4/4/651 下—653 上, 655 下—656 上。

《全後漢文》103/2b – 3b,《全文》1 冊 1026 下—1027 上。(碑陽)

《粵東金石略補註》5/182 – 185。

《漢魏石刻文學考釋》下冊 1229—1231 頁。

碑目題跋著錄:

《隸釋》4/15b – 16b、17b,《新編》1/9/6802 上—6803 上。

《隸釋》21/8b – 10a 引《集古錄》,《新編》1/9/6966 下—6967 下。

《隸釋》23/5b 引《集古錄目》,《新編》1/9/6992 上。

《隸釋》27/9b 引《天下碑錄》,《新編》1/9/7040 上。

《隸釋刊誤》19a – 20b,《新編》1/9/7054 上—下。

《隸續》7/8a,《新編》1/10/7136 下。

《金薤琳琅》5/7b – 8a,《新編》1/10/7669 上—下。

《集古求真》9/21a,《新編》1/11/8572 上。

《金石錄》1/7b、16/9b – 10a,《新編》1/12/8803 上、8898 上—下。

《金石錄補》25/11b、20a,《新編》1/12/9120 上、9124 下。

《金石錄補續跋》3/13b – 14a,《新編》1/12/9156 上—下。

《金石古文》6/6b,《新編》1/12/9400 下。

《集古錄跋尾》3/9a – 10a,《新編》1/24/17857 上—下。

《集古錄目》2/1a – b,《新編》1/24/17951 上。

《元豐題跋》1/5b – 7a,《新編》1/24/18012 上—18013 上。

《通志・金石略》卷上/17a、18a,《新編》1/24/18027 下、18028 上。

《寶刻叢編》19/25a、27a,《新編》1/24/18364 上、18365 上。

《輿地碑記目・衡州碑記》2/17a、3/12a,《新編》1/24/18545 上、18553 下。

《金石彙目分編》17/25b – 26a,《新編》1/28/21546 上—下。

《石刻題跋索引》15 頁左,《新編》1/30/22353。

《天下金石志》9/10、12/2,《新編》2/2/856 下、865 下。

《墨華通考》卷 6、卷 12,《新編》2/6/4363 下、4365 下、4443 下。

《廣東攷古輯要》32/21a – b、23b、24b，《新編》2/15/11375 上、11376 上·下。附劉昌詩《蘆浦筆記》。

《碑藪》，《新編》2/16/11848 下。

《隸韻·碑目》9b，《新編》2/17/12519 上。

《隸辨》7/42b – 43b，《新編》2/17/13056 下—13057 上。

《古今碑帖考》9a，《新編》2/18/13167 上。

《金石錄續跋》30，《新編》2/18/13209 下。

《集古錄補目補》卷上/4a、9b，《新編》2/20/14511 上、14513 下。

《古林金石表》5a，《新編》2/20/14896 上。

《佩文齋書畫譜·金石》61/11a 下，《新編》3/2/35 上。

（同治）《桂陽直隸州志·藝文》24/18a – b，《新編》3/14/373 下。

（道光）《廣東通志·金石略》200/5b – 6b、8a，《新編》3/20/414 上—下、415 下。附趙一清《水經注釋》。

《寒山堂金石林時地攷》卷下/19a，《新編》3/34/511 上。

《菉竹堂碑目》2/2b，《新編》3/37/276 下。

汪本《隸釋刊誤》19a – 20b，《新編》3/37/559 下—560 上。

《元豐類藁金石錄跋》，《新編》3/38/150 下—151 上。

《金石小箋》20a – b，《新編》3/39/504 下。

《碑版廣例》6/10a，《新編》3/40/306 下。

《漢石例》1/23b，《新編》3/40/136 上。

《金石備攷》，《新編》4/1/25 下、79 下。

《古今書刻》下編/20b、44b，《新編》4/1/144 下、156 下。

《六藝之一錄》45/22a，《新編》4/4/656 下。附《格古要論》。

《墨池篇》6/4a，《新編》4/9/668 下。

《水經注碑錄》卷十編號 267，《北山金石錄》上冊 232—234 頁。

《漢隸字源》34—35 頁。

《漢魏石刻文學考釋》下冊 1227 頁。

《漢魏石刻文字繫年》79 頁。

《碑帖敘錄》100 頁。

《漢魏六朝碑刻校注·總目提要》編號 0347。

《粵東金石略補註》5/186。

論文：

宋會群：《〈神漢桂陽太守周府君功勳之紀銘〉碑輯校和研究》，《韶關學院學報》2006 年第 8 期。

備考：《元豐題跋》卷一考證，周府君"名昕，字君光"，與《隸釋》卷四所載碑主名"憬"有出入。《寰宇記》云，瀧上有太守周昕廟，今碑在韶州張九齡廟中，其名尚隱隱可辯，蓋憬字也。故碑主當為"周憬"。

熹平 020

鄧稼墓題記

熹平三年（174）十二月廿一日卒。1991 年四月出土宿縣褚北鄉，文字刻於享堂構件上。文隸書，共 35 字，未見拓本。

著錄：

《漢魏石刻文字繫年》80 頁。（文、跋）

《漢魏六朝碑刻校注・總目提要》編號 0352。（目）

論文：

王化民：《宿縣出土漢熹平三年畫像石》，《中國文物報》1991 年 12 月 1 日。

熹平 021

孫仲隱墓碑

又名：高密孫仲隱墓刻石。熹平三年（174）七月十二日卒，四年（175）二月廿一日葬。1973 年發現於高密市田莊鄉住王村南三百米處，今存高密市博物館。碑高 87、寬 33 釐米。文隸書，6 行，行 9 字。

著錄：

《漢碑全集》5 冊 1560—1563 頁。（圖、文）

《漢魏六朝碑刻校注》2 冊 4—5 頁。（圖、文）

《山東石刻分類全集・歷代墓誌》1 頁。（圖、文）

《漢魏石刻文字繫年》80 頁。（文、跋）

《齊魯碑刻墓誌研究》281—284、363 頁。（跋、目）

《漢魏六朝碑刻校注・總目提要》編號 0353。（目）

淑德大學《中國石刻拓本目錄》"碑碣等刻石"編號141。（目）

論文：

令䘵、下坡：《山東新發現的兩漢碑石及有關問題》，《漢碑研究》，第348—366頁。

李儲森、張曉光等：《山東發現東漢墓誌一方》，《文物》1998年第6期。

柳建明：《東漢〈青州從事孫仲隱墓誌〉小考》，《碑林集刊》第10輯，2004年。

熹平 022
牛公產墓題記

熹平四年（175）六月。1992年在山西省離石市馬茂莊出土，現存山西省考古研究所。石長112、寬22、厚14釐米。文隸書，1行19字。墓門在扇門扉還有題銘1行。

著錄：

《漢碑全集》5冊1581—1582頁。（圖、文）

《漢魏石刻文字繫年》80—81頁。（文、跋）

《漢魏六朝碑刻校注·總目提要》編號0356。（目）

論文：

山西省考古研究所等：《山西離石再次發現東漢畫像石墓》，《文物》1996年第4期。

吳鎮烽：《秦晉兩省東漢畫像石題記集釋》，《考古與文物》2006年第1期。

熹平 023
聞熹長韓仁碑

又名：循吏韓仁銘。熹平四年（175）十一月廿二日。碑原在河南滎陽縣，後碑傾，金正大六年八月縣令李天翼再立，後移滎陽縣署，今存河南博物院。碑高188、寬99釐米。文隸書，8行，行存19字。額2行，行5字，篆書。額題：漢循吏故聞熹長韓仁銘。

圖版著錄：

《金石圖說》甲下/66a,《新編》2/2/956。

《二銘草堂金石聚》9/59a–65b,《新編》2/3/2055上—2058上。

《金石索》石索四,下冊1525頁。

《漢碑大觀》第三集,《新編》2/8/6273上—下。(局部)

《金石經眼錄》43a–b,《新編》4/10/512上。

《金石圖》,《新編》4/10/549上左。

《北京圖書館藏中國歷代石刻拓本匯編》1冊166頁。

《漢碑全集》5冊1583—1598頁。

《漢魏六朝碑刻校注》2冊6頁。

錄文著錄:

《金石萃編》17/1a–b,《新編》1/1/297上。

《金石存》8/17a,《新編》1/9/6674上。

《兩漢金石記》12/14a–b,《新編》1/10/7376下。

《宜祿堂收藏金石記》卷6,《新編》2/5/3342下。

《漢碑錄文》4/3b–4a,《新編》2/8/6194上—下。

《碑版廣例》1/12a–b,《新編》3/40/237下。

《全後漢文》103/3b–4a,《全文》1冊1027上—下。

《漢魏石刻文學考釋》下冊1237頁。

《漢碑全集》5冊1585頁。

《漢碑集釋》417—418頁。

《漢魏六朝碑刻校注》2冊7頁。

碑目題跋著錄:

《金石續錄》1/11b–12b,《新編》1/5/3760上—下。

《金石存》8/17a–18b,《新編》1/9/6674上—下。

《兩漢金石記》1/32b、12/14b–16b,《新編》1/10/7220下、7376下—7377下。

《集古求真》9/17a,《新編》1/11/8570上。

《集古求真補正》3/30b,《新編》1/11/8677下。

《中州金石考》1/13a–b,《新編》1/18/13675上。

《中州金石記》1/6a,《新編》1/18/13751下。

《潛研堂金石文跋尾》1/23a－b，《新編》1/25/18744 上。

《潛研堂金石文字目錄》1/5a，《新編》1/25/19009 上。

《授堂金石三跋·一跋》1/15b－16a，《新編》1/25/19093 上—下。

《平津讀碑記》1/17a，《新編》1/26/19357 上。

《藝風堂金石文字目》1/12a，《新編》1/26/19528 下。

《寰宇訪碑錄》1/5b，《新編》1/26/19854 上。

《寰宇訪碑錄校勘記》1/4a，《新編》1/27/20103 下。

《金石彙目分編》9（1）/18b，《新編》1/28/20932 下。

《石刻題跋索引》15 頁右，《新編》1/30/22353。

《績語堂碑錄》，《新編》2/1/70 上。

《金石圖說》甲下/66b－67a，《新編》2/2/957－958。

《二銘草堂金石聚》9/65b－67b，《新編》2/3/2058 上—2059 上。

《平津館金石萃編》2/18a，《新編》2/4/2439 下。

《宜祿堂金石記》1/12b，《新編》2/6/4211 下。

《崇雅堂碑錄》1/5a，《新編》2/6/4486 上。

《函青閣金石記》4/16b－17b，《新編》2/6/5054 上—下。

《漢碑錄文》4/4a－b，《新編》2/8/6194 下。

《獨笑齋金石文攷》第二集 5/20a－b，《新編》2/16/11785 下。

《語石》2/15a，《新編》2/16/11883 上。

《平安館藏碑目》，《新編》2/18/13381 下。

《古墨齋金石跋》1/23a，《新編》2/19/14074 上。

《竹崦盦金石目錄》5b，《新編》2/20/14549 上。

《寰宇貞石圖目錄》卷上/3a、卷下/2a，《新編》2/20/14672 下、14678 上。

《中州金石目錄》1/4b，《新編》2/20/14687 下。

《嵩洛訪碑日記》1b－2a，《新編》3/29/597 上—下。

《漢魏碑考》5a－b，《新編》3/35/83 上。

《石墨餘馨》，《新編》3/35/340。

《石目》，《新編》3/36/45 上。

《中州金石目》2/2a，《新編》3/36/152 下。

《話雨樓碑帖目錄》1/6b，《新編》3/36/538。

《竹崦盦金石目錄》1/5b，《新編》3/37/342 上。

《漢石存目》卷上/6a，《新編》3/37/523 下。

《碑版廣例》1/12b，《新編》3/40/237 下。

《漢魏六朝墓銘纂例》2/14a－b，《新編》3/40/448 下。

《激素飛清閣平碑記》卷1，《新編》4/1/197 上。

《分隸偶存》卷上/23b－24a，《新編》4/1/605 上—下。

《虛舟題跋》原卷 3/12a－b，《新編》4/6/686 下。

《雪堂所藏金石文字簿錄》34b－35b，《新編》4/7/386 下—387 上。

《金石圖》，《新編》4/10/549 下。

《金石索》石索四，下冊 1526 頁。附原刻趙秉文跋。

《北山集古錄》卷一，《北山金石錄》上冊 373 頁。

《增補校碑隨筆》（修訂本）75—76 頁。

《碑帖鑒定》64—65 頁。

《碑帖敘錄》251 頁。

《漢魏石刻文字繫年》81—82 頁。

《善本碑帖錄》1/30。

《漢魏六朝碑刻校注·總目提要》編號 0354。

淑德大學《中國石刻拓本目錄》"碑碣等刻石" 編號 142。

論文：

河南省文化局文物工作隊：《河南現存的漢碑》，《文物》1964 年第 5 期。

張明申、秦文生：《漢〈韓仁銘〉碑考釋及歷史價值》，《中原文物》1984 年第 2 期。

湯淑君：《河南碑刻敘錄》（續），《中原文物》1990 年第 4 期。

熹平 024

太尉李咸碑

熹平四年（175）卒。蔡邕撰。

錄文著錄：

《藝文類聚》卷46，上冊820頁。（節文）

《蔡中郎集》2/21a－22b，《漢魏六朝百三名家集》1冊544上—下。

《蔡中郎集》5/1a－2b，景印文淵閣《四庫全書·集部》1063冊212下—213上。

《蔡中郎文集》5/2a－3b，《四部叢刊初編》第98冊。

《全後漢文》76/7b－8b，《全文》1冊887上—下。

《漢魏石刻文學考釋》中冊766—767頁。

碑目題跋著錄：

《中州金石考》8/15b，《新編》1/18/13742上。

《金石彙目分編》9（4）/73b，《新編》1/28/21072上。

《中州金石目錄》1/4b，《新編》2/20/14687下。

（民國）《鄢城縣記·金石篇》17/1b，《新編》3/28/395上。

《紅藕齋漢碑彙鈔集跋》，《新編》3/38/522下。

《漢石例》2/2b、13a、37b，《新編》3/40/144下、150上、162上。

《漢魏六朝志墓金石例》1/2a、3/1b，《新編》3/40/396下、415上。

《漢魏六朝墓銘纂例》3/6a，《新編》3/40/452下。

《漢魏石刻文學考釋》中冊765—766頁。

《漢魏六朝碑刻校注·總目提要》編號0357。

備考：《金石彙目分編》誤作"李盛碑"。

熹平025

沇州刺史薛季像碑

又名：薛棠碑。熹平五年（176）。在濟州金鄉。

碑目題跋著錄：

《隸釋》20/4a引《水經注》，《新編》1/9/6948下。

《金石彙目分編》10（2）/56b，《新編》1/28/21168下。

（宣統）《山東通志·藝文志》卷152，《新編》2/12/9368下。

《濟州金石志》6/5b，《新編》2/13/9623上。

《隸辨》8/52b，《新編》2/17/13100下。

《佩文齋書畫譜·金石》61/11b下，《新編》3/2/35上。

（民國）《濟寧直隸州續志・藝文志》19/73a，《新編》3/26/83 上。

《紅藕齋漢碑彙鈔集跋》，《新編》3/38/503 下。

《六藝之一錄》51/3b－4a，《新編》4/4/754 上一下。

《水經注碑錄》卷二編號 37，《北山金石錄》上冊 53—54 頁。

熹平 026
太傅掾橋載墓碑

熹平五年（176）立。碑在睢陽城南，《天下碑錄》記在宋城縣五里。
碑目題跋著錄：

《隸釋》20/16b 引《水經注》，《新編》1/9/6954 下。

《隸釋》27/4b 引《天下碑錄》，《新編》1/9/7037 下。

《中州金石考・商邱縣》3/1a，《新編》1/18/13686 上。

《通志・金石略》卷上/13a，《新編》1/24/18025 下。

《金石彙目分編》9（1）/50a，《新編》1/28/20948 下。

《天下金石志》5/4，《新編》2/2/824 下。

《墨華通考》2/4a，《新編》2/6/4304 下。

《碑藪》，《新編》2/16/11827 下。

《隸辨》8/53a，《新編》2/17/13101 上。

《中州金石目錄》1/4b，《新編》2/20/14687 下。

《佩文齋書畫譜・金石》61/11b 下，《新編》3/2/35 上。

（乾隆）《歸德府志・金石文字》30/16b，《新編》3/28/238 上。

《寒山堂金石林時地攷》卷上/20a，《新編》3/34/499 下。

《藕齋漢碑彙鈔集跋》，《新編》3/38/519 下。

《金石備攷・歸德府》，《新編》4/1/56 下。

《六藝之一錄》51/9a，《新編》4/4/757 上。

《水經注碑錄》卷六編號 160，《北山金石錄》上冊 136—137 頁。

《漢魏石刻文字繫年》82 頁。

《漢魏六朝碑刻校注・總目提要》編號 0364。

熹平 027
豫州從事尹宙碑

熹平六年（177）四月卒。碑原在鄢陵縣孔廟，元皇慶元年

（1312）正月二十四日縣人阿八赤發現於洧川，後沒於土中，明萬曆年間洧水泛漲岸崩，碑始復出，遂置鄢陵縣孔廟，今在河南省鄢陵縣第二中學（原址）。碑高 260、寬 95 釐米。文隸書，14 行，滿行 27 字。殘額篆書，今僅存"從銘"二字，原額題：漢故豫州從事尹君之銘。

圖版著錄：

《金石圖說》甲下/67b，《新編》2/2/959。

《二銘草堂金石聚》9/68a－81a，《新編》2/3/2059 下—2066 上。

《漢碑大觀》第四集，《新編》2/8/6280 下—6284 下。（局部）

《金石經眼錄》44a－b，《新編》4/10/512 下。

《金石圖》，《新編》4/10/552 上右。

《北京圖書館藏中國歷代石刻拓本匯編》1 冊 169 頁。

《漢碑全集》5 冊 1606—1637 頁。

《漢魏六朝碑刻校注》2 冊 12 頁。

錄文著錄：

《金石萃編》17/5a－6a，《新編》1/1/299 上—下。

《金石存》8/19a－b，《新編》1/9/6675 上。

《兩漢金石記》12/11b－12b，《新編》1/10/7375 上—下。

《金石文字記》1/29a－30b，《新編》1/12/9206 上—下。

《宜祿堂收藏金石記》卷 6，《新編》2/5/3344 上。

《金石文鈔》1/27a－28a，《新編》2/7/5086 上—下。

《漢碑錄文》4/8b－9b，《新編》2/8/6196 下—6197 上。

（道光）《鄢陵縣志·麗藻志》13/22b－23b，《新編》3/28/183 上—下。

（民國）《鄢陵縣志·金石志》16/1a－2b，《新編》3/28/193 上—下。

《碑版廣例》5/2b－3b，《新編》3/40/291 上—下。

《續古文苑》15/9b－10b，《新編》4/2/229 上—下。

《全後漢文》103/5a－5b，《全文》1 冊 1028 上。

《魯迅輯校石刻手稿·碑銘》上冊 244—245 頁。

《漢魏石刻文學考釋》中冊 971—972 頁。

《漢碑全集》5 冊 1608 頁。

《漢碑集釋》424—425 頁。

《漢魏六朝碑刻校注》2 冊 13 頁。

碑目題跋著錄：

《金石續錄》1/11a–b，《新編》1/5/3760 上。

《金石存》8/19b–20a，《新編》1/9/6675 上—下。

《兩漢金石記》1/35a、12/12b–14a，《新編》1/10/7222 上、7375 下—7376 下。

《集古求真》9/17a，《新編》1/11/8570 上。

《金石錄補》3/9a–b，《新編》1/12/9003 上。

《中州金石考》1/9a–b，《新編》1/18/13673 上。

《中州金石記》1/6a–b，《新編》1/18/13751 下。

《曝書亭金石文字跋尾》2/21b–22a，《新編》1/25/18690 上—下。

《潛研堂金石文跋尾》1/23b–24a，《新編》1/25/18744 上—下。

《潛研堂金石文字目錄》1/5b，《新編》1/25/19009 上。

《授堂金石三跋·一跋》1/16a–b，《新編》1/25/19093 下。

《平津讀碑記》1/17b–18a，《新編》1/26/19357 上—下。

《藝風堂金石文字目》1/12a，《新編》1/26/19528 下。

《寰宇訪碑錄》1/6a，《新編》1/26/19854 下。

《金石彙目分編》9（1）/14a，《新編》1/28/20930 下。

《石刻題跋索引》15 頁右—16 頁左，《新編》1/30/22353–22354。

《續語堂碑錄》，《新編》2/1/70 上。

《金石圖說》甲下/68a，《新編》2/2/960。

《二銘草堂金石聚》9/82a–b，《新編》2/3/2066 下。

《平津館金石萃編》2/21b，《新編》2/4/2441 上。

《宜祿堂收藏金石記》卷 6，《新編》2/5/3345 上。

《宜祿堂金石記》1/13a，《新編》2/6/4212 上。

《崇雅堂碑錄》1/5a，《新編》2/6/4486 上。

《函青閣金石記》4/17b–18b，《新編》2/6/5054 下—5055 上。

《金石文鈔》1/28a-b,《新編》2/7/5086下。

《漢碑錄文》4/9b-10a,《新編》2/8/6197上—下。

《獨笑齋金石文攷》第二集6/6a-9a,《新編》2/16/11788下—11790上。

《碑藪》,《新編》2/16/11827上。

《語石》2/15a、9/11a,《新編》2/16/11883上、12016上。

《金石例補》1/5a,《新編》2/17/12363上。

《隸辨》7/52a,《新編》2/17/13061下。

《平安館藏碑目》,《新編》2/18/13381下。

《鐵函齋書跋》1/6b,《新編》2/18/13641下。

《古墨齋金石跋》1/23a-b,《新編》2/19/14074上。

《寶鴨齋題跋》卷上/6a-b,《新編》2/19/14337下。

《竹崦盦金石目錄》5b,《新編》2/20/14549上。

《范氏天一閣碑目》2,《新編》2/20/14605下。

《寰宇貞石圖目錄》卷上/3a、卷下/2a,《新編》2/20/14672下、14678上。

《中州金石目錄》1/4b,《新編》2/20/14687下。

《古林金石表》5b,《新編》2/20/14896上。

《蒿里遺文目錄》1上/1b,《新編》2/20/14937下。

《佩文齋書畫譜·金石》61/12a上,《新編》3/2/35下。

(道光)《鄢陵縣志·麗藻志》13/24a-27b,《新編》3/28/184上—185下。附《金石遺文錄》《鮚埼亭集》《古石琅玕》。

《金石文考略》2/32b、33b-34a,《新編》3/34/241下—242下。

《寒山堂金石林時地攷》卷上/20a,《新編》3/34/499下。

《漢魏碑考》5b,《新編》3/35/83上。

《石墨餘馨》,《新編》3/35/340。

《石目》,《新編》3/36/45上。

《中州金石目》2/1b,《新編》3/36/152上。

《寒山金石林部目》7b,《新編》3/36/502上。

《話雨樓碑帖目錄》1/6b,《新編》3/36/538。

《菉竹堂碑目》2/2b，《新編》3/37/276 下。

《竹崦盦金石目錄》1/5b，《新編》3/37/342 上。

《漢石存目》卷上/6a，《新編》3/37/523 下。

《漢石經室金石跋尾》，《新編》3/38/256 下—257 上。

《漢魏六朝志墓金石例》1/9a，《新編》3/40/400 上。

《漢魏六朝墓銘纂例》2/2a–b，《新編》3/40/442 下。

《激素飛清閣平碑記》卷 1，《新編》4/1/197 上。

《分隸偶存》卷上/24a–b，《新編》4/1/605 下。

《六藝之一錄》51/29b，《新編》4/4/767 上。

《虛舟題跋》原卷 3/3a–4b，《新編》4/6/682 上—下。

《雪堂所藏金石文字簿錄》36a–37a，《新編》4/7/387 下—388 上。

《金石圖》，《新編》4/10/552 上左。

《增補校碑隨筆》（修訂本）76—77 頁。

《碑帖鑒定》65 頁。

《善本碑帖錄》1/31–32。

《碑帖敘錄》38 頁。

《漢魏石刻文字繫年》83 頁。

《漢魏六朝碑刻校注·總目提要》編號 0365。

淑德大學《中國石刻拓本目錄》"碑碣等刻石" 編號 155。

論文：

河南省文化局文物工作隊：《河南現存的漢碑》，《文物》1964 年第 5 期。

湯淑君：《河南碑刻敘錄》（續），《中原文物》1990 年第 4 期。

備考：《菉竹堂碑目》誤著為"尹宿碑"。

熹平 028

堂邑令費鳳碑

熹平六年（177）九月卒，夫人之弟卜胤撰。在湖州烏程，湖州孫莘墨妙亭舊藏。《隸續》卷五載，文 21 行，其中 9 行行 35 字，7 行行 44 字；又題名 5 行，共 9 人；碑陰 22 行，行 27 字。篆額 3 行，額題：漢故堂邑令費君之碑。

圖版著錄：

《隸續》5/9b，《新編》1/10/7115 上。（碑額圖）

錄文著錄：

《隸釋》9/18a－19b，《新編》1/9/6855 下—6856 上。

《金薤琳琅》7/1a－3b，《新編》1/10/7680 上—7681 上。

《金石古文》8/1a－3a，《新編》1/12/9408 上—9409 上。

《兩浙金石志》1/10a－11b、13a，《新編》1/14/10197 下—10198 上、10199 上。

《吳興金石記》2/10a－12a，《新編》1/14/10695 下—10696 下。

（同治）《湖州府志·金石略一》46/3a－4a，《新編》3/8/4 上—下。

《墨妙亭碑目考》卷上之上/7a、8a－9b，《新編》3/35/388 上—389 上。

《碑版廣例》4/4a－b，《新編》3/40/275 下。

《六藝之一錄》46/10a－12a，《新編》4/4/669 下—670 下。

《全後漢文》103/5b－6b，《全文》1 冊 1028 上—下。

《漢魏石刻文學考釋》下冊 1170—1171 頁。

碑目題跋著錄：

《隸釋》9/19b－20b，《新編》1/9/6856 上—下。

《隸釋》27/9a 引《天下碑錄》，《新編》1/9/7040 上。

《隸釋刊誤》46a－b，《新編》1/9/7067 下。

《金薤琳琅》7/3b，《新編》1/10/7681 上。

《金石錄》1/8a、17/3a，《新編》1/12/8803 下、8901 上。

《兩浙金石志》1/13b－14a，《新編》1/14/10199 上—下。

《吳興金石記》2/14b－15a，《新編》1/14/10697 下—10698 上。

《通志·金石略》卷上/16b，《新編》1/24/18027 上。

《寶刻叢編》14/21b，《新編》1/24/18307 上。

《輿地碑記目·安吉州碑記》1/4a，《新編》1/24/18524 下。

《石刻題跋索引》16 頁左—右，《新編》1/30/22354。

《天下金石志》10/4，《新編》2/2/858 下。

《墨華通考》卷3,《新編》2/6/4328上、4334下。

《碑藪》,《新編》2/16/11844下。

《語石》10/21a,《新編》2/16/12030上。

《金石例補》2/3a、8b-9a,《新編》2/17/12367上、12369下—12370上。

《續校碑隨筆·孤本》卷下/7a,《新編》2/17/12505上。

《隸韻·碑目》10b,《新編》2/17/12519下。

《隸辨》7/53b-54a,《新編》2/17/13062上—下。

《古今碑帖考》7a,《新編》2/18/13166上。

《佩文齋書畫譜·金石》61/12a上,《新編》3/2/35下。

(雍正)《敕修浙江通志·碑碣二》256/13b,《新編》3/7/77上。

(同治)《湖州府志·金石略一》46/5b,《新編》3/8/5上。

(乾隆)《烏程縣志·碑碣雜刻》14/16a,《新編》3/8/224上。

(光緒)《烏程縣志·金石》30/1b-2a,《新編》3/8/229上—下。

《寒山堂金石林時地攷》卷下/11a,《新編》3/34/507上。

《墨妙亭碑目考》卷上之上/7b,《新編》3/35/388上。

汪本《隸釋刊誤》46a-b,《新編》3/37/573上。

《紅藕齋漢碑彙鈔集跋》,《新編》3/38/508上。

《漢石例》1/20a-b、2/10b、2/30b、3/15b,《新編》3/40/134下、148下、158下、172上。

《碑版廣例》6/7b,《新編》3/40/305上。

《漢魏六朝志墓金石例》1/9b,《新編》3/40/400上。

《漢魏六朝墓銘纂例》2/1b,《新編》3/40/442上。

《金石備攷·湖州府》,《新編》4/1/40下。

《古今書刻》下編/13a,《新編》4/1/141上。

《墨池篇》6/2a,《新編》4/9/667下。

《漢隸字源》57頁。

《漢魏石刻文字繫年》83頁。

《漢魏六朝碑刻校注·總目提要》編號0366。

熹平 029

斥彰長田君斷碑

熹平二年（173）七月卒，熹平六年（177）十月九日造。碑在華陰縣。隸書。

錄文著錄：

《隸續》20/1b–2b，《新編》1/10/7195 上—下。

《漢魏石刻文學考釋》中冊 672—673 頁。

碑目題跋著錄：

《隸續》20/2b–3b，《新編》1/10/7195 下—7196 上。

《金石錄》1/8a、16/12a–b，《新編》1/12/8803 下、8899 下。

《金石錄補》25/12a，《新編》1/12/9120 下。

《通志・金石略》卷上/21a，《新編》1/24/18029 下。

《寶刻叢編》10/28a，《新編》1/24/18263 下。

《金石彙目分編》12（2）/26b，《新編》1/28/21348 下。

《石刻題跋索引》16 頁左，《新編》1/30/22354。

《天下金石志》6/14，《新編》2/2/837 下。

《二銘草堂金石聚》6/59b–60b，《新編》2/3/1940 上—下。

《隸韻・碑目》10a，《新編》2/17/12519 下。

《隸辨》7/52b–53a，《新編》2/17/13061 下—13062 上。

《佩文齋書畫譜・金石》61/12a 下，《新編》3/2/35 下。

《西安碑目・華陰縣》，《新編》3/37/267 下。

《紅藕齋漢碑彙鈔集跋》，《新編》3/38/537 下。

《金石備攷・西安府》，《新編》4/1/33 上。

《漢魏六朝墓銘纂例》2/2a，《新編》3/40/442 下。

《六藝之一錄》52/1a，《新編》4/4/768 上。

《漢隸字源》145 頁。

《漢魏石刻文學考釋》中冊 671—672 頁。

《漢魏石刻文字繫年》83 頁。

《漢魏六朝碑刻校注・總目提要》編號 0367。

熹平 030

吳岐子根墓記

熹平六年（177）十二月。2001 年江蘇省沛縣出土。高、寬均 40 釐米。文隸書，4 行，行 12 字。

著錄：

《漢碑全集》5 冊 1638—1639 頁（圖、文）

《漢魏六朝碑刻校注》2 冊 15—16 頁。（圖、文）

《漢魏六朝碑刻校注·總目提要》編號 0368。（目）

論文：

盧芳玉：《新見漢代志墓刻銘研究札記》，《中國書法》2004 年第 11 期。

熹平 031

長水校尉曹熾碑

熹平六年（177）造。在亳州。碑題：漢故長水校尉曹君之碑。

碑目題跋著錄：

《隸釋》20/15a 引《水經注》，《新編》1/9/6954 上。

《安徽金石略》8/5a，《新編》1/16/11747 上。

《金石彙目分編》5/49a，《新編》1/27/20814 上。

《隸辨》8/53a–b，《新編》2/17/13101 上。

《佩文齋書畫譜·金石》61/12a 下，《新編》3/2/35 下。

（光緒）《亳州志·藝文志·金石》16/19b，《新編》3/12/165 上。

《紅藕齋漢碑彙鈔集跋》，《新編》3/38/577 下。

《漢石例》1/13b，《新編》3/40/131 上。

《水經注碑錄》卷五編號 152，《北山金石錄》上冊 130—131 頁。

備考：曹熾，事見《三國志》卷九《曹仁傳》注釋一，曹仁之父。

熹平 032

謁者曹胤碑

又名：曹允碑。熹平六年（177）立。在亳州。碑題：漢謁者曹君之碑。

碑目題跋著錄：

《隸釋》20/15a 引《水經注》，《新編》1/9/6954 上。

《安徽金石略》8/5a，《新編》1/16/11747 上。

《金石彙目分編》5/49a，《新編》1/27/20814 上。

《隸辨》8/53b，《新編》2/17/13101 上。

《佩文齋書畫譜·金石》61/12a 下，《新編》3/2/35 下。

（光緒）《亳州志·金石》16/19b，《新編》3/12/165 上。

《紅藕齋漢碑彙鈔集跋》，《新編》3/38/577 下。

《水經注碑錄》卷五編號 153，《北山金石錄》上冊 130—131 頁。

熹平 033

費鳳別碑

又名：費鳳碑陰。熹平六年（177），石勛撰。碑列於吳興校官之壁，湖州孫莘墨妙亭舊藏，石今毀。碑高四尺五寸，廣三尺三寸五分。文隸書，22 行，足行 27 字。

錄文著錄：

《隸釋》9/20b–22b，《新編》1/9/6856 下—6857 下。

《金薤琳琅》7/4a–5b，《新編》1/10/7681 下—7682 上。

《金石古文》8/3a–4b，《新編》1/12/9409 上—下。

《兩浙金石志》1/11b–12b、13a–b，《新編》1/14/10198 上—下、10199 上。

《吳興金石記》2/12a–13b，《新編》1/14/10696 下—10697 上。

《平津館金石萃編》2/21b–23b，《新編》2/4/2441 上—2442 上。

（同治）《湖州府志·金石略一》46/5b–6b，《新編》3/8/5 上—下。

《墨妙亭碑目考》卷上之上/12a–14a，《新編》3/35/390 下—391 下。

《碑版廣例》4/5a–6b，《新編》3/40/276 上—下。

《續古文苑》4/4b–6a，《新編》4/2/57 下—58 下。

《六藝之一錄》46/13b–15b，《新編》4/4/671 上—672 上。

《全後漢文》103/6b–7b，《全文》1 冊 1028 下—1029 上。

《漢魏石刻文學考釋》下冊 1454—1455 頁。

碑目題跋著錄：

《隸釋》9/22b－23a，《新編》1/9/6857下—6858上。

《隸釋》22/18a－b引《集古錄》，《新編》1/9/6988下。

《隸釋》23/22a引《集古錄目》，《新編》1/9/7000下。

《隸釋刊誤》46b－48a，《新編》1/9/7067下—7068下。

《金薤琳琅》7/5b－6a，《新編》1/10/7682上—下。

《金石錄》1/8a、17/3b，《新編》1/12/8803下、8901上。

《金石錄補》25/11b－12a，《新編》1/12/9120上—下。

《兩浙金石志》1/13b－14a，《新編》1/14/10199上—下。

《吳興金石記》2/14b－15a，《新編》1/14/10697下—10698上。

《集古錄跋尾》1/22b，《新編》1/24/17842下。

《集古錄目》2/6b，《新編》1/24/17953下。

《寶刻叢編》14/22a－23a，《新編》1/24/18307下—18308上。

《輿地碑記目·安吉州碑記》1/4a，《新編》1/24/18524下。

《鐵橋金石跋》1/9a－b，《新編》1/25/19309上。

《石刻題跋索引》16頁左—右，《新編》1/30/22354。

《平津館金石萃編》2/25b－26a，《新編》2/4/2443上—下。附《四錄堂類集》。

《墨華通考》卷3，《新編》2/6/4328上。

《碑藪》，《新編》2/16/11844下。

《語石》6/2a、10/21a，《新編》2/16/11963下、12030上。

《金石例補》2/3a－b，《新編》2/17/12367上。

《續校碑隨筆·孤本》卷下/7a，《新編》2/17/12505上。

《隸辨》7/54a－b，《新編》2/17/13062下。

《古今碑帖考》7a，《新編》2/18/13166上。

《集古錄補目補》卷上/15b－16a，《新編》2/20/14516下—14517上。

《佩文齋書畫譜·金石》61/12a上，《新編》3/2/35下。

（雍正）《敕修浙江通志·湖州府》256/13b，《新編》3/7/77上。

（乾隆）《烏程縣志·碑碣雜刻》14/16a，《新編》3/8/224上。

（光緒）《烏程縣志·金石》30/2a－3a，《新編》3/8/229下—

230 上。

《墨妙亭碑目考》卷上之上/14b、16a－b,《新編》3/35/391 下、392 下。附《吳興志》《吳興掌故集》《野客叢談》。

汪本《隸釋刊誤》46b－48a,《新編》3/37/573 上—574 上。

《紅藕齋漢碑彙鈔集跋》,《新編》3/38/508 上—下。

《漢魏六朝志墓金石例》1/9b－10a,《新編》3/40/400 上—下。

《漢魏六朝墓銘纂例》2/2a,《新編》3/40/442 下。

《漢石例》2/30b,《新編》3/40/158 下。

《金石備攷·湖州府》,《新編》4/1/40 下。

《漢隸字源》57 頁。

《漢魏石刻文學考釋》下冊 1453、1454 頁。

《漢魏石刻文字繫年》83 頁。

熹平 034
高陽令楊尋碑

又名：繁陰令楊尋碑。熹平中（172—178）立。在華州華陰縣。額題：高陽令楊君碑。

碑目題跋著錄：

《通志·金石略》卷上/12b,《新編》1/24/18025 上。

《天下金石志》6/14,《新編》2/2/837 下。

《墨華通考》卷 10,《新編》2/6/4411 上。

《古今碑帖考》9a,《新編》2/18/13167 上。

《集古錄補目補》卷上/9b－10a,《新編》2/20/14513 下—14514 上。

《西安碑目·華陰縣》,《新編》3/37/268 上。

《金石備攷·西安府》,《新編》4/1/33 上。

《墨池篇》6/4a,《新編》4/9/668 下。

備考：據《後漢書·郡國志》,東漢無繁陰縣,故《通志·金石略》所著錄之"繁陰令"當有誤。

熹平 035
漢襄鄉某君碑

又名：熹平君碑。熹平年間（172—178）立。碑在睢陽縣襄鄉。

碑目題跋著錄：

《隸釋》20/16a－b 引《水經注》，《新編》1/9/6954 下。

《中州金石考·商邱縣》3/2a，《新編》1/18/13686 下。

《金石彙目分編》9（1）/50b，《新編》1/28/20948 下。

《隸辨》8/58b－59a，《新編》2/17/13103 下—13104 上。

《中州金石目錄》1/7a。《新編》2/20/14689 上。

《佩文齋書畫譜·金石》61/17b 下，《新編》3/2/38 上。

《紅藕齋漢碑彙鈔集跋》，《新編》3/38/493 上。

《六藝之一錄》51/8b－9a，《新編》4/4/756 下—757 上。

《水經注碑錄》卷六編號 159，《北山金石錄》上冊 136 頁。

熹平 036

南陽太守秦頡碑

熹平年間（172—178）立。在鄧州南陽縣。篆書額題：漢故南陽太守秦君之碑。

碑目題跋著錄：

《隸釋》27/8a 引《天下碑錄》，《新編》1/9/7039 下。

《金石錄》2/2b、19/6b，《新編》1/12/8806 下、8913 下。

《集古錄跋尾》3/10b，《新編》1/24/17857 下。

《集古錄目》3/5a－b，《新編》1/24/17953 上。

《通志·金石略》卷上/17b，《新編》1/24/18027 下。

《寶刻叢編》3/27b－28a《新編》1/24/18127 上—下。

《墨華通考》7/35 a－b，《新編》2/6/4385 上。

《碑藪》，《新編》2/16/11828 上。

《古今碑帖考》9a，《新編》2/18/13167 上。

《佩文齋書畫譜·金石》61/12a 下，《新編》3/2/35 下。

《寒山堂金石林時地攷》卷上/20b，《新編》3/34/499 下。

《紅藕齋漢碑彙鈔集跋》，《新編》3/38/529 下。

《金石備攷·南陽府》及附錄，《新編》4/1/62 上、87 上。

《古今書刻》下編/26a，《新編》4/1/147 下。

《墨池篇》6/4a，《新編》4/9/668 下。

《漢魏石刻文字繫年》101 頁。

《漢魏六朝碑刻校注·總目提要》編號 0433。

備考：秦頡，其事見《後漢書》卷八《孝靈帝紀》、卷三一《羊續傳》、卷七一《朱儁傳》。《通志·金石略》載有一方《秦君之碑》，標註"未詳"，可能是此碑，暫附此。

熹平 037

司隸從事等字殘碑

熹平年間（172—178）。1926 年左右河南洛陽城南出土，初歸姚貴昉，後歸方藥雨，今存北京大學。文隸書，9 行，行 3 至 5 字不等。第六行有"六十四以熹"諸字。

題跋著錄：

《碑帖鑒定》65 頁。

熹平 038

許彧夫人劉氏碑

又名：許司農劉夫人碑。東漢光和（178）以前，暫附熹平年間（172—178）。碑在常州府宜興縣夫人冢旁。據《隸續》卷七《碑式》：題一行，文八行，行三十八字。

錄文著錄：

《隸續》2/6a，《新編》1/10/7098 下。

《江蘇金石志》1/26b – 28a，《新編》1/13/9464 下—9465 下。

《碑版廣例》5/18b – 19a，《新編》3/40/299 上—下。

《漢魏石刻文學考釋》中冊 678 頁。

碑目題跋著錄：

《隸續》2/6b – 7b、7/5b，《新編》1/10/7098 下—7099 上、7135 上。

《金石錄補》5/4b – 5a，《新編》1/12/9012 下—9013 上。

《江蘇金石志》1/28b – 29a，《新編》1/13/9465 下—9466 上。

《寶刻叢編》14/35a，《新編》1/24/18314 上。

《石刻題跋索引》16 頁右，《新編》1/30/22354。

《天下金石志》2/9，《新編》2/2/810 上。

《隸辨》8/12a–b，《新編》2/17/13080 下。

《寶鐵齋金石文跋尾》卷上/3b–4a，《新編》2/20/14401 上—下。

《佩文齋書畫譜·金石》61/12b 上，《新編》3/2/35 下。

（嘉慶）《重刊宜興縣舊志·碑刻》9/64b，《新編》3/6/155 下。

《紅藕齋漢碑彙鈔集跋》，《新編》3/38/548 下。

《漢魏六朝墓銘纂例》2/12a，《新編》3/40/447 下。

《金石備攷·常州府》，《新編》4/1/15 上。

《六藝之一錄》49/31b，《新編》4/4/735 上。

《漢隸字源》108 頁。

《漢魏石刻文學考釋》中冊 676—678 頁。

《漢魏石刻文字繫年》120 頁。

《漢魏六朝碑刻校注·總目提要》編號 0757。

光　和

光和 001

孫熹墓記

光和元年（178）八月十日卒。1993 年在山東省莒縣東莞鎮東莞村西南三里出土。石高 173、寬 62、厚 37 釐米。文隸書，8 行，行 13 至 18 字不等。

著錄：

《漢碑全集》5 冊 1640—1642 頁。（圖、文）

《漢魏六朝碑刻校注》2 冊 17—18 頁。（圖、文）

《漢魏六朝碑刻校注·總目提要》編號 0370。（目）

論文：

劉雲濤：《山東莒縣東莞出土漢畫像石》，《文物》2005 年第 3 期。

光和 002

金城太守殷華碑

光和元年（178）九月卒。衛覬撰，一作酈炎撰。在歸德府虞城縣。

漢　代　359

錄文著錄：

《金石古文》13/4b–5b，《新編》1/12/9430 下—9431 上。

《紅藕齋漢碑彙鈔集跋》，《新編》3/38/569 上—下。

《古文苑》19/5b–6b，《新編》4/1/432 上—下。

《全三國文》28/10a–b，《全文》2 冊 1211 下。

《漢魏石刻文學考釋》中冊 685—686 頁。

碑目題跋著錄：

《中州金石考》3/8b，《新編》1/18/13689 下。

《金石彙目分編》9（1）/57a，《新編》1/28/20952 上。

《石刻題跋索引》16 頁右、24 頁右，《新編》1/30/22354、22362。

《天下金石志》5/4，《新編》2/2/824 下。

《碑藪》，《新編》2/16/11826 上。

《中州金石目錄》1/7a，《新編》2/20/14689 上。

《寒山堂金石林時地攷》卷上/19b，《新編》3/34/499 上。

《漢石例》2/18a，《新編》3/40/152 下。

《金石備攷·歸德府》，《新編》4/1/57 上。

《古今書刻》下編/26a，《新編》4/1/147 下。

《全三國文》28/10b，《全文》2 冊 1211 下。

《漢魏石刻文學考釋》中冊 685 頁。

《漢魏六朝碑刻校注·總目提要》編號 0371。

光和 003

郭禧碑二

其一：太尉郭禧前碑并陰

又名：太尉郭禧斷碑。光和二年（179）卒。在許州。文隸書。碑陰題：故吏人名。

錄文著錄：

《隸續》19/12b，《新編》1/10/7193 下。（碑陽）

《漢魏石刻文學考釋》中冊 688—689 頁。

碑目題跋著錄：

《隸續》19/13a，《新編》1/10/7194 上。

《金石錄》1/8b、17/4a－5a，《新編》1/12/8803 下、8901 下—8902 上。

《金石錄補續跋》4/2b，《新編》1/12/9158 下。

《中州金石考》2/11a，《新編》1/18/13683 上。

《通志·金石略》卷上/21a，《新編》1/24/18029 下。

《寶刻叢編》5/1b、2a，《新編》1/24/18143 上—下。

《金石彙目分編》9（1）/27b，《新編》1/28/20937 上。

《石刻題跋索引》17 頁左，《新編》1/30/22355。

《天下金石志》16/2，《新編》2/2/871 上。

《墨華通考》卷7，《新編》2/6/4369 下。

《隸韻·碑目》10b，《新編》2/17/12519 下。

《隸辨》7/56b－57a，《新編》2/17/13063 下—13064 上。

《金石錄續跋》34－35，《新編》2/18/13211 下—13212 上。

《中州金石目錄》1/4b，《新編》2/20/14687 下。

《佩文齋書畫譜·金石》61/12b 下，《新編》3/2/35 下。

《紅藕齋漢碑彙鈔集跋》，《新編》3/38/519 下。

《金石小箋》2b，《新編》3/39/495 下。

《漢石例》2/40a－b，《新編》3/40/163 下。

《金石備攷》附錄，《新編》4/1/86 上。

《六藝之一錄》49/19a－b，《新編》4/4/729 上。

《漢隸字源》144 頁。

《漢魏石刻文學考釋》中冊 686—688 頁。

《漢魏石刻文字繫年》98 頁。

《漢魏六朝碑刻校注·總目提要》編號 0375。

其二：郭禧後碑

光和二年（179）五月卒。在許州。文隸書。篆書額題：漢故太尉郭公神道。

碑目題跋著錄：

《金石錄》1/8b、17/5a－b，《新編》1/12/8803 下、8902 上。（節文）

《中州金石考》2/11a–b，《新編》1/18/13683 上。

《寶刻叢編》5/2a，《新編》1/24/18143 下。

《金石彙目分編》9（1）/27b，《新編》1/28/20937 上。

《石刻題跋索引》17 頁左，《新編》1/30/22355。

《天下金石志》16/2，《新編》2/2/871 上。

《隸辨》7/57a–b，《新編》2/17/13064 上。

《中州金石目錄》1/5a，《新編》2/20/14688 上。

《佩文齋書畫譜·金石》61/13a 上，《新編》3/2/36 上。

《紅藕齋漢碑彙鈔集跋》，《新編》3/38/519 下。

《漢石例》1/20a，《新編》3/40/134 下。

《金石備攷》附錄，《新編》4/1/90 下。

《六藝之一錄》49/20a，《新編》4/4/729 下。

《漢魏石刻文字繫年》98 頁。

《漢魏石刻文學考釋》中冊 688—689 頁。（節文）

《漢魏六朝碑刻校注·總目提要》編號 0376。

備考：郭禧，《後漢書》卷四六《郭躬傳》有附傳。

光和 004

太尉陳球碑二

其一：太尉陳球前碑并陰

光和二年（179）卒。蔡邕文并書。碑在徐州下相縣故城。《隸續》卷五載，文 19 行，行 24 字；碑陰 22 行，前 2 行記事，後 20 行皆立碑人名。篆額 2 行，額題：漢故太尉陳公之碑。

圖版著錄：

《隸續》5/10a–b，《新編》1/10/7115 下。（碑額圖）

錄文著錄：

《隸釋》10/1a–2a、3b–4b，《新編》1/9/6859 上—6860 下。

（咸豐）《邳州志·古蹟》19/5b–6a、7b–8b，《新編》3/6/571 上—572 下。

《六藝之一錄》47/1a–2a、5b–6b，《新編》4/4/684 上—下、686

上—下。

《全後漢文》103/8b－9a，《全文》1 冊 1029 下—1030 上。（碑陽）

《漢魏石刻文學考釋》中冊 682—685 頁。

碑目題跋著錄：

《隸釋》10/2a－3b、4b－5b，《新編》1/9/6859 下—6861 上。

《隸釋刊誤》48a－b，《新編》1/9/7068 下。

《金石錄》1/8b、17/3b－4a，《新編》1/12/8803 下、8901 上—下。

《金石錄補續跋》4/2a，《新編》1/12/9158 下。

《江蘇金石志》1/29a－b，《新編》1/13/9466 上。

《通志·金石略》卷上/13b，《新編》1/24/18025 下。

《寶刻叢編》1/47b－48a，《新編》1/24/18103 上—下。

《寶刻類編·名臣》1/9b，《新編》1/24/18411 上。

《金石彙目分編》4/38b，《新編》1/27/20778 下。

《石刻題跋索引》16 頁右，《新編》1/30/22354。

《天下金石志》2/11，《新編》2/2/811 上。

《墨華通考》卷 2，《新編》2/6/4320 上。

《隸韻·碑目》11a，《新編》2/17/12520 上。

《隸辨》7/54b－55b，《新編》2/17/13062 下—13063 上。

《古今碑帖考》9a，《新編》2/18/13167 上。

《金石錄續跋》34，《新編》2/18/13211 下。

《集古錄補目補》卷上/12a－b，《新編》2/20/14515 上。

《佩文齋書畫譜·金石》61/13a 下，《新編》3/2/36 上。

（同治）《徐州府志·碑碣攷》20/4a－b，《新編》3/6/550 下。

（咸豐）《邳州志·古蹟》19/11b－12b，《新編》3/6/574 上—下。

汪本《隸釋刊誤》48a－b，《新編》3/37/574 上。

《紅藕齋漢碑彙鈔集跋》，《新編》3/38/512 下—513 上。

《漢石例》2/9b－10a，《新編》3/40/148 上—下。

《碑版廣例》6/17b，《新編》3/40/310 上。

《漢魏六朝墓銘纂例》2/2b，《新編》3/40/442 下。

《金石備攷·淮安府》，《新編》4/1/16 上。

《漢隸字源》58 頁。

《水經注碑錄》卷七編號一八九，《北山金石錄》上冊 163—164 頁。

《漢魏石刻文學考釋》中冊 678—682 頁。

《漢魏石刻文字繫年》86 頁。

《漢魏六朝碑刻校注·總目提要》編號 0379。

其二：太尉陳球後碑

東漢光和年間卒，光和二年（179）立。蔡邕撰。碑在下相縣故城。《隸續》卷五載，文 20 行，行 37 字，篆額二行。

錄文著錄：

《隸釋》10/5b－7a，《新編》1/9/6861 上—6862 上。

（咸豐）《邳州志·古蹟》19/9b－11a，《新編》3/6/573 上—574 上。

《六藝之一錄》47/7b－9b，《新編》4/4/687 上—688 上。

《全後漢文》77/1a－2a，《全文》1 冊 888 上—下。

《漢魏石刻文學考釋》中冊 683—684 頁。

碑目題跋著錄：

《隸釋》10/7b－8a，《新編》1/9/6862 上—下。

《隸釋》21/31b－32a 引《集古錄》，《新編》1/9/6978 上—下。

《隸釋刊誤》48b－49a，《新編》1/9/7068 下—7069 上。

《金石錄》1/8b，《新編》1/12/8803 下。

《金石錄補》25/20b，《新編》1/12/9124 下。

《集古錄跋尾》3/12a－b，《新編》1/24/17858 下。

《集古錄目》2/7a－b，《新編》1/24/17954 上。

《通志·金石略》卷上/13b，《新編》1/24/18025 下。

《寶刻叢編》1/48b，《新編》1/24/18103 下。

《金石彙目分編》4/38b，《新編》1/27/20778 下。

《石刻題跋索引》16 頁右，《新編》1/30/22354。

《墨華通考》卷 2，《新編》2/6/4320 上。

《隸韻·碑目》11a，《新編》2/17/12520 上。

《隸辨》7/55b，《新編》2/17/13063 上。

《古今碑帖考》9a，《新編》2/18/13167 上。

《金石錄續跋》34,《新編》2/18/13211 下。

《佩文齋書畫譜・金石》61/13a 下,《新編》3/2/36 上。

(同治)《徐州府志・碑碣攷》20/4a-b,《新編》3/6/550 下。

(咸豐)《邳州志・古蹟》19/11b-12b,《新編》3/6/574 上—下。

汪本《隸釋刊誤》48b-49a,《新編》3/37/574 上—下。

《紅藕齋漢碑彙鈔集跋》,《新編》3/38/513 上。

《金石小箋》12b-13a,《新編》3/39/500 下—501 上。

《漢石例》1/22b、2/4a-b,《新編》3/40/135 下、145 下。

《漢魏六朝志墓金石例》1/14b,《新編》3/40/402 下。

《漢魏六朝墓銘纂例》2/3a,《新編》3/40/443 上。

《金石備攷・淮安府》,《新編》4/1/16 上。

《墨池篇》6/4a,《新編》4/9/668 下。

《全後漢文》77/2a,《全文》1 冊 888 下。

《水經注碑錄》卷七編號 189,《北山金石錄》上冊 163—164 頁。

《漢隸字源》58 頁。

《漢魏石刻文學考釋》中冊 678—682 頁。

《漢魏石刻文字繫年》86 頁。

《漢魏六朝碑刻校注・總目提要》編號 0380。

備考:陳球,《後漢書》卷五六有傳。

光和 005

冀州從事郭君碑

光和二年(179)卒,光和三年(180)十月葬。在大名府元城縣。碑隸額,額題:冀州從事郭君之碑。

錄文著錄:

《隸續》19/3b-5a,《新編》1/10/7189 上—7190 上。

《全後漢文》103/9a-10a,《全文》1 冊 1030 上—下。

《漢魏石刻文學考釋》中冊 690—691 頁。

碑目題跋著錄:

《隸續》19/5a,《新編》1/10/7190 上。

《金石錄》1/9a、17/6a-b,《新編》1/12/8804 上、8902 下。

《寶刻叢編》6/1b,《新編》1/24/18164 上。

《金石彙目分編》3（2）/80a,《新編》1/27/20732 下。

《石刻題跋索引》17 頁,《新編》1/30/22355。

《天下金石志》16/2,《新編》2/2/871 上。

（光緒）《畿輔通志·金石十四》151/2b、3b-4a,《新編》2/11/8615 下—8616 下。

《京畿金石考》卷下/38a,《新編》2/12/8786 下。

《隸辨》7/58a,《新編》2/17/13064 下。

《畿輔待訪碑目》卷上/1a,《新編》2/20/14801 上。

《佩文齋書畫譜·金石》61/13b 上,《新編》3/2/36 上。

《漢石例》2/30a,《新編》3/40/158 下。

《漢魏六朝墓銘纂例》2/3a,《新編》3/40/443 上。

《金石備攷》附錄,《新編》4/1/90 下。

《六藝之一錄》49/20b,《新編》4/4/729 下。

《漢隸字源》142 頁。

《漢魏石刻文學考釋》中冊 689—690 頁。

《漢魏石刻文字繫年》88 頁。

《漢魏六朝碑刻校注·總目提要》編號 0382。

光和 006

三老掾趙寬碑

元嘉二年（152）二月卒，光和三年（180）十一月十三日刻。碑於 1941 年左右在青海樂都出土，高 110、寬 55 釐米，藏青海省圖書館；1951 年毀於火災；今存僅高、寬各約 16 釐米碎石一片，餘若干字，存青海省博物館。文隸書，23 行，滿行 32 字。篆書額題：三老趙掾之碑。

圖版著錄：

《北京圖書館藏中國歷代石刻拓本匯編》1 冊 170 頁。

《中國西北地區歷代石刻匯編》1 冊 25 頁。

《漢碑全集》5 冊 1643—1655 頁。

《漢魏六朝碑刻校注》2 冊 19 頁。

錄文著錄：

《隴右金石錄》1/23a – 24a，《新編》1/21/15964 上—下。

《漢魏石刻文學考釋》中冊 695—697 頁。

《漢碑全集》5 冊 1645 頁。

《漢碑集釋》432—435 頁。

《漢魏六朝碑刻校注》2 冊 20 頁。

碑目題跋著錄：

《隴右金石錄》1/24a – 25a，《新編》1/21/15964 下—15965 上。

《增補校碑隨筆》（修訂本）77—78 頁。

《碑帖鑒定》66—67 頁。

《碑帖敘錄》213 頁。

《漢魏石刻文學考釋》中冊 692—695 頁。

《漢魏石刻文字繫年》88 頁。

《漢魏六朝碑刻校注·總目提要》編號 0383。

淑德大學《中國石刻拓本目錄》"碑碣等刻石"編號 156。

論文：

馬衡：《漢三老趙寬碑跋》，載於《凡將齋金石叢稿》，第 178—181 頁。

王獻唐：《新出漢三老趙寬碑考釋》，載《那羅延室稽古文字》，第 316 頁。

沈年潤：《釋東漢三老趙掾碑》，《文物》1964 年第 5 期。

曉晴、心雨、史丁：《地方民族史話》，《青海民族研究》1991 年第 2 期。

張得祖：《〈三老趙掾之碑〉的史料價值和藝術價值》，《青海師範大學學報》2011 年第 2 期。

柴秋香：《青海出土珍貴金石文獻〈三老趙掾之碑〉考述》，《圖書館理論與實踐》2012 年第 9 期。

光和 007

右侍無名人墓闕

又名：漢右侍之墓。光和三年（180）立。北宋宣和年間出土。

錄文著錄：

《隸續》20/8a，《新編》1/10/7198 下。

《漢魏石刻文學考釋》中冊 692 頁。

碑目題跋著錄：

《隸續》20/8a–b，《新編》1/10/7198 下。

《寶刻叢編》20/8a，《新編》1/24/18376 下。

《石刻題跋索引》17 頁左，《新編》1/30/22355。

《隸辨》7/59a，《新編》2/17/13065 上。

《佩文齋書畫譜·金石》61/13b 上，《新編》3/2/36 上。

《紅藕齋漢碑彙鈔集跋》，《新編》3/38/538 上。

《碑版廣例》6/4a，《新編》3/40/303 下。

《六藝之一錄》54/4b，《新編》4/5/4 下。

《漢隸字源》148 頁。

《漢魏石刻文學考釋》中冊 691—692 頁。

《漢魏石刻文字繫年》88 頁。

《漢魏六朝碑刻校注·總目提要》編號 0384。

光和 008

劉梁碑并側

別稱：劉君殘碑。光和四年（181）三月十五日刻。在河南安陽，清嘉慶年間徐方訪得，原存於西門豹祠，今石存安陽市文化館。拓本碑身高 41、寬 33 釐米；側寬 10 釐米。殘碑共二石，其一為 6 行，行殘字不等，約 15 字可識；其一為 5 行，行殘字不等，約 20 字可識。隸書。有"歲在辛酉三月"之語。

圖版著錄：

《二銘草堂金石聚》12/28a–29b，《新編》2/3/2160 下—2161 上。

《漢碑大觀》第七集，《新編》2/8/6354 上右、下右。（局部）

《北京圖書館藏中國歷代石刻拓本匯編》1 冊 171 頁。

《漢碑全集》6 冊 1989—1993 頁。

錄文著錄：

《金石萃編》19/19b－20b，《新編》1/1/341 上—下。

《安陽縣金石錄》1/10b－11b，《新編》1/18/13824 下—13825 上。

《宜祿堂收藏金石記》卷 6，《新編》2/5/3346 下。

（嘉慶）《安陽縣志·金石錄》1/7b－8a，《新編》3/28/469 上—下。

《全後漢文》64/12a，《全文》1 冊 827 下。（節文）

《漢魏石刻文學考釋》中冊 700 頁。

《漢碑全集》6 冊 1990 頁。

碑目題跋著錄：

《八瓊室金石補正》5/21a－23a，《新編》1/6/4083 上—4084 上。

《安陽縣金石錄》1/11b－12b，《新編》1/18/13825 上—下。

《平津讀碑記》1/22a－b，《新編》1/26/19359 下。

《藝風堂金石文字目》1/12b，《新編》1/26/19528 下。

《寰宇訪碑錄》1/6a，《新編》1/26/19854 下。

《寰宇訪碑錄校勘記》1/4b，《新編》1/27/20103 下。

《續補寰宇訪碑錄》1/5a，《新編》1/27/20305 上。

《金石彙目分編》9（2）/1a，《新編》1/28/20954 上。

《石刻題跋索引》17 頁左，《新編》1/30/22355。

《續語堂碑錄》，《新編》2/1/70 下。

《二銘草堂金石聚》12/29b，《新編》2/3/2161 上。

《平津館金石萃編》2/26a，《新編》2/4/2443 下。

《宜祿堂金石記》1/13a，《新編》2/6/4212 上。

《河朔訪古新錄》2/3b，《新編》2/12/8895 下。

《河朔金石目》2/1a，《新編》2/12/8960 上。

《平安館藏碑目》，《新編》2/18/13384 上。

《古墨齋金石跋》1/29b－30a，《新編》2/19/14077 上—下。

《寰宇貞石圖目錄》卷上/3b、卷下/2b，《新編》2/20/14672 下、14678 上。

《中州金石目錄》1/5a，《新編》2/20/14688 上。

《嵩里遺文目錄》1 上/2a，《新編》2/20/14938 上。

（嘉慶）《安陽縣志·金石錄》1/8a－9a，《新編》3/28/469 下—470 上。

《河朔新碑目》中卷/1a，《新編》3/35/571 上。

《河南古物調查表證誤》1b、2a，《新編》3/35/592 上、下。

《中州金石目》2/6b，《新編》3/36/154 下。

《漢石存目》卷上/6b，《新編》3/37/523 下。

《漢石經室金石跋尾》，《新編》3/38/259 下。

《中國金石學講義·正編》12b，《新編》3/39/142。

《激素飛清閣平碑記》卷1，《新編》4/1/197 下。

《芳堅館題跋》1/4b－5a，《新編》4/6/771 下—772 上。

《雪堂所藏金石文字簿錄》37b－38a，《新編》4/7/388 上—下。

《增補校碑隨筆》（修訂本）96、97 頁。

《碑帖鑒定》83—84 頁。

《善本碑帖錄》1/12。

《碑帖敘錄》228 頁。

《漢魏石刻文學考釋》中冊 697—699 頁。

《漢魏石刻文字繫年》17—18 頁。

《漢魏六朝碑刻校注·總目提要》編號 0388。

淑德大學《中國石刻拓本目錄》"碑碣等刻石"編號 220、256。

論文：

河南省文化局文物工作隊：《河南現存的漢碑》，《文物》1964 年第 5 期。

湯淑君：《安陽漢四殘石》，《中原文物》1993 年第 1 期。

備考：劉梁，《後漢書》卷八〇下《文苑傳》有傳。

光和 009

童子逢盛碑并陰

俗云：董孝碑；又名：逢童子碑。光和四年（181）四月五日立。碑舊在濰州昌邑縣，近歲移置郡中。《隸續·碑式》載：文十行，行字數不等；碑陰兩列，上一橫七人，下一橫六人。篆額一行，額題：逢童之碑；碑陰題：右家門生。

錄文著錄：

《隸釋》10/8a－9a、9b－10a，《新編》1/9/6862 下—6863 下。

《金石古文》9/5a－6a，《新編》1/12/9414 下—9415 上。（碑陽）

（宣統）《山東通志·藝文志》卷151，《新編》2/12/9303 下—9304 上。（碑陽）

《碑版廣例》4/13a－14a，《新編》3/40/280 上—下。（碑陽）

《六藝之一錄》47/19b－20b、22a－b，《新編》4/4/693 上—下、694 下。

《全後漢文》104/4a－4b，《全文》1 冊 1033 下。（碑陽）

《漢魏石刻文學考釋》中冊 702—703 頁。

碑目題跋著錄：

《隸釋》10/9a－b、10a－b，《新編》1/9/6863 上、下。

《隸釋》27/7b 引《天下碑錄》，《新編》1/9/7039 上。

《隸釋刊誤》49a－50a，《新編》1/9/7069 上—下。

《隸續》7/3b－4a，《新編》1/10/7134 上—下。

《金石錄》1/9a、17/6b－7a，《新編》1/12/8804 上、8902 下—8903 上。

《金石錄補》25/12b、20b，《新編》1/12/9120 下、9124 下。

《金石錄補續跋》4/4a－b，《新編》1/12/9159 下。

《通志·金石略》卷上/21a，《新編》1/24/18029 下。

《寶刻叢編》1/41a－b，《新編》1/24/18100 上。

《金石彙目分編》10（3）/66a，《新編》1/28/21211 下。

《石刻題跋索引》17 頁左，《新編》1/30/22355。

《天下金石志》3/11，《新編》2/2/819 上。

《墨華通考》卷8，《新編》2/6/4397 上。

（宣統）《山東通志·藝文志》卷151，《新編》2/12/9304 上。

《碑藪》，《新編》2/16/11829 下。

《金石例補》2/9b-10a，《新編》2/17/12370 上—下。

《隸韻・碑目》11a，《新編》2/17/12520 上。

《隸辨》7/59a-b，《新編》2/17/13065 上。

《古今碑帖考》9b，《新編》2/18/13167 上。

《金石錄續跋》37，《新編》2/18/13213 上。

《佩文齋書畫譜・金石》61/13b 下，《新編》3/2/36 上。

《寒山堂金石林時地攷》卷上/12b，《新編》3/34/495 下。

汪本《隸釋刊誤》49a-50a，《新編》3/37/574 下—575 上。

《紅藕齋漢碑彙鈔集跋》，《新編》3/38/509 上—下、536 下。

《金石小箋》13a-14a，《新編》3/39/501 上—下。

《漢石例》1/32b、2/1a、2/17b、2/35a，《新編》3/40/140 下、144 上、152 上、161 上。

《碑版廣例》6/8b、17a，《新編》3/40/305 下、310 上。

《漢魏六朝志墓金石例》1/12a，《新編》3/40/401 下。

《漢魏六朝墓銘纂例》2/3a-b，《新編》3/40/443 上。

《金石備攷・萊州府》，《新編》4/1/50 下。

《古今書刻》下編/29b，《新編》4/1/149 上。

《墨池篇》6/4b，《新編》4/9/668 下。

《漢隸字源》59—60 頁。

《漢魏石刻文學考釋》中冊 700—702 頁。

《漢魏石刻文字繫年》90 頁。

《漢魏六朝碑刻校注・總目提要》編號 0390。

光和 010

崔顯人墓磚

光和四年（181）五月八日。安徽省蕭縣出土。長、寬均 33 釐米。文隸書雜篆筆，4 行，行 5 字。

著錄：

《漢魏六朝碑刻校注》2 冊 32—33 頁。（圖、文）

《漢魏六朝碑刻校注・總目提要》編號 0391。（目）

論文：

盧芳玉：《新見漢代志墓刻銘研究札記》，《中國書法》2004 年第 11 期。

光和 011

揚州刺史敬韶碑

別稱：敬仲碑、敬歆碑、揚州刺史敬使君碑。光和四年（181）閏月卒。在河東平陽，一說在正平縣北二十里墓側。篆書額題：漢揚州刺史敬君之銘。

碑目題跋著錄：

《隸釋》22/14b – 15a 引《集古錄》，《新編》1/9/6986 下—6987 上。（節文）

《隸釋》23/20b 引《集古錄目》，《新編》1/9/6999 下。

《隸釋》27/4a 引《天下碑錄》，《新編》1/9/7037 下。

《金石錄》1/9a、17/9a – b，《新編》1/12/8804 上、8904 上。（節文）

《金石錄補》25/12b，《新編》1/12/9120 下。

《集古錄跋尾》3/15b – 16a，《新編》1/24/17860 上—下。（節文）

《集古錄目》2/4a，《新編》1/24/17952 下。

《通志·金石略》卷上/21b，《新編》1/24/18029 下。

《金石彙目分編》11/21b，《新編》1/28/21238 上。

《石刻題跋索引》17 頁右，《新編》1/30/22355。

《天下金石志》4/2，《新編》2/2/820 下。

《碑藪》，《新編》2/16/11833 上。

《金石萃編校字記》9a，《新編》2/17/12329 上。

《隸辨》8/54b，《新編》2/17/13101 下。

《古今碑帖考》9b，《新編》2/18/13167 上。

《集古錄補目補》卷上/11b，《新編》2/20/14514 下。

《佩文齋書畫譜·金石》61/14a 上、19b 下，《新編》3/2/36 下、39 上。

（光緒）《山西通志·金石記二》90/6a，《新編》3/30/334 下。

《寒山堂金石林時地攷》卷上/9a，《新編》3/34/494 上。

《紅藕齋漢碑彙鈔集跋》，《新編》3/38/577 下。

《漢石例》1/6a，《新編》3/40/127 下。

《金石備攷·平陽府》及附錄，《新編》4/1/51 下、87 上。

《古今書刻》下編/37b，《新編》4/1/153 上。

《六藝之一錄》49/17a，《新編》4/4/728 上。

《墨池篇》6/4b，《新編》4/9/668 下。

《漢魏石刻文學考釋》中冊 972—974 頁。（節文）

《漢魏石刻文字繫年》92 頁。

《漢魏六朝碑刻校注·總目提要》編號 0395。

備考：此碑著錄混亂，當是後人錯誤著錄導致。

光和 012

後漢無名碑

又名：漢司隸從事之碑。光和四年（181）閏月卒。

碑目題跋著錄：

《隸釋》22/3a－b 引《集古錄》，《新編》1/9/6981 上。（節文）

《隸釋》23/15a 引《集古錄目》，《新編》1/9/6997 上。

《金石錄補》4/2a，《新編》1/12/9005 下。

《集古錄跋尾》3/16a，《新編》1/24/17860 下。（節文）

《集古錄目》2/4a，《新編》1/24/17952 下。

《石刻題跋索引》17 頁右，《新編》1/30/22355。

《古今碑帖考》9b，《新編》2/18/13167 上。

《集古錄補目補》卷上/12a，《新編》2/20/14515 上。

《紅藕齋漢碑彙鈔集跋》，《新編》3/38/530 上。

《墨池篇》6/4b，《新編》4/9/668 下。

備考：《集古錄跋尾》卷三、《集古錄目》卷二所載"敬仲碑"與此"無名碑"節文大體相同，蓋為同一碑；《集古錄跋尾·後漢無名碑》小注亦云："此與前跋大概同"。但因大多數金石著作仍然單列，故單獨著錄。

光和 013
溧陽長潘乾校官碑

又名：潘元卓校官碑。光和四年（181）十月廿一日刻。北宋紹興十一年溧水縣尉喻仲遠得之於江蘇固城，原在溧水縣學，今存南京博物院。碑高188、寬106釐米。文隸書，正文16行，滿行27字。正文後有題名3列，上列3行，中·下二列各5行，題名後有紀年1行。隸書額題：校官之碑。

圖版著錄：

《金石圖說》甲下/68b，《新編》2/2/961。

《二銘草堂金石聚》10/15a–23a，《新編》2/3/2075上—2079上。

《漢碑大觀》第四集，《新編》2/8/6285上—6286上。（局部）

《金石經眼錄》47a–b，《新編》4/10/514上。

《金石圖》，《新編》4/10/552下右。

《北京圖書館藏中國歷代石刻拓本匯編》1冊173頁。

《漢碑全集》5冊1688—1703頁。

《漢魏六朝碑刻校注》2冊34頁。

錄文著錄：

《金石萃編》17/11a–13a，《新編》1/1/302上—303上。

《金石存》9/2a–3a，《新編》1/9/6676下—6677上。

《隸釋》5/3a–4b，《新編》1/9/6805上—下。

《兩漢金石記》11/17b–19a，《新編》1/10/7361上—7362上。

《金薤琳琅》7/6a–8a，《新編》1/10/7682下—7683下。

《金石古文》8/4b–6a，《新編》1/12/9409下—9410下。

《江蘇金石志》1/14b–17a，《新編》1/13/9458下—9460上。

《江寧金石記》1/3b–4a，《新編》1/13/10062上—下。

《宜祿堂收藏金石記》卷6，《新編》2/5/3348下—3350上。

《漢碑錄文》4/10b–12a，《新編》2/8/6197下—6198下。

（至正）《金陵新志·碑碣》72/75b–77b，《新編》3/5/4上—5上。

（光緒）《溧水縣志·碑碣》19/6a－7a，《新編》3/5/213 上—下。

《碑版廣例》3/1b－3a，《新編》3/40/260 上—261 上。

《續古文苑》15/10b－12a，《新編》4/2/229 下—230 下。

《六藝之一錄》46/33a－34b，《新編》4/4/681 上—下。

《全後漢文》104/3a－4a，《全文》1 冊 1033 上—下。

《魯迅輯校石刻手稿·碑銘》上冊 252—257 頁。

《漢魏石刻文學考釋》下冊 1176—1177 頁。

《漢碑全集》5 冊 1687 頁。

《漢碑集釋》444—447 頁。

《漢魏六朝碑刻校注》2 冊 35 頁。

碑目題跋著錄：

《金石萃編》17/13b－14b，《新編》1/1/303 上—下。附單禧識。

《八瓊室金石補正》6/1a－2a，《新編》1/6/4091 上—下。

《金石存》9/3a－4a，《新編》1/9/6677 上—下。

《隸釋》5/4b－5a，《新編》1/9/6805 下—6806 上。

《隸釋刊誤》5/21a－b，《新編》1/9/7055 上。

《隸續》7/7b－8a，《新編》1/10/7136 上—下。

《兩漢金石記》1/36b、11/19a－24b，《新編》1/10/7222 下、7362 上—7364 下。

《金薤琳琅》7/8a－10a，《新編》1/10/7683 下—7684 下。

《集古求真》9/17b－18a，《新編》1/11/8570 上—下。

《集古求真補正》3/31b－32a，《新編》1/11/8678 上—下。

《金石錄補》3/11a－b，《新編》1/12/9004 上。

《金石文字記》1/30b－31a，《新編》1/12/9206 下—9207 上。

《金石古文》8/6a－7b，《新編》1/12/9410 下—9411 上。

《江寧金石記》1/5a－b，《新編》1/13/10063 上。

《寶刻叢編》15/1b，《新編》1/24/18322 上。

《輿地碑記目·建康府碑記》1/21b，《新編》1/24/18533 上。

《曝書亭金石文字跋尾》2/12b－13a，《新編》1/25/18685 下—18686 上。

《潛研堂金石文跋尾》1/24a－25a，《新編》1/25/18744 下—18745 上。

《潛研堂金石文字目錄》1/5b，《新編》1/25/19009 上。

《授堂金石三跋‧一跋》2/6a－b，《新編》1/25/19094 下。

《授堂金石文字續跋》1/6b－7a，《新編》1/25/19169 下—19170 上。

《平津讀碑記》1/18a－b，《新編》1/26/19357 下。

《藝風堂金石文字目》1/12a，《新編》1/26/19528 下。

《寰宇訪碑錄》1/6a，《新編》1/26/19854 下。

《寰宇訪碑錄校勘記》1/4b，《新編》1/27/20103 下。

《金石彙目分編》4/10a，《新編》1/27/20764 下。

《石刻題跋索引》496 頁左—右，《新編》1/30/22834。

《續語堂碑錄》，《新編》2/1/70 上。

《天下金石志》2/4，《新編》2/2/807 下。

《金石圖說》甲下/69a，《新編》2/2/962。

《二銘草堂金石聚》10/23a－b，《新編》2/3/2079 上。

《平津館金石萃編》2/26a，《新編》2/4/2443 下。

《宜祿堂收藏金石記》卷 6，《新編》2/5/3351 下。

《宜祿堂金石記》1/14b－15a，《新編》2/6/4212 下—4213 上。

《墨華通考》2/1a、3b，《新編》2/6/4303 上、4304 上。

《崇雅堂碑錄》1/5a，《新編》2/6/4486 上。

《函青閣金石記》3/11a－12a，《新編》2/6/5040 上—下。

《漢碑錄文》4/11b、12a，《新編》2/8/6198 上、下。

《鎮江府志金石》，《新編》2/9/6407 下。

《獨笑齋金石文攷》第二集 6/12a－15a，《新編》2/16/11791 下—11793 上。

《碑藪》，《新編》2/16/11835 上—下。

《語石》2/1b、2/18a、3/3a、3/20b，《新編》2/16/11876 上、11884 下、11899 上、11907 下。

《金石萃編校字記》3b，《新編》2/17/12326 上。

《隸韻‧碑目》11b，《新編》2/17/12520 上。

《隸辨》7/63a-b，《新編》2/17/13067 上。

《平安館藏碑目》，《新編》2/18/13382 上。

《求是齋碑跋》1/9a-b，《新編》2/19/14005 上。

《古墨齋金石跋》1/23b-24b，《新編》2/19/14074 上—下。

《枕經堂金石題跋》3/22a，《新編》2/19/14269 下。

《定庵題跋》20a-21a，《新編》2/19/14295 下—14296 上。

《竹崦盦金石目錄》6a，《新編》2/20/14549 下。

《寰宇貞石圖目錄》卷上/3a、卷下/2a，《新編》2/20/14672 下、14678 上。

《古林金石表》5b，《新編》2/20/14896 上。

《佩文齋書畫譜·金石》61/14a 上，《新編》3/2/36 下。

《求恕齋碑錄》，《新編》3/2/523 下。

《讀漢碑》8b-10a，《新編》3/2/592 下—593 下。

《漢隸拾遺》13b-14a，《新編》3/2/603 上—下。

（至正）《金陵新志·碑碣》72/77b，《新編》3/5/5 上。

（嘉慶）《重刊江寧府志·金石》52/1a，《新編》3/5/15 上。

《江寧金石待訪錄》1/2a，《新編》3/5/83 下。

（光緒）《溧水縣志·名勝志》19/7b-10a，《新編》3/5/213 下—215 上。附《乾隆志》。

（嘉慶）《溧陽縣志·輿地志》3/12a，《新編》3/5/239 下。

《金石文考略》2/36a，《新編》3/34/243 下。

《寒山堂金石林時地攷》卷上/3b，《新編》3/34/491 上。

《石目》，《新編》3/36/45 上。

《寒山金石林部目》7b，《新編》3/36/502 上。

《話雨樓碑帖目錄》1/7a，《新編》3/36/539。

《菉竹堂碑目》2/3a，《新編》3/37/277 上。

《竹崦盦金石目錄》6a，《新編》3/37/342 下。

《漢石存目》卷上/6b，《新編》3/37/523 下。

汪本《隸釋刊誤》21a-b，《新編》3/37/560 下。

《東洲草堂金石跋》3/9a-11a，《新編》3/38/91 下—92 下。

《佛金山館秦漢碑跋》11a，《新編》3/38/136 下。

《漢石經室金石跋尾》，《新編》3/38/257 上。

《金石小箋》10a－b，《新編》3/39/499 下。

《碑版廣例》3/1a－b、6/11b，《新編》3/40/260 上、307 上。

《金石備攷·江南江寧府》，《新編》4/1/12 上。

《古今書刻》下編/4b，《新編》4/1/136 下。

《激素飛清閣平碑記》卷 1，《新編》4/1/197 下。

《退菴金石書畫跋》2/26a－b，《新編》4/7/162 下。

《雪堂所藏金石文字簿錄》37a－b，《新編》4/7/388 上。

《金石圖》，《新編》4/10/552 下左。

《漢隸字源》36 頁。

《面城精舍雜文乙編》，《羅振玉學術論著集》第九集，76—77 頁。

《魯迅輯校石刻手稿·碑銘》上冊 259—260 頁。附《夷堅志》。

《增補校碑隨筆》（修訂本）78 頁。

《碑帖鑒定》67 頁。

《碑帖敘錄》128—129 頁。

《善本碑帖錄》1/32。

《漢魏石刻文字繫年》91—92 頁。

《漢碑集釋》444—445 頁。

《漢魏六朝碑刻校注·總目題要》編號 0397。

淑德大學《中國石刻拓本目錄》"碑碣等刻石"編號 158。

論文：

吳大林：《東漢"校官之碑"和元代"釋文碑"在溧水的流傳經過》，《東南文化》1994 年第 6 期。

一芥：《〈校官之碑〉碑額新解》，《東南文化》2006 年第 1 期。

光和 014

業長蔡湛頌

光和四年（181）十二月。在藁城縣西二十五里。文隸書，《隸續·碑式》載：文十三行，行三十四字；刻銘五行，刻年月一行。隸額二行，額題：漢故藁長蔡君之頌。

錄文著錄：

《隸釋》5/1a－2b，《新編》1/9/6804 上—下。

《六藝之一錄》46/29b－31a，《新編》4/4/679 上—680 上。

《全後漢文》104/1a－b，《全文》1 冊 1032 上。

《漢魏石刻文學考釋》下冊 1078—1079 頁。

碑目題跋著錄：

《隸釋》5/2b－3a，《新編》1/9/6804 下—6805 上。

《隸釋》21/30b－31a 引《集古錄》，《新編》1/9/6977 下—6978 上。

《隸釋》23/13b 引《集古錄目》，《新編》1/9/6996 上。

《隸釋》27/2b 引《天下碑錄》，《新編》1/9/7036 下。

《隸釋刊誤》20b－21a，《新編》1/9/7054 下—7055 上。

《隸續》7/3b，《新編》1/10/7134 上。

《金石錄》1/9a－b、17/9b－10a，《新編》1/12/8804 上、8904 上—下。

《金石錄補》25/13a，《新編》1/12/9121 上。

《集古錄跋尾》3/16a－b，《新編》1/24/17860 下。

《集古錄目》2/3b，《新編》1/24/17952 上。

《通志·金石略》卷上/11b，《新編》1/24/18024 下。

《金石彙目分編》3（2）/33b，《新編》1/27/20709 上。

《石刻題跋索引》17 頁右，《新編》1/30/22355。

《天下金石志》1/7，《新編》2/2/804 下。

《墨華通考》1/14b，《新編》2/6/4297 下。

（光緒）《畿輔通志·金石九》154/44a－45a，《新編》2/11/8467 下—8468 上。

《京畿金石考》卷下/10a－b，《新編》2/12/8772 下。

《隸韻·碑目》11b，《新編》2/17/12520 上。

《隸辨》7/61b－62b，《新編》2/17/13066 上—下。

《古今碑帖考》9b，《新編》2/18/13167 上。

《集古錄補目補》卷上/12a，《新編》2/20/14515 上。

《畿輔待訪碑目》卷上/1a，《新編》2/20/14801 上。

《佩文齋書畫譜・金石》61/14a 上，《新編》3/2/36 下。

（光緒）《正定縣志・金石》45/1a，《新編》3/24/93 上。

《河朔訪古記》卷上/22a，《新編》3/25/156 下。

《寒山堂金石林時地攷》卷上/1b，《新編》3/34/490 上。

汪本《隸釋刊誤》20b－21a，《新編》3/37/560 上—下。

《紅藕齋漢碑彙鈔集跋》，《新編》3/38/518 上—下。

《漢石例》2/6b－7a，《新編》3/40/146 下—147 上。

《碑版廣例》6/6b，《新編》3/40/304 下。

《金石備攷・真定府》，《新編》4/1/8 上。

《古今書刻》下編/2b，《新編》4/1/135 下。

《墨池篇》6/4b，《新編》4/9/668 下。

《漢隸字源》35 頁。

《漢魏石刻文字繫年》91 頁。

《漢魏六朝碑刻校注・總目提要》編號 0393。

光和 015

安平相孫根碑并陰

光和四年（181）十二月卒。在高密縣西南五十里。隸書額題：漢故安平相孫府君之碑。

錄文著錄：

《隸釋》10/10b－12b、14b－17a，《新編》1/9/6863 下—6864 下、6865 下—6867 上。

（宣統）《山東通志・藝文志》卷 151，《新編》2/12/9287 上—9288 下。

《六藝之一錄》47/10a－12a、15b－18a，《新編》4/4/688 下—689 下、691 上—692 下。

《全後漢文》104/4b－5b，《全文》1 冊 1033 下—1034 上。（碑陽）

《漢魏石刻文學考釋》中冊 705—708 頁。

碑目題跋著錄：

《隸釋》10/12b－14b、17a－b，《新編》1/9/6864 下—6865 下、6867 上。

《隸釋》27/7b 引《天下碑錄》，《新編》1/9/7039 上。

《隸釋刊誤》50a－51a，《新編》1/9/7069 下—7070 上。

《金石錄》1/9b、17/10a－b，《新編》1/12/8804 上、8904 下。

《金石錄補》25/13a、20b，《新編》1/12/9121 上、9124 下。

《通志·金石略》卷上/14b，《新編》1/24/18026 上。

《寶刻叢編》1/32a－b，《新編》1/24/18095 下。

《金石彙目分編》10（3）/68b，《新編》1/28/21212 下。

《石刻題跋索引》17 頁左，《新編》1/30/22355。

《天下金石志》3/12，《新編》2/2/819 下。

《墨華通考》1/4b、卷 8，《新編》2/6/4292 下、4397 上。

《碑藪》，《新編》2/16/11829 下、11832 下。

《金石例補》1/4b、2/5a－b，《新編》2/17/12362 下、12368 上。

《隸韻·碑目》11b，《新編》2/17/12520 上。

《隸辨》7/62b－63a，《新編》2/17/13066 下—13067 上。

《古今碑帖考》9b，《新編》2/18/13167 上。

《佩文齋書畫譜·金石》61/14a 下，《新編》3/2/36 下。

《寒山堂金石林時地攷》卷上/12b、14b，《新編》3/34/495 下、496 下。

汪本《隸釋刊誤》50a－51a，《新編》3/37/575 上—下。

《紅藕齋漢碑彙鈔集跋》，《新編》3/38/513 上—下。

《漢石例》1/23b、2/4b、2/18b，《新編》3/40/136 上、145 下、152 下。

《碑版廣例》2/24a，《新編》3/40/257 下。

《漢魏六朝墓銘纂例》2/3b，《新編》3/40/443 上。

《金石備攷·萊州府》，《新編》4/1/50 下。

《六藝之一錄》47/18a－19a，《新編》4/4/692 下—693 上。

《墨池篇》6/4b，《新編》4/9/668 下。

《漢隸字源》60—61 頁。

《漢魏石刻文學考釋》中冊 703—705 頁。

《漢魏石刻文字繫年》92 頁。

《漢魏六朝碑刻校注·總目提要》編號 0398。

光和 016

涼州刺史魏元丕碑

光和四年（181）卒。碑在山東省濰坊市，原石久佚。通高 219 釐米。《隸續·碑式》載，文 16 行，石殘損，所存者行 31 字；題名 4 行，行 4 人。篆額二行，額題：漢故涼州刺史魏君之碑。

圖版著錄：

《漢碑大觀》第四集，《新編》2/8/6277 下—6278 下、6286 下。（局部）

《小蓬萊閣金石文字》，《新編》3/1/535 上—548 下。

《漢碑全集》5 冊 1704—1719 頁。

《漢魏六朝碑刻校注》2 冊 39—45 頁。

錄文著錄：

《八瓊室金石補正》6/2a–4a，《新編》1/6/4091 下—4092 下。

《隸釋》10/17b–19b，《新編》1/9/6867 上—6868 上。

《兩漢金石記》16/1a–2b，《新編》1/10/7433 上—下。

《平津館金石萃編》，《新編》2/4/2654 下—2655 下。

（宣統）《山東通志·藝文志》卷 151，《新編》2/12/9304 上—下。

《小蓬萊閣金石文字》，《新編》3/1/549 上—下。

《六藝之一錄》47/23b–25b，《新編》4/4/695 上—696 上。

《全後漢文》104/5b–6b，《全文》1 冊 1034 上—下。

《漢魏石刻文學考釋》中冊 712—713 頁。

《漢碑全集》5 冊 1705 頁。

《漢魏六朝碑刻校注》2 冊 46 頁。

碑目題跋著錄：

《八瓊室金石補正》6/7a–9a，《新編》1/6/4094 上—4095 上。

《隸釋》10/19b–20a，《新編》1/9/6868 上—下。

《隸釋刊誤》51b，《新編》1/9/7070 上。

《隸續》7/4a，《新編》1/10/7134 下。

《兩漢金石記》1/36b、16/2b－5b，《新編》1/10/7222 下、7433 下—7435 上。

《集古求真》9/11a，《新編》1/11/8567 上。

《集古求真補正》3/24b－25a，《新編》1/11/8674 下—8675 上。

《金石錄》1/9b、17/10b－11a，《新編》1/12/8804 上、8904 下—8905 上。

《金石錄補續跋》4/7a－b，《新編》1/12/9161 上。

《通志·金石略》卷上/21b，《新編》1/24/18029 下。

《寶刻叢編》1/41b，《新編》1/24/18100 上。

《寰宇訪碑錄》1/6a，《新編》1/26/19854 下。

《金石彙目分編》10（3）/66a，《新編》1/28/21211 下。

《石刻題跋索引》17 頁左—右，《新編》1/30/22355。

《天下金石志》16/2、16/3，《新編》2/2/871 上、下。

（宣統）《山東通志·藝文志》卷 151，《新編》2/12/9304 下。

《金石例補》2/5a－b，《新編》2/17/12368 上。

《續校碑隨筆·孤本》卷下/7a，《新編》2/17/12505 上。

《隸韻·碑目》12a，《新編》2/17/12520 下。

《隸辨》7/63b－64a，《新編》2/17/13067 上—下。

《金石錄續跋》40－41，《新編》2/18/13214 下—13215 上。

《愛吾廬題跋》38b－39b，《新編》2/20/14392 下—14393 上。

《古林金石表》5b，《新編》2/20/14896 上。

《小蓬萊閣金石文字》，《新編》3/1/549 下—551 上。附翁方綱等題識。

《佩文齋書畫譜·金石》61/13b 下，《新編》3/2/36 上。

《兩浙金石別錄》卷上/7b，《新編》3/10/456 下。

《寒山堂金石林時地攷》卷下/2b，《新編》3/34/502 下。

《石墨餘馨》，《新編》3/35/336。

《石目》，《新編》3/36/45 上。

汪本《隸釋刊誤》51b，《新編》3/37/575 下。

《紅藕齋漢碑彙鈔集跋》，《新編》3/38/507 上—下。
《蘇齋題跋》卷上/26a–27a，《新編》3/38/629 下—630 上。
《漢石例》1/25b，《新編》3/40/137 上。
《漢魏六朝墓銘纂例》2/4a，《新編》3/40/443 下。
《金石備攷》附錄，《新編》4/1/90 下。
《古今書刻》下編/34a，《新編》4/1/151 下。
《激素飛清閣平碑記》卷1，《新編》4/1/197 下。
《漢隸字源》61 頁。
《增補校碑隨筆》（修訂本）74—75 頁。
《碑帖鑒定》67 頁。
《碑帖敘錄》247—248 頁。
《善本碑帖錄》1/32。
《漢魏石刻文學考釋》中冊 708—712 頁。
《漢魏石刻文字繫年》92 頁。
《漢魏六朝碑刻校注·總目提要》編號0399。

論文：

秦明：《黃易的訪碑圖與碑刻鑒藏（之三）——"漢魏五碑"》，《紫禁城》2010 年第 5 期。

光和 017

楊惀磚文

光和四年（181）。拓本高四寸五分，廣三寸三分。文篆書，2 行，行 4 字。

著錄：

《八瓊室金石補正》6/9a–b，《新編》1/6/4095 上。（文、跋）
《石刻題跋索引》673 頁左，《新編》1/30/23011。（目）

光和 018

李元禮碑

光和五年（182）閏四月十五日。在雲南南寧縣南一里。

碑目題跋著錄：

《金石彙目分編》19/10a，《新編》1/28/21585 下。

《天下金石志》14/2，《新編》2/2/869 上。

（光緒）《雲南通志·藝文志·金石上》212/13a – 14a，《新編》3/23/55 上—下。附羅平知州《江夏程封李元禮碑考辨》。

（光緒）《續雲南通志稿·藝文志》171/5a，《新編》3/23/109 上下。

《金石備攷·曲靖府》，《新編》4/1/84 下。

備考：李膺，字元禮，《後漢書》卷六七《黨錮列傳》有傳。

光和 019

梁相孔耽神祠碑

光和五年（182）六月造碑。在亳州永城縣。隸書額題：漢故行梁相事碭孔君之神祠。

錄文著錄：

《隸釋》5/5a – 6a，《新編》1/9/6806 上—下。

《碑版廣例》2/18a – 19b，《新編》3/40/254 下—255 上。

《六藝之一錄》49/1a – 2b，《新編》4/4/720 上—下。

《全後漢文》104/6b – 7a，《全文》1 冊 1034 下—1035 上。

《漢魏石刻文學考釋》上冊 461 頁。

碑目題跋著錄：

《隸釋》5/6a – 7a，《新編》1/9/6806 下—6807 上。

《隸釋刊誤》5/21b，《新編》1/9/7055 上。

《金石錄》1/9b、17/11a，《新編》1/12/8804 上、8905 上。

《中州金石考》3/7b – 8a，《新編》1/18/13689 上—下。

《金石彙目分編》9（1）/55b，《新編》1/28/20951 上。

《石刻題跋索引》3 頁右、22 頁右、498 頁左，《新編》1/30/22341、22360、22836。

《天下金石志》16/2、3，《新編》2/2/871 上、下。

《墨華通考》卷 7，《新編》2/6/4371 上。

《金石例補》2/9a – b，《新編》2/17/12370 上。

《隸韻·碑目》12a，《新編》2/17/12520 下。

《隸辨》7/64a-b，《新編》2/17/13067 下。

《中州金石目錄》1/5a，《新編》2/20/14688 上。

《佩文齋書畫譜·金石》61/14a 下，《新編》3/2/36 下。

（乾隆）《歸德府志·金石文字》30/15b，《新編》3/28/237 下。附《漢隸碑目》。

汪本《隸釋刊誤》21b，《新編》3/37/560 下。

《紅藕齋漢碑彙鈔集跋》，《新編》3/38/519 下—520 上。

《漢石例》3/20a，《新編》3/40/174 下。

《碑版廣例》2/18a、19b，6/11b，《新編》3/40/254 下—255 上，307 上。

《東觀餘論》卷下/30a-b，《新編》3/40/677 下。

《金石備攷》附錄，《新編》4/1/90 下、91 上。

《漢隸字源》36—37 頁。

《漢魏石刻文學考釋》上冊 459—460 頁。

《漢魏六朝碑刻校注·總目提要》編號 0402。

光和 020

成陽令唐扶頌

光和六年（183）二月廿五日。在濮州雷澤縣。有碑陰。文隸書，篆書額題：漢故成陽令唐君頌。

錄文著錄：

《隸釋》5/7b-9b，《新編》1/9/6807 上—6808 上。

《金石古文》10/2a-4a，《新編》1/12/9417 下—9418 下。

《漢碑錄文》4/14a-16a，《新編》2/8/6199 下—6200 下。

（宣統）《山東通志·藝文志》卷 151，《新編》2/12/9282 下—9283 上。

《碑版廣例》3/7a-9a，《新編》3/40/263 上—264 上。

《六藝之一錄》49/4a-6b，《新編》4/4/721 下—722 下。

《全後漢文》104/7a-8b，《全文》1 冊 1035 上—下。

《漢魏石刻文學考釋》下冊 1081—1082 頁。

碑目題跋著錄：

《隸釋》5/9b-10b,《新編》1/9/6808 上—下。

《隸釋》22/13b-14a 引《集古錄》,《新編》1/9/6986 上—下。

《隸釋》23/19b-20a 引《集古錄目》,《新編》1/9/6999 上—下。

《隸釋刊誤》22a-b,《新編》1/9/7055 下。

《隸續》16/1a,《新編》1/10/7176 上。

《金石錄》1/9b、18/2a-b,《新編》1/12/8804 上、8906 下。

《金石錄補》25/13a,《新編》1/12/9121 上。

《金石錄補續跋》4/7b-8a,《新編》1/12/9161 上—下。

《集古錄跋尾》3/16b-17a,《新編》1/24/17860 下—17861 上。

《集古錄目》2/4a-b,《新編》1/24/17952 下。

《通志·金石略》卷上/21b,《新編》1/24/18029 下。

《金石彙目分編》10(3)/4b,《新編》1/28/21180 下。

《石刻題跋索引》17 頁右,《新編》1/30/22355。

《天下金石志》3/6、9,《新編》2/2/816 下、818 上。

《墨華通考》卷 8,《新編》2/6/4394 上。

《漢碑錄文》4/16a-17a,《新編》2/8/6200 下—6201 上。

《語石》3/13a,《新編》2/16/11904 上。

《隸韻·碑目》12b,《新編》2/17/12520 下。

《隸辨》7/64b-65a,《新編》2/17/13067 下—13068 上。

《集古錄補目補》卷上/12a,《新編》2/20/14515 上。

《古今碑帖考》9b,《新編》2/18/13167 上。

《金石錄續跋》41-42,《新編》2/18/13215 上—下。

《佩文齋書畫譜·金石》61/14b 上,《新編》3/2/36 下。

汪本《隸釋刊誤》22a-b,《新編》3/37/561 上。

《漢石例》1/10a、2/7a-b,《新編》3/40/129 下、147 上。

《碑版廣例》3/6b-7a、3/9a-b、6/19b,《新編》3/40/262 下—263 上、264 上、311 上。

《金石備攷·兗州府》,《新編》4/1/48 上、49 下。

《墨池篇》6/4b,《新編》4/9/668 下。

《漢隸字源》37、138 頁。

《漢魏石刻文字繫年》96—97頁。

《漢魏六朝碑刻校注·總目提要》編號0405。

光和021

王舍人碑

光和六年（183）四月廿九日立。1982年出土於山東省平度縣灰卜鄉侯家村，現存平度市博物館。碑高60、寬78釐米。文隸書，存13行，上下均殘，行存7至18字不等。篆書額題：漢舍人（下缺）王君之（下缺）。

著錄：

《北京大學圖書館藏徐國衛捐贈石刻拓本選編》1頁。（圖）

《北京大學圖書館新藏金石拓本菁華1996—2012》51頁。（圖）

《山東石刻分類全集·秦漢碑刻》249—261頁。（圖）

《漢碑全集》5冊1740—1752頁。（圖、文）

《漢魏六朝碑刻校注》2冊49—50頁。（圖、文）

《漢魏石刻文字繫年》96頁。（跋）

《齊魯碑刻墓誌研究》"附表"347頁。（目）

《漢魏六朝碑刻校注·總目提要》編號0404。（目）

淑德大學《中國石刻拓本目錄》"碑碣等刻石"編號161。（目）

論文：

令盦、下坡：《山東新發現的兩漢碑石及有關問題》，《漢碑研究》，第346—366頁。

光和022

橋玄碑三

其一、太尉橋玄碑頌

又作"喬玄"。光和七年（184）五月卒。蔡邕撰。故吏博陵司徒崔烈、廷尉河南吳整等立。在河南睢陽城北。

錄文著錄：

《藝文類聚》卷46，上冊820頁。（節文）

《蔡中郎集》2/12a–13b，《漢魏六朝百三名家集》1冊539下—540上。

《蔡中郎文集》1/7a－8b,《四部叢刊初編》第 98 册。

《蔡中郎集》5/13b－15a,景印文淵閣《四庫全書·集部》1063 册 201 下—202 下。

《全後漢文》77/2a－3a,《全文》1 册 888 下—889 上。

《漢魏石刻文學考釋》上册 352—353 頁。

碑目題跋著錄：

《隸釋》20/18b－19a 引《水經注》,《新編》1/9/6955 下—6956 上。

《隸釋》27/4b 引《天下碑錄》,《新編》1/9/7037 下。

《中州金石考》6/1b,《新編》1/18/13707 上。

《通志·金石略》卷上/13a,《新編》1/24/18025 下。

《金石彙目分編》9（1）/50a,《新編》1/28/20948 下。

《石刻題跋索引》22 頁右,《新編》1/30/22360。

《墨華通考》2/4a、卷 7,《新編》2/6/4304 下、4371 上、4378 下。

《碑藪》,《新編》2/16/11827 下。

《佩文齋書畫譜·金石》61/12b 上,《新編》3/2/35 下。

《寒山堂金石林時地攷》卷上/20b,《新編》3/34/499 下。

《廣川書跋》5/20a,《新編》3/38/724 下。

《漢魏六朝志墓金石例》1/1b、3/1a－b,《新編》3/40/396 上、415 上。

《漢石例》1/20b、1/35b、2/11b、2/14b、2/15b、2/37a,《新編》3/40/134 下、142 上、149 上、150 下、151 上、162 上。

《漢魏六朝墓銘纂例》2/4a,《新編》3/40/443 下。

《六藝之一錄》51/10a－11b、17b－18a,《新編》4/4/757 下—758 上、761 上—下。

《水經注碑錄》卷六編號 170,《北山金石錄》上册 142—143 頁。

《漢魏石刻文學考釋》上册 350—352 頁。

《漢魏石刻文字繫年》93 頁。

其二、太尉橋玄廟碑

又名：太尉喬玄碑陰。光和七年（184）五月卒於京師,同年九月葬。蔡邕撰。三孤、故臣、門人所立。碑陰有三鼎文,又有銊文；文德銘於三鼎，武功勒於征鉞。碑在睢陽城北。

錄文著錄：

《蔡中郎集》2/8a－12a，《漢魏六朝百三名家集》1 冊 537 下—539 下。

《全後漢文》77/2a－3a，《全文》1 冊 889 上—890 上。

《蔡中郎文集》1/1a－4b，《四部叢刊初編》第 98 冊。

《蔡中郎集》5/9b－13a，景印文淵閣《四庫全書·集部》1063 冊 199 下—201 下。

《漢魏石刻文學考釋》上冊 353—355 頁。

碑目題跋著錄：

《隸釋》20/18b－19a，《新編》1/9/6955 下—6956 上。

《中州金石考》3/1a－2a，《新編》1/18/13686 上—下。

《金石彙目分編》9（1）/50a－b，《新編》1/28/20948 下。

《中州金石目錄》1/5a，《新編》2/20/14688 上。

（乾隆）《歸德府志·金石文字》30/16b，《新編》3/28/238 上。

《漢石例》2/34b，《新編》3/40/160 下。

《漢魏六朝志墓金石例》1/1a、3/1a，《新編》3/40/396 上、415 上。

《漢魏石刻文學考釋》上冊 350—352 頁。

《水經注碑錄》卷六編號 170，《北山金石錄》上冊 142—143。

《全後漢文》77/5a，《全文》1 冊 890 上。

《漢魏石刻文字繫年》93 頁。

《漢魏六朝碑刻校注·總目提要》編號 0278。

其三、太尉橋玄碑

光和七年（184），或作光和元年（178），暫從七年。一是李友撰，隴西枹罕、北次陌磄守長鷺爲、左尉漢陽獂道趙馮孝高立。一是漢朝群儒、英才、哲士感橋公德行之美而立。碑在睢陽城北。此二碑碑文不傳，故單獨著錄。

碑目題跋著錄：

《隸釋》20/18b－19b 引《水經注》，《新編》1/9/6955 下—6956 上。

《隸釋》27/4b－5a 引《天下碑錄》，《新編》1/9/7037 下—7038 上。

《金石彙目分編》9（1）/50a,《新編》1/28/20948 下。

《隸辨》8/53b–54a,《新編》2/17/13101 上—下。

《佩文齋書畫譜·金石》61/12b 上,《新編》3/2/35 下。

《六藝之一錄》51/10a,《新編》4/4/757 下。

《水經注碑錄》卷六編號 170,《北山金石錄》上冊 142—143 頁。（節文）

《漢魏六朝碑刻校注·總目提要》編號 0278。

＊一些著作或將幾方橋玄碑同時著錄,不做細分,難以附在具體的碑文下,故單列。

《天下金石志》5/8,《新編》2/2/826 下。

《中州金石目錄》1/7b。《新編》2/20/14689 上。

（乾隆）《河南府志·金石志》108/4b,《新編》3/28/116 下。

《古今書刻》下編/24a,《新編》4/1/146 下。

《漢魏六朝碑刻校注·總目提要》編號 0374。

備考：橋玄,《後漢書》卷五一有傳。

光和 023

司徒袁公夫人馬氏（袁懿達母）碑銘

光和七年（184）卒,同年十一月葬。蔡邕撰。

錄文著錄：

《全後漢文》77/5a–6a,《全文》1 冊 890 上—下。

《蔡中郎集》6/29b–30b,景印文淵閣《四庫全書·集部》1063 冊 226 下—227 上。

《蔡中郎文集》9/4b–5b,《四部叢刊初編》第 98 冊。

《漢魏石刻文學考釋》中冊 979 頁。

碑目題跋著錄：

《墨華通考》卷 7,《新編》2/6/4382 上。

《漢石例》1/10b、2/25a–b、2/28b、2/32a,《新編》3/40/129 下、156 上、157 下、159 下。

《漢魏六朝志墓金石例》1/6a、3/3a,《新編》3/40/398 下、416 上。

《漢魏六朝墓銘纂例》2/4a-b，《新編》3/40/443下。
《全後漢文》77/6a，《全文》1冊890下。
《漢魏石刻文學考釋》中冊978頁。
《漢魏六朝碑刻校注・總目提要》編號0412。

光和 024

柘令許君清德頌

光和中立（178—184）。在柘縣城內。

碑目題跋著錄：

《隸釋》20/13a-b引《水經注》，《新編》1/9/6953上。
《中州金石考》3/10b，《新編》1/18/13690下。
《金石彙目分編》9（1）/58b，《新編》1/28/20952下。
《墨華通考》卷7，《新編》2/6/4371上。
《隸辨》8/58b，《新編》2/17/13103下。
《中州金石目錄》1/7b。《新編》2/20/14689上。
《佩文齋書畫譜・金石》61/14b上，《新編》3/2/36下。
《歸德府志・金石文字》30/16a，《新編》3/28/238上。
《六藝之一錄》51/2a，《新編》4/4/754上。
《水經注碑錄》卷五編號144，《北山金石錄》上冊124—125頁。

光和 025

單父令楊彥碑

光和中（178—184）立。碑在鄆城縣。

碑目題跋著錄：

《隸釋》20/18b引《水經注》，《新編》1/9/6955下。
《金石彙目分編》9（1）/58b，《新編》1/28/20952下。
《隸辨》8/55a，《新編》2/17/13102上。
《佩文齋書畫譜・金石》61/14b上，《新編》3/2/36下。
《紅藕齋漢碑彙鈔集跋》，《新編》3/38/577下。
《六藝之一錄》51/10a，《新編》4/4/757下。
《水經注碑錄》卷六編號168，《北山金石錄》上冊141頁。

光和 026

尚書郎楊禪碑

光和中（178—184）立。碑在鄢城縣。

碑目題跋著錄：

《隸釋》20/18b 引《水經注》，《新編》1/9/6955 下。

《金石彙目分編》9（1）/58b，《新編》1/28/20952 下。

《隸辨》8/55a，《新編》2/17/13102 上。

《佩文齋書畫譜·金石》61/14b 上，《新編》3/2/36 下。

《紅藕齋漢碑彙鈔集跋》，《新編》3/38/577 下。

《六藝之一錄》51/10a，《新編》4/4/757 下。

《水經注碑錄》卷六編號 168，《北山金石錄》上冊 141 頁。

光和 027

文穆冢碑

光和中（178—184）卒。在山桑縣東，涿郡太守呂虔等立。

碑目題跋著錄：

《隸釋》20/16a 引《水經注》，《新編》1/9/6954 下。

《金石彙目分編》5/51a，《新編》1/27/20815 上。

《隸辨》8/55b，《新編》2/17/13102 上。

《佩文齋書畫譜·金石》61/14b 下，《新編》3/2/36 下。

《紅藕齋漢碑彙鈔集跋》，《新編》3/38/578 上。

《六藝之一錄》51/8b，《新編》4/4/756 下。

《漢魏石刻文學考釋》中冊 716—717 頁。

《漢魏六朝碑刻校注·總目提要》編號 0416。

《水經注碑錄》卷五編號 158，《北山金石錄》上冊 134—135 頁。

光和 028

上谷太守議郎張平仲碑

又名：上谷太守張祎碑、上谷太守張谷碑、上谷太守張譚碑。光和中（178—184）立。碑在定州盧奴縣，一說在定州安喜縣東六里。

碑目題跋著錄：

《隸釋》20/7a 引《水經注》，《新編》1/9/6950 上。

《隸釋》27/2b 引《天下碑錄》，《新編》1/9/7036 下。

《通志·金石略》卷上/11b。《新編》1/24/18024 下。

《寶刻叢編》6/33a，《新編》1/24/18180 上。

《金石彙目分編》3（2）/36b－37a、46a－b，《新編》1/27/20710 下—20711 上、20715 下。

《石刻題跋索引》24 頁左，《新編》1/30/22362。

《天下金石志》1/7，《新編》2/2/804 下。

《墨華通考》1/13a，《新編》2/6/4297 上。

（光緒）《畿輔通志·金石十五》152/47a，《新編》2/11/8667 上。

《京畿金石考》卷下/20b，《新編》2/12/8777 下。

《碑藪》，《新編》2/16/11834 下。

《隸辨》8/55a，《新編》2/17/13102 上。

《畿輔待訪碑目》卷上/1a，《新編》2/20/14801 上。

《佩文齋書畫譜·金石》61/14b 上、19b 上，《新編》3/2/36 下、39 上。

（民國）《定縣志·金石篇上》18/2b－3a，《新編》3/24/267 下—268 上。

《寒山堂金石林時地攷》卷上/1b，《新編》3/34/490 上。

《紅藕齋漢碑彙鈔集跋》，《新編》3/38/577 下。

《金石備攷·真定府》，《新編》4/1/8 下。

《古今書刻》下編/3a，《新編》4/1/136 上。

《六藝之一錄》51/6b、52/16b，《新編》4/4/755 下、775 下。

《漢魏石刻文學考釋》中冊 826—827 頁。

《漢魏石刻文字繫年》124 頁。

《水經注碑錄》卷三編號 66，《北山金石錄》上冊 71—72 頁。

《漢魏六朝碑刻校注·總目提要》編號 0413。

光和 029

陽翟令許叔臺碑

光和中（178—184）立。在柘城縣西南。

碑目題跋著錄：

《隸釋》20/13a－b 引《水經注》，《新編》1/9/6953 上。

《隸釋》27/4b 引《天下碑錄》，《新編》1/9/7037 下。

《通志·金石略》卷上/12b，《新編》1/24/18025 上。

《金石彙目分編》9（1）/58b，《新編》1/28/20952 下。

《墨華通考》2/3b，《新編》2/6/4304 上。

《隸辨》8/55a－b，《新編》2/17/13102 上。

《紅藕齋漢碑彙鈔集跋》，《新編》3/38/578 上。

《六藝之一錄》51/8a，《新編》4/4/756 下。

《水經注碑錄》卷五編號 144，《北山金石錄》上冊 124—125 頁。

《漢魏石刻文字繫年》98 頁。

《漢魏六朝碑刻校注·總目提要》編號 0417。

中 平

中平 001

司隸從事郭究碑

中平元年（184）三月葬。碑在河陽，又云在孟州濟源縣。《隸續·碑式》載：碑十三行，行三十九字。篆額三行，額題：漢故司隸從事郭君碑。

錄文著錄：

《隸釋》10/20a－21b，《新編》1/9/6868 下—6869 上。

《六藝之一錄》47/26b－28a，《新編》4/4/696 下—697 下。

《全後漢文》105/1a－b，《全文》1 冊 1037 上。

《漢魏石刻文學考釋》中冊 718—719 頁。

碑目題跋著錄：

《隸釋》10/21b－22a，《新編》1/9/6869 上—下。

《隸釋》21/21a－b 引《集古錄》，《新編》1/9/6973 上。

《隸釋》23/10b 引《集古錄目》，《新編》1/9/6994 下。

《隸釋》27/8b 引《天下碑錄》，《新編》1/9/7039 下。

《隸釋刊誤》51b－52a，《新編》1/9/7070 上—下。
《隸續》7/4b，《新編》1/10/7134 下。
《金石錄》1/10a，《新編》1/12/8804 下。
《金石錄補》25/20b，《新編》1/12/9124 下。
《中州金石考》5/6a，《新編》1/18/13703 下。
《集古錄跋尾》3/17b，《新編》1/24/17861 上。
《集古錄目》2/4b，《新編》1/24/17952 下。
《通志·金石略》卷上/16a，《新編》1/24/18027 上。
《寶刻叢編》5/21a，《新編》1/24/18153 上。
《金石彙目分編》9（2）/57b，《新編》1/28/20982 上。
《石刻題跋索引》18 頁左，《新編》1/30/22356。
《河朔訪古隨筆》卷下/8a，《新編》2/12/8878 下。
《河朔金石待訪目》15b、19b，《新編》2/12/9020 上、9022 上。
《隸韻·碑目》12b，《新編》2/17/12520 下。
《隸辨》7/68b，《新編》2/17/13069 下。
《古今碑帖考》10a，《新編》2/18/13167 下。
《集古錄補目補》卷上/12b，《新編》2/20/14515 上。
《中州金石目錄》1/5a。《新編》2/20/14688 上。
《佩文齋書畫譜·金石》61/15a 上，《新編》3/2/37 上。
（乾隆）《新修懷慶府志·金石志》26/27a，《新編》3/28/640 上。
（乾隆）《孟縣志·金石上》7/3a－5b，《新編》3/29/334 上—335 上。附《漢隸分韻》。
（民國）《孟縣志·金石》9/2a，《新編》3/29/449 下。
汪本《隸釋刊誤》51b－52a，《新編》3/37/575 下—576 下。
《紅藕齋漢碑彙鈔集跋》，《新編》3/38/513 下—514 上。
《漢石例》2/31b，《新編》3/40/159 上。
《漢魏六朝墓銘纂例》2/4b，《新編》3/40/443 下。
《墨池篇》6/5a，《新編》4/9/669 上。
《漢隸字源》61—62 頁。
《漢魏石刻文學考釋》中冊 717—718 頁。

《漢魏石刻文字繫年》98 頁。

《漢魏六朝碑刻校注·總目提要》編號 0418。

備考：《天下碑錄》所列《郭君碑》，根據碑文所在地皆在古孟州，題名與《隸釋》所載《郭究碑》題額大體相同，推測可能為同一碑文，附此。《通志·金石略》所載"司徒從事郭君碑"，在孟州，時間為"建寧五年"，推測此也可能是郭究碑，附此。《通志·金石略》著錄時間當有誤。

中平 002

冀州從事郭容碑

中平元年（184）。在濟源縣。

碑目題跋著錄：

《天下金石志》5/7，《新編》2/2/826 上。

《墨華通考》卷 7，《新編》2/6/4380 下。

《碑藪》，《新編》2/16/11826 上。

《寒山堂金石林時地攷》卷上/19b，《新編》3/34/499 上。

《金石備攷·懷慶府》，《新編》4/1/58 下。

《古今書刻》下編/24a，《新編》4/1/146 下。

備考：從時間、地點、字形看，疑《郭容碑》即《郭究碑》，因無確鑿證據，暫單列。

中平 003

都鄉正衛彈碑

又名：都鄉正衛為碑、都鄉正衛彈勸碑。中平二年（185）正月。宋人記在汝州，後久佚，1934 年在魯山縣重新發現。《隸釋》載，文 11 行，頌 4 行，題名 2 行。隸書額題：都鄉正衛（或"街"）彈碑。

錄文著錄：

《隸釋》15/13a – 14a，《新編》1/9/6913 上—下。

《六藝之一錄》53/12b – 14a，《新編》4/4/788 下—789 下。

《漢魏石刻文學考釋》上冊 409—410 頁。

碑目題跋著錄：

《隸釋》15/14a－15a,《新編》1/9/6913 下—6914 上。

《隸釋刊誤》66a,《新編》1/9/7077 下。

《隸釋》20/25b、27a 引《水經注》,《新編》1/9/6959 上、6960 上。

《金石錄》1/10a、18/4a,《新編》1/12/8804 下、8907 下。

《金石錄補》25/13a、21a,《新編》1/12/9121 上、9125 上。

《金石錄補續跋》4/8b－9b,《新編》1/12/9161 下—9162 上。

《中州金石考》8/7a·b、23a,《新編》1/18/13738 上、13746 上。

《通志·金石略》卷上/21b,《新編》1/24/18029 下。

《寶刻叢編》5/37a,《新編》1/24/18161 上。

《金石彙目分編》9（4）/65b、70b－71a、84a,《新編》1/28/21068 上、21070 下—21071 上、21077 下。

《石刻題跋索引》497 頁右,《新編》1/30/22835。

《天下金石志》5/15,《新編》2/2/830 上。

《隸韻·碑目》12b,《新編》2/17/12520 下。

《隸辨》7/72a－b,《新編》2/17/13071 下。

《古今碑帖考》10a,《新編》2/18/13167 下。

《金石錄續跋》42－44,《新編》2/18/13215 下—13216 下。

《中州金石目錄》1/5a、9a,《新編》2/20/14688 上、14690 上。

《佩文齋書畫譜·金石》61/15a 上、17b 上,《新編》3/2/37 上、38 上。

汪本《隸釋刊誤》66a,《新編》3/37/583 上。

《紅藕齋漢碑彙鈔集跋》,《新編》3/38/522 上—下。

《碑版廣例》6/10b－11a,《新編》3/40/306 下—307 上。

《金石備攷·汝寧府》,《新編》4/1/63 上。

《六藝之一錄》51/14a,《新編》4/4/759 下。

《墨池篇》6/5a,《新編》4/9/669 上。

《水經注碑錄》卷八編號 225、卷九編號 236,《北山金石錄》上冊 189、198—200 頁。

《漢隸字源》86 頁。

《漢魏石刻文學考釋》上冊 406—408 頁。

《漢魏石刻文字繫年》98 頁。

《漢魏六朝碑刻校注·總目提要》編號 0419。

論文：

許敬參：《魯山縣新出二石記》，《考古社刊》1936 年第 4 期。

備考：此碑著錄名稱混亂。楊守敬、熊會貞：《水經注疏》卷二九著錄有《南陽都鄉正衛彈勸碑》，并認為，衛彈勸、衛彈實則一人。故合併著錄於此。

中平 004

貞節先生范史雲銘

又名：范丹碑。《佩文齋書畫譜》作"范冉碑"。中平二年（185）四月卒。蔡邕撰。

錄文著錄：

《蔡中郎集》2/42a–44a，《漢魏六朝百三名家集》1 冊 554 下—555 下。

《蔡中郎集》6/16a–18a，景印文淵閣《四庫全書·集部》1063 冊 220 上—221 上。

《蔡中郎文集》2/10a–12a，《四部叢刊初編》第 98 冊。

《全後漢文》77/7a–8a，《全文》1 冊 891 上—下。

《漢魏石刻文學考釋》中冊 976—978 頁。

碑目題跋著錄：

《中州金石考》1/7b，《新編》1/18/13672 上。

《金石彙目分編》9（1）/11b，《新編》1/28/20929 上。

《中州金石目錄》1/5a，《新編》2/20/14688 上。

《佩文齋書畫譜·金石》61/15a 下，《新編》3/2/37 上。

《紅藕齋漢碑彙鈔集跋》，《新編》3/38/518 下。

《漢石例》1/26b、1/33b、2/5a、2/13a、2/29b，《新編》3/40/137 下、141 上、146 上、150 上、158 上。

《漢魏六朝志墓金石例》1/4b，《新編》3/40/397 下。

《漢魏六朝墓銘纂例》2/5b，《新編》3/40/444 上。

《六藝之一錄》51/28b，《新編》4/4/766 下。

《漢魏石刻文學考釋》中冊 976 頁。

《漢魏六朝碑刻校注·總目提要》編號 0420。

備考：范冉字史雲，注曰："冉"或作"丹"；《後漢書》卷八一《獨行列傳》有傳。

中平 005

太尉劉寬碑及神道

其一：劉寬前碑并陰

又名：太尉劉文饒碑。中平二年（185）二月卒，同年四月葬。桓麟撰。故吏李謙等立。碑在洛陽。《隸續》卷七《碑式》載：故吏所立者，篆額二行；文二十行，行三十七字。碑陰為故吏題名。額題：漢故太尉車騎將軍特進逯鄉昭烈侯劉公之碑。

錄文著錄：

《隸釋》11/1a – 3a，《新編》1/9/6873 上—6874 上。（碑陽）

《隸續》12/16a – 18a，《新編》1/10/7156 下—7157 下。（碑陰）

《六藝之一錄》48/1a – 3a，《新編》4/4/703 上—704 上。（碑陽）

《藝文類聚》卷 46，上冊 820 頁。（節文）

《全後漢文》27/11a – 12a，《全文》1 冊 624 上—下。（碑陽）

《漢魏石刻文學考釋》中冊 726—729 頁。

碑目題跋著錄：

《隸釋》11/3a – 4a，《新編》1/9/6874 上—下。

《隸釋》21/14a – b、26a – 27a 引《集古錄》，《新編》1/9/6969 下、6975 下—6976 上。

《隸釋》23/6b – 7a、12a – b 引《集古錄目》，《新編》1/9/6992 下—6993 上、6995 下。

《隸釋》27/7b 引《天下碑錄》，《新編》1/9/7039 上。

《隸釋刊誤》53b – 54a，《新編》1/9/7071 上—下。

《隸續》7/9b、12/18a – b，《新編》1/10/7137 上、7157 下。

《金石錄》1/10a、18/4a – b，《新編》1/12/8804 下、8907 下。

《中州金石考》6/4b，《新編》1/18/13708 下。

《集古錄跋尾》3/18a－b，《新編》1/24/17861 下。

《集古錄目》2/4b－5a，《新編》1/24/17952 下—17953 上。

《通志·金石略》卷上/15a－b，《新編》1/24/18026 下。

《寶刻叢編》4/5a－6b，《新編》1/24/18133 上—下。

《金石彙目分編》9（3）/62a－b，《新編》1/28/21021 下。

《石刻題跋索引》18 頁左，《新編》1/30/22356。

《天下金石志》5/8，《新編》2/2/826 下。

《墨華通考》卷 7，《新編》2/6/4372 上。

《石墨考異》卷上，《新編》2/16/11636 下。

《碑藪》，《新編》2/16/11825 下。

《金石例補》2/5b，《新編》2/17/12368 上。

《隸韻·碑目》12b，《新編》2/17/12520 下。

《隸辨》7/69b－70b，《新編》2/17/13070 上—下。

《古今碑帖考》10a，《新編》2/18/13167 下。

《集古錄補目補》卷上/13a－b，《新編》2/20/14515 下。

《中州金石目錄》1/5a，《新編》2/20/14688 上。

《河朔訪古記》卷下/10b－11a，《新編》3/25/183 下—184 上。

（乾隆）《河南府志·金石志》108/6b，《新編》3/28/117 下。

《寒山堂金石林時地攷》卷上/19a，《新編》3/34/499 上。

汪本《隸釋刊誤》53b－54a，《新編》3/37/576 下—577 上。

《紅藕齋漢碑彙鈔集跋》，《新編》3/38/516 上—517 上。

《漢石例》2/8b、2/40b、3/16a，《新編》3/40/147 下、163 下、172 下。

《碑版廣例》6/15b－16a，《新編》3/40/309 上—下。

《漢魏六朝墓銘纂例》2/5a，《新編》3/40/444 上。

《東觀餘論》卷下/25a－b，《新編》3/40/674 下。

《金石備攷·河南府》，《新編》4/1/59 下。

《古今書刻》下編/24b，《新編》4/1/146 下。

《墨池篇》6/5a，《新編》4/9/669 上。

《漢隸字源》63-64、123、124頁。

《漢魏石刻文學考釋》中冊720—723、724—725頁。

《漢魏石刻文字繫年》99頁。

《漢魏六朝碑刻校注·總目提要》編號0425。

論文：

何如月：《漢太尉劉寬碑作者考述》，《考古與文物》2008年第2期。

其二：劉寬後碑并陰

中平二年（185）二月卒，同年四月葬。蔡邕撰。在河南府洛陽縣上東門亏手營內。碑為門生殷苞、郭異等立。《隸續·碑式》載：文十八行，行三十三字。碑陰為門生題名。篆額二行，額題：漢故太尉車騎將軍特進逯鄉昭烈侯劉公之碑。

錄文著錄：

《隸釋》11/4a-6a，《新編》1/9/6874下—6875下。（碑陽）

《隸續》12/5b-15a，《新編》1/10/7151上—7156上。（碑陰）

《六藝之一錄》48/8a-10a，《新編》4/4/706下—707下。（碑陽）

《全後漢文》77/6a-7a，《全文》1冊890下—891上。（碑陽）

《漢魏石刻文學考釋》中冊729—735頁。

碑目題跋：

《隸釋》11/6a，《新編》1/9/6875下。

《隸釋》21/14b-15a引《集古錄》，《新編》1/9/6969下—6970上。

《隸釋》23/7a引《集古錄目》，《新編》1/9/6993上。

《隸釋》27/7b引《天下碑錄》，《新編》1/9/7039上。

《隸釋刊誤》54a-b，《新編》1/9/7071下。

《隸續》7/6b、12/15b-16a，《新編》1/10/7135下、7156上—下。

《金石錄》1/10a、18/4b，《新編》1/12/8804下、8907下。

《中州金石考》6/4b，《新編》1/18/13708下。

《集古錄跋尾》3/17b-18a，《新編》1/24/17861上—下。

《集古錄目》2/5a，《新編》1/24/17953上。

《通志·金石略》卷上/15a-b，《新編》1/24/18026下。

《寶刻叢編》4/6b，《新編》1/24/18133下。

《金石彙目分編》9（3）/62b，《新編》1/28/21021 下。

《石刻題跋索引》18 頁左，《新編》1/30/22356。

《天下金石志》5/8，《新編》2/2/826 下。

《隸韻·碑目》13a，《新編》2/17/12521 上。

《隸辨》7/70b－71a，《新編》2/17/13070 下—13071 上。

《古今碑帖考》10a，《新編》2/18/13167 下。

《集古錄補目補》卷上/13a，《新編》2/20/14515 下。

《中州金石目錄》1/5a。《新編》2/20/14688 上。

《寒山堂金石林時地攷》卷上/19a，《新編》3/34/499 上。

汪本《隸釋刊誤》54a－b，《新編》3/37/577 上。

《紅藕齋漢碑彙鈔集跋》，《新編》3/38/517 上—下。

《漢石例》1/17a、2/8b，《新編》3/40/133 上、147 下。

《碑版廣例》6/8b，《新編》3/40/305 下。

《漢魏六朝墓銘纂例》2/5a－b，《新編》3/40/444 上。

《金石備攷·河南府》，《新編》4/1/59 下。

《漢隸字源》64 頁。

《漢魏石刻文學考釋》中冊 723—724、729—735 頁。

《漢魏石刻文字繫年》99 頁。

《全後漢文》77/6a－7a，《全文》1 冊 890 下—891 上。

其三：太尉劉寬神道二

東漢（25—220）。在河南府洛陽縣。隸書，各二行。

圖版著錄：

《隸續》5/24a，《新編》1/10/7122 下。

錄文著錄：

《隸續》3/2b，《新編》1/10/7101 下。

《金石錄補》5/6b－7a，《新編》1/12/9013 下—9014 上。

《寶刻叢編》4/7a，《新編》1/24/18134 上。

《隸韻·碑目》13a，《新編》2/17/12521 上。

《碑版廣例》6/3a，《新編》3/40/303 上。

《六藝之一錄》48/12a，《新編》4/4/708 下。

《漢魏石刻文學考釋》中冊726頁。

碑目題跋著錄：

《隸續》3/2b – 3a、5/24b，《新編》1/10/7101 下—7102 上、7122 下。

《金石錄補》5/6b – 7a，《新編》1/12/9013 下—9014 上。

《中州金石考》6/5a，《新編》1/18/13709 上。

《寶刻叢編》4/7a – b，《新編》1/24/18134 上。

《金石彙目分編》9（3）/62b，《新編》1/28/21021 下。

《石刻題跋索引》18 頁左，《新編》1/30/22356。

《石刻名彙》1/1b，《新編》2/2/1025 上。

《崇雅堂碑錄補》1/2b，《新編》2/6/4551 下。

《隸辨》7/71a – b，《新編》2/17/13071 上。

《中州金石目錄》1/8a。《新編》2/20/14689 下。

（乾隆）《河南府志・金石志》108/7a，《新編》3/28/118 上。

《寒山堂金石林時地攷》卷上/19a，《新編》3/34/499 上。

《紅藕齋漢碑彙鈔集跋》，《新編》3/38/517 上。

《碑版廣例》6/3a，《新編》3/40/303 上。

《漢魏六朝墓銘纂例》3/4a，《新編》3/40/451 下。

《漢隸字源》112 頁。

《漢魏石刻文學考釋》中冊720頁。

《漢魏石刻文字繫年》99 頁。

備考：劉寬，《後漢書》卷二五有傳。

中平 006

郃陽令曹全碑并陰

又名：曹景完碑。中平二年（185）十月二十一日刻。碑原在陝西郃陽故城，明萬曆年間出土，今存西安碑林博物館。碑高272、寬95 釐米。文隸書，20 行，滿行45 字。碑陰有題名5 列，共57 行。

圖版著錄：

《金石圖說》甲下/73a – b，《新編》2/2/969 – 970。

《二銘草堂金石聚》10/61a－79a，《新編》2/3/2098 上—2107 上。
《漢碑大觀》第四集，《新編》2/8/6288 下—6292 下。（局部）
《金石經眼錄》52a－53a，《新編》4/10/516 下—517 上。
《金石圖》，《新編》4/10/553 上。
《北京圖書館藏中國歷代石刻拓本匯編》1 冊 176—177 頁。
《中國西北地區歷代石刻匯編》1 冊 26—27 頁。
《西安碑林全集·碑刻》1/46－127。
《陝西碑石精華》3 頁。
《漢碑全集》5 冊 1771—1812 頁。
《漢魏六朝碑刻校注》2 冊 55—56 頁。

錄文著錄：

《金石萃編》18/1a－6b，《新編》1/1/317 上—319 下。
《金石存》9/9a－11a、13a－14a，《新編》1/9/6680 上—6681 上、6682 上—下。
《兩漢金石記》11/11a－16b，《新編》1/10/7358 上—7360 下。
《金薤琳琅補遺》2a－6a，《新編》1/10/7774 下—7776 下。
《金石文字記》1/31b－35a，《新編》1/12/9207 上—9209 上。
《雍州金石記》1/1b－5a，《新編》1/23/17126 上—17128 上。
《宜祿堂收藏金石記》卷 6，《新編》2/5/3355 下—3356 上、3358 下—3360 上。
《金石文鈔》1/31a－35a，《新編》2/7/5088 上—5090 上。
《漢碑錄文》4/24a－28a，《新編》2/8/6204 下—6206 下。
《求古錄》52b－54b，《新編》3/2/339 下—340 下。（碑陽）
《紅藕齋漢碑彙鈔集跋》，《新編》3/38/570 下—571 下。（碑陽）
《碑版廣例》1/26a－28b，《新編》3/40/244 下—245 下。（碑陽）
《續古文苑》15/12a－14a，《新編》4/2/230 下—231 下。
《六藝之一錄》48/25a－28a，《新編》4/4/715 上—716 下。
《全後漢文》1b－3a，《全文》1 冊 1037 上—1038 上。（碑陽）
《魯迅輯校石刻手稿·碑銘》上冊 272—281 頁。
《漢魏石刻文學考釋》上冊 403—406 頁。

《漢碑全集》5 冊 1773、1805 頁。

《漢碑集釋》472—476 頁。

《漢魏六朝碑刻校注》2 冊 57—58 頁。

碑目題跋著錄：

《金石續錄》1/13b - 15a,《新編》1/5/3761 上—3762 上。

《金石存》9/11a - 12a、14a - b,《新編》1/9/6681 上—下、6682 下。

《兩漢金石記》1/37a、11/16b - 17b,《新編》1/10/7223 上、7360 下—7361 上。

《金薤琳琅補遺》6a - b,《新編》1/10/7776 下。

《集古求真》9/19a - b,《新編》1/11/8571 上。

《集古求真補正》3/33a - b,《新編》1/11/8679 上。（疑偽）

《金石錄補》4/4a - 5a,《新編》1/12/9006 下—9007 上。

《金石文字記》1/35a - 36b,《新編》1/12/9209 上—下。

《陝西金石志》5/4b,《新編》1/22/16416 下。

《雍州金石記》1/5a,《新編》1/23/17128 上。

《石墨鐫華》1/9b - 10b,《新編》1/25/18597 上—下。

《曝書亭金石文字跋尾》2/13b - 14b,《新編》1/25/18686 上—下。

《潛研堂金石文跋尾》1/25b - 28a,《新編》1/25/18745 上—18746 下。

《潛研堂金石文字目錄》1/5b,《新編》1/25/19009 上。

《授堂金石三跋·一跋》2/4a - b,《新編》1/25/19095 下。

《平津讀碑記》1/19a - b,《新編》1/26/19358 上。

《藝風堂金石文字目》1/12b,《新編》1/26/19528 下。

《寰宇訪碑錄》1/6b,《新編》1/26/19854 下。

《續補寰宇訪碑錄》1/4b,《新編》1/27/20304 下。

《金石彙目分編》12（2）/4b - 5a,《新編》1/28/21337 下—21338 上。

《石刻題跋索引》18 頁右—19 頁左,《新編》1/30/22356 - 22357。

《續語堂碑錄》,《新編》2/1/70 上。

《天下金石志》6/13,《新編》2/2/837 上。

《金石圖說》甲下/74a,《新編》2/2/971。

《二銘草堂金石聚》10/79a－b,《新編》2/3/2107 上。

《平津館金石萃編》2/29a,《新編》2/4/2445 上。

《宜祿堂收藏金石記》卷6,《新編》2/5/3357 下—3358 上。

《宜祿堂金石記》1/16a－b,《新編》2/6/4213 下。

《崇雅堂碑錄》1/5b,《新編》2/6/4486 上。

《金石文鈔》1/35b－36b,《新編》2/7/5090 上—下。

《來齋金石刻考略》卷上/22b－23b,《新編》2/8/5975 下—5976 上。

《漢碑錄文》4/26a－b,《新編》2/8/6205 下。

《關中金石文字存逸考》8/24a－b、12/5b,《新編》2/14/10548 下、10639 上。

《關中金石記》1/5,《新編》2/14/10665 上。

《石墨考異》卷上,《新編》2/16/11636 下。

《獨笑齋金石文攷》第二集 7/2a－8a,《新編》2/16/11795 下—11798 下。

《語石》3/7b、6/30b,《新編》2/16/11901 上、11977 下。

《金石例補》2/15a－b,《新編》2/17/12373 上。

《隸辨》7/71b－72a,《新編》2/17/13071 上—下。

《平安館藏碑目》,《新編》2/18/13382 下。

《鐵函齋書跋》1/7a－b,《新編》2/18/13642 上。

《竹雲題跋》1/7a－8b。《新編》2/19/13801 上—下。

《清儀閣題跋》65a－68b,《新編》2/19/13911 上—13912 下。

《古墨齋金石跋》1/25a－b,《新編》2/19/14075 上。

《枕經堂金石題跋》3/24a－b,《新編》2/19/14270 下。

《定庵題跋》12a－14a,《新編》2/19/14291 下—14292 下。

《寶鴨齋題跋》卷上/6b,《新編》2/19/14337 下。

《愛吾廬題跋》13a,《新編》2/20/14380 上。

《退庵題跋》卷上/3a－b,《新編》2/20/14432 下。

《竹崦盦金石目錄》6a,《新編》2/20/14549 下。

《寰宇貞石圖目錄》卷上/3b、卷下/2a,《新編》2/20/14672 下、14678 上。

《古林金石表》6a,《新编》2/20/14896 下。

《佩文齋書畫譜・金石》61/15a 上,《新编》3/2/37 上。

《漢隸拾遺》14a—15a,《新编》3/2/603 下—604 上。

（咸豐）《同州府志・金石志》26/21b、23a、24b—26b、32a—b,《新编》3/31/699 上、700 上—701 下。附《墨林快事》、《金石遺文錄》、桂馥跋。

（乾隆）《同州府志・金石志上》55/7a,《新编》3/31/766 上。

《金石文考略》2/26a、28a—b、29b,《新编》3/34/238 下、239 下—240 上。附《帶經堂》、汝器先生臨本"書後"。

《寒山堂金石林時地攷》卷下/3a,《新编》3/34/503 上。

《漢魏碑考》6a—b,《新编》3/35/83 下。

《石目》,《新编》3/36/45 下。

《寒山金石林部目》7b,《新编》3/36/502 上。

《話雨樓碑帖目錄》1/7a,《新编》3/36/539。

《含經堂碑目》,《新编》3/37/253 下。

《西安碑目・郃陽縣》,《新编》3/37/267 上。

《竹崦盦金石目錄》6a,《新编》3/37/342 下。

《漢石存目》卷上/6b,《新编》3/37/523 下。

《東洲草堂金石跋》3/11a,《新编》3/38/92 下。

《佛金山館秦漢碑跋》15b—16a,《新编》3/38/138 下—139 上。

《有萬憙齋石刻跋》9a—11b,《新编》3/38/159 上—160 上。

《碑帖跋》63—64、78 頁,《新编》3/38/211—212、226；4/7/430 下、434 上。

《漢石經室金石跋尾》,《新编》3/38/257 上—下。

《湛園題跋》7a—b,《新编》3/38/404 下。

《紅藕齋漢碑彙鈔集跋》,《新编》3/38/571 下—572 下、573 上—下。附方小東、傅山題跋。

《隱綠軒題識》5a,《新编》3/38/673 下。

《金石史》卷上/10b—11b,《新编》3/39/472 下—473 上。

《碑版廣例》1/28b,《新编》3/40/245 下。

《金石備攷·西安府》，《新編》4/1/34 上。

《激素飛清閣平碑記》卷 1，《新編》4/1/198 上。

《分隸偶存》卷上/25a–b，《新編》4/1/606 上。

《庚子銷夏記》5/7a–b，《新編》4/6/626 上。

《虛舟題跋》原卷 3/12b–13b，《新編》4/6/686 下—687 上。

《清儀閣金石題識》2/11a–15a，《新編》4/7/47 上—49 上。

《退菴金石書畫跋》2/27a–28a，《新編》4/7/163 上—下。

《金石筆識》4a–b，《新編》4/7/225 下。

《雪堂所藏金石文字簿錄》38b–39a，《新編》4/7/388 下—389 上。

《金石圖》，《新編》4/10/553 下。

《十駕齋養新錄》卷 15，357 頁。

《增補校碑隨筆》（修訂本）81—83 頁。

《碑帖鑒定》69 頁。

《善本碑帖錄》1/33。

《碑帖敘錄》152—153 頁。

《金石論叢》"金石證史·曹全與曹寬"，48 頁。

《漢魏石刻文學考釋》上冊 395—403 頁。

《漢魏石刻文字繫年》99 頁。

《漢魏六朝碑刻校注·總目提要》編號 0421。

淑德大學《中國石刻拓本目錄》"碑碣等刻石"編號 162—163。

論文：

董玉芬：《〈曹全碑〉的史料價值》，《碑林集刊》第 5 輯，1998 年。

啓功：《明拓〈曹全碑〉跋》，《碑林集刊》第 7 輯，2001 年；又收入《啓功全集》（修訂版）第五卷，第 7—8 頁。

祝嘉：《論〈曹全碑〉》，載祝嘉：《書學論集》，第 71—83 頁。

備考：曹全，《後漢書》卷八八《西域傳》及校勘記 2927 頁有載，史傳作"曹寬"。《集古求真補正》疑此碑作偽，然諸家皆云其真品，暫附此。

中平 007

外黃令高彪碑

後光和七年（184）六月卒，中平二年（185）十一月立碑。南宋紹興年間出土於吳郡郭外，後移至郡齋。《隸續》卷七《碑式》載：文十五行，行三十九字。隸額二行，額題存"故外黃高君碑"六字。

　　錄文著錄：
《隸釋》10/24a–25b，《新編》1/9/6870下—6871上。
《六藝之一錄》47/34b–36b，《新編》4/4/700下—701下。
《漢魏石刻文學考釋》中冊744—745頁。
　　碑目題跋著錄：
《隸釋》10/25b–27a，《新編》1/9/6871上—6872上。
《隸釋刊誤》53a–b，《新編》1/9/7071上。
《隸續》7/10a，《新編》1/10/7137下。
《金石錄補》4/3b–4a，《新編》1/12/9006上—下。
《寶刻叢編》14/7a，《新編》1/24/18300上。
《石刻題跋索引》19頁左，《新編》1/30/22357。
《天下金石志》16/3，《新編》2/2/871下。
《石墨考異》卷上，《新編》2/16/11637下。
《隸韻·碑目》13a，《新編》2/17/12521上。
《隸辨》7/69b，《新編》2/17/13070上。
《金石例補》1/9b，《新編》2/17/12365上。
《佩文齋書畫譜·金石》61/14b下，《新編》3/2/36下。
（同治）《蘇州府志·金石二》141/1a，《新編》3/5/537上。
（民國）《吳縣志·金石考一》59/1b，《新編》3/6/3上。
汪本《隸釋刊誤》53a–b，《新編》3/37/576下。
《金石小箋》10b–11b，《新編》3/39/499下—500上。
《漢魏六朝墓銘纂例》2/4b–5a，《新編》3/40/443下—444上。
《金石備攷》附錄，《新編》4/1/91上。
《漢隸字源》62—63頁。
《漢魏石刻文學考釋》中冊742頁。
《漢魏石刻文字繫年》100頁。
《漢魏六朝碑刻校注·總目提要》編號0422。

備考：《後漢書》卷八〇下《文苑傳下》有《高彪傳》，《金石錄補》認為，此碑主非史傳中的高彪。然據比對碑文和史傳，歷官大體相合，當是一人。

中平 008

王知殘碑

又名：王君殘碑。中平二年（185）刻。清乾隆初發現於陝西寶雞，陽湖趙氏舊藏。僅存碑額拓本，高40、寬37釐米。篆書額題：漢故王君之碑。

圖版著錄：
《北京圖書館藏中國歷代石刻拓本匯編》1冊178頁。（碑額）

錄文著錄：
《金石續編》1/14b–15a，《新編》1/4/3013下—3014上。
《金石存》3/9a，《新編》1/9/6619上。
《兩漢金石記》14/20a，《新編》1/10/7404下。
《漢魏石刻文學考釋》中冊747頁。

碑目題跋著錄：
《金石續編》1/15a，《新編》1/4/3014上。
《金石存》3/9a，《新編》1/9/6619上。
《兩漢金石記》1/37a、14/20a–21a，《新編》1/10/7223上、7404下—7405上。
《寰宇訪碑錄》1/6b，《新編》1/26/19854下。（疑偽）
《石刻題跋索引》18頁左、19頁左，《新編》1/30/22356、22357。
《崇雅堂碑錄》1/7b，《新編》2/6/4487上。
《中國金石學講義·正編》11a，《新編》3/39/139。
《漢魏石刻文學考釋》中冊746頁。
《漢魏石刻文字繫年》100頁。
《漢魏六朝碑刻校注·總目提要》編號0426。

備考：《寰宇訪碑錄》疑其偽刻，然諸家皆云其真品，故暫附此。

中平 009

太尉楊賜碑㈣

其一：司空臨晉侯楊公碑

中平二年（185）卒。蔡邕撰。此碑為楊賜之子楊彪所立。

錄文著錄：

《全後漢文》78/3b－4b，《全文》1 冊 893 上—下。

《蔡中郎集》5/31b－33b，景印文淵閣《四庫全書·集部》1063 冊 210 下—211 下。

《蔡中郎文集》3/2b－4a，《四部叢刊初編》第 98 冊。

《漢魏石刻文學考釋》中冊 761—762 頁。

碑目題跋著錄：

《漢魏六朝志墓金石例》3/1b－2a，《新編》3/40/415 上—下。

《漢魏石刻文學考釋》中冊 760—761 頁。

《漢魏六朝碑刻校注·總目提要》編號 0488。

其二：太尉楊公碑

東漢（25—220）。蔡邕撰。此碑為同僚所立。

錄文著錄：

《全後漢文》78/4b－5b，《全文》1 冊 893 下—894 上。

《蔡中郎集》2/26a－27b，《漢魏六朝百三名家集》1 冊 546 下—547 上。

《蔡中郎集》5/17b－19a，景印文淵閣《四庫全書·集部》1063 冊 203 下—204 下。

《蔡中郎文集》4a－5b，《四部叢刊初編》第 98 冊。

《漢魏石刻文學考釋》中冊 762—763 頁。

碑目題跋著錄：

《漢石例》2/2b，《新編》3/40/144 下。

《漢魏六朝志墓金石例》1/2a、3/1b，《新編》3/40/396 下、415 上。

《漢魏六朝墓銘纂例》2/9a，《新編》3/40/446 上。

《漢魏石刻文學考釋》中冊 760—761 頁。

《漢魏六朝碑刻校注·總目提要》編號0488。

其三：文烈侯楊公碑

東漢（25—220）。蔡邕撰。此碑為門生大將軍何進等人所立。

錄文著錄：

《全後漢文》78/5b－6a，《全文》1冊894上—下。

《蔡中郎集》2/27b－29a，《漢魏六朝百三名家集》1冊547上—548上。

《蔡中郎集》5/19a－20a，景印文淵閣《四庫全書·集部》1063冊204下—205上。

《蔡中郎文集》3/5b－7a，《四部叢刊初編》第98冊。

《漢魏石刻文學考釋》中冊763—764頁。

碑目題跋著錄：

《金石彙目分編》9（4）/58b、12（2）/26b，《新編》1/28/21064下、21348下。

《漢魏六朝志墓金石例》1/2b、3/1b，《新編》3/40/396下、415上。

《漢魏六朝墓銘纂例》2/12b，《新編》3/40/447下。

《漢魏石刻文學考釋》中冊760—761頁。

《漢魏六朝碑刻校注·總目提要》編號0488。

其四：司空文烈侯楊公碑

東漢（25—220）。蔡邕撰。此碑為楊賜之子楊彪所立。

錄文著錄：

《藝文類聚》卷46，上冊820頁。（節文）

《全後漢文》78/6a－7a，《全文》1冊894下—895上。

《蔡中郎集》2/24a－26a，《漢魏六朝百三名家集》1冊545下—546下。

《蔡中郎集》5/20a－22a，景印文淵閣《四庫全書·集部》1063冊205上—206上。

《蔡中郎文集》3/7a－8b，《四部叢刊初編》第98冊。

《漢魏石刻文學考釋》中冊764—765頁。

碑目題跋著錄：

《金石彙目分編》9（4）/58b、12（2）/26b,《新編》1/28/21064下、21348下。

《漢石例》1/19a、2/11a–b、2/31a,《新編》3/40/134上、149上、159上。

《漢魏六朝志墓金石例》1/2b,《新編》3/40/396下。

《漢魏六朝墓銘纂例》2/12b,《新編》3/40/447下。

《漢魏石刻文學考釋》中冊760—761頁。

《漢魏六朝碑刻校注·總目提要》編號0488。

備考：楊賜,《後漢書》卷五四有傳,附《楊震傳》。

中平010

幽州刺史朱龜碑

又名：朱伯靈殘碑。光和六年（183）卒,中平二年（185）刻碑。有碑陰。原石在安徽亳州,今佚。《隸續·碑式》載：文十七行,行三十三字。今所見為剪裱本。篆額二行,額題：漢故幽州刺史朱君之碑。

圖版著錄：

《漢碑大觀》第四集,《新編》2/8/6293上—6294上。（局部）

《小蓬萊閣金石文字》,《新編》3/1/552上—560上。（局部）

錄文著錄：

《隸釋》10/22a–23a,《新編》1/9/6869下—6870上。

《兩漢金石記》16/5b–6a,《新編》1/10/7435上—下。

《平津館金石萃編》,《新編》2/4/2656下—2657上。

《小蓬萊閣金石文字》,《新編》3/1/560下。

（民國）《安徽通志稿·金石古物考二》12a–13a,《新編》3/11/71上—下。

《六藝之一錄》47/29a–30b,《新編》4/4/698上—下。

《全後漢文》104/9a–10a,《全文》1冊1036上—下。

《漢魏石刻文學考釋》中冊715—716頁。

碑目題跋著錄：

《隸釋》10/23a-24a，《新編》1/9/6870 上—下。

《隸釋》20/15b 引《水經注》，《新編》1/9/6954 上。

《隸釋》21/13b-14a 引《集古錄》，《新編》1/9/6969 上—下。

《隸釋》23/6b 引《集古錄目》，《新編》1/9/6992 下。

《隸釋》27/9a 引《天下碑錄》，《新編》1/9/7040 上。

《隸釋刊誤》52b-53a，《新編》1/9/7070 下—7071 上。

《隸續》7/4a，《新編》1/10/7134 下。

《兩漢金石記》1/37a、16/6a-7a，《新編》1/10/7223 上、7435 下—7436 上。

《金石錄》1/9b、18/3a-4a，《新編》1/12/8804 上、8907 上—下。

《安徽金石略》8/2b，《新編》1/16/11745 下。

《集古錄跋尾》3/17a-b，《新編》1/24/17861 上。

《集古錄目》2/4b，《新編》1/24/17952 下。

《通志·金石略》卷上/16a，《新編》1/24/18027 上。

《授堂金石三跋·一跋》2/3a，《新編》1/25/19095 上。

《寰宇訪碑錄》1/6b，《新編》1/26/19854 下。

《金石彙目分編》5/49b，《新編》1/27/20814 上。

《石刻題跋索引》17 頁右—18 頁左，《新編》1/30/22355-22356。

《天下金石志》2/5，《新編》2/2/808 上。

《平津館金石萃編》，《新編》2/4/2658 上—下。

《墨華通考》2/30b，《新編》2/6/4317 下。

《碑藪》，《新編》2/16/11825 上。

《續校碑隨筆·孤本》卷下/7a，《新編》2/17/12505 上。

《隸韻·碑目》12b，《新編》2/17/12520 下。

《隸辨》7/68b-69b，《新編》2/17/13069 下—13070 上。

《古今碑帖考》9b，《新編》2/18/13167 上。

《集古錄補目補》卷上/12b，《新編》2/20/14515 上。

《小蓬萊閣金石文字》，《新編》3/1/560 下—561 下。附翁方綱、孫星衍、黃易等人題識。

《佩文齋書畫譜·金石》61/15a 上，《新編》3/2/37 上。

《兩浙金石別錄》卷上/7b，《新編》3/10/456 下。

（光緒）《亳州志・藝文志・金石》16/19a，《新編》3/12/165 上。

《寒山堂金石林時地攷》卷上/18b，《新編》3/34/498 下。

《石墨餘馨》，《新編》3/35/336。

《石目》，《新編》3/36/45 下。

汪本《隸釋刊誤》52b－53a，《新編》3/37/576 上—下。

《蘇齋題跋》卷上/31a－32a，《新編》3/38/632 上—下。

《廣川書跋》5/14a－15a，《新編》3/38/721 下—722 上。

《漢石例》1/13b，《新編》3/40/131 上。

《漢魏六朝墓銘纂例》2/4b，《新編》3/40/443 下。

《金石備攷・鳳陽府》，《新編》4/1/12 下。

《古今書刻》下編/26a，《新編》4/1/147 下。

《激素飛清閣平碑記》卷 1，《新編》4/1/198 上。

《墨池篇》6/5a，《新編》4/9/669 上。

《漢隸字源》62 頁。

《水經注碑錄》卷五編號 156，《北山金石錄》上冊 133—134 頁。

《善本碑帖錄》1/40。

《碑帖敘錄》60 頁。

《漢魏石刻文學考釋》中冊 713—715 頁。

《漢魏石刻文字繫年》100 頁。

《漢魏六朝碑刻校注・總目提要》編號 0424、0427。

論文：

秦明：《黃易的訪碑圖與碑刻鑒藏（之三）——"漢魏五碑"》，《紫禁城》2010 年第 5 期。

備考：《墨華通考》作"朱彪"，誤。朱龜，其事見於《後漢書》卷八六《南蠻西南夷列傳》。

中平 011

蕩陰令張遷碑并陰

中平三年（186）二月刻。明代初年山東省東平縣出土，石存山東泰安市岱廟。碑高 314、寬 106 釐米。文隸書，15 行，滿行 42 字。陰 3 列，上中皆每列 19 行，下列 2 行。篆書額題：漢故穀城長蕩陰令張君表頌。

圖版著錄：

《金石圖說》甲下/75a－b，《新編》2/2/972－973。

《二銘草堂金石聚》11/1a－24b，《新編》2/3/2109 上—2120 下。

《漢碑大觀》第四集，《新編》2/8/6294 下—6300 上。（局部）

《金石經眼錄》56a－57a，《新編》4/10/518 下—519 上。

《金石圖》，《新編》4/10/554 上。

《金石索》石索四，下冊 1495—1505 頁。

《北京圖書館藏中國歷代石刻拓本匯編》1 冊 179—180 頁。

《漢碑全集》5 冊 1813—1858 頁。

《漢魏六朝碑刻校注》2 冊 62—63 頁。

《山東石刻分類全集·秦漢碑刻》264—308 頁。

錄文著錄：

《金石萃編》18/16b－20b，《新編》1/1/324 下—326 下。

《金石存》9/15a－16a、18a－b，《新編》1/9/6683 上—下、6684 下。

《兩漢金石記》12/1a－3b，《新編》1/10/7370 上—7371 上。

《金薤琳琅》6/12b－14b，《新編》1/10/7677 下—7678 下。（碑陽）

《金石古文》7/7a－8b，《新編》1/12/9406 上—下。（碑陽）

《宜祿堂收藏金石記》卷 7，《新編》2/5/3361 下—3362 上。（碑陽）

《金石文鈔》1/37a－38a，《新編》2/7/5091 上—下。（碑陰）

《漢碑錄文》4/28b－31a，《新編》2/8/6206 下—6208 上。

（宣統）《山東通志·藝文志》卷 149，《新編》2/12/9213 下—9215 上。

（民國）《東平縣志·金石》14/3a－4b，《新編》3/26/634 上—下。

《碑版文廣例》2/2a－4a，《新編》3/40/246 下—247 下。（碑陽）

《續古文苑》13/3b－5a，《新編》4/2/194 上—195 上。（碑陽）

《六藝之一錄》48/30b－32b，《新編》4/4/717 下—718 下。（碑陽）

《全後漢文》105/3a－4a,《全文》1 冊 1038 上—下。(碑陽)

《魯迅輯校石刻手稿·碑銘》上冊 282—287 頁。

《漢魏石刻文學考釋》下冊 1086—1087 頁。

《漢碑全集》5 冊 1815、1842 頁。

《漢碑集釋》489—492 頁。

《漢魏六朝碑刻校注》2 冊 64—65 頁。

碑目題跋著錄：

《金石存》9/16a－17a、18b－19b,《新編》1/9/6683 下—6684 上、6684 下—6685 上。

《兩漢金石記》1/37a、12/3b－7b,《新編》1/10/7223 上、7371 上—7373 上。

《金薤琳琅》6/14b－15b,《新編》1/10/7678 下—7679 上。

《集古求真》9/18b－19a,《新編》1/11/8570 下—8571 上。

《集古求真補正》3/33a,《新編》1/11/8679 上。

《金石錄補》4/2b－3a,《新編》1/12/9005 下—9006 上。

《金石文字記》1/36b－37a,《新編》1/12/9209 下—9210 上。

《金石古文》7/8b－9a,《新編》1/12/9406 下—9407 上。

《山左金石志》8/9a－b,《新編》1/19/14448 上。

《曝書亭金石文字跋尾》2/15b－16a,《新編》1/25/18687 上—下。

《潛研堂金石文跋尾》1/28a－29a,《新編》1/25/18746 上—18747 上。

《潛研堂金石文字目錄》1/5b,《新編》1/25/19009 上。

《授堂金石三跋·一跋》2/3a－4a,《新編》1/25/19095 上—下。

《授堂金石文字續跋》1/7a－b,《新編》1/25/19170 上。

《平津讀碑記》1/19b－20a,《新編》1/26/19358 上—下。

《藝風堂金石文字目》1/12b－13a,《新編》1/26/19528 下—19529 上。

《寰宇訪碑錄》1/6b,《新編》1/26/19854 下。

《金石彙目分編》10（1）/58a－b,《新編》1/28/21129 下。

《石刻題跋索引》19 頁左—右,《新編》1/30/22357。

《續語堂碑錄》，《新編》2/1/70 上—下。

《天下金石志》3/8，《新編》2/2/817 下。

《金石圖說》甲下/76a－b，《新編》2/2/974。

《蒼潤軒玄牘記》1/3b－4a，《新編》2/2/1594 上—下。

《二銘草堂金石聚》11/25a－b，《新編》2/3/2121 上。

《平津館金石萃編》2/29a，《新編》2/4/2445 上。

《宜祿堂收藏金石記》卷 7，《新編》2/5/3363 下。

《宜祿堂金石記》1/13b，《新編》2/6/4213 下。

《墨華通考》卷 7，《新編》2/6/4383 下。

《崇雅堂碑錄》1/5b，《新編》2/6/4486 上。

《金石文鈔》1/38a－b，《新編》2/7/5091 下。

《來齋金石刻考略》卷上/24a，《新編》2/8/5976 下。

《漢碑錄文》4/30a、31b－32b，《新編》2/8/6207 下、6208 上—下。

《山左訪碑錄》3/12a，《新編》2/12/9077 上。

（宣統）《山東通志·藝文志》卷 149，《新編》2/12/9215 上—下。

《獨笑齋金石文玫》第二集 7/8a－11a，《新編》2/16/11798 下—11800 上。

《碑藪》，《新編》2/16/11831 下。

《語石》3/5a，《新編》2/16/11900 上。

《隸辨》7/73b－74a，《新編》2/17/13072 上—下。

《蒼潤軒碑跋紀》6b，《新編》2/18/13123 下。

《平安館藏碑目》，《新編》2/18/13382 下。

《古墨齋金石跋》1/26a－27a，《新編》2/19/14075 下—14076 上。

《枕經堂金石題跋》3/25a－26a，《新編》2/19/14271 上—下。

《定庵題跋》21b－22b，《新編》2/19/14296 上—下。

《愛吾廬題跋》13a，《新編》2/20/14380 上。

《竹崦盦金石目錄》6b，《新編》2/20/14549 下。

《范氏天一閣碑目》3，《新編》2/20/14606 上。

《寰宇貞石圖目錄》卷上/3b、卷下/2a，《新編》2/20/14672 下、14678 上。

《山左碑目》1/33a，《新編》2/20/14833下。

《古林金石表》6a，《新編》2/20/14896下。

《佩文齋書畫譜·金石》61/15a下，《新編》3/2/37上。

《夢碧簃石言》5/20b–21b引《杜少復臨摹漢魏唐各碑跋尾》，《新編》3/2/222下—223上。

《漢隸拾遺》15a–16a，《新編》3/2/604上—下。

（乾隆）《東平州志·古蹟》5/6b，《新編》3/26/615上。

（光緒）《東平州志·金石上》21/3a–b，《新編》3/26/620上。

（民國）《東平縣志·金石》14/4b–5a，《新編》3/26/634下—635上。

《金石文考略》2/3a、4b–5a，《新編》3/34/227上—228上。附《金石評攷》。

《寒山堂金石林時地攷》卷上/14a，《新編》3/34/496下。

《漢魏碑考》6b–7a，《新編》3/35/83下—84上。

《石墨餘馨》，《新編》3/35/340。

《石目》，《新編》3/36/45下。

《寒山金石林部目》7b，《新編》3/36/502上。

《話雨樓碑帖目錄》1/7a，《新編》3/36/539。

《含經堂碑目》，《新編》3/37/253下。

《菉竹堂碑目》2/3a，《新編》3/37/277上。

《竹崦盦金石目錄》1/6a–b，《新編》3/37/342下。

《漢石存目》卷上/6b，《新編》3/37/523下。

《佛金山館秦漢碑跋》18b–19a，《新編》3/38/140上—下。

《漢石經室金石跋尾》，《新編》3/38/257下。

《蘇齋題跋》卷上/2a–b，《新編》3/38/605下。

《中國金石學講義·正編》4b，《新編》3/39/126。

《玄牘記》，《新編》3/40/588下。

《金石備攷·兗州府》，《新編》4/1/48下。

《古今書刻》下編/28b，《新編》4/1/148下。

《激素飛清閣平碑記》卷1，《新編》4/1/198上。

《分隸偶存》卷上/25b－26a，《新編》4/1/606 上—下。
《弇州山人四部稿·墨刻跋》134/2b－3a，《新編》4/6/573 上—下。
《庚子銷夏記》5/10a－b，《新編》4/6/627 下。
《芳堅館題跋》1/4b，《新編》4/6/771 下。
《退菴金石書畫跋》2/29a－b，《新編》4/7/164 上。
《雪堂所藏金石文字簿錄》39a－40a，《新編》4/7/389 上—下。
《金石圖》，《新編》4/10/554 下—555 上右。
《金石索》石索四，下冊 1505—1506 頁。
《增補校碑隨筆》（修訂本）83—84 頁。
《碑帖鑒定》70—71 頁。
《善本碑帖錄》1/33－34。
《碑帖敘錄》173—174 頁。
《齊魯碑刻墓誌研究》"附表" 347 頁。
《漢魏石刻文學考釋》下冊 1083—1084 頁。
《漢魏石刻文字繫年》100 頁。
《漢魏六朝碑刻校注·總目提要》編號 0428。
淑德大學《中國石刻拓本目錄》"碑碣等刻石" 編號 164—165。

論文：

秦公：《明拓本〈張遷碑〉》，《文物》1983 年第 9 期。

張乃森：《〈張遷碑〉研究發微》，《漢碑研究》，第 283—291 頁。

程章燦：《讀〈張遷碑〉志疑》，《文獻》2008 年第 2 期；又載於《紀念西安碑林九百二十周年華誕國際學術研討會論文集》，第 470—486 頁。

程章燦：《讀〈張遷碑〉再志疑》，《文獻》2009 年第 3 期。

吳朝陽、晉文：《讀〈張遷碑〉辨疑——與程章燦先生商榷》，《文史哲》2011 年第 1 期。

趙楠：《關於〈張遷碑〉若干問題的思考》，《中國書法》2011 年第 3 期。

劉海宇：《山東漢代碑刻研究》第二章第四節 "三、《張遷碑》為真品"，博士學位論文，山東大學，2011 年，第 102—103 頁。

張明：《〈張遷碑〉的發現及其流傳問題考辨》，《榮寶齋》2015 年第 3 期。

張明、許哲：《〈張遷碑〉官職、官制與真偽問題考辨》，《蘭臺世界》2015 年第 3 期。

張明、李靈力：《〈張遷碑〉相關問題考辨》，《中國國家博物館館刊》2015 年第 12 期。

陶莉：《漢張遷碑》，載於陶莉：《岱廟碑刻研究》，第 18—22 頁。

備考：此碑真偽衆說紛紜，暫附此。

中平 012

尉氏令鄭季宣碑并陰

中平二年（185）四月卒，中平三年（186）四月二十八日葬。清乾隆五十一年山東省濟寧縣出土，今存山東省濟寧市博物館。碑高 208、寬 104 釐米。文隸書，碑殘缺只存半截，約 18 行，行約 35 字。篆書額題：漢故尉氏令鄭君碑；碑陰額題：尉氏故吏處士人名。

圖版著錄：

《金石圖說》甲下/71a－b，《新編》2/2/966－967。

《二銘草堂金石聚》10/49a－59b，《新編》2/3/2092 上—2097 上。

《金石屑》2/56a－59a，《新編》2/6/4667 上—4668 下。（碑陰）

《金石經眼錄》54a－55a，《新編》4/10/517 下—518 上。

《金石圖》，《新編》4/10/558 下。

《北京圖書館藏中國歷代石刻拓本匯編》1 冊 181—182 頁。

《漢碑全集》6 冊 1861—1868 頁。（碑陰）

《漢魏六朝碑刻校注》2 冊 69—70 頁。

錄文著錄：

《金石萃編》17/31b－34b，《新編》1/1/312 上—313 下。

《金石存》9/20a－b，《新編》1/9/6685 下。（碑陰）

《隸續》19/5a－8b，《新編》1/10/7190 上—7191 下。

《兩漢金石記》8/15b－16a、17a－19a、21a－b、23b－24b、25b－28b、29b－31b，《新編》1/10/7313 上—下、7314 上—7315 上、7316

上、7317 上—下、7318 上—7319 下、7320 上—7321 上。

《續語堂碑錄》,《新編》2/1/465 下—467 上。

《宜祿堂收藏金石記》卷 6,《新編》2/5/3353 下—3354 下。

《漢碑錄文》4/17b – 18b、20a – 23b,《新編》2/8/6201 上—下、6202 下—6204 上。

《濟州金石志》2/42a – 43a、46a – 47b,《新編》2/13/9485 下—9486 上、9487 下—9488 上。

《魯迅輯校石刻手稿·碑銘》上冊 289—295 頁。

《漢魏石刻文學考釋》中冊 740—742 頁。

《漢碑全集》6 冊 1862 頁。(碑陰)

《漢魏六朝碑刻校注》2 冊 71—72 頁。

碑目題跋著錄:

《金石萃編》17/39b – 40a,《新編》1/1/316 上—下。

《八瓊室金石補正》6/14b – 15a,《新編》1/6/4097 下—4098 上。

《金石存》9/20b – 21a,《新編》1/9/6685 下—6686 上。

《隸續》19/6b、8b,《新編》1/10/7190 下、7191 下。

《兩漢金石記》1/36b、8/16a – 17a、8/19a – 21a、8/22a – 23b、8/24b – 25b、8/27a – b、8/29a – b、8/31b – 32b,《新編》1/10/7222 下、7313 下—7314 上、7315 上—7316 上、7316 下—7317 上、7317 下—7318 上、7319 上、7320 上、7321 上—下。

《集古求真》9/7a,《新編》1/11/8565 上。

《金石錄》1/10a、18/4b – 5a,《新編》1/12/8804 下、8907 下—8908 上。

《金石錄補》25/13a,《新編》1/12/9121 上。

《金石錄補續跋》4/9b – 10a,《新編》1/12/9162 上—下。

《金石文字記》1/36b,《新編》1/12/9209 下。

《山左金石志》8/9a,《新編》1/19/14448 上。

《通志·金石略》卷上/21b,《新編》1/24/18029 下。

《潛研堂金石文字目錄》1/5b,《新編》1/25/19009 上。

《平津讀碑記》1/19a,《新編》1/26/19358 上。

《藝風堂金石文字目》1/14a,《新編》1/26/19529 下。

《寰宇訪碑錄》1/6a,《新編》1/26/19854 下。

《寰宇訪碑錄刊謬》2a,《新編》1/26/20085 下。

《金石彙目分編》10（2）/47b,《新編》1/28/21164 上。

《石刻題跋索引》18 頁左—右、497 頁右,《新編》1/30/22356、22835。

《續語堂碑錄》,《新編》2/1/70 上。

《天下金石志》16/2,《新編》2/2/871 上。

《金石圖說》甲下/72a–b,《新編》2/2/968。

《二銘草堂金石聚》10/59b–60b,《新編》2/3/2097 上—下。

《平津館金石萃編》2/29a,《新編》2/4/2445 上。

《宜祿堂金石記》1/16a,《新編》2/6/4213 下。

《墨華通考》卷 7,《新編》2/6/4369 下。

《崇雅堂碑錄》1/5b,《新編》2/6/4486 上。

《金石屑》2/59b,《新編》2/6/4668 下。

《來齋金石刻考略》卷上/24b,《新編》2/8/5976 上。

《漢碑錄文》4/18b–20a、21a、23b–24a,《新編》2/8/6201 下—6202 下、6203 上、6204 上—下。

（宣統）《山東通志·藝文志》卷 152,《新編》2/12/9368 下。

《濟州金石志》2/44a、45b–46a、48a–49b,《新編》2/13/9486 下—9487 下、9489 上。附《濟州學碑釋文》、牟農星跋。

《獨笑齋金石文攷》第二集 6/17b–18a,《新編》2/16/11794 上—下。

《語石》3/3b,《新編》2/16/11899 上。

《隸韻·碑目》13a,《新編》2/17/12521 上。

《隸辨》7/74a–b,《新編》2/17/13072 下。

《金石錄續跋》44,《新編》2/18/13216 下。

《平安館藏碑目》,《新編》2/18/13382 下。

《竹崦盦金石目錄》6a,《新編》2/20/14549 下。

《范氏天一閣碑目》3,《新編》2/20/14606 上。

《寰宇貞石圖目錄》卷上/3a,《新編》2/20/14672 下。

《山左碑目》2/19a,《新編》2/20/14848 上。

《蒿里遺文目錄》1 上/2a,《新編》2/20/14938 上。

《佩文齋書畫譜·金石》61/15a 下,《新編》3/2/37 上。

《求恕齋碑錄》,《新編》3/2/524 上。

(民國)《濟寧直隸州續志·藝文志》19/19b—20a,《新編》3/26/56 上—下。附《金石後錄》。

《石目》,《新編》3/36/45 下。

《話雨樓碑帖目錄》1/4a、7a,《新編》3/36/533、539。

《竹崦盦金石目錄》6a,《新編》3/37/342 下。

《漢石存目》卷上/7a,《新編》3/37/524 上。

《佛金山館秦漢碑跋》11a—12b,《新編》3/38/136 下—137 上。

《碑帖跋》80 頁,《新編》3/38/228、4/7/434 下。

《雪堂金石文字跋尾》2/7a,《新編》3/38/291 上。

《中國金石學講義·正編》11a,《新編》3/39/139。

《碑版廣例》6/14b,《新編》3/40/308 下。

《漢魏六朝墓銘纂例》2/5b,《新編》3/40/444 上。

《金石備攷》附錄,《新編》4/1/90 下。

《激素飛清閣平碑記》卷 1,《新編》4/1/198 上。

《六藝之一錄》48/17a—b,《新編》4/4/711 上。

《雪堂所藏金石文字簿錄》40a—41b,《新編》4/7/389 下—390 上。

《金石圖》,《新編》4/10/559 上。

《漢隸字源》142—143 頁。

《魯迅全集》第八卷 "《鄭季宣殘碑》考",79 頁。

《魯迅輯校石刻手稿·碑銘》上冊 295—297 頁。附黃易、翁方綱等人題記。

《增補校碑隨筆》(修訂本)79—80 頁。

《碑帖鑒定》71—73 頁。

《善本碑帖錄》1/34。

《碑帖敘錄》218 頁。

《齊魯碑刻墓誌研究》"附表" 347 頁。

《漢魏石刻文學考釋》中冊 735—736、1006 頁。

《漢魏石刻文字繫年》101 頁。

《漢碑全集》6 冊 1861 頁。

《漢魏六朝碑刻校注·總目提要》編號 0429。

淑德大學《中國石刻拓本目錄》"碑碣等刻石" 編號 166—167。

中平 013

徐州□□刻石

《漢碑全集》考證為東漢中平三年（186）七月廿二日。1998 年在徐州市民間發現，現藏徐州市漢畫像石博物館。石方形，邊長 23 釐米。11 行，行字數不等，隸書。內容是為亡者建石墓的題記。

著錄：

《漢碑全集》5 冊 1859—1860 頁。（圖、文）

中平 014

陳寔壇碑

又名：陳仲弓壇碑。中平三年（186）八月，《金石錄》作"初平元年（190）十一月"，暫從中平三年。在亳州永城縣。篆書額題：故太丘長潁川陳君壇。

錄文著錄：

《隸釋》18/2b – 3a，《新編》1/9/6931 下—6932 上。

《六藝之一錄》48/23b – 24a，《新編》4/4/714 上—下。

《漢魏石刻文學考釋》上冊 339—340 頁。

碑目題跋著錄：

《隸釋》18/3a – 4a，《新編》1/9/6932 上—下。

《金石錄》1/10b、18/6a – b，《新編》1/12/8804 下、8908 下。

《中州金石考》3/8a，《新編》1/18/13689 下。

《金石彙目分編》9（1）/56a，《新編》1/28/20951 下。

《石刻題跋索引》20 頁左，《新編》1/30/22358。

《天下金石志》5/4，《新編》2/2/824 下。

《墨華通考》卷7,《新編》2/6/4371 上。

《碑藪》,《新編》2/16/11825 下。

《隸辨》7/75b-76a,《新編》2/17/13073 上—下。

《中州金石目錄》1/5b。《新編》2/20/14688 上。

《佩文齋書畫譜・金石》61/15a 下,《新編》3/2/37 上。

(乾隆)《歸德府志・金石文字》30/16b,《新編》3/28/238 下。附《漢隸碑目》。

《寒山堂金石林時地攷》卷上/18b,《新編》3/34/498 下。

《碑版廣例》6/4b、10a-b,《新編》3/40/303 下、306 下。

《金石備攷・歸德府》,《新編》4/1/57 上。

《古今書刻》下編/25b,《新編》4/1/147 上。

《漢隸字源》96—97 頁。

《漢魏石刻文學考釋》上冊 336—338 頁。

《漢魏石刻文字繫年》103—104 頁。

《漢魏六朝碑刻校注・總目提要》編號 0431。

中平 015

南陽太守秦頡碑及碑後題名

又名:南陽太守秦君碑。立碑時間或云東漢中平二年(185)、或云中平三年立(186),暫從三年。在襄州宜城縣,故吏所立。隸書,殘字存 90 餘字。篆書題額:漢故南陽太守秦君之碑。

圖版著錄:

《隸續》5/14a,《新編》1/10/7117 下。(碑額)

(民國)《湖北通志・金石志》2/19b-20b,《新編》1/16/11960 上—下。(碑額)

錄文著錄:

《隸釋》17/6b-7b,《新編》1/9/6924 下—6925 上。

(民國)《湖北通志・金石志》2/20b-21a,《新編》1/16/11960 下—11961 上。

(嘉慶)《湖北通志・金石一》88/7a-8b,《新編》3/13/6 上—下。

《襄陽府治·金石》18/3a-b,《新編》3/13/392 上。

（光緒）《南陽縣志·藝文下》10/19b-20a,《新編》3/30/196 上—下。

《六藝之一錄》49/24b-25b,《新編》4/4/731 下—732 上。

《漢魏石刻文學考釋》上冊 411—412 頁。

碑目題跋著錄：

《隸釋》17/7b-8a,《新編》1/9/6925 上—下。

《隸釋》20/23b-24a 引《水經注》,《新編》1/9/6958 上—下。

《隸釋刊誤》69a-b,《新編》1/9/7079 上。

《金石錄補》4/8a-b、25/14a,《新編》1/12/9008 下、9121 下。

（民國）《湖北通志·金石志》2/21b-22a,《新編》1/16/11961 上—下。附《集古後錄》。

《中州金石考》8/2a,《新編》1/18/13735 下。

《集古錄跋尾》3/10b,《新編》1/24/17857 下。

《集古錄目》2/5a-b,《新編》1/24/17953 上。

《通志·金石略》卷上/15b,《新編》1/24/18026 下。

《寶刻叢編》3/1a-2a、27b,《新編》1/24/18114 上—下、18127 上。

《輿地碑記目·襄陽府碑記》3/6b,《新編》1/24/18550 下。

《金石彙目分編》9（4）/60a、14/24b,《新編》1/28/21065 下、21394 下。

《石刻題跋索引》19 頁右—20 頁左,《新編》1/30/22357-22358。

《天下金石志》5/14,《新編》2/2/829 下。

《墨華通考》卷 6,《新編》2/6/4355 下。

《碑藪》,《新編》2/16/11830 上。

《語石》3/2a,《新編》2/16/11898 下。

《隸辨》7/72b-73b,《新編》2/17/13071 下—13072 上。

《中州金石目錄》1/5a,《新編》2/20/14688 上。

《佩文齋書畫譜·金石》61/15a 下,《新編》3/2/37 上。

（嘉慶）《湖北通志·金石一》88/8a,《新編》3/13/6 下。附《元豐類藁》。

《寒山堂金石林時地攷》卷上/13a，《新編》3/34/496 上。

汪本《隸釋刊誤》69a－b，《新編》3/37/584 下。

《金石備攷·南陽府》及附錄，《新編》4/1/62 上、87 上。

《水經注碑錄》卷八編號 218，《北山金石錄》上冊 184—185 頁。

《漢魏石刻文學考釋》上冊 410—411 頁。

《漢隸字源》93 頁。

《漢魏石刻文字繫年》101 頁。

《漢魏六朝碑刻校注·總目提要》編號 0433。

備考：秦頡，其事見《後漢書》卷八《孝靈帝紀》、卷三一《羊續傳》、卷七一《朱儁傳》。

中平 016

趙相劉衡碑

中平四年（187）二月卒，其年四月葬。在山東省歷城縣平陵城旁。

錄文著錄：

《隸釋》17/1a－2b，《新編》1/9/6922 上—下。

《漢碑錄文》4/32b－33b，《新編》2/8/6208 下—6209 上。

（宣統）《山東通志·藝文志》卷 149，《新編》2/12/9197 下。

《濟南金石志》2/1b－2b，《新編》2/13/9798 上—下。

《六藝之一錄》48/17b－19a，《新編》4/4/711 上—712 上。

《漢魏石刻文學考釋》中冊 753—754 頁。

碑目題跋著錄：

《隸釋》17/2b－3a，《新編》1/9/6922 下—6923 上。

《隸釋刊誤》68b，《新編》1/9/7078 下。

《金石錄》1/10a、18/5a－b，《新編》1/12/8804 下、8908 上。

《通志·金石略》卷上/21b，《新編》1/24/18029 下。

《寶刻叢編》1/35a，《新編》1/24/18097 上。

《金石彙目分編》10（1）/9a，《新編》1/28/21105 上。

《石刻題跋索引》20 頁左，《新編》1/30/22358。

《天下金石志》3/1，《新編》2/2/814 上。

《墨華通考》卷8,《新編》2/6/4387下。

《漢碑錄文》4/33b–34a,《新編》2/8/6209上—下。

(宣統)《山東通志·藝文志》卷149,《新編》2/12/9197下—9198上。

《濟南金石志》2/2b–3a,《新編》2/13/9798下—9799上。

《隸辨》7/76b,《新編》2/17/13073下。

《佩文齋書畫譜·金石》61/15b上,《新編》3/2/37上。

(乾隆)《歷城縣志·金石考一》23/3a–4a,《新編》3/25/338上—下。

汪本《隸釋刊誤》68b,《新編》3/37/584上。

《漢石例》2/17a,《新編》3/40/152上。

《漢魏六朝墓銘纂例》2/6a,《新編》3/40/444下。

《金石備攷·濟南府》,《新編》4/1/45上。

《漢隸字源》91頁。

《水經注碑錄》卷二編號35,《北山金石錄》上冊51—52頁。

《漢魏石刻文字繫年》102頁。

《漢魏六朝碑刻校注·總目提要》編號0434。

備考:《通志·金石略》著錄為"中和四年","中和"當是"中平"之誤。

中平017

小黃門譙敏碑

中平二年(185)三月九日卒,中平四年(187)七月十八日造碑。蔡邕撰。舊在冀州棗強縣,今佚。裝本,高、廣、行字數不可考。文隸書,篆書額題:漢故小黃門譙君之碑。

圖版著錄:

《漢碑大觀》第七集,《新編》2/8/6343下—6348下。(局部)

《小蓬萊閣金石文字》,《新編》3/1/575上—587下。

《金石索》石索四,下冊1507—1511頁。

《漢魏六朝碑刻校注》2冊74頁。

錄文著錄：

《八瓊室金石補正》6/15a – 16a，《新編》1/6/4098 上—下。

《隸釋》11/6b – 7a，《新編》1/9/6875 下—6876 上。

《兩漢金石記》16/11b – 12b，《新編》1/10/7438 上—下。

《平津館金石萃編》，《新編》2/4/2659 上—下。

《小蓬萊閣金石文字》，《新編》3/1/588 上。

《碑版廣例》4/25b – 26a，《新編》3/40/286 上—下。

《六藝之一錄》48/12a – 13a，《新編》4/4/708 下—709 上。

《全後漢文》105/4a – b，《全文》1 冊 1038 下。

《漢魏石刻文學考釋》中冊 750—751 頁。

《漢魏六朝碑刻校注》2 冊 75 頁。

碑目題跋著錄：

《八瓊室金石補正》6/18a – b，《新編》1/6/4099 下。

《隸釋》11/7b – 8a，《新編》1/9/6876 上—下。

《隸釋》21/25b – 26a 引《集古錄》，《新編》1/9/6975 上—下。

《隸釋》23/12a 引《集古錄目》，《新編》1/9/6995 下。

《隸釋》27/3a 引《天下碑錄》，《新編》1/9/7037 上。

《隸釋刊誤》11/54b，《新編》1/9/7071 下。

《兩漢金石記》1/37a、16/12b，《新編》1/10/7223 上、7438 下。

《集古求真》9/20a，《新編》1/11/8571 下。

《金石錄》1/10a，《新編》1/12/8804 下。

《金石錄補》25/20b – 21a，《新編》1/12/9124 下—9125 上。

《集古錄跋尾》3/19b – 20a，《新編》1/24/17862 上—下。

《集古錄目》2/5b，《新編》1/24/17953 上。

《通志·金石略》卷上/11b、17b，《新編》1/24/18024 下、18027 下。

《寶刻叢編》6/10a – 11a，《新編》1/24/18168 下—18169 上。

《平津讀碑記再續》4a – b，《新編》1/26/19463 下。

《寰宇訪碑錄》1/6b，《新編》1/26/19854 下。

《金石彙目分編》3（2）/37a，《新編》1/27/20711 上。

《石刻題跋索引》20 頁左，《新編》1/30/22358。

《天下金石志》1/7,《新編》2/2/804 下。

《墨華通考》1/12a、14b、19a,《新編》2/6/4296 下、4297 下、4300 上。

(光緒)《畿輔通志·金石十四》151/16b-18a,《新編》2/11/8622 下—8623 下。附趙國麟、翁方綱跋。

《京畿金石考》卷下/14a,《新編》2/12/8774 下。

《碑藪》,《新編》2/16/11834 下。

《續校碑隨筆·孤本》卷下/7a,《新編》2/17/12505 上。

《隸辨》7/76b-77a,《新編》2/17/13073 下—13074 上。

《古今碑帖考》10a,《新編》2/18/13167 下。

《集古錄補目補》卷上/12b,《新編》2/20/14515 上。

《畿輔碑目》卷上/1b,《新編》2/20/14779 上。

《小蓬萊閣金石文字》,《新編》3/1/588 上—下。

《兩浙金石別錄》卷上/8a,《新編》3/10/457 上。

《寒山堂金石林時地攷》卷上/2a,《新編》3/34/490 下。

《石墨餘馨》,《新編》3/35/338。

《石目》,《新編》3/36/45 下。

汪本《隸釋刊誤》54b,《新編》3/37/577 上。

《蘇齋題跋》卷上/30a,《新編》3/38/631 下。

《廣川書跋》5/15a-b,《新編》3/38/722 上。

《漢石例》1/25b,《新編》3/40/137 上。

《碑版廣例》6/12a,《新編》3/40/307 下。

《漢魏六朝墓銘纂例》2/6a,《新編》3/40/444 下。

《東觀餘論》卷下/9b-10b,《新編》3/40/666 下—667 上。

《金石備攷·真定府》,《新編》4/1/8 下。

《古今書刻》下編/3b,《新編》4/1/136 上。

《墨池篇》6/5a,《新編》4/9/669 上。

《漢隸字源》64 頁。

《太平寰宇記碑錄》編號 115,《北山金石錄》上冊 285 頁。

《善本碑帖錄》1/40。

《碑帖敘錄》256 頁。

《漢魏石刻文學考釋》中冊 747 頁。

《漢魏石刻文字繫年》102 頁。

《漢魏六朝碑刻校注·總目提要》編號 0435。

論文：

秦明：《黃易的訪碑圖與碑刻鑒藏（之三）——"漢魏五碑"》，《紫禁城》2010 年第 5 期。

趙德波：《〈小黃門譙敏碑〉系蔡邕所撰補正考辨》，《古籍整理研究學刊》2011 年第 6 期。

備考：《隸釋》引《天下碑錄》"熊敏碑"，在棗強縣，諸書無著錄，疑即"譙敏碑"，故附此。《善本碑帖錄》誤作"焦敏"。

中平 018

任君殘碑陰

又作：先生任君等題名、掾杜峻等題字。中平四年（187）九月十日，或云光和四年（181）九月十日，暫從中平四年。在成都高公石室。《隸續·碑式》載，八行，行二十三字。

錄文著錄：

《隸續》2/7b，《新編》1/10/7099 上。

《漢魏石刻文學考釋》上冊 169 頁。

碑目題跋著錄：

《隸續》2/7b–8a、7/6b，《新編》1/10/7099 上—下、7135 下。

《金石錄補》25/15b，《新編》1/12/9122 上。

《寶刻類編·名臣》1/11a，《新編》1/24/18412 上。

《金石彙目分編》16（1）/2b，《新編》1/28/21449 下。

《石刻題跋索引》23 頁右，《新編》1/30/22361。

《蜀碑記補》1/13，《新編》2/12/8731 上。

《隸辨》7/68a–b，《新編》2/17/13069 下。

《佩文齋書畫譜·金石》61/19a 上、21b 下，《新編》3/2/39 上、40 上。

（嘉慶）《四川通志・輿地志・金石》58/8b－9a,《新編》3/14/476下—477上。

《紅藕齋漢碑彙鈔集跋》,《新編》3/38/524下—525上、539下—540上。

《六藝之一錄》52/15b、29b,《新編》4/4/775上、782上。

《漢隸字源》108—109頁。

《漢魏石刻文學考釋》上冊168—169頁。

《漢魏六朝碑刻校注・總目提要》編號0439。

中平019

陳度碑

中平二年（185）卒，中平四年（187）九月廿日立碑。在許州。殘存約200字。

錄文著錄：

《隸續》19/8b－9b,《新編》1/10/7191下—7192上。

《漢魏石刻文學考釋》中冊755—756頁。

碑目題跋著錄：

《隸續》19/9b,《新編》1/10/7192上。

《金石錄》1/10b、18/5b,《新編》1/12/8804下、8908上。

《寶刻叢編》5/3b,《新編》1/24/18144上。

《石刻題跋索引》20頁右,《新編》1/30/22358。

《隸辨》7/76a－b,《新編》2/17/13073下。

《中州金石目錄》1/5b。《新編》2/20/14688上。

《佩文齋書畫譜・金石》61/15b上,《新編》3/2/37上。

《紅藕齋漢碑彙鈔集跋》,《新編》3/38/515上—下。

《六藝之一錄》48/20b,《新編》4/4/712下。

《漢隸字源》143頁。

《漢魏石刻文字繫年》102頁。

《漢魏六朝碑刻校注・總目提要》編號0436。

中平 020

任元升神門題字

中平四年（187）十二月十三日。1983年出土於成都市燃燈寺漢磚墓。石高140、寬32釐米。文隸書，2行，滿行11字。

著錄：

《漢碑全集》6冊1873—1874頁。（圖、文）

《成都出土歷代墓銘券文圖錄綜釋》5—6頁。（圖、文）

《漢魏石刻文字繫年》150頁。（跋）

《漢魏六朝碑刻校注·總目提要》編號0680。（目）

論文：

毛求學：《燃燈寺東漢墓》，《成都文物》1984年第1期。

中平 021

議郎胡公夫人趙永姜哀讚（胡顥母）

中平四年（187）卒於京師。蔡邕撰。

錄文著錄：

《全後漢文》79/5b–6a，《全文》1冊898上—下。

《蔡中郎文集》4/11b–13a，《四部叢刊初編》第98冊。

《蔡中郎集》6/32b–34b，景印文淵閣《四庫全書·集部》1063冊228上—229上。

《漢魏石刻文學考釋》下冊1180—1181頁。

碑目題跋著錄：

《漢石例》1/11b、2/20a、2/25a，《新編》3/40/130上、153下、156上。

《漢魏六朝墓銘纂例》2/6b，《新編》3/40/444下。

《漢魏石刻文學考釋》下冊1179—1180頁。

《漢魏六朝碑刻校注·總目提要》編號0438。

中平 022

安邑長尹儉碑

中平四年（187）立。在彭水西北。

碑目題跋著錄：

《隸釋》20/27b 引《水經注》，《新編》1/9/6960 上。

《金石彙目分編》9（4）/84a，《新編》1/28/21077 下。

《隸辨》8/55b，《新編》2/17/13102 上。

《佩文齋書畫譜·金石》61/15b 上，《新編》3/2/37 上。

《紅藕齋漢碑彙鈔集跋》，《新編》3/38/469 下。

《六藝之一錄》51/13b，《新編》4/4/759 上。

《水經注碑錄》卷九編號 239，《北山金石錄》上冊 200—201 頁。

中平 023
大司農陳群碑

又名：大司農陳君碑。中平四年（187）。有四碑，在陳留縣北二十八里。篆書額題：大司農陳群墓。

碑目題跋著錄：

《金石錄補》25/13b，《新編》1/12/9121 上。

《通志·金石略》卷上/11a，《新編》1/24/18024 下。

《寶刻叢編》1/18b，《新編》1/24/18088 下。

《金石彙目分編》9（1）/11a，《新編》1/28/20929 上。

《石刻題跋索引》24 頁左，《新編》1/30/22362。

《墨華通考》卷 7，《新編》2/6/4368 上。

《古今碑帖考》10a，《新編》2/18/13167 下。

《中州金石目錄》1/6a，《新編》2/20/14688 下。

《六藝之一錄》52/21a，《新編》4/4/778 上。

《墨池篇》6/5a，《新編》4/9/669 上。

《太平寰宇記碑錄》編號 3，《北山金石錄》上冊 255 頁。

《漢魏石刻文學考釋》中冊 814—815 頁。

《漢魏石刻文字繫年》123 頁。

《漢魏六朝碑刻校注·總目提要》編號 0518。

中平 024
司空掾陳寔碑三

其一：司空掾陳寔碑

又名：陳太丘碑、司空掾陳君碑、司空掾陳實碑。中平五年（188）三月。蔡邕撰。在許州鄢城縣陳太丘墓側。文隸書，殘存約 70 字。篆額，額題：漢故司空掾陳君碑。碑為豫州刺史所立。

錄文著錄：

《隸續》19/11b – 12a，《新編》1/10/7193 上—下。（節文）

《全後漢文》78/3a – b，《全文》1 冊 893 上。

《蔡中郎集》2/38a – 40b，《漢魏六朝百三名家集》1 冊 552 下—553 下。

《蔡中郎集》5/3a – 4a，景印文淵閣《四庫全書·集部》1063 冊 196 下—197 上。

《蔡中郎文集》2/6b – 7b，《四部叢刊初編》第 98 冊。

《漢魏石刻文學考釋》上冊 342—343 頁。

碑目題跋著錄：

《隸續》19/12a – b，《新編》1/10/7193 下。

《集古求真續編》6/17b，《新編》1/11/8769 上。

《金石錄》2/2b、19/7b，《新編》1/12/8806 下、8914 上。

《中州金石考》2/9b，《新編》1/18/13682 上。

《寶刻叢編》5/4a，《新編》1/24/18144 下。

《寶刻類編》1/9b，《新編》1/24/18411 上。

《金石彙目分編》9（1）/47b，《新編》1/28/20947 上。

《石刻題跋索引》20 頁左，《新編》1/30/22358。

《天下金石志》16/3，《新編》2/2/871 下。

《隸辨》7/77b – 78b，《新編》2/17/13074 上—下。

《中州金石目錄》1/5b，《新編》2/20/14688 上。

《佩文齋書畫譜·金石》61/15b 上、下，《新編》3/2/37 上。

《漢石例》2/27a，《新編》3/40/157 上。

《金石備攷》附錄，《新編》4/1/91 上。

《六藝之一錄》48/22b，《新編》4/4/713 下。

《太平寰宇記碑錄》編號 17，《北山金石錄》上冊 259 頁。

《漢魏石刻文學考釋》上冊 336—338 頁。

《漢魏六朝碑刻校注・總目提要》編號0441。

其二：陳太丘碑

又名：陳仲弓碑、陳寔碑。中平三年（186）八月卒。《漢隸字源》云：中平五年（188）立。蔡邕書。此碑為河南尹種府君所立。在許州。額題：漢故司空掾陳君碑。

錄文著錄：

（民國）《許昌縣志・金石》16/2a－3b，《新編》3/28/333 下—334 上。

《碑版廣例》4/8b－10b，《新編》3/40/277 下—278 下。

《蔡中郎集》2/35a－37a，《漢魏六朝百三名家集》1 冊 551 上—552 上。

《全後漢文》78/1a－2a，《全文》1 冊 892 上—下。

《蔡中郎文集》2/4b－6b，《四部叢刊初編》第 98 冊。

《蔡中郎集》5/1a－3a，景印文淵閣《四庫全書・集部》1063 冊 195 下—196 下。

《漢魏石刻文學考釋》上冊 341—342 頁。

碑目題跋著錄：

《天下金石志》16/3，《新編》2/2/871 下。

《石墨考異》卷上，《新編》2/16/11637 上。

《佩文齋書畫譜・金石》61/15b 下，《新編》3/2/37 上。

《漢石例》1/26b、1/29a、1/33b、1/35b、2/10a－b、2/12b、2/29b、3/16b，《新編》3/40/137 下、139 上、141 上、142 上、148 下、149 下、158 上、172 下。

《漢魏六朝志墓金石例》1/3a－b、3/2a－b，《新編》3/40/397 上、415 下。

《漢魏六朝墓銘纂例》2/5b－a，《新編》3/40/444 上。

《漢隸字源》144 頁。

《漢魏石刻文學考釋》上冊 337—338 頁。

《漢魏石刻文字繫年》103 頁。

論文：

鄒水杰：《〈陳太丘碑〉"河南尹種府君"考辨》，《文獻》2017 年第 5 期。

備考：兩碑皆題名"司空掾陳君碑"，然碑文內容不同，故有錄文者分開著錄。碑目題跋難以分辨者，兩碑皆著錄。

其三：文範先生陳仲弓銘

又名：陳太丘廟碑。中平三年（186）八月卒，中平五年（188）立。蔡邕撰。碑為二三友生所立。在許州鄢城。額題：漢文範先生陳仲弓之碑。

錄文著錄：

《全後漢文》78/2a – 3a，《全文》1 冊 892 下—893 上。

《蔡中郎集》2/37a – 38a，《漢魏六朝百三名家集》1 冊 552 上—下。

《蔡中郎集》5/4a – 6b，景印文淵閣《四庫全書·集部》1063 冊 197 上—198 上。

《蔡中郎文集》2/2b – 4b，《四部叢刊初編》第 98 冊。

《漢魏石刻文學考釋》上冊 340—341 頁。

碑目題跋著錄：

《隸續》15/1a，《新編》1/10/7173 上。

《兩漢金石記》19/5a，《新編》1/10/7469 上。

《金石錄》1/10b、18/5b – 6a，《新編》1/12/8804 下、8908 上—下。

《中州金石考》2/9a，《新編》1/18/13682 上。

《寶刻叢編》5/3a、3b，《新編》1/24/18144 上。

《寶刻類編》1/10a，《新編》1/24/18411 下。

《金石彙目分編》9（1）/47b，《新編》1/28/20947 上。

《石刻題跋索引》20 頁右，《新編》1/30/22358。

《石墨考異》卷上，《新編》2/16/11637 上。

《隸辨》7/75a – b，《新編》2/17/13073 上。

《中州金石目錄》1/5a – b，《新編》2/20/14688 上。

（民國）《鄢城縣記·金石篇》17/1b – 3a，《新編》3/28/395 上—396 上。

《石墨餘馨》，《新編》3/35/337。

《石目》,《新編》3/36/45 下。

《漢石例》1/17b、2/5a、2/11b、2/19b、2/31a,《新編》3/40/133 上、146 上、149 上、153 上、159 上。

《漢魏六朝志墓金石例》1/3b – 4b、2/6a、3/2b,《新編》3/40/397 上—下、415 下、444 下。

《六藝之一錄》48/21b – 22a,《新編》4/4/713 上—下。

《漢隸字源》134 頁。

《漢魏石刻文學考釋》上冊 337—338 頁。

《漢魏石刻文字繫年》103 頁。

《漢魏六朝碑刻校注·總目提要》編號 0442。

備考：陳寔，字仲弓,《後漢書》卷六二有傳。

中平 025

巴郡太守張納功德敘并陰

張納或作"張訥"、"張汭"。東漢中平五年（188）三月書。重慶府巴縣。據《隸續·碑式》：文十七行，行四十一字；陰乃題名，前兩行二人，後十五行行五人，末行署書碑年月及祝詞。碑無額，首題：巴郡太守都亭侯張府君功德敘。

錄文著錄：

《隸釋》5/10b – 12a、13a – 14b,《新編》1/9/6808 下—6809 下、6810 上—下。

（民國）《巴縣志·金石上》20 上/4b – 7b,《新編》3/15/238 下—240 上。

《六藝之一錄》49/9b – 11b、13a – 14b,《新編》4/4/724 上—725 上、726 上—下。

《全後漢文》105/4b – 5b,《全文》1/1038 下—1039 上。（碑陽）

《漢魏石刻文學考釋》下冊 1368—1370 頁。

碑目題跋著錄：

《隸釋》5/12b、14b – 15a,《新編》1/9/6809 下、6910 下—6911 上。

《隸釋刊誤》5/23a-b，《新編》1/9/7056 上。

《隸續》7/6a，《新編》1/10/7135 下。

《金石錄》2/2b、19/6a-b，《新編》1/12/8806 下、8913 下。

《金石錄補》25/14a，《新編》1/12/9121 下。

《金石錄補續跋》4/15a-b，《新編》1/12/9165 上。

《通志·金石略》卷上/22b，《新編》1/24/18030 上。

《寶刻叢編》18/10b-11a，《新編》1/24/18349 下—18350 上。

《輿地碑記目·重慶府碑記》4/25a，《新編》1/24/18572 上。

《金石彙目分編》16（2）/1a-b，《新編》1/28/21483 上。

《石刻題跋索引》20 頁右，《新編》1/30/22358。

《天下金石志》7/5、16/3，《新編》2/2/844 上、871 下。

《墨華通考》卷 11，《新編》2/6/4431 下。

《蜀碑記補》2/19-20，《新編》2/12/8732 下。

《隸辨》7/77a-b，《新編》2/17/13074 上。

《金石錄續跋》51，《新編》2/18/13220 下。

《佩文齋書畫譜·金石》61/15b 下，《新編》3/2/37 上。

（嘉慶）《四川通志·輿地志》58/24a，《新編》3/14/484 下。

（民國）《巴縣志·金石上》20 上/6a、7b-9a，《新編》3/15/239 下、240 上—241 上。

《蜀碑記》2/1a，《新編》3/16/316 上。

《燕庭金石叢稿》，《新編》3/32/513 下、514 上。

《寒山堂金石林時地攷》卷下/17a，《新編》3/34/510 上。

汪本《隸釋刊誤》23a-b，《新編》3/37/561 下。

《紅藕齋漢碑彙鈔集跋》，《新編》3/38/515 上、526 上。

《漢石例》1/23b，《新編》3/40/136 上。

《碑版廣例》6/10a、13a、20a，《新編》3/40/306 下、308 上、311 下。

《金石備攷·重慶府》及附錄，《新編》4/1/75 下、91 下。

《漢隸字源》37—38 頁。

《漢魏石刻文字繫年》102—103 頁。

《漢魏六朝碑刻校注·總目提要》編號0440。

初平

初平001

圉令趙君碑

中平五年（188）十一月卒，初平元年（190）十二月廿八日立碑。碑舊在河南南陽，久佚。拓本通高176、寬83釐米。文隸書，13行，滿行19字。額隸書，2行，行4字。額題：漢故圉令趙君之碑。

圖版著錄：

《隸續》5/12b，《新編》1/10/7116下。（碑額）

《隨軒金石文字》，《新編》2/8/5918－5928上。

《漢碑大觀》第七集，《新編》2/8/6349上—6350下。（局部）

《小蓬萊閣金石文字》，《新編》3/1/639上—649上。

《北京圖書館藏中國歷代石刻拓本匯編》1冊183頁。

《漢碑全集》6冊1875—1893頁。

《漢魏六朝碑刻校注》2冊77頁。

錄文著錄：

《隸釋》11/8a－b，《新編》1/9/6876下。

《金石古文》14/3a，《新編》1/12/9434上。（節文）

《續語堂碑錄》，《新編》2/1/83下。

《平津館金石萃編》，《新編》2/4/2660下。

《小蓬萊閣金石文字》，《新編》3/1/649下。

（光緒）《南陽縣志·藝文下》10/12a－b，《新編》3/30/192下。

《六藝之一錄》50/1a－b，《新編》4/4/737上。

《全後漢文》105/5b－6a，《全文》1冊1039上—下。

《漢魏石刻文學考釋》中冊758頁。

《漢碑全集》6冊1877頁。

《漢魏六朝碑刻校注》2冊78頁。

碑目題跋著錄：

《隸釋》11/8b－9a，《新編》1/9/6876 下—6877 上。

《隸釋刊誤》55a，《新編》1/9/7072 上。

《集古求真》9/20b，《新編》1/11/8571 下。

《集古求真補正》3/34b，《新編》1/11/8679 下。

《金石錄》1/10b、18/6b，《新編》1/12/8804 下、8908 下。

《中州金石考》8/2b，《新編》1/18/13735 下。

《通志·金石略》上/21b，《新編》1/24/18029 下。

《寶刻叢編》3/27a，《新編》1/24/18127 上。

《潛研堂金石文字目錄》1/5b，《新編》1/25/19009 上。

《鐵橋金石跋》1/9b－10a，《新編》1/25/19309 上—下。

《寰宇訪碑錄》1/6b，《新編》1/26/19854 下。

《金石彙目分編》9（4）/60b，《新編》1/28/21065 下。

《石刻題跋索引》20 頁右，《新編》1/30/22358。

《續語堂碑錄》，《新編》2/1/84 上—85。

《天下金石志》5/14，《新編》2/2/829 下。

《平津館金石萃編》，《新編》2/4/2661 下—2662 上。附《四錄堂類集》。

《墨華通考》卷 7，《新編》2/6/4384 下。

《隨軒金石文字》，《新編》2/8/5928 下。

《碑藪》，《新編》2/16/11826 上。

《續校碑隨筆·孤本》卷下/7a，《新編》2/17/12505 上。

《隸辨》8/1a，《新編》2/17/13075 上。

《古今碑帖考》10a，《新編》2/18/13167 下。

《定庵題跋》19b－20a，《新編》2/19/14295 上—下。

《范氏天一閣碑目》3，《新編》2/20/14606 上。

《寰宇貞石圖目錄》卷下/2a，《新編》2/20/14678 上。

《中州金石目錄》1/5b，《新編》2/20/14688 上。

《小蓬萊閣金石文字》，《新編》3/1/649 下—650 下。附黃易、翁方綱等人題跋。

《佩文齋書畫譜·金石》61/16a 上，《新編》3/2/37 下。

《兩浙金石別錄》卷上/8a，《新編》3/10/457 上。

（光緒）《南陽縣志·藝文下》10/13b－14a，《新編》3/30/193 上—下。附宋繼郊跋。

《寒山堂金石林時地攷》卷上/19b，《新編》3/34/499 上。

《石墨餘馨》，《新編》3/35/338。

《石目》，《新編》3/36/45 下。

《中州金石目》4/15b，《新編》3/36/179 上。

《金石萃編補目》1/1b，《新編》3/37/484 上。

汪本《隸釋刊誤》55a，《新編》3/37/577 下。

《東洲草堂金石跋》3/17b－19a，《新編》3/38/95 下—96 下。

《紅藕齋漢碑彙鈔集跋》，《新編》3/38/510 上—下、521 下。

《漢石例》2/19a，《新編》3/40/153 上。

《漢魏六朝墓銘纂例》2/6b，《新編》3/40/444 下。

《金石備攷·南陽府》，《新編》4/1/62 上。

《古今書刻》下編/25a，《新編》4/1/147 上。

《激素飛清閣平碑記》卷1，《新編》4/1/198 上。

《弇州山人四部稿·墨刻跋》134/3b－4a，《新編》4/6/573 下—574 上。

《墨池篇》6/5a，《新編》4/9/669 上。

《漢隸字源》65 頁。

《善本碑帖錄》1/37－38。

《碑帖敘錄》157 頁。

《漢魏石刻文學考釋》中冊 756 頁。

《漢魏石刻文字繫年》104 頁。

《漢魏六朝碑刻校注·總目提要》編號 0445。

淑德大學《中國石刻拓本目錄》"碑碣等刻石"編號 169。

初平 002

北海太守為盧氏婦刻石

初平四年（193）正月一日刻，公孫禮刊。拓片高 70、寬 38 釐米。

文隸書，10 行，行約存 21 字。

著錄：

《北京圖書館藏中國歷代石刻拓本匯編》1 冊 184 頁。（圖）

《漢魏六朝碑刻校注》2 冊 79—80 頁。（圖、文）

《漢魏石刻文字繫年》104 頁。（跋）

《漢魏六朝碑刻校注·總目提要》編號 0448。（目）

建　安

建安 001

幽州刺史趙融碑

建安元年（196）立。碑在郁夷縣平陽故城北。

碑目題跋著錄：

《隸釋》20/9a–b 引《水經注》，《新編》1/9/6951 上。

《金石彙目分編》12（2）/47a，《新編》1/28/21359 上。

《隸辨》8/50b，《新編》2/17/13099 下。

《佩文齋書畫譜·金石》61/9a 下，《新編》3/2/34 上。

《紅藕齋漢碑彙鈔集跋》，《新編》3/38/503 下。

《六藝之一錄》51/7a，《新編》4/4/756 上。

《水經注碑錄》卷四編號 114，《北山金石錄》上冊 102—103 頁。

備考：趙融，其事見《後漢書》卷八《靈帝紀》"初置西園八校尉"條注、卷六九《何進傳》、卷七四上《袁紹傳》"以紹爲佐軍校尉"條注；《三國志》卷六《袁紹傳》"并其衆"條注、五八《陸遜傳》等。然是否碑主，因未見錄文，待考。

建安 002

郭擇趙汜碑

又名：監北江堋守史碑。建安四年（199）正月中旬刻。2005 年 3 月四川都江堰出土。拓片高 210、寬 97 釐米。文隸書，15 行，滿行 28 字。首題：建安四年正月中旬故監北江堋太守守史郭擇趙汜碑。

圖版著錄：

《北京大學圖書館新藏金石拓本菁華 1996—2012》52 頁。

論文：

宋治民：《都江堰渠首新出土漢碑及相關問題》，《四川文物》2007 年第 4 期。

林向：《都江堰渠首外江新出土漢碑的初步考察》，《中華文化論壇》2007 年第 3 期。

何崝：《蜀中漢碑三題》，《西華大學學報》2009 年第 6 期。

羅開玉：《關於〈建安四年北江塴碑〉的幾點認識》，《四川文物》2011 年第 3 期。

馮廣宏：《〈監北江塴守史碑〉的發現及其重要意義》，《西華大學學報》2011 年第 5 期。

建安 003

巴郡太守樊敏碑

建安八年（203）卒，建安十年（205）三月上旬造碑。劉盛息劉懆書。清嘉慶、道光年間再次訪得，為重刻，非原石。碑在四川省蘆山縣城南沫東鄉石箱村石馬壩。碑通高 293、寬 120、厚 26 釐米。文隸書，21 行（重刻之石作 18 行），滿行 29 字。篆書額題：漢故領校巴郡太守樊府君碑。

圖版著錄：

《金石苑》卷 1，《新編》1/9/6250 下。（碑額）

《隸續》5/1a，《新編》1/10/7111 上。（碑額）

《二銘草堂金石聚》11/29a–45b，《新編》2/3/2123 上—2131 上。

《隨軒金石文字》，《新編》2/8/5929 上—5946 下。

《漢碑大觀》第七集，《新編》2/8/6355 下—6358 下。（局部）

《北京圖書館藏中國歷代石刻拓本匯編》1 冊 187 頁。

《四川歷代碑刻》70 頁。

《漢碑全集》6 冊 1896—1897、1899—1927 頁。

《漢魏六朝碑刻校注》2 冊 81 頁。

錄文著錄：

《八瓊室金石補正》6/20a－22a,《新編》1/6/4100 下—4101 下。

《金石苑》卷 1,《新編》1/9/6251 上—下。

《隸釋》11/9a－11a,《新編》1/9/6877 上—6878 上。

《十二硯齋金石過眼錄》2/10a－11b,《新編》1/10/7806 下—7807 上。

《金石古文》9/5a－6b,《新編》1/12/9415 上—下。

《續語堂碑錄》,《新編》2/1/86 上—下。

(民國)《巴縣志·金石上》20 上/10b－11b,《新編》3/15/241 下—242 上。

《紅藕齋漢碑彙鈔集跋》,《新編》3/38/559 上—下。

《碑版廣例》3/26b－28a,《新編》3/40/272 下—273 下。

《六藝之一錄》50/3a－5a,《新編》4/4/738 上—739 上。

《全後漢文》105/6b－7a,《全文》1 冊 1039 下—1040 上。

《魯迅輯校石刻手稿·碑銘》上冊 301—303 頁。

《四川歷代碑刻》71 頁。

《漢魏石刻文學考釋》中冊 779—780 頁。

《漢碑全集》6 冊 1898 頁。

《漢魏六朝碑刻校注》2 冊 82 頁。

碑目題跋著錄：

《八瓊室金石補正》6/26b－33a,《新編》1/6/4103 下—4107 上。

《金石苑》卷 1,《新編》1/9/6252 下。

《隸釋》11/11a－12b,《新編》1/9/6878 上—下。

《隸釋刊誤》55a－b,《新編》1/9/7072 上。

《隸續》5/1b－2b,《新編》1/10/7111 上—下。

《十二硯齋金石過眼錄》2/11b－12b,《新編》1/10/7807 上—下。

《集古求真》9/19b－20a,《新編》1/11/8571 上—下。

《集古求真補正》3/34a,《新編》1/11/8679 下。

《金石錄》1/10b、18/7a－8a,《新編》1/12/8804 下、8909 上—下。

《金石錄補》25/21a,《新編》1/12/9125 上。

《金石錄補續跋》4/10b－11a,《新編》1/12/9162 下—9163 上。

《金石文字記》2/1a－2a,《新編》1/12/9211 上—下。

《通志·金石略》卷上/21b,《新編》1/24/18029 下。

《輿地碑記目·雅州碑記》4/7a,《新編》1/24/18563 上。

《藝風堂金石文字目》1/13a,《新編》1/26/19529 上。

《寰宇訪碑錄》1/7a,《新編》1/26/19855 上。

《寰宇訪碑錄校勘記》1/4b,《新編》1/27/20103 下。

《續補寰宇訪碑錄》1/4b,《新編》1/27/20304 下。

《金石彙目分編》16(2)/66a,《新編》1/28/21515 下。

《石刻題跋索引》20 頁右—21 頁左,《新編》1/30/22358 – 22359。

《續語堂碑錄》,《新編》2/1/70 下、85 下。

《天下金石志》7/9、16/5,《新編》2/2/846 上、872 下。

《二銘草堂金石聚》11/46b – 47b,《新編》2/3/2131 下—2132 上。

《墨華通考》卷 11,《新編》2/6/4440 下。

《隨軒金石文字》,《新編》2/8/5946 下—5947 上。

《蜀碑記補》6/37 – 38,《新編》2/12/8737 上。

《獨笑齋金石文攷》第二集 7/12b – 14b,《新編》2/16/11800 下—11801 下。

《語石》6/29a,《新編》2/16/11977 上。

《金石例補》2/5a、8b,《新編》2/17/12368 上、12369 下。

《隸辨》8/2b – 3a,《新編》2/17/13075 下—13076 上。

《古今碑帖考》10a,《新編》2/18/13167 下。

《金石錄續跋》45 – 46,《新編》2/18/13217 上—下。

《平安館藏碑目》,《新編》2/18/13383 上。

《定庵題跋》17b – 19b,《新編》2/19/14294 上—14295 上。

《金石苑目》"蘆山",《新編》2/20/14649 下。

《寰宇貞石圖目錄》卷上/3b,《新編》2/20/14672 下。

《古林金石表》6a,《新編》2/20/14896 下。

《蒿里遺文目錄》1 上/2a,《新編》2/20/14938 上。

《佩文齋書畫譜·金石》61/16a 上,《新編》3/2/37 下。

(嘉慶)《四川通志·輿地志》59/17b、20b,《新編》3/14/504 上、505 下。

（民國）《巴縣志・金石上》20 上/11b – 13b,《新編》3/15/242 上—243 上。

《蜀碑記》6/2a,《新編》3/16/329 下。

《燕庭金石叢稿》,《新編》3/32/597 上。

《石墨餘馨》,《新編》3/35/338。

《石目》,《新編》3/36/45 下。

《漢石存目》卷上/7a,《新編》3/37/524 上。

汪本《隸釋刊誤》55a – b,《新編》3/37/577 下。

《碑帖跋》42 頁,《新編》3/38/190、4/7/425 上。

《紅藕齋漢碑彙鈔集跋》,《新編》3/38/559 下—560 下。附楊升庵、孟慶雲跋。

《中國金石學講義・正編》11b,《新編》3/39/140。

《漢石例》1/15b、2/17b,《新編》3/40/132 上、152 上。

《碑版廣例》3/28a、6/8b,《新編》3/40/273 下、305 下。

《漢魏六朝墓銘纂例》2/7a,《新編》3/40/445 上。

《金石備攷・雅州》及附錄,《新編》4/1/77 下、92 上。

《古今書刻》下編/42b,《新編》4/1/155 下。

《激素飛清閣平碑記》卷 1,《新編》4/1/198 上—下。

《庚子銷夏記》5/9b – 10a,《新編》4/6/627 上—下。

《雪堂所藏金石文字簿錄》41b,《新編》4/7/390 上。

《墨池篇》6/5a,《新編》4/9/669 上。

《漢隸字源》65 頁。

《增補校碑隨筆》（修訂本）85 頁。

《善本碑帖錄》34—35 頁。

《碑帖敘錄》225 頁。

《漢魏石刻文學考釋》中冊 773 頁。

《漢魏石刻文字繫年》105 頁。

《漢魏六朝碑刻校注・總目提要》編號 0452。

淑德大學《中國石刻拓本目錄》"碑碣等刻石"編號 171。

論文：

陶鳴寬、曹恒鈞：《蘆山縣的東漢石刻》，《文物參考資料》1957年第10期。

魏學鋒：《樊敏闕、碑的歷史文化價值》，《文史雜誌》1988年第1期。

謝凌：《東漢巴郡太守樊敏碑考》，《四川文物》2000年第1期。

建安 004

趙儀碑

建安十三年（208）十一月二十日立。劉盛刻。2000年6月在四川蘆山縣姜城遺址出土，現藏蘆山縣博物館。碑被鑿為三塊，一長112、寬53、厚30釐米；一長115、寬50、厚32釐米；一長115、寬53、厚33釐米。隸書，5行，行存26至28字。

著錄：

《北京大學圖書館新藏金石拓本菁華1996—2012》53頁。（圖）

《漢碑全集》6冊1928—1941頁。（圖、文）

《漢魏六朝碑刻校注》2冊86—87頁。（圖、文）

《漢魏六朝碑刻校注·總目提要》編號0453。（目）

論文：

李炳忠、郭鳳武：《新發現四川蘆山趙儀碑考略》，《中國書法》2005年第9期。

何崝、邱登成：《〈雅安新出漢碑二種〉讀後》，《四川文物》2007年第1期。

何崝：《蜀中漢碑三題》，《西華大學學報》2009年第6期。

郭鳳武：《蘆山出土〈趙儀碑〉考釋》，《中華文化論壇》2015年第8期。

建安 005

益州太守高頤碑、闕

其一：高頤碑

又名：高孝廉碑。建安十四年（209）八月卒。在四川雅安縣。高一丈一尺四寸，廣五尺三寸。《隸續》卷五載，18行，行21字。隸書額題：

漢故益州太守高君之碑。《續補寰宇訪碑錄》載有碑陰，八分書。

圖版著錄：

《金石苑》卷1，《新編》1/9/6253 上。（碑額）

《隸續》5/9a，《新編》1/10/7115 上。（碑額）

《二銘草堂金石聚》11/48a – 60a，《新編》2/3/2132 下—2138 下。

《四川歷代碑刻》48 頁。

錄文著錄：

《八瓊室金石補正》7/1a – 2a，《新編》1/6/4108 上—下。

《金石苑》卷1，《新編》1/9/6253 下。

《隸釋》11/12b – 13b，《新編》1/9/6878 下—6879 上。

《六藝之一錄》50/10a – 11a，《新編》4/4/741 下—742 上。

《全後漢文》105/7b – 8a，《全文》1 冊 1040 上—下。

《四川歷代碑刻》47 頁。

《漢魏石刻文學考釋》中冊 782 頁。

碑目題跋著錄：

《金石苑》卷1，《新編》1/9/6254 下。

《隸釋》11/13b – 14a，《新編》1/9/6879 上—下。

《隸釋刊誤》55b，《新編》1/9/7072 上。

《隸續》5/9a，《新編》1/10/7115 上。

《輿地碑記目·雅州碑記》4/7a，《新編》1/24/18563 上。

《藝風堂金石文字目》1/13a，《新編》1/26/19529 上。

《補寰宇訪碑錄》1/6b，《新編》1/27/20197 下。

《補寰宇訪碑錄刊誤》1b，《新編》1/27/20271 上。

《補寰宇訪碑錄校勘記》1/2a，《新編》1/27/20286 下。

《續補寰宇訪碑錄》1/4b，《新編》1/27/20304 下。

《金石彙目分編》16（2）/63a，《新編》1/28/21514 上。

《石刻題跋索引》21 頁左，《新編》1/30/22359。

《續語堂碑錄》，《新編》2/1/70 下。

《天下金石志》7/9，《新編》2/2/846 上。

《二銘草堂金石聚》11/60a – b，《新編》2/3/2138 下。

《墨華通考》卷11，《新編》2/6/4435下、4440下。
《崇雅堂碑錄》1/6a，《新編》2/6/4486下。
《蜀碑記補》6/35，《新編》2/12/8736下。
《語石》3/3a，《新編》2/16/11899上。
《金石例補》1/10b，《新編》2/17/12365下。
《隸辨》8/3a-b，《新編》2/17/13076上。
《金石苑目》"雅安"，《新編》2/20/14649下。
《蒿里遺文目錄》1上/2a，《新編》2/20/14938上。
《佩文齋書畫譜·金石》61/16a下，《新編》3/2/37下。
（嘉慶）《四川通志·輿地志·金石》59/17b，《新編》3/14/504上。
《蜀碑記》6/2a-b，《新編》3/16/329下。
《燕庭金石叢稿》，《新編》3/32/593上。
《寒山堂金石林時地攷》卷下/1b、17a，《新編》3/34/502上、510上。
《石墨餘馨》，《新編》3/35/338。
《漢石存目》卷上/7a，《新編》3/37/524上。
汪本《隸釋刊誤》55b，《新編》3/37/577下。
《紅藕齋漢碑彙鈔集跋》，《新編》3/38/527上。
《中國金石學講義·正編》11b，《新編》3/39/140。
《漢石例》2/18a，《新編》3/40/152下。
《碑版廣例》6/1b，《新編》3/40/302上。
《漢魏六朝墓銘纂例》2/7a，《新編》3/40/445上。
《金石備攷·四川雅州》，《新編》4/1/77下。
《古今書刻》下編/34a、42b，《新編》4/1/151下、155下。
《激素飛清閣平碑記》卷1，《新編》4/1/198下。
《雪堂所藏金石文字簿錄》41b，《新編》4/7/390上。
《漢隸字源》65頁。
《碑帖鑒定》80頁。
《漢魏石刻文字繫年》105頁。
《漢魏六朝碑刻校注·總目提要》編號0455。

其二：高頤雙闕

又名：高貫光闕。當於建安十四年（209）刻。石在四川雅安市城東北約 20 里的姚橋。拓本高 127、寬 39 釐米。每闕刻隸書 4 行，行 6 字。

圖版著錄：

《金石苑》卷 1，《新編》1/9/6255 上—6260 下。

《二銘草堂金石聚》11/61a – 72b，《新編》2/3/2139 上—2144 下。

《六藝之一錄》54/7a，《新編》4/5/6 上。

《北京圖書館藏中國歷代石刻拓本匯編》1 冊 189 頁。

《四川歷代碑刻》46 頁。

《漢碑全集》6 冊 1942—1944 頁。

《漢魏六朝碑刻校注》2 冊 88 頁。

錄文著錄：

《八瓊室金石補正》7/3a，《新編》1/6/4109 上。

《金石苑》卷 1，《新編》1/9/6254 上。

《隸釋》13/2b，《新編》1/9/6894 下。

《函青閣金石記》4/9a，《新編》2/6/5050 下。

《漢石存目》卷上/7a，《新編》3/37/524 上。

《中國金石學講義・正編》35b – 36a，《新編》3/39/188 – 189。

《碑版廣例》6/1b，《新編》3/40/302 上。

《四川歷代碑刻》46 頁。

《漢魏石刻文學考釋》中冊 782 頁。

《漢碑全集》6 冊 1943—1944 頁。

《漢魏六朝碑刻校注》2 冊 89 頁。

碑目題跋著錄：

《八瓊室金石補正》7/4a – b，《新編》1/6/4109 下。

《八瓊室金石札記》1/29a – b，《新編》1/8/6147 上。

《金石苑》卷 1，《新編》1/9/6254 下。

《隸釋》13/3a – b，《新編》1/9/6895 上。

《金石錄補》25/16b，《新編》1/12/9122 下。

《藝風堂金石文字目》1/13a – b，《新編》1/26/19529 上。

《補寰宇訪碑錄》1/6b，《新編》1/27/20197 下。

《補寰宇訪碑錄校勘記》1/2a,《新編》1/27/20286 下。
《續補寰宇訪碑錄》1/5b,《新編》1/27/20305 上。
《金石彙目分編》16（2）/63a,《新編》1/28/21514 上。
《石刻題跋索引》21 頁左,《新編》1/30/22359。
《續語堂碑錄》,《新編》2/1/70 下。
《天下金石志》7/1,《新編》2/2/842 上。
《石刻名彙》1/2a,《新編》2/2/1025 下。
《二銘草堂金石聚》11/72b,《新編》2/3/2144 下。
《崇雅堂碑錄》1/6a,《新編》2/6/4486 下。
《函青閣金石記》4/9a–10a,《新編》2/6/5050 下—5051 上。
《蜀碑記補》6/35,《新編》2/12/8736 下。
《語石》2/16b、5/21b·22a,《新編》2/16/11883 下、11949 上·下。
《隸辨》8/3b–4a,《新編》2/17/13076 上—下。
《金石苑目》"雅安",《新編》2/20/14649 下。
《寰宇貞石圖目錄》卷上/3b,《新編》2/20/14672 下。
《蒿里遺文目錄》6/1a,《新編》2/20/14994 上。
《佩文齋書畫譜·金石》61/16a 上,《新編》3/2/37 下。
（嘉慶）《四川通志·輿地志·金石》59/17b,《新編》3/14/504 上。
《蜀碑記》6/2a,《新編》3/16/329 下。
《燕庭金石叢稿》,《新編》3/32/593 上。
《石目》,《新編》3/36/63 下。
《漢石存目》卷上/7a,《新編》3/37/524 上。
汪本《隸釋刊誤》61a,《新編》3/37/580 下。
《紅藕齋漢碑彙鈔集跋》,《新編》3/38/523 上—下、527 下。
《中國金石學講義·正編》11b、35b–36a,《新編》3/39/140、188–189。
《漢石例》1/24a,《新編》3/40/136 下。
《漢魏六朝墓銘纂例》3/1b、2b–3a,《新編》3/40/450 上—451 上。
《金石備攷·成都府》,《新編》4/1/73 上。
《漢隸字源》74—75 頁。
《增補校碑隨筆》（修訂本）102 頁。

《碑帖鑒定》80 頁。

《碑帖敘錄》140 頁。

《漢魏石刻文學考釋》中冊 780 頁。

《漢魏石刻文字繫年》106 頁。

《漢魏六朝碑刻校注·總目提要》編號 0454。

淑德大學《中國石刻拓本目錄》"碑碣等刻石"編號 172—173。

論文：

耿繼斌：《高頤闕》，《文物》1961 年第 10 期。

陳明達：《漢代的石闕》，《文物》1961 年第 12 期。

趙彤：《四川省雅安高頤闕考釋》，《四川文物》1989 年第 2 期。

建安 006

陳元盛崖墓題記

建安十五年（210）二月十日葬。1987 年在綦江縣中峰鄉鴛鴦村崖墓發現。拓本高 55、寬 28 釐米。文隸書，2 行，共 13 字。

著錄：

《四川歷代碑刻》34 頁。（圖、文）

《漢碑全集》6 冊 1945—1946 頁。（圖、文）

《漢魏石刻文字繫年》106 頁。（跋）

《漢魏六朝碑刻校注·總目提要》編號 0456。（目）

建安 007

處士國文甫碑

建安十七年（212）四月卒。劉楨撰。

錄文著錄：

《藝文類聚》卷 37，上冊 658—659 頁。

《全後漢文》65/4b–5a，《全文》1 冊 829 下—830 上。

《劉公幹集》7a–b，《漢魏六朝百三名家集》2 冊 160 上。

《建安七子集校注》卷 7《劉楨集校注》，614—617 頁。

《漢魏石刻文學考釋》中冊 982—983 頁。

碑目題跋著錄：

《漢魏六朝志墓金石例》1/15b，《新編》3/40/403 上。

《漢魏六朝墓銘纂例》2/7a，《新編》3/40/445 上。

《漢魏石刻文學考釋》中冊 982 頁。

《漢魏六朝碑刻校注·總目提要》編號 0457。

建安 008

王暉墓表

又名：王暉石棺題記、王暉伯昭墓表。建安十六年（211）九月卒，十七年（212）六月葬。1941 年在蘆山縣城南石羊村出土，石存縣東漢石刻館。石棺長 250、高 101、寬 83 釐米。棺上、下兩端，上端刻雙門，右門刻類似後世的墓誌。文隸書，5 行，行 8 字，末行 3 字，計 35 字。

著錄：

《四川歷代碑刻》74—75 頁。（圖、文）

《漢碑全集》6 冊 1947—1951 頁。（圖、文）

《漢魏六朝碑刻校注》2 冊 90—91 頁。（圖、文）

《漢魏石刻文字繫年》106 頁。（文、跋）

《碑帖鑒定》75 頁。（跋）

《增補校碑隨筆·偽刻》（修訂本）422 頁。（目）

《漢魏六朝碑刻校注·總目提要》編號 0458。（目）

淑德大學《中國石刻拓本目錄》"碑碣等刻石" 編號 174。（目）

論文：

陶鳴寬、曹恒鈞：《蘆山縣的東漢石刻》，《文物參考資料》1957 年第 10 期。

李軍：《蘆山的東漢石刻》，《四川文物》1994 年第 6 期。

楊愛國：《漢代畫像石榜題略論》，《考古》2005 年第 5 期。

備考：《增補校碑隨筆》疑其偽刻，但諸書皆云其真，故暫附此。

建安 009

綏民校尉熊喬碑

建安廿一年（216）三月卒，同年十囗月一日造碑。有碑陰。在道州營道縣北四十里龍村。《隸續·碑式》載：篆額二十字，作五行；文十七行，行五十五字。額題：漢故綏民校尉騎都尉桂陽曲紅灌陽長熊君之碑。

錄文著錄：

《隸釋》11/14a-17a，《新編》1/9/6879 下—6881 上。

（光緒）《湖南通志·金石二》260/14a-16a，《新編》2/11/7756 下—7757 下。

（道光）《永州府志·金石略》18 上/11b-13a，《新編》3/14/250 上—251 上。

《紅藕齋漢碑彙鈔集跋》，《新編》3/38/514 上。（節文）

《六藝之一錄》50/11b-15a，《新編》4/4/742 上—744 上。

《全後漢文》105/8a-9b，《全文》1 冊 1040 下—1041 上。

《漢魏石刻文學考釋》中冊 786—788 頁。

碑目題跋著錄：

《隸釋》11/17a-18a，《新編》1/9/6881 上—下。

《隸釋》22/14a-b 引《集古錄》，《新編》1/9/6986 下。

《隸釋》23/20a 引《集古錄目》，《新編》1/9/6999 下。

《隸釋刊誤》55b-56b，《新編》1/9/7072 上—下。

《隸續》7/7a，《新編》1/10/7136 上。

《金石錄》1/10b、18/8a，《新編》1/12/8804 下、8909 下。

《金石錄補續跋》4/11b-12b，《新編》1/12/9163 上—下。

《集古錄跋尾》3/20b-21a，《新編》1/24/17862 下—17863 上。

《集古錄目》2/5b-6a，《新編》1/24/17953 上—下。

《通志·金石略》卷上/21b，《新編》1/24/18029 下。

《輿地碑記目·道州碑記》2/18a，《新編》1/24/18545 下。

《金石彙目分編》15/64b，《新編》1/28/21438 下。

《石刻題跋索引》21 頁左，《新編》1/30/22359。

《天下金石志》9/9，《新編》2/2/856 上。

（光緒）《湖南通志·金石二》260/18a-19b，《新編》2/11/7758 下—7759 上。附《名勝志》《瀟湘聽雨錄》《嘉慶通志》。

《金石例補》1/3a-4a、1/6a、2/7a-b，《新編》2/17/12362 上—下、12363 下、12369 上。

《隸辨》8/4a–b，《新編》2/17/13076下。

《古今碑帖考》10a，《新編》2/18/13167下。

《金石錄續跋》46–47，《新編》2/18/13217下—13218上。

《集古錄補目補》卷上/13b–14a，《新編》2/20/14515下—14516上。

《佩文齋書畫譜·金石》61/16a下，《新編》3/2/37下。

（道光）《永州府志·金石略》18上/14b–15a，《新編》3/14/251下—252上。

汪本《隸釋刊誤》55b–56b，《新編》3/37/577下—578上。

《金石小箋》16a–b，《新編》3/39/502下。

《漢石例》2/18a、2/26b、3/17b，《新編》3/40/152下、156下、173上。

《碑版廣例》3/20b、3/23b、6/9a，《新編》3/40/269下、271上、306上。

《漢魏六朝志墓金石例》1/12a–b，《新編》3/40/401下。

《漢魏六朝墓銘纂例》2/7a–8a，《新編》3/40/445上—下。

《金石備攷·永州府》，《新編》4/1/24下。

《墨池篇》6/5a，《新編》4/9/669上。

《漢隸字源》66頁。

《漢魏石刻文字繫年》106—107頁。

《漢魏六朝碑刻校注·總目提要》編號0459。

論文：

江田祥、何超：《〈漢綏民校尉熊君碑〉所見漢末政局與荊南社會變動》，《西華師範大學學報》2014年第4期。

備考：《集古錄》記載了墓主"諱喬，字□舉"；而《隸釋》載："君諱□，字子□"；兩書剛好比對出墓主名喬，字子舉。

建安010

東漢望都一號墓佚名墓銘

建安二十五年（220）前。1952年春望都縣所藥村一號墓發現，現仍封存原地，銘文摹本存河北省博物館。摹本長83、寬40釐米。文3行，行 10 至 12 字不等，隸書。

著錄：

《新中國出土墓誌》河北〔壹〕上冊 1 頁（圖）、下冊 1 頁（文）。

《漢魏六朝碑刻校注》2 冊 96—97 頁。（圖、文）

《漢魏六朝碑刻校注·總目提要》編號 0466。（目）

建安 011

漢建安殘石

建安年間，《漢碑全集》推測當為公元 196—219 之間。高 32、寬 34 釐米。文隸書，殘存 6 行，共 19 字。

著錄：

《漢碑全集》6 冊 1952—1953 頁。（圖、文）

建安 012

司徒掾梁休碑

建安二十七年（222）立。在襄州穀城縣東四里。碑篆額，題額僅存"掾"、"碑"兩字。

錄文著錄：

《隸續》1/4b–5a，《新編》1/10/7091 下—7092 上。

（民國）《湖北通志·金石志》2/22a–23a，《新編》1/16/11961 下—11962 上。

（嘉慶）《湖北通志·金石一》88/12a–13a，《新編》3/13/8 下—9 上。

（光緒）《襄陽府治·金石》18/5b，《新編》3/13/393 上。

《全後漢文》106/7a–b，《全文》1 冊 1045 上。

《漢魏石刻文學考釋》中冊 789—790 頁。

碑目題跋著錄：

《隸釋》27/8a 引《天下碑錄》，《新編》1/9/7039 下。

《隸續》1/5a–6a，《新編》1/10/7092 上—下。

《金石錄補》4/6a–b，《新編》1/12/9007 上。

《通志·金石略》卷上/15b，《新編》1/24/18026 下。

《寶刻叢編》3/2b，《新編》1/24/18114 下。

《金石彙目分編》14/26a，《新編》1/28/21395 下。

《石刻題跋索引》21 頁左，《新編》1/30/22359。

《天下金石志》9/3，《新編》2/2/853 上。

《墨華通考》卷 6，《新編》2/6/4355 下、4365 下。

《隸辨》8/5b–6a，《新編》2/17/13077 上—下。

《金石例補》2/6b–7a，《新編》2/17/12368 下—12369 上。

《佩文齋書畫譜·金石》61/16a 下，《新編》3/2/37 下。

《寒山堂金石林時地攷》卷上/20b、卷下/15b，《新編》3/34/499 下、509 上。

《漢石例》1/33b，《新編》3/40/141 上。

《漢魏六朝志墓金石例》1/16a，《新編》3/40/403 下。

《漢魏六朝墓銘纂例》2/8a，《新編》3/40/445 下。

《金石備攷·襄陽府》，《新編》4/1/21 下。

《六藝之一錄》52/15a，《新編》4/4/775 上。

《漢隸字源》104 頁。

《漢魏石刻文字繫年》107 頁。

《漢魏六朝碑刻校注·總目提要》編號 0467。

建安 013

陳紀墓石

又名：陳元方墓石。建安年間（196—220）。1985 年發現於河南省許昌縣張潘鄉瓦礫中。殘石高 33、寬 17 釐米。存字 3 行，行字數不可計，隸書，殘存"平原相陳元"等字。考為建安七子之一的陳紀，字元方。

著錄：

《漢碑全集》6 冊 2163—2164 頁。（圖、文）

《漢魏石刻文字繫年》107 頁。（跋）

論文：

黃留春：《瓦礫堆中獲珍寶》，《中國文物報》1985 年 11 月 20 日。

備考：陳紀，《後漢書》卷六二有傳，附《陳寔傳》。